住房和城乡建设领域专业人员岗位培训考核系列用书

劳务员专业基础知识

江苏省建设教育协会 组织编写

中国建筑工业出版社

图书在版编目(CIP)数据

劳务员专业基础知识/江苏省建设教育协会组织编写. —北京：中国建筑工业出版社，2016.7
住房和城乡建设领域专业人员岗位培训考核系列用书
ISBN 978-7-112-19559-6

Ⅰ.①劳… Ⅱ.①江… Ⅲ.①建筑工程-劳务-管理-岗位培训-教材 Ⅳ.①F407.94

中国版本图书馆 CIP 数据核字(2016)第 152950 号

本书作为《住房和城乡建设领域专业人员岗位培训考核系列用书》中的一本，依据《建筑与市政工程施工现场专业人员职业标准》JGJ/T 250—2011、《建筑与市政工程施工现场专业人员考核评价大纲》及全国住房和城乡建设领域专业人员岗位统一考核评价题库编写。全书共 11 章，包括法律法规；工程材料的基本知识；施工图识读、绘制的基本知识；工程施工工艺和方法；工程项目管理的基本知识；劳动保护的相关规定；流动人口管理的相关规定；信访工作的基本知识；人力资源开发及管理的基本知识；财务管理的基本知识；劳务分包合同的相关知识。

本书既可作为劳务员岗位培训考核的指导用书，又可作为施工现场相关专业人员的实用工具书，也可供职业院校师生和相关专业人员参考使用。

责任编辑：张 磊 刘 江 岳建光 范业庶
责任校对：王宇枢 张 颖

住房和城乡建设领域专业人员岗位培训考核系列用书
劳务员专业基础知识
江苏省建设教育协会 组织编写
*
中国建筑工业出版社出版、发行（北京海淀三里河路9号）
各地新华书店、建筑书店经销
北京科地亚盟排版公司制版
北京市密东印刷有限公司印刷
*

开本：787×1092毫米 1/16 印张：24¼ 字数：618千字
2016年9月第一版 2018年2月第四次印刷
定价：**68.00**元
ISBN 978-7-112-19559-6
(28786)

版权所有 翻印必究
如有印装质量问题，可寄本社退换
（邮政编码 100037）

住房和城乡建设领域专业人员岗位培训考核系列用书

编审委员会

主　任：宋如亚

副主任：章小刚　戴登军　陈　曦　曹达双
　　　　漆贯学　金少军　高　枫

委　员：王宇旻　成　宁　金孝权　张克纯
　　　　胡本国　陈从建　金广谦　郭清平
　　　　刘清泉　王建玉　汪　莹　马　记
　　　　魏傅燕　惠文荣　李如斌　杨建华
　　　　陈年和　金　强　王　飞

出版说明

为加强住房和城乡建设领域人才队伍建设，住房和城乡建设部组织编制并颁布实施了《建筑与市政工程施工现场专业人员职业标准》JGJ/T 250—2011（以下简称《职业标准》），随后组织编写了《建筑与市政工程施工现场专业人员考核评价大纲》（以下简称《考核评价大纲》），要求各地参照执行。为贯彻落实《职业标准》和《考核评价大纲》，受江苏省住房和城乡建设厅委托，江苏省建设教育协会组织了具有较高理论水平和丰富实践经验的专家和学者，编写了《住房和城乡建设领域专业人员岗位培训考核系列用书》（以下简称《考核系列用书》），并于2014年9月出版。《考核系列用书》以《职业标准》为指导，紧密结合一线专业人员岗位工作实际，出版后多次重印，受到业内专家和广大工程管理人员的好评，同时也收到了广大读者反馈的意见和建议。

根据住房和城乡建设部要求，2016年起将逐步启用全国住房和城乡建设领域专业人员岗位统一考核评价题库，为保证《考核系列用书》更加贴近部颁《职业标准》和《考核评价大纲》的要求，受江苏省住房和城乡建设厅委托，江苏省建设教育协会组织业内专家和培训老师，在第一版的基础上对《考核系列用书》进行了全面修订，编写了这套《住房和城乡建设领域专业人员岗位培训考核系列用书（第二版）》（以下简称《考核系列用书（第二版）》）。

《考核系列用书（第二版）》全面覆盖了施工员、质量员、资料员、机械员、材料员、劳务员、安全员、标准员等《职业标准》和《考核评价大纲》涉及的岗位（其中，施工员、质量员分为土建施工、装饰装修、设备安装和市政工程四个子专业）。每个岗位结合其职业特点以及培训考核的要求，包括《专业基础知识》、《专业管理实务》和《考试大纲·习题集》三个分册。

《考核系列用书（第二版）》汲取了第一版的优点，并综合考虑第一版使用中发现的问题及反馈的意见、建议，使其更适合培训教学和考生备考的需要。《考核系列用书（第二版）》系统性、针对性较强，通俗易懂，图文并茂，深入浅出，配以考试大纲和习题集，力求做到易学、易懂、易记、易操作。既是相关岗位培训考核的指导用书，又是一线专业岗位人员的实用工具书；既可供建设单位、施工单位及相关高职高专、中职中专学校教学培训使用，又可供相关专业人员自学参考使用。

《考核系列用书（第二版）》在编写过程中，虽然经多次推敲修改，但由于时间仓促，加之编著水平有限，如有疏漏之处，恳请广大读者批评指正（相关意见和建议请发送至 JYXH05@163.com），以便我们认真加以修改，不断完善。

本书编写委员会

主　　编：李如斌

编写人员：王　飞　李冰彬　杨澄宇　余志毅
　　　　　花　蕾　徐明刚　沈淑娴　薛晓煜
　　　　　郭清平

前 言

根据住房和城乡建设部的要求，2016年起将逐步启用全国住房和城乡建设领域专业人员岗位统一考核评价题库，为更好贯彻落实《建筑与市政工程施工现场专业人员职业标准》JGJ/T 250—2011，保证培训教材更加贴近部颁《建筑与市政工程施工现场专业人员考核评价大纲》的要求，受江苏省住房和城乡建设厅委托，江苏省建设教育协会组织业内专家和培训老师，在《住房和城乡建设领域专业人员岗位培训考核系列用书》第一版的基础上进行了全面修订，编写了这套《住房和城乡建设领域专业人员岗位培训考核系列用书（第二版）》（以下简称《考核系列用书（第二版）》），本书为其中的一本。

劳务员培训考核用书包括《劳务员专业基础知识》、《劳务员专业管理实务》、《劳务员考试大纲·习题集》三本，反映了国家现行规范、规程、标准，并以劳务管理为主线，不仅涵盖了劳务员应掌握的通用知识、基础知识、岗位知识和专业技能，还涉及新技术、新设备、新工艺、新材料等方面的知识。

本书为《劳务员专业基础知识》分册，全书共11章，包括法律法规；工程材料的基本知识；施工图识读、绘制的基本知识；工程施工工艺和方法；工程项目管理的基本知识；劳动保护的相关规定；流动人口管理的相关规定；信访工作的基本知识；人力资源开发及管理的基本知识；财务管理的基本知识；劳务分包合同的相关知识。

本书既可作为劳务员岗位培训考核的指导用书，又可作为施工现场相关专业人员的实用工具书，也可供职业院校师生和相关专业人员参考使用。

目 录

第1章 法律法规 1
1.1 建筑法 1
1.1.1 从业资格的有关规定 1
1.1.2 建筑安全生产管理方面的相关规定 1
1.1.3 建筑工程质量管理方面的相关规定 4
1.2 安全生产法 8
1.2.1 关于生产经营单位安全生产保障的有关规定 8
1.2.2 从业人员安全生产的权利和义务的有关规定 12
1.2.3 安全生产的监督管理的有关规定 14
1.2.4 生产安全事故的应急救援与处理的有关规定 16
1.3 《建设工程安全生产管理条例》和《建设工程质量管理条例》 18
1.3.1 《建设工程安全生产管理条例》关于施工单位的安全责任的规定 18
1.3.2 《建设工程质量管理条例》关于施工单位的质量责任和义务的有关规定 ... 23
1.4 《劳动法》和《劳动合同法》 26
1.4.1 劳动合同和集体合同的有关规定 26
1.4.2 劳动安全卫生的有关规定 38

第2章 工程材料的基本知识 40
2.1 建筑材料的组成与分类 40
2.1.1 材料的组成与结构 40
2.1.2 材料的分类 41
2.2 材料的物理性质和力学性质 41
2.2.1 材料的物理性质 41
2.2.2 材料的力学性质 42
2.3 无机胶凝材料 42
2.3.1 无机胶凝材料的种类及其特性 42
2.3.2 通用水泥的特性及应用 47
2.4 混凝土 50
2.4.1 混凝土的种类及主要技术性能 50
2.4.2 普通混凝土的组成材料 52
2.4.3 混凝土配合比 55
2.4.4 混凝土检验规则 57

2.5 砂浆 …………………………………………………………………… 57
  2.5.1 砂浆的种类及应用 ………………………………………………… 57
  2.5.2 砂浆配合比 ………………………………………………………… 60
  2.5.3 砂浆质量检验要求 ………………………………………………… 64
2.6 石材、砖和砌块 ………………………………………………………… 65
  2.6.1 砌筑石材的种类及应用 …………………………………………… 65
  2.6.2 砖的种类及应用 …………………………………………………… 66
  2.6.3 砌块的种类及应用 ………………………………………………… 68
2.7 钢材 …………………………………………………………………… 70
  2.7.1 钢材的种类 ………………………………………………………… 70
  2.7.2 钢材的性质 ………………………………………………………… 71
  2.7.3 钢结构用钢材的品种及特性 ……………………………………… 73
  2.7.4 钢筋混凝土结构用钢材的品种及特性 …………………………… 74
  2.7.5 钢材的验收 ………………………………………………………… 76

第3章 施工图识读、绘制的基本知识 …………………………………… 77
3.1 施工图的基本知识 ……………………………………………………… 77
  3.1.1 房屋建筑施工图的组成及作用 …………………………………… 78
  3.1.2 房屋建筑施工图的图示特点 ……………………………………… 86
3.2 施工图的识读 …………………………………………………………… 100
  3.2.1 建筑施工图识读 …………………………………………………… 100
  3.2.2 设备施工图识读 …………………………………………………… 123

第4章 工程施工工艺和方法 ……………………………………………… 133
4.1 地基与基础工程 ………………………………………………………… 133
  4.1.1 岩土的工程分类 …………………………………………………… 133
  4.1.2 基坑（槽）开挖、支护及回填方法 ……………………………… 134
  4.1.3 混凝土基础施工工艺 ……………………………………………… 139
4.2 砌体工程 ………………………………………………………………… 142
  4.2.1 砌体工程的种类 …………………………………………………… 142
  4.2.2 砌体工程施工工艺 ………………………………………………… 144
4.3 钢筋混凝土工程 ………………………………………………………… 147
  4.3.1 常见模板的种类 …………………………………………………… 147
  4.3.2 钢筋工程施工工艺 ………………………………………………… 150
  4.3.3 混凝土工程施工工艺 ……………………………………………… 153
4.4 钢结构工程 ……………………………………………………………… 156
  4.4.1 钢结构的连接方法 ………………………………………………… 156
  4.4.2 钢结构安装施工工艺 ……………………………………………… 157
4.5 防水工程 ………………………………………………………………… 159

4.5.1 防水工程的主要种类 ……………………………………… 159
　　　4.5.2 防水工程施工工艺 …………………………………………… 162

第5章 工程项目管理的基本知识 …………………………………… 167

5.1 施工项目管理的内容及组织 ………………………………………… 167
　　　5.1.1 施工项目管理的内容 ………………………………………… 167
　　　5.1.2 施工项目管理的组织 ………………………………………… 172
5.2 施工项目目标控制 …………………………………………………… 178
　　　5.2.1 施工项目目标控制的任务 …………………………………… 178
　　　5.2.2 施工项目目标控制的措施 …………………………………… 185
5.3 施工资源与现场管理 ………………………………………………… 193
　　　5.3.1 施工资源管理的任务和内容 ………………………………… 193
　　　5.3.2 施工现场管理的任务和内容 ………………………………… 201

第6章 劳动保护的相关规定 ………………………………………… 208

6.1 劳动保护内容的相关规定 …………………………………………… 208
　　　6.1.1 工作时间、休息时间、休假制度的规定 …………………… 208
　　　6.1.2 劳动安全与卫生 ……………………………………………… 213
　　　6.1.3 女职工和未成年工的劳动保护 ……………………………… 215
6.2 劳动保护措施及费用的相关规定 …………………………………… 219
　　　6.2.1 不同作业环境下的劳动保护措施 …………………………… 219
　　　6.2.2 劳动防护用品的管理规定 …………………………………… 223
　　　6.2.3 劳动保护费用的规定 ………………………………………… 228
6.3 劳动争议与法律责任 ………………………………………………… 231
　　　6.3.1 劳动争议的类型和解决方式 ………………………………… 231
　　　6.3.2 用人单位的法律责任 ………………………………………… 241

第7章 流动人口管理的相关规定 …………………………………… 251

7.1 流动人口的合法权益 ………………………………………………… 251
　　　7.1.1 我国流动人口情况 …………………………………………… 251
　　　7.1.2 流动人口享有的权益 ………………………………………… 251
　　　7.1.3 流动人口权益的保障 ………………………………………… 252
7.2 流动人口的从业管理 ………………………………………………… 256
　　　7.2.1 流动人口从事生产经营活动相关证件的办理 ……………… 256
　　　7.2.2 流动人口就业上岗的规定 …………………………………… 256
7.3 地方政府部门对流动人口管理的职责 ……………………………… 257
　　　7.3.1 流动人口管理工作的主要任务 ……………………………… 257
　　　7.3.2 流动人口管理的责任分工 …………………………………… 257
　　　7.3.3 流动人口管理的行政处罚事项 ……………………………… 258

第8章 信访工作的基本知识 · 261

8.1 信访工作组织与责任 · 261
- 8.1.1 信访工作机构、制度、机制 · 261
- 8.1.2 信访工作人员的法律责任 · 265

8.2 信访渠道与事项的提出与受理 · 268
- 8.2.1 信访渠道与信访人的法律责任 · 268
- 8.2.2 信访事项提出的类型与形式 · 271
- 8.2.3 信访事项的受理方式及相关规定 · 273

8.3 信访事项的办理 · 277
- 8.3.1 信访事项的办理方式及时间规定 · 277
- 8.3.2 信访事项办理的答复 · 281

第9章 人力资源开发及管理的基本知识 · 287

9.1 人力资源开发与管理的基本原理 · 287
- 9.1.1 人力资源的含义 · 287
- 9.1.2 我国建筑业人力资源情况 · 287
- 9.1.3 人力资源管理的理论基础 · 289
- 9.1.4 人力资源规划 · 293

9.2 人员招聘与动态管理 · 295
- 9.2.1 招聘的程序、原则和渠道 · 295
- 9.2.2 人员的内部流动管理及流出管理 · 297
- 9.2.3 人力资源动态管理：人力资源优化配置 · 299
- 9.2.4 劳务人员的动态管理 · 302

9.3 人员培训 · 303
- 9.3.1 培训的类型和内容 · 303
- 9.3.2 培训的原则 · 304
- 9.3.3 培训的形式 · 305
- 9.3.4 培训的过程管理 · 308
- 9.3.5 影响培训效果的原因 · 311
- 9.3.6 培训成功的关键 · 311

9.4 绩效与薪酬管理 · 311
- 9.4.1 绩效管理的概念 · 311
- 9.4.2 绩效管理的作用 · 311
- 9.4.3 绩效管理内容 · 312
- 9.4.4 薪酬管理 · 315

第10章 财务管理的基本知识 · 318

10.1 成本与费用 · 318

  10.1.1 费用与成本的关系 ·································· 318
  10.1.2 工程成本的范围 ···································· 321
  10.1.3 期间费用的范围 ···································· 324
 10.2 收入与利润 ·· 328
  10.2.1 收入的分类及确认 ·································· 328
  10.2.2 工程合同收入的计算 ································ 333
  10.2.3 利润的计算与分配 ·································· 337

第11章 劳务分包合同的相关知识 ································ 342

 11.1 合同的基本知识 ·· 342
  11.1.1 合同的定义和效力 ·································· 342
  11.1.2 合同订立的基本原则 ································ 345
  11.1.3 合同的形式、类型和示范文本 ······················· 347
  11.1.4 自拟合同的法律规定 ································ 352
  11.1.5 合同争议的解决途径、方式和诉讼时效 ············· 355
 11.2 劳务分包合同 ·· 357
  11.2.1 劳务分包合同签订的流程 ··························· 357
  11.2.2 劳务分包合同条款 ·································· 358
  11.2.3 劳务分包合同价款的确定 ··························· 371
  11.2.4 劳务分包合同履约过程管理 ························· 373
  11.2.5 劳务分包合同审查 ·································· 377

参考文献 ··· 380

第1章 法律法规

1.1 建筑法

《中华人民共和国建筑法》(以下简称《建筑法》)于1997年11月1日由中华人民共和国第八届全国人民代表大会常务委员会第二十八次会议通过,自1998年3月1日起施行。2011年4月22日,中华人民共和国第十一届全国人民代表大会常务委员会第二十次会议通过了《全国人民代表大会常务委员会关于修改〈中华人民共和国建筑法〉的决定》,修改后的《中华人民共和国建筑法》自2011年7月1日实施。

《建筑法》的立法目的在于加强对建筑活动的监督管理,维护建筑市场秩序,保证建筑工程的质量和安全,促进建筑业健康发展。《建筑法》从建筑许可、建筑工程发包与承包、建筑工程监理、建筑安全生产管理、建筑工程质量管理等方面做出了相关规定。

本节主要介绍建筑许可中的从业资格、建筑安全生产管理和建筑工程质量管理相关内容。

1.1.1 从业资格的有关规定

《建筑法》中从业资格包括工程建设参与单位资质和专业技术人员执业资格两个方面。具体如下:

1. 从事建筑活动的建筑施工企业、勘察单位、设计单位和工程监理单位,应当具备下列条件:
(1) 有符合国家规定的注册资本;
(2) 有与其从事的建筑活动相适应的具有法定执业资格的专业技术人员;
(3) 有从事相关建筑活动所应有的技术装备;
(4) 法律、行政法规规定的其他条件。

2. 从事建筑活动的建筑施工企业、勘察单位、设计单位和工程监理单位,按照其拥有的注册资本、专业技术人员、技术装备和已完成的建筑工程业绩等资质条件,划分为不同的资质等级,经资质审查合格,取得相应等级的资质证书后,方可在其资质等级许可的范围内从事建筑活动。

3. 从事建筑活动的专业技术人员,应当依法取得相应的执业资格证书,并在执业资格证书许可的范围内从事建筑活动。

1.1.2 建筑安全生产管理方面的相关规定

1. 建筑工程安全生产管理基本方针

建筑工程安全生产管理必须坚持安全第一、预防为主、综合治理的方针。所谓坚持安全第一、预防为主、综合治理的方针,是指在建筑生产活动中,应当将保证生产安全放到第一位，在管理、技术等方面采取能够确保生产安全的预防性措施，防止建筑工程事故发生。安全第一、预防为主、综合治理的方针是建筑工程安全生产管理工作的经验总结，只有认真贯彻执行这一方针，加强建筑安全教育和管理，不断改善建筑工程安全生产条件，才能减少建筑工程事故的发生，提高劳动生产效率。从实践中看，坚持安全第一、预防为主、综合治理的方针，应当做到以下几点：

（1）从事建筑活动的单位的各级管理人员和全体职工，尤其是单位负责人，一定要牢固树立安全第一的意识，正确处理安全生产与工程进度、效益等方面的关系，把安全生产放在首位；

（2）要加强劳动安全生产工作的组织领导和计划性。在建筑活动中加强对安全生产的统筹规划和各方面的通力协作；

（3）要建立健全安全生产的责任制度和群防群治制度；

（4）要对有关管理人员及职工进行安全教育培训，未经安全教育培训的，不得从事安全管理工作或者上岗作业；

（5）建筑施工企业必须为职工发放保障安全生产的劳动保护用品；

（6）使用的设备、器材、仪器和建筑材料必须符合保证生产安全的国家标准和行业标准。

2. 安全生产的责任制度

所谓安全生产责任制度，是指将各项保障生产安全的责任具体落实到各有关管理人员和不同岗位人员身上的制度。这一制度是安全第一、预防为主、综合治理方针的具体体现，是工人们在长期生产实践中用血的代价换来的行之有效、必须坚持的制度。在建筑活动中，只有明确安全责任，分工负责，才能形成完整有效的安全管理体系，激发每个人保证生产安全的责任感，严格执行保证建筑生产安全的法律、法规和安全规程、技术规范，防患于未然，减少和杜绝建筑生产活动中的安全事故，为建筑生产活动创造一个良好的环境。就建筑施工企业而言，企业的安全生产责任制度，是由企业内部各个不同层次的安全生产责任制度所构成的保障生产安全的责任体系，主要包括：

（1）企业主要负责人的安全生产责任制，企业的法定代表人应对本企业的生产安全负全面责任。

（2）企业各职能机构的负责人及其工作人员的安全生产责任制。

企业中的生产、技术、材料供应、设备管理、财务、教育、劳资、卫生等各职能机构，都应在各自业务范围内，对实现安全生产的要求负责。

生产部门要合理组织生产，贯彻安全规章制度，加强现场平面管理，建立安全生产、文明生产秩序；

技术部门要严格按照国家有关安全标准、技术规程编制设计、施工、工艺等技术文件，提出相应的保证生产安全的技术措施，负责安全设备、仪表等的技术鉴定和安全技术科研项目的研究工作；

设备管理部门应当对有关机电设备配齐安全防护保险装置，加强机电设备、锅炉和压力容器的经常检查、维修、保养，确保安全运转；

材料供应部门对实现安全技术措施所需材料应当保证供应，对绳杆架木、安全帽、安全带、安全网等要定期检验，不合格的要报废更新；

财务部门要按照规定提供实现安全技术措施的经费,并监督其合理使用;教育部门负责将安全教育纳入全员培训计划,组织职工的安全技术训练;

劳动工资部门要配合安全部门做好新工人、调换岗位工人、特殊工种工人的培训、考核、发证工作,贯彻劳逸结合,严格控制加班加点,对因工伤残和患职业病职工及时安排适合的工作;

卫生部门负责对职工的定期健康检查和现场劳动卫生工作,监测有毒有害作业场所的尘毒浓度,提出职业病预防和改善卫生条件的措施。

(3) 岗位人员的安全生产责任制。岗位人员必须对安全负责,从事特种作业的人员必须经过安全培训,考试合格后方能上岗作业。

一是企业技术负责人对本企业劳动保护和安全生产的技术工作负总的责任。在组织编制和审批施工组织设计(施工方案)和采用新技术、新工艺、新设备时,必须制定相应的安全技术措施;负责提出改善劳动条件的项目和实施措施,并付诸实现;对职工进行安全技术教育;及时解决施工中的安全技术问题;参加重大伤亡事故的调查分析,提出技术鉴定意见和改进措施。

二是工区(工程处、厂、站)主任、施工队长应对本单位劳动保护和安全生产工作负具体领导责任。认真执行安全生产规章制度,不违章指挥;制定和实施安全技术措施;经常进行安全检查,消除事故隐患,制止违章作业;对职工进行安全技术和安全纪律教育;发生伤亡事故要及时上报,并认真分析事故原因。提出和实现改进措施。

三是工长、施工员、车间主任对所管工程的安全生产负直接责任。组织实施安全技术措施,进行技术安全交底;对施工现场搭设的架子和安装的电气、机械设备等安全防护装置,都要组织验收,合格后方能使用;不违章指挥;组织工人学习安全操作规程,教育工人不违章作业;认真消除事故隐患,发生工伤事故要立即上报,保护现场,参加调查处理。

四是班组长要模范遵守安全生产规章制度,领导本组安全作业;认真执行安全交底,有权拒绝违章指挥。班前要对所使用的机具、设备、防护用具及作业环境进行安全检查,发现问题立即采取改进措施;组织班组安全活动日,开好班前安全生产会;发生工伤事故要立即向工长报告。

3. 群防群治制度

所谓群防群治制度,是指由广大职工群众共同参与的预防安全事故的发生、治理各种安全事故隐患的制度。这一制度也是安全第一、预防为主、综合治理方针的具体体现,同时也是群众路线在安全工作中的具体体现,是企业进行民主管理的重要内容。实践证明,搞好安全生产只靠少数人是不成的,安全工作必须发动群众,使得大家懂得安全生产的重要性,注意安全生产,才能防患于未然。为此本条将这一制度法律化,在建筑安全生产管理中应当依法建立起群防群治制度。

从实践中看,建立建筑安全生产管理的群防群治制度应当做到:

(1) 企业制定的有关安全生产管理的重要制度和制定的有关重大技术组织措施计划应提交职工代表大会讨论,在充分听取职工代表大会意见的基础上作出决策,发挥职工群众在安全生产方面的民主管理作用;

(2) 要把专业管理同群众管理结合起来,充分发挥职工安全员网络的作用;

(3) 发挥工会在安全生产管理中的作用,利用工会发动群众,教育群众,动员群众的力量预防安全事故的发生；

（4）对新职工要加强安全教育，对特种作业岗位的工人要进行专业安全教育，不经训练，不能上岗操作；

（5）发动群众开展技术革新、技术改造，采用有利于保证生产安全的新技术、新工艺，积极改善劳动条件，努力将使不安全的、有害健康的作业变为无害作业；

（6）组织开展遵章守纪和预防事故的群众性监督检查，职工对于违反有关安全生产的法律、法规和建筑行业安全规章、规程的行为有权提出批评、检举和控告。

4. 安全生产教育培训制度

安全生产教育培训工作是建筑施工企业实现安全生产的一项基础性工作。安全生产教育培训制度是安全管理的一项重要的内容，是保证安全生产的重要手段。通过安全教育培训，不仅能提高各级领导和广大职工对"安全第一、预防为主、综合治理"方针的认识，提高安全责任感，提高自觉遵守各项安全生产和规章制度的自觉性，而且能使企业各级管理人员和工人群众掌握安全生产的科学知识，提高安全生产的操作技能，为确保安全生产创造条件。

建筑业企业对职工进行劳动安全生产教育培训的主要内容应当包括以下内容：

（1）有关安全生产的法律、法规的教育培训。通过对职工进行有关安全生产方面的法律、法规和政策的教育，使企业职工能够正确理解和掌握有关安全生产的法律、法规及政策，并在建筑生产活动中严格遵照执行。在这方面，尤其要加强对于企业各级领导干部和安全管理人员的教育，增强安全生产的法律意识，熟悉有关安全生产方面的法律、法规的规定，依法做好安全工作。

（2）安全科学技术知识的教育培训。所谓安全科学技术知识的教育，是指基本的安全技术知识和专业性安全技术知识的教育。对职工进行安全科学技术知识的教育必须做到如下几点：一是新职工应当进行入厂教育。教育内容包括安全技术知识、设备性能、操作规程、安全制度和严禁事项，经教育培训合格后，方可进入操作岗位。二是对特殊工种应针对其工作特点进行专门的安全教育。如对电工、焊工、架子工、司炉工、爆破工、起重工、打桩工和各种机动车辆司机等，除进行一般安全教育外，还要经过本工种的安全技术教育，经考试合格后，方准独立操作；对从事尘毒危害作业的职工，要进行尘毒危害和防治知识教育。三是采用新技术、新工艺、新设备施工和调换工作岗位时，要对操作人员进行新技术操作和新岗位的安全教育，未经教育不得上岗操作。

5. 建筑施工企业和施工作业人员在安全生产方面应履行的义务和享有的权利

（1）义务

1）应当遵守有关安全生产的法律、法规和建筑行业安全规章、规程。

2）不得违章指挥或者违章作业。

（2）权利

1）有权对影响人身健康的作业程序和作业条件提出改进意见。

2）有权获得安全生产所需的防护用品。

3）作业人员对危及生命安全和身体健康的行为有权提出批评、检举和控告。

1.1.3 建筑工程质量管理方面的相关规定

为了保证建筑工程质量管理的有效进行，《建筑法》在建筑工程质量标准化、企业质量体系认证、建筑工程质量责任、建筑工程竣工验收、建筑质量保修以及建筑工程质量监督等方面进行了规定。

1. 建筑工程质量标准化

《建筑法》第五十二条规定，建筑工程勘察、设计、施工的质量必须符合国家有关建筑工程安全标准的要求，具体管理办法由国务院规定，而标准分又为强制性标准和推荐性标准。凡保障人体健康、人身财产安全的标准和法律、行政法规都规定为强制性标准。因为工程建设的质量关系到国家、集体、个人的财产安全，关系到建设者、所有者和使用者的人体健康安全，这样的标准必须是基础性的和强制性的标准。

由于《建设工程质量管理条例》规定的处罚措施很严厉，如果笼统地按照这些标准执行必然会束缚执行者的手脚，同时会影响他们的积极性和创造性的发挥。为了解决这些问题，住房和城乡建设部把直接涉及工程安全、人体健康、环境保护和公共利益的、必须严格执行的技术规定编成《工程建设标准强制性条文》。

工程质量监督机构和安全监督机构应当根据现行的强制性标准，对工程建设的质量和安全进行监督。当监督机构与被监督机构对执行强制性标准发生争议时，应当由标准的批准部门进行裁决。

2. 建筑企业质量体系认证制度

《建筑法》五十三条规定"国家对从事建筑活动的单位推行质量体系认证制度。从事建筑活动的单位根据自愿原则可以向国务院产品质量监督管理部门或者国务院产品质量监督管理部门授权的部门认可的认证机构申请企业质量体系认证。经认证合格的由认证机构颁发质量体系认证证书。"

企业质量体系认证制度的主要内容是：

（1）认证申请。根据自愿原则：企业可以申请企业质量体系认证。接受企业认证申请的部门是国务院产品质量监督管理部门或者被授权的认证机构。

（2）颁发证书。对企业提出的认证申请，经认证合格后由认证机构颁发企业质量体系认证证书。

我国发布的等同采用国际标准的《质量管理和质量保证》GB/T 19000—ISO9000系列标准既可作为生产企业质量保证工作的依据，也是企业申请质量体系认证的标准。如供需双方同意，它也可作为双方对产品质量的认证标准。此系列标准由五个标准组成：

（1）GB/T 19000—ISO9000《质量管理和质量保证——选择和使用指南》；

（2）GB/T 19001—ISO9001《质量体系——设计/开发、生产、安装和服务的质量保证模式》；

（3）GB/T 19002—ISO9002《质量体系——生产和安装的质量保证模式》；

（4）GB/T 19003—ISO9003《质量体系——最终检验和试验的质量保证模式》；

（5）GB/T 19004—ISO9004《质量管理和质量体系要素—指南》。

我国的建筑业所涉及的设计、科研、房地产开发、市政、施工、试验、质量监督、建设监理等企事业单位。在建立企业内部质量管理体系时，一般情况下应该选择GB/T 19004—ISO9004标准。但由于这些单位又有各自的特点，因此其所建立的质量体系又是不相同的。这主要是质量形成的过程不同而造成的。这些企事业单位在按照GB/T 19004—ISO9004标准建立质量体系的基础上，可以根据自己的要求和产品的特点，选择GB/T 19001—

ISO9001 或者 GB/T 19002—ISO9002 或者 GB/T 19003—ISO9003。

一般来讲，设计、科研、房地产开发、总承包（集团）公司等单位可以选择 GB/T 19001—ISO9001 标准；市政、施工（土建、安装、机械化施工、装饰、防腐、防水）等企业可以选择 GB/T 19002—ISO9002 标准；实验室、质检站和监理公司等单位可以择 GB/T 19003—ISO9003；有些下设实验室的施工企业，可以选择 GB/T 19002—ISO9002 或者 GB/T 19003—ISO9003 这两种标准的组合。

3. 建筑工程质量责任

（1）建设单位

建设单位须严格遵守工程建设的技术标准及相关规定，不得随意更改和破坏。在工程建设过程中，建设单位不得明示和暗示设计单位或施工单位违反工程建设强制性标准，降低工程质量。建设单位也不得明示和暗示施工单位使用不合格的建筑材料、建筑构配件和设备。在进行涉及建筑主体和承重结构变动的装修时，应委托原设计单位或具合相应资质等级的设计单位进行设计，没有设计方案的不得强行施工。

（2）工程勘察设计单位

勘察设计单位必须按照工程建设强制性标准及有关规定进行勘察设计。工程勘察文件要反映工程地质、地形地貌、水文地质状况，其勘察成果必须真实准确，评价应准确可靠。设计单位要根据勘察成果文件进行设计，设计文件的深度应符合国家规定，满足相应设计阶段的技术要求，并注明工程合理使用年限；所完成的施工图应配套，细部节点应交代清楚，标注说明应清晰、完整。凡设计所选用的建筑材料、建筑构配件和设备应注明规格、型号、性能等技术指标，其质量必须符合国家规定的标准；除有特殊要求的建筑材料、专用设备、工艺生产线等以外，设计单位不得指定生产厂家或供应商。

勘察设计单位应对本单位编制的勘察设计文件的质量负责。当没有尽到上述质量责任时，根据情节轻重，将会受到责令改正、没收违法所得、罚款、责令停业整顿、降低资质等级、吊销资质证书等处罚，造成损失的依法承担赔偿责任。

（3）施工单位

1）施工单位必须按照工程设计图纸和施工技术标准施工，不得擅自修改工程设计，不得偷工减料。施工过程中如发现设计文件和图纸的差错，应及时向设计单位提出意见和建议，不得擅自处理。施工单位必须按照工程设计要求、施工技术标准和合同约定，对建筑材料、建筑构配件、设备及商品混凝土进行检验，并做好书面记录，由专人签字，未经检验或检验不合格的上述物品，不得使用。施工单位必须按有关施工技术标准留取试块、试件及有关材料的取样，取样应在建设单位或工程监理单位监督下在现场进行。施工单位对施工中出现质量问题的建设工程或竣工验收不合格的工程应负责返修。

2）建筑工程实行总承包的，总承包单位应对全部建筑工程质量负责。实行勘察、设计、施工、设备采购的一项或多项总承包的，总承包单位应对其承包工程或采购设备的质量负责。总承包单位依法进行分包的，分包单位应按分包合同的约定对其分包工程的质量向总承包单负责，总承包单位与分包单位对分包工程的质量承担连带责任。

施工单位对工程的施工质量负责。施工单位未尽到上述质量责任时，根据其违法行为的严重程度进行处罚。对不符合质量标准的工程负责返工、修理，并赔偿因此造成的损失；对降低工程质量标准，造成重大安全事故，要追究直接责任人的刑事责任。

4. 建筑工程竣工验收

《建筑法》第六十一条第一款规定:"交付竣工验收的建筑工程,必须符合规定的建筑工程质量标准,有完整的工程技术经济资料和经签署的工程保修书,并具备国家规定的其他竣工条件。"

竣工验收是工程建设过程的最后一环,是全面考核基本建设成果、检验设计和工程质量的重要步骤,也是基本建设转入生产或使用的标志。建筑工程质量应按现行的国家标准、行业标准进行验评,现行的建筑工程质量分为优良、合格、不合格三级。先由施工单位自行检验、评定等级,再由监督站进行核验。

(1) 建筑工程质量竣工验收标准

由于建设工程项目类别很多,要求各异,因此必须有相应的竣工验收标准。一般有土建工程、安装工程、人防工程、管道工程、桥梁工程、电气工程及铁路建筑安装工程等的验收标准。

(2) 工程技术经济资料和工程保修书

工程技术经济资料是工程项目竣工验收和质量保证的重要依据之一,施工单位应按合同要求提供全套竣工验收所必需的工程资料,经监理工程师审核,确认无误后,方能同意竣工验收。

一般情况下,工程项目竣工验收的资料主要有:

1) 工程项目竣工报告;
2) 分项、分部工程和单位工程技术人员名单;
3) 图纸会审和设计交底记录;
4) 设计变更通知单、技术变更核实单;
5) 工程质量事故发生后调查和处理资料;
6) 材料、设备、构配件的质量合格说明资料;
7) 试验、检验报告;
8) 隐蔽验收记录及施工日志;
9) 竣工图;
10) 质量检验评定资料;
11) 工程质量保修书。

施工企业提供的以上竣工验收资料应当经监理工程师审查后,认为符合工程施工合同及国家有关规定,并且准确、完整、真实,才可签署同意竣工验收的意见。施工单位同建设单位签署工程质量保修书也是交付竣工验收的条件之一,未签署工程质量保修书的工程不得竣工验收。

5. 建筑工程质量保修制度

建筑工程保修制度是指建筑工程办理交工验收手续后,在规定的保修期限内,因施工、材料等原因造成的质量缺陷,应当由施工单位负责维修。建筑工程承包单位在向建设单位提交工程竣工验收报告时,应当向建设单位出具质量保修书。质量保修书中应当明确建设工程的保修范围、保按期限和保修责任等。

(1) 保修范围

根据《建筑法》第六十二条的规定:建筑工程保修范围包括地基基础工程、主体结构工程、屋面防水工程、其他土建工程以及相配套的电气管线、上下水管线的安装工程、供热供冷系统工程等项目。

(2) 保修期限

根据《建设工程质量管理条例》第四十条的规定：在正常使用条件下，建设工程的最低保修期限为：

1) 基础设施工程、房屋建筑的地基基础工程和主体结构工程，为设计文件规定的该工程的合理使用年限；

2) 屋面防水工程、有防水要求的卫生间、房间和外墙面的防渗漏，5年；

3) 供热与供冷系统，2个采暖期、供冷期；

4) 电气管线、给水排水管道、设备安装和装修工程，2年。

其他项目的保修期限由发包方与承包方约定。

6. 建筑工程质量群众监督制度

要保证建筑工程质量，除了政府监督以及建设、勘察设计、施工、监理以及建材单位的努力外，还需要整个社会和广大人民群众增强质量意识，依法监督、维护自己和他人、国家、集体的合法权益。

《建筑法》第六十三条规定：任何单位和个人对建筑工程的质量事故、质量缺陷都有权向建设行政主管部门或者其他有关部门进行检举、控告、投诉。此规定为建筑工程质量的群众监督制度提供了法律依据。

建筑工程质量群众监督制度的形式主要有检举、投诉和控告。

1.2 安全生产法

《中华人民共和国安全生产法》由中华人民共和国第九届全国人民代表大会常务委员会第二十八次会议于2002年6月29日通过，自2002年11月1日起施行。2014年8月31日第十二届全国人民代表大会常务委员会第十次会议通过关于修改《中华人民共和国安全生产法》的决定，并于2014年12月1日起施行。

《中华人民共和国安全生产法》的立法目的是为了加强安全生产工作，防止和减少生产安全事故，保障人民群众生命和财产安全，促进经济社会持续健康发展。

本节主要介绍生产经营单位的安全生产保障、从业人员的安全生产权利和义务、安全生产的监督管理、生产安全事故的应急救援与调查处理等相关内容。

1.2.1 关于生产经营单位安全生产保障的有关规定

1. 组织保障措施

(1) 建立安全生产管理机构和配备专职安全生产管理人员

1) 矿山、金属冶炼、建筑施工、道路运输单位和危险物品的生产、经营、储存单位，应当设置安全生产管理机构或者配备专职安全生产管理人员；

2) 其他生产经营单位，从业人员超过一百人的，应当设置安全生产管理机构或者配备专职安全生产管理人员；从业人员在一百人以下的，应当配备专职或者兼职的安全生产管理人员。

《安全生产法》对安全管理机构的设置和人员配备作出了强制性的规定，即作为法定事项来实施，是保障安全生产的必要条件，是组织、推动安全生产工作、落实安全措施、进行监督检查和提供服务的重要保证。

（2）明确岗位责任

1）生产经营单位的主要负责人的职责

《安全生产法》在明确其主要负责人对本单位安全生产工作全面负责的前提下，又进一步规定了生产经营单位的主要负责人对本单位安全生产工作负有下列七项职责：

① 建立、健全本单位安全生产责任制；

② 组织制定本单位安全生产规章制度和操作规程；

③ 保证本单位安全生产投入的有效实施；

④ 督促、检查本单位的安全生产工作，及时消除生产安全事故隐患；

⑤ 组织制定并实施本单位的生产安全事故应急救援预案；

⑥ 及时、如实报告生产安全事故；

⑦ 组织制定并实施本单位安全生产教育和培训计划。

同时，《安全生产法》第四十七条规定："生产经营单位发生生产安全事故时，单位的主要负责人应当立即组织抢救，并不得在事故调查处理期间擅离职守。"

2）生产经营单位的安全生产管理机构以及安全生产管理人员的职责

① 组织或者参与拟订本单位安全生产规章制度、操作规程和生产安全事故应急救援预案；

② 组织或者参与本单位安全生产教育和培训，如实记录安全生产教育和培训情况；

③ 督促落实本单位重大危险源的安全管理措施；

④ 组织或者参与本单位应急救援演练；

⑤ 检查本单位的安全生产状况，及时排查生产安全事故隐患，提出改进安全生产管理的建议；

⑥ 制止和纠正违章指挥、强令冒险作业、违反操作规程的行为；

⑦ 督促落实本单位安全生产整改措施。

同时，《安全生产法》第四十三条规定："生产经营单位的安全生产管理人员应当根据本单位的生产经营特点，对安全生产状况进行经常性检查；对检查中发现的安全问题，应当立即处理；不能处理的，应当及时报告本单位有关负责人，有关负责人应当及时处理。检查及处理情况应当如实记录在案。"

生产经营单位的安全生产管理人员在检查中发现重大事故隐患，依照规定向本单位有关负责人报告，有关负责人不及时处理的，安全生产管理人员可以向主管的负有安全生产监督管理职责的部门报告，接到报告的部门应当依法及时处理。

3）安全设施、设备质量的相应负责人及负责单位的职责

① 安全设施的设计

建设项目安全设施的设计人、设计单位应当对安全设施设计负责。

矿山、金属冶炼建设项目和用于生产、储存、装卸危险物品的建设项目的安全设施设计应当按照国家有关规定报经有关部门审查，审查部门及其负责审查的人员对审查结果负责。

② 安全设施的施工

矿山、金属冶炼建设项目和用于生产、储存、装卸危险物品的建设项目的施工单位必须按照批准的安全设施设计施工，并对安全设施的工程质量负责。

③ 安全设施的竣工验收

矿山、金属冶炼建设项目和用于生产、储存危险物品的建设项目竣工投入生产或者使用前，应当由建设单位负责组织对安全设施进行验收；验收合格后，方可投入生产和使用。安全生产监督管理部门应当加强对建设单位验收活动和验收结果的监督核查。

④ 安全设备质量

生产经营单位使用的危险物品的容器、运输工具，以及涉及人身安全、危险性较大的海洋石油开采特种设备和矿山井下特种设备，必须按照国家有关规定，由专业生产单位生产，并经具有专业资质的检测、检验机构检测、检验合格，取得安全使用证或者安全标志，方可投入使用。检测、检验机构对检测、检验结果负责。

2. 管理保障措施

（1）人力资源管理

① 对主要负责人和安全生产管理人员的管理

生产经营单位的主要负责人和安全生产管理人员必须具备与本单位所从事的生产经营活动相应的安全生产知识和管理能力。

危险物品的生产、经营、储存单位以及矿山、金属冶炼、建筑施工、道路运输单位的主要负责人和安全生产管理人员，应当由负有安全生产监督管理职责的主管部门对其安全生产知识和管理能力考核合格。考核不得收费。

② 对一般从业人员的管理

生产经营单位应当对从业人员进行安全生产教育和培训，保证从业人员具备必要的安全生产知识，熟悉有关的安全生产规章制度和安全操作规程，掌握本岗位的安全操作技能，了解事故应急处理措施，知悉自身在安全生产方面的权利和义务。未经安全生产教育和培训合格的从业人员，不得上岗作业。

生产经营单位使用被派遣劳动者的，应当将被派遣劳动者纳入本单位从业人员统一管理，对被派遣劳动者进行岗位安全操作规程和安全操作技能的教育和培训。劳务派遣单位应当对被派遣劳动者进行必要的安全生产教育和培训。

生产经营单位应当建立安全生产教育和培训档案，如实记录安全生产教育和培训的时间、内容、参加人员以及考核结果等情况。

③ 对特种作业人员的管理

生产经营单位的特种作业人员必须按照国家有关规定经专门的安全作业培训，取得相应资格，方可上岗作业。

（2）物力资源管理

① 设备的日常管理

生产经营单位应当在有较大危险因素的生产经营场所和有关设施、设备上，设置明显的安全警示标志。

安全设备的设计、制造、安装、使用、检测、维修、改造和报废，应当符合国家标准或者行业标准。

生产经营单位必须对安全设备进行经常性维护、保养，并定期检测，保证正常运转。维护、保养、检测应当做好记录，并由有关人员签字。

② 设备的淘汰制度

国家对严重危及生产安全的工艺、设备实行淘汰制度。生产经营单位不得使用应当淘汰的危及生产安全的工艺、设备。

③ 生产经营项目、场所、设备的转让管理

生产经营单位不得将生产经营项目、场所、设备发包或者出租给不具备安全生产条件或者相应资质的单位或者个人。

生产经营项目、场所发包或者出租给其他单位的，生产经营单位应当与承包单位、承租单位签订专门的安全生产管理协议，或者在承包合同、租赁合同中约定各自的安全生产管理职责；生产经营单位对承包单位、承租单位的安全生产工作统一协调、管理，定期进行安全检查，发现安全问题的，应当及时督促整改。

3. 经济保障措施

（1）保证安全生产所必需的资金

生产经营单位应当具备的安全生产条件所必需的资金投入，由生产经营单位的决策机构、主要负责人或者个人经营的投资人予以保证，并对由于安全生产所必需的资金投入不足导致的后果承担责任。

（2）保证安全设施所需要的资金

生产经营单位新建、改建、扩建工程项目（以下统称建设项目）的安全设施，必须与主体工程同时设计、同时施工、同时投入生产和使用。安全设施投资应当纳入建设项目概算。

（3）保证劳动防护用品、安全生产培训所需要的资金

生产经营单位必须为从业人员提供符合国家标准或者行业标准的劳动防护用品，并监督、教育从业人员按照使用规则佩戴、使用。

生产经营单位应当安排用于配备劳动防护用品、进行安全生产培训的经费。

（4）保证工伤社会保险所需要的资金

生产经营单位必须依法参加工伤保险，为从业人员缴纳保险费。

4. 技术保障措施

（1）对新工艺、新技术、新材料或者使用新设备的管理

生产经营单位采用新工艺、新技术、新材料或者使用新设备，必须了解、掌握其安全技术特性，采取有效的安全防护措施，并对从业人员进行专门的安全生产教育和培训。

（2）对安全条件论证和安全评价的管理

矿山、金属冶炼建设项目和用于生产、储存、装卸危险物品的建设项目，应当按照国家有关规定进行安全评价。

（3）对使用或废弃危险物品的管理

生产、经营、运输、储存、使用危险物品或者处置废弃危险物品的，由有关主管部门依照有关法律、法规的规定和国家标准或者行业标准审批并实施监督管理。

生产经营单位生产、经营、运输、储存、使用危险物品或者处置废弃危险物品，必须执行有关法律、法规和国家标准或者行业标准，建立专门的安全管理制度，采取可靠的安全措施，接受有关主管部门依法实施的监督管理。

（4）对重大危险源的管理

生产经营单位对重大危险源应当登记建档，进行定期检测、评估、监控，并制订应急预案，告知从业人员和相关人员在紧急情况下应当采取的应急措施。

生产经营单位应当按照国家有关规定将本单位重大危险源及有关安全措施、应急措施报有关地方人民政府负责安全生产监督管理的部门和有关部门备案。

（5）对员工宿舍的管理

生产、经营、储存、使用危险物品的车间、商店、仓库不得与员工宿舍在同一座建筑物内，并应当与员工宿舍保持安全距离。

生产经营场所和员工宿舍应当设有符合紧急疏散要求、标志明显、保持畅通的出口。禁止封闭、堵塞生产经营场所或者员工宿舍的出口。

（6）对危险作业的管理

生产经营单位进行爆破、吊装以及国务院安全生产监督管理部门会同国务院有关部门规定的其他危险作业，应当安排专门人员进行现场安全管理，确保操作规程的遵守和安全措施的落实。

（7）对安全生产操作规程的管理

生产经营单位应当教育和督促从业人员严格执行本单位的安全生产规章制度和安全操作规程；并向从业人员如实告知作业场所和工作岗位存在的危险因素、防范措施以及事故应急措施。

（8）对施工现场的管理

两个以上生产经营单位在同一作业区域内进行生产经营活动，可能危及对方生产安全的，应当签订安全生产管理协议，明确各自的安全生产管理职责和应当采取的安全措施，并指定专职安全生产管理人员进行安全检查与协调。

1.2.2 从业人员安全生产的权利和义务的有关规定

生产经营单位的从业人员，是指该单位从事生产经营活动的人员，包括直接操作的人员、工程技术人员、管理人员、服务人员。

1. 安全生产中从业人员的权利

（1）知情权、建议权

生产经营单位的从业人员有权了解其作业场所和工作岗位在安全生产方面的情况：一是存在的危险因素；二是防范措施；三是事故应急措施。同时，这也是生产经营单位应当向从业人员履行告知的义务。

从业人员尤其是工作在第一线的从业人员，对于如何保证安全生产、改善劳动条件及作业环境，具有优先发言权。从业人员对于安全生产工作提出的意见和建议，其所在单位要给予重视和尊重，积极采纳合理的意见，对不采纳的意见应当给予说明和解释。

（2）批评权和检举、控告权

从业人员依法享有批评权、检举权和控告权等基本权利。从业人员有依法对本单位安全生产工作中存在的问题提出批评的权利，也有对其所在单位及有关人员违反安全生产法律、法规的行为向主管部门和司法机关进行检举和控告的权利。生产经营单位不得因从业人员对本单位安全生产工作提出批评、检举、控告而降低其工资、福利等待遇或者解除与其订立的劳动合同。

（3）拒绝权

从业人员有权拒绝违章指挥和强令冒险作业。违章指挥是指生产经营单位不顾从业人员的生命安全和健康，指挥从业人员进行生产活动的行为。强令冒险作业是指生产经营单位管理人员对于存在危及作业人员人身安全的危险因素而又没有相应的安全保护措施的作业，强迫命令、要挟从业人员进行作业。

《安全生产法》规定从业人员行使以上权利时不得降低其工资、福利等待遇或者解除与其订立的劳动合同。同时，根据劳动合同法的规定，劳动者拒绝用人单位管理人员违章指挥、强令冒险作业的，不视为违反劳动合同。用人单位违章指挥、强令冒险作业危及劳动者人身安全的，劳动者可以立即解除劳动合同，不需要事先告知用人单位。

（4）紧急避险权

从业人员发现直接危及人身安全的紧急情况时，有权停止作业或者在采取可能的应急措施后撤离作业场所。行使权利的选择权在从业人员，从业人员不需要在采取可能的应急措施后或者在征得有关负责人同意后撤离作业场所。

生产经营单位不得因从业人员在前款紧急情况下停止作业或者采取紧急撤离措施而降低其工资、福利等待遇或者解除与其订立的劳动合同。

（5）请求赔偿权

因生产安全事故受到损害的从业人员，除依法享有工伤保险外，依照有关民事法律尚有获得赔偿的权利的，有权向用人单位提出赔偿要求。从业人员在依法行使相关权利时，用人单位不得无故推诿、拒绝承担其依法应当承担的法律责任。

依法为从业人员缴纳工伤保险费和给予民事赔偿，是生产经营单位的法定义务。生产经营单位必须依法参加工伤保险，为从业人员缴纳保险费；生产经营单位与从业人员订立的劳动合同，应当载明依法为从业人员办理工伤保险的事项。

（6）获得劳动防护用品的权利

生产经营单位必须为从业人员提供符合国家标准或者行业标准的劳动防护用品，并监督、教育从业人员按照使用规则佩戴、使用。

（7）获得安全生产教育和培训的权利

从业人员有接受安全生产教育和培训的权利。生产经营单位应当按照本单位安全生产教育和培训计划的总体要求，结合各个工作岗位的特点，科学、合理安排从业人员的教育和培训工作，保证其具备从事本职工作应当具备的安全生产知识。

2. 安全生产中从业人员的义务

（1）自律遵规的义务

从业人员在作业过程中，应当严格遵守本单位的安全生产规章制度和操作规程，服从管理。生产经营单位安全生产规章制度包括安全生产责任制、安全技术措施管理、安全生产教育、安全生产检查、伤亡事故报告等。安全操作规程是指在生产活动中为消除导致人身伤亡或造成设备、财产破坏以及危害环境而制定的具体技术要求和实施程序。

（2）参加安全生产教育和培训的义务

从业人员应当接受安全生产教育和培训，掌握本职工作所需的安全生产知识，提高安全生产技能，增强事故预防和应急处理能力。

(3) 自觉佩戴和使用劳动防护用品的义务

劳动防护用品是生产经营单位为从业人员配备的，使其在劳动过程中免遭或者减轻事故伤害及职业危害的个人防护装备。作业人员要珍惜、正确佩戴和认真用好劳动防护用品，未按规定佩戴和使用劳动防护用品的，不得上岗作业。

(4) 危险报告义务

1) 从业人员发现事故隐患或者其他不安全因素，应当立即向现场安全生产管理人员或者本单位负责人报告；接到报告的人员应当及时予以处理。

2) 生产经营单位的安全生产管理人员在检查中发现重大事故隐患，应当立即向本单位主要负责人或主管安全生产工作的其他负责人报告，主要负责人或主管安全生产负责人接到报告后不立即处理的，安全生产管理人员可以越级直接向县级以上人民政府安全生产监管部门和负有安全生产监管职责的有关部门报告。

3) 生产经营单位发生生产安全事故后，事故现场有关人员应当立即向本单位负责人报告，单位负责人接到报告后，应当于1小时内向事故发生地县级以上人民政府安全生产监管部门和负有安全生产监管职责的有关部门报告。情况紧急时，事故现场有关人员可以直接向事故发生地县级以上人民政府安全生产监管部门和负有安全生产监管职责的其他有关部门报告。

1.2.3 安全生产的监督管理的有关规定

1. 对生产经营单位安全生产的监督管理

根据《安全生产法》的有关规定，国务院安全生产监督管理部门，对全国安全生产工作实施综合监督管理，国务院有关部门依照《安全生产法》和其他有关法律、行政法规的规定，在各自的职责范围内对有关行业、领域的安全生产工作实施监督管理。县级以上地方各级人民政府安全生产监督管理部门对本行政区域内安全生产工作实施综合监督管理，县级以上地方各级人民政府有关部门依照《安全生产法》和其他有关法律、法规的规定，在各自的职责范围内对有关行业、领域的安全生产工作实施监督管理。

《安全生产法》中把安全生产监督管理部门和对有关行业、领域的安全生产工作实施监督管理的部门，统称为负有安全生产监督管理职责的部门。

负有安全生产监督管理职责的部门依据《安全生产法》以下规定对生产经营单位的安全生产进行监督管理：

(1) 安全生产监督管理部门应当按照分类分级监督管理的要求，制定安全生产年度监督检查计划，并按照年度监督检查计划进行监督检查，发现事故隐患，应当及时处理。

(2) 负有安全生产监督管理职责的部门依照有关法律、法规的规定，对涉及安全生产的事项需要审查批准（包括批准、核准、许可、注册、认证、颁发证照等，下同）或者验收的，必须严格依照有关法律、法规和国家标准或者行业标准规定的安全生产条件和程序进行审查；不符合有关法律、法规和国家标准或者行业标准规定的安全生产条件的，不得批准或者验收通过。对未依法取得批准或者验收合格的单位擅自从事有关活动的，负责行政审批的部门发现或者接到举报后应当立即予以取缔，并依法予以处理。对已经依法取得批准的单位，负责行政审批的部门发现其不再具备安全生产条件的，应当撤销原批准。

负有安全生产监督管理职责的部门对涉及安全生产的事项进行审查、验收，不得收取费用；不得要求接受审查、验收的单位购买其指定品牌或者指定生产、销售单位的安全设备、器材或者其他产品。

(3) 安全生产监督管理部门和其他负有安全生产监督管理职责的部门依法开展安全生产行政执法工作，对生产经营单位执行有关安全生产的法律、法规和国家标准或者行业标准的情况进行监督检查，行使以下职权：

① 进入生产经营单位进行检查，调阅有关资料，向有关单位和人员了解情况；

② 对检查中发现的安全生产违法行为，当场予以纠正或者要求限期改正；对依法应当给予行政处罚的行为，依照本法和其他有关法律、行政法规的规定作出行政处罚决定；

③ 对检查中发现的事故隐患，应当责令立即排除；重大事故隐患排除前或者排除过程中无法保证安全的，应当责令从危险区域内撤出作业人员，责令暂时停产停业或者停止使用相关设施、设备；重大事故隐患排除后，经审查同意，方可恢复生产经营和使用；

④ 对有根据认为不符合保障安全生产的国家标准或者行业标准的设施、设备、器材以及违法生产、储存、使用、经营、运输的危险物品予以查封或者扣押，对违法生产、储存、使用、经营危险物品的作业场所予以查封，并依法作出处理决定。监督检查不得影响被检查单位的正常生产经营活动。

安全生产监督检查人员应当将检查的时间、地点、内容、发现的问题及其处理情况，作出书面记录，并由检查人员和被检查单位的负责人签字；被检查单位的负责人拒绝签字的，检查人员应当将情况记录在案，并向负有安全生产监督管理职责的部门报告。

负有安全生产监督管理职责的部门在监督检查中，应当互相配合，实行联合检查；确需分别进行检查的，应当互通情况，发现存在的安全问题应当由其他有关部门进行处理的，应当及时移送其他有关部门并形成记录备查，接受移送的部门应当及时进行处理。

(4) 负有安全生产监督管理职责的部门依法对存在重大事故隐患的生产经营单位作出停产停业、停止施工、停止使用相关设施或者设备的决定，生产经营单位应当依法执行，及时消除事故隐患。生产经营单位拒不执行，有发生生产安全事故的现实危险的，在保证安全的前提下，经本部门主要负责人批准，负有安全生产监督管理职责的部门可以采取通知有关单位停止供电、停止供应民用爆炸物品等措施，强制生产经营单位履行决定。通知应当采用书面形式，有关单位应当予以配合。

负有安全生产监督管理职责的部门依照规定采取停止供电措施，除有危及生产安全的紧急情形外，应当提前二十四小时通知生产经营单位。

(5) 负有安全生产监督管理职责的部门应当建立举报制度，公开举报电话、信箱或者电子邮件地址，受理有关安全生产的举报；受理的举报事项经调查核实后，应当形成书面材料；需要落实整改措施的，报经有关负责人签字并督促落实。

(6) 负有安全生产监督管理职责的部门应当建立安全生产违法行为信息库，如实记录生产经营单位的安全生产违法行为信息；对违法行为情节严重的生产经营单位，应当向社会公告，并通报行业主管部门、投资主管部门、国土资源主管部门、证券监督管理机构以及有关金融机构。

2. 其他监督管理途径

(1) 监察机关依照行政监察法的规定，对负有安全生产监督管理职责的部门及其工作人员履行安全生产监督管理职责实施监察。

（2）任何单位或者个人对事故隐患或者安全生产违法行为，均有权向负有安全生产监督管理职责的部门报告或者举报。

（3）居民委员会、村民委员会发现其所在区域内的生产经营单位存在事故隐患或者安全生产违法行为时，应当向当地人民政府或者有关部门报告。

（4）新闻、出版、广播、电影、电视等单位有进行安全生产公益宣传教育的义务，有对违反安全生产法律、法规的行为进行舆论监督的权利。

县级以上各级人民政府及其有关部门对报告重大事故隐患或者举报安全生产违法行为的有功人员，给予奖励。

1.2.4 生产安全事故的应急救援与处理的有关规定

1. 生产安全事故的应急救援

（1）生产安全事故的分类

2007年6月1日起施行的《生产安全事故报告和调查处理条例》对生产安全事故做出了明确的分类。

根据生产安全事故（以下简称事故）造成的人员伤亡或者直接经济损失，事故一般分为以下等级：

1）特别重大事故，是指造成30人以上死亡，或者100人以上重伤（包括急性工业中毒，下同），或者1亿元以上直接经济损失的事故；

2）重大事故，是指造成10人以上30人以下死亡，或者50人以上100人以下重伤，或者5000万元以上1亿元以下直接经济损失的事故；

3）较大事故，是指造成3人以上10人以下死亡，或者10人以上50人以下重伤，或者1000万元以上5000万元以下直接经济损失的事故；

4）一般事故，是指造成3人以下死亡，或者10人以下重伤，或者1000万元以下直接经济损失的事故。

这里所称的"以上"包括本数，所称的"以下"不包括本数。

（2）应急救援体系的建立

《安全生产法》第七十六条规定"国家加强生产安全事故应急能力建设，在重点行业、领域建立应急救援基地和应急救援队伍，鼓励生产经营单位和其他社会力量建立应急救援队伍，配备相应的应急救援装备和物资，提高应急救援的专业化水平。国务院安全生产监督管理部门建立全国统一的生产安全事故应急救援信息系统，国务院有关部门建立健全相关行业、领域的生产安全事故应急救援信息系统。"

《安全生产法》第七十七条规定："县级以上地方各级人民政府应当组织有关部门制定本行政区域内特大生产安全事故应急救援预案，建立应急救援体系。"

《安全生产法》第七十八、七十九条规定，"生产经营单位应当制定本单位生产安全事故应急救援预案，与所在地县级以上地方人民政府组织制定的生产安全事故应急救援预案相衔接，并定期组织演练。危险物品的生产、经营、储存单位以及矿山、金属冶炼、城市轨道交通运营、建筑施工单位应当建立应急救援组织；生产经营规模较小的，可以不建立应急救援组织，但应当指定兼职的应急救援人员。危险物品的生产、经营、储存、运输单位以及矿山、金属冶炼、城市轨道交通运营、建筑施工单位应当配备必要的应急救援器材、设备和物资,并进行经常性维护、保养,保证正常运转。"

2. 生产安全事故报告

《安全生产法》关于生产安全事故报告的规定:

(1) 生产经营单位发生生产安全事故后,事故现场有关人员应当立即报告本单位负责人。

(2) 单位负责人接到事故报告后,应当迅速采取有效措施,组织抢救,防止事故扩大,减少人员伤亡和财产损失,并按照国家有关规定立即如实报告当地负有安全生产监督管理职责的部门,不得隐瞒不报、谎报或者迟报,不得故意破坏事故现场、毁灭有关证据。对于实行施工总承包的建设工程,根据《建设工程安全生产管理条例》第50条的规定,由总承包单位负责上报事故。

(3) 负有安全生产监督管理职责的部门接到事故报告后,应当立即按照国家有关规定上报事故情况。负有安全生产监督管理职责的部门和有关地方人民政府对事故情况不得隐瞒不报、谎报或者拖延不报。

(4) 有关地方人民政府和负有安全生产监督管理职责部门的负责人接到重大生产安全事故报告后,应当立即赶到事故现场,组织事故抢救。

3. 生产安全事故调查处理

根据《安全生产法》第八十三～八十五条的规定,生产安全事故调查处理应当遵守以下基本规定:

(1) 事故调查处理应当按照科学严谨、依法依规、实事求是、注重实效的原则,及时、准确地查清事故原因,查明事故性质和责任,总结事故教训,提出整改措施,并对事故责任者提出处理意见。事故调查报告应当依法及时向社会公布。事故发生单位应及时全面落实整改措施,负有安全生产监督管理职责的部门应当加强监督检查。

(2) 生产经营单位发生生产安全事故,经调查确定为责任事故的,除了应当查明事故单位的责任并依法予以追究外,还应当查明对安全生产的有关事项负有审查批准和监督职责的行政部门的责任,对有失职、渎职行为的,追究法律责任。

1) 生产经营单位的主要负责人在本单位发生生产安全事故时,对生产安全事故隐瞒不报、谎报或者迟报,或不立即组织抢救、在事故调查处理期间擅离职守或者逃匿的,给予降级、撤职的处分,并由安全生产监督管理部门处上一年年收入百分之六十至百分之一百的罚款;对逃匿的处十五日以下拘留;构成犯罪的,依照刑法有关规定追究刑事责任。

2) 有关地方人民政府、负有安全生产监督管理职责的部门,对生产安全事故隐瞒不报、谎报或者迟报的,对直接负责的主管人员和其他直接责任人员依法给予处分;构成犯罪的,依照刑法有关规定追究刑事责任。

3) 发生生产安全事故,对负有责任的生产经营单位除要求其依法承担相应的赔偿等责任外,由安全生产监督管理部门依照下列规定处以罚款:

① 发生一般事故的,处二十万元以上五十万元以下的罚款;
② 发生较大事故的,处五十万元以上一百万元以下的罚款;
③ 发生重大事故的,处一百万元以上五百万元以下的罚款;
④ 发生特别重大事故的,处五百万元以上一千万元以下的罚款;情节特别严重的,处一千万元以上二千万元以下的罚款。

(3) 任何单位和个人不得阻挠和干涉对事故的依法调查处理。

1.3 《建设工程安全生产管理条例》和《建设工程质量管理条例》

《建设工程安全生产管理条例》于 2003 年 11 月 12 日经国务院第 28 次常务会议通过，2003 年 11 月 24 日中华人民共和国国务院令第 393 号公布，自 2004 年 2 月 1 日起施行。

《建设工程安全生产管理条例》的立法目的在于加强建设工程安全生产监督管理，保障人民群众生命和财产安全。《建筑法》和《安全生产法》是制定该条例的基本法律依据，是《建筑法》和《安全生产法》在工程建设领域的进一步细化与延伸。《安全生产管理条例》分别对建设单位、施工单位、工程监理单位以及勘察、设计和其他有关单位的安全责任做出了规定。

《建设工程质量管理条例》经 2000 年 1 月 10 日国务院第 25 次常务会议通过，2000 年 1 月 30 日发布起施行。

《建设工程质量管理条例》立法目的是为了加强对建设工程质量的管理，保证建设工程质量，保护人民生命和财产安全。《中华人民共和国建筑法》是制定该条例的依据。凡在中华人民共和国境内从事建设工程的新建、扩建、改建等有关活动及实施对建设工程质量监督管理的，必须遵守本条例。

1.3.1 《建设工程安全生产管理条例》关于施工单位的安全责任的规定

1. 施工单位的安全责任

（1）主要负责人、项目负责人和专职安全生产管理人员的安全责任

1）主要负责人

加强对施工单位安全生产的管理，首先要明确责任人。《建设工程安全生产管理条例》第 21 条第 1 款的规定，"施工单位主要负责人依法对本单位的安全生产工作全面负责"。

在这里，"主要负责人"并不仅限于施工单位的法定代表人，而是指对施工单位全面负责，有生产经营决策权的人。

根据《建设工程安全生产管理条例》的有关规定，施工单位主要负责人的安全生产方面的主要职责包括：

① 建立健全安全生产责任制度和安全生产教育培训制度；
② 制定安全生产规章制度和操作规程；
③ 保证本单位安全生产条件所需资金的投入；
④ 对所承建的建设工程进行定期和专项安全检查，并做好安全检查记录。

2）项目负责人

《建设工程安全生产管理条例》第 21 条第 2 款规定，"施工单位的项目负责人应当由取得相应执业资格的人员担任，对建设工程项目的安全施工负责"。

项目负责人（主要指项目经理）在工程项目中处于核心地位，对建设工程项目的安全全面负责。根据《建设工程安全生产管理条例》第 21 条的规定，项目负责人的安全责任主要包括：

① 落实安全生产责任制度，安全生产规章制度和操作规程；
② 确保安全生产费用的有效使用；

③ 根据工程的特点组织制定安全施工措施，消除安全事故隐患；
④ 及时、如实报告生产安全事故。
3）安全生产管理机构和专职安全生产管理人员

根据《建设工程安全生产管理条例》第23条规定，"施工单位应当设立安全生产管理机构，配备专职安全生产管理人员"。

安全生产管理机构是指施工单位及其在建设工程项目中设置的负责安全生产管理工作的独立职能部门。

专职安全生产管理人员是指经建设主管部门或者其他有关部门安全生产考核合格，并取得安全生产考核合格证书在企业从事安全生产管理工作的专职人员，包括施工单位安全生产管理机构的负责人及其工作人员和施工现场专职安全生产管理人员。

专职安全生产管理人员的安全责任主要包括：对安全生产进行现场监督检查；发现安全事故隐患，应当及时向项目负责人和安全生产管理机构报告；对于违章指挥、违章操作的，应当立即制止。

（2）总承包单位和分包单位的安全责任
1）总承包单位的安全责任

《建设工程安全生产管理条例》第24条规定，"建设工程实行施工总承包的，由总承包单位对施工现场的安全生产负总责"。为了防止违法分包和转包等违法行为的发生，真正落实施工总承包单位的安全责任，《建设工程安全生产管理条例》进一步强调："总承包单位应当自行完成建设工程主体结构的施工"。这也是《建筑法》的要求，避免由于分包单位的能力的不足而导致生产安全事故的发生。

2）总承包单位与分包单位的安全责任划分

《建设工程安全生产管理条例》第24条规定，"总承包单位依法将建设工程分包给其他单位的，分包合同中应当明确各自的安全生产方面的权利、义务。总承包单位和分包单位对分包工程的安全生产承担连带责任"。

但是，总承包单位与分包单位在安全生产方面的责任也不是固定的，要根据具体的情况来确定责任。《安全生产管理条例》第24条规定："分包单位应当服从总承包单位的安全生产管理，分包单位不服从管理导致生产安全事故的，由分包单位承担主要责任。"

（3）施工单位应采取的安全措施
1）编制安全技术措施、施工现场临时用电方案和专项施工方案

《建设工程安全生产管理条例》第26条规定，施工单位应当在施工组织设计中编制安全技术措施和施工现场临时用电方案。

临时用电方案直接关系到用电人员的安全，应当严格按照《施工现场临时用电安全技术规范》（JGJ 46—2005）进行编制，保障施工现场用电防止触电和电气火灾事故发生。

《建设工程安全生产管理条例》第26条还规定，对下列达到一定规模的危险性较大的分部分项工程编制专项施工方案，并附具安全验算结果，经施工单位技术负责人、总监理工程师签字后实施，由专职安全生产管理人员进行现场监督：

a. 基坑支护与降水工程；b. 土方开挖工程；c. 模板工程；d. 起重吊装工程；e. 脚手架工程；f. 拆除、爆破工程；g. 国务院建设行政主管部门或者其他有关部门规定的其他危险性较大的工程。

对上述所列工程中涉及深基坑、地下暗挖工程、高大模板工程的专项施工方案，施工单位还应当组织专家进行论证、审查。

2) 安全施工技术交底

施工前的安全施工技术交底的目的就是让所有的安全生产从业人员都对安全生产有所了解，最大限度避免安全事故的发生。因此，建设工程施工前，施工单位负责项目管理的技术人员应当对有关安全施工的技术要求向施工作业班组、作业人员作出详细说明，并由双方签字确认。

3) 施工现场的安全防护

施工单位应当在施工现场入口处、施工起重机械、临时用电设施、脚手架、出入通道口、楼梯口、电梯井口、孔洞口、桥梁口、隧道口、基坑边沿、爆破物及有害危险气体和液体存放处等危险部位，设置明显的安全警示标志。安全警示标志必须符合国家标准。

施工单位应当根据不同施工阶段和周围环境及季节、气候的变化，在施工现场采取相应的安全施工措施。施工现场暂时停止施工的，施工单位应当做好现场防护，所需费用由责任方承担，或者按照合同约定执行。

4) 施工现场设置的安全要求

施工单位应当将施工现场的办公、生活区与作业区分开设置，并保持安全距离；办公、生活区的选址应当符合安全性要求。职工的膳食、饮水、休息场所等应当符合卫生标准。施工单位不得在尚未竣工的建筑物内设置员工集体宿舍。

施工现场临时搭建的建筑物应当符合安全使用要求。施工现场使用的装配式活动房屋应当具有产品合格证。临时建筑物一般包括施工现场的办公用房、宿舍、食堂、仓库、卫生间等。

5) 对周边环境采取防护措施

施工单位对因建设工程施工可能造成损害的毗邻建筑物、构筑物和地下管线等，应当采取专项防护措施。施工单位应当遵守有关环境保护法律、法规的规定，在施工现场采取措施，防止或者减少粉尘、废气、废水、固体废物、噪声、振动和施工照明对人和环境的危害和污染。在城市市区内的建设工程，施工单位应当对施工现场实行封闭围挡。

6) 施工现场的消防安全措施

施工单位应当在施工现场建立消防安全责任制度，确定消防安全责任人，制定用火、用电、使用易燃易爆材料等各项消防安全管理制度和操作规程，设置消防通道、消防水源，配备消防设施和灭火器材，并在施工现场入口处设置明显标志。

7) 安全防护设备管理

施工单位采购、租赁的安全防护用具、机械设备、施工机具及配件，应当具有生产（制造）许可证、产品合格证，并在进入施工现场前进行查验。

施工现场的安全防护用具、机械设备、施工机具及配件必须由专人管理，定期进行检查、维修和保养，建立相应的资料档案，并按照国家有关规定及时报废。

作业人员应当遵守安全施工的强制性标准、规章制度和操作规程，正确使用安全防护用具、机械设备等。

8) 起重机械设备管理

施工单位在使用施工起重机械和整体提升脚手架、模板等自升式架设设施前，应当组织有关单位进行验收，也可以委托具有相应资质的检验检测机构进行验收；使用承租的机械设备和施工机具及配件的，由施工总承包单位、分包单位、出租单位和安装单位共同进行验收。验收合格的方可使用。

《特种设备安全监察条例》规定的施工起重机械，在验收前应当经有相应资质的检验检测机构监督检验合格。

施工单位应当自施工起重机械和整体提升脚手架、模板等自升式架设设施验收合格之日起30日内，向建设行政主管部门或者其他有关部门登记。登记标志应当置于或者附着于该设备的显著位置。

9）办理意外伤害保险

《建设工程安全生产管理条例》第38条规定："施工单位应当为施工现场从事危险作业的人员办理意外伤害保险。

意外伤害保险费由施工单位支付。实行施工总承包的，由总承包单位支付意外伤害保险费。意外伤害保险期限自建设工程开工之日起至竣工验收合格止。"

10）安全生产教育培训

① 管理人员的考核

施工单位的主要负责人、项目负责人、专职安全生产管理人员应当经建设行政主管部门或者其他有关部门考核合格后方可任职。

② 作业人员的安全生产教育培训

施工单位应当对管理人员和作业人员每年至少进行一次安全生产教育培训，培训情况计入个人工作档案。安全生产教育培训考核不合格的人员，不得上岗。

作业人员进入新的岗位或者新的施工现场前，应当接受安全生产教育培训。培训或者教育培训考核不合格的人员，不得上岗作业。

施工单位在采用新技术、新工艺、新设备、新材料时，也应当对作业人员进行相应的安全生产教育培训。

③ 特种作业人员的专门培训

垂直运输机械作业人员、安装拆卸工、爆破作业人员、起重信号工、登高架设作业人员等特种作业人员，必须按照国家有关规定经过专门的安全作业培训，并取得特种作业操作资格证书后，方可上岗作业。

2. 施工单位的法律责任

（1）挪用安全生产费用的法律责任

施工单位挪用列入建设工程概算的安全生产作业环境及安全施工措施所需费用的，责令限期改正，处挪用费用20%以上50%以下的罚款；造成损失的，依法承担赔偿责任。

（2）违反施工现场管理的法律责任

施工单位有下列行为之一的，责令限期改正；逾期未改正的，责令停业整顿，并处5万元以上10万元以下的罚款；造成重大安全事故，构成犯罪的，对直接责任人员，依照刑法有关规定追究刑事责任：

1）施工前未对有关安全施工的技术要求作出详细说明的；

2）未根据不同施工阶段和周围环境及季节、气候的变化，在施工现场采取相应的安全施工措施，或者在城市市区内的建设工程的施工现场未实行封闭围挡的；

3）在尚未竣工的建筑物内设置员工集体宿舍的；
4）施工现场临时搭建的建筑物不符合安全使用要求的；
5）未对因建设工程施工可能造成损害的毗邻建筑物、构筑物和地下管线等采取专项防护措施的。

施工单位有前款规定第4）项、第5）项行为，造成损失的，依法承担赔偿责任。

（3）违反安全设施管理的法律责任

施工单位有下列行为之一的，责令限期改正；逾期未改正的，责令停业整顿，并处10万元以上30万元以下的罚款；情节严重的，降低资质等级，直至吊销资质证书；造成重大安全事故，构成犯罪的，对直接责任人员，依照刑法有关规定追究刑事责任；造成损失的，依法承担赔偿责任：

1）安全防护用具、机械设备、施工机具及配件在进入施工现场前未经查验或者查验不合格即投入使用的；
2）使用未经验收或者验收不合格的施工起重机械和整体提升脚手架、模板等自升式架设设施的；
3）委托不具有相应资质的单位承担施工现场安装、拆卸施工起重机械和整体提升脚手架、模板等自升式架设设施的；
4）在施工组织设计中未编制安全技术措施、施工现场临时用电方案或者专项施工方案的。

（4）管理人员不履行安全生产管理职责的法律责任

施工单位的主要负责人、项目负责人未履行安全生产管理职责的，责令限期改正；逾期未改正的，责令施工单位停业整顿；造成重大安全事故、重大伤亡事故或者其他严重后果，构成犯罪的，依照刑法有关规定追究刑事责任。

施工单位的主要负责人、项目负责人有前款违法行为，尚不够刑事处罚的，处2万元以上20万元以下的罚款或者按照管理权限给予撤职处分；自刑罚执行完毕或者受处分之日起，5年内不得担任任何施工单位的主要负责人、项目负责人。

（5）作业人员违章作业的法律责任

作业人员不服管理、违反规章制度和操作规程冒险作业造成重大伤亡事故或者其他严重后果，构成犯罪的，依照刑法有关规定追究刑事责任。

（6）降低安全生产条件的法律责任

施工单位取得资质证书后，降低安全生产条件的，责令限期改正；经整改仍未达到与其资质等级相适应的安全生产条件的，责令停业整顿，降低其资质等级直至吊销资质证书。

（7）其他法律责任

施工单位有下列行为之一的，责令限期改正；逾期未改正的，责令停业整顿，依照《中华人民共和国安全生产法》的有关规定处以罚款；造成重大安全事故，构成犯罪的，对直接责任人员，依照刑法有关规定追究刑事责任：

1）未设立安全生产管理机构、配备专职安全生产管理人员或者分部分项工程施工时无专职安全生产管理人员现场监督的；
2）施工单位的主要负责人、项目负责人、专职安全生产管理人员、作业人员或者特种作业人员，未经安全教育培训或者经考核不合格即从事相关工作的；

3）未在施工现场的危险部位设置明显的安全警示标志，或者未按照国家有关规定在施工现场设置消防通道、消防水源、配备消防设施和灭火器材的；

4）未向作业人员提供安全防护用具和安全防护服装的；

5）未按照规定在施工起重机械和整体提升脚手架、模板等自升式架设设施验收合格后登记的；

6）使用国家明令淘汰、禁止使用的危及施工安全的工艺、设备、材料的。

1.3.2 《建设工程质量管理条例》关于施工单位的质量责任和义务的有关规定

（1）施工单位的市场准入和市场行为：

施工单位应当依法取得相应等级的资质证书，并在其资质等级许可的范围内承揽工程。

施工单位禁止超越本单位资质等级许可的业务范围承揽工程，禁止以其他施工单位名义承揽工程和允许其他单位或个人以本单位的名义承揽工程。

施工单位不得转包或者违法分包工程。

（2）施工单位对建设工程质量责任：

施工单位应当对建设工程的施工质量负责。

1）施工质量是以合同规定的设计文件和相应的技术标准为依据来确定和衡量的。施工单位应对施工质量负责，是指施工单位应在其质量体系正常、有效运行的前提下，保证工程施工的全过程和工程的实物质量符合设计文件和相应技术标准的要求。

2）施工单位的质量责任制，是其质量保证体系的一个重要组成部分，也是项目质量目标得以实现的重要保证。建立质量责任制，主要包括制定质量目标计划，建立考核标准，并层层分解落实到具体的责任单位和责任人，赋予相应的质量责任和权力。落实责任制，不仅是为了保证在出现质量问题时，可以追究责任，更重要的是通过层层落实质量责任制这一手段，做到事事有人管，人人有职责，保证工程的施工质量。

3）在工程项目施工中，可以采用关键施工过程控制法，对关键施工过程和过程节点实施控制。

4）在落实责任制时，责任人应具备相应的个人从业资格。如责任人不具备与其承担的责任相应的技术职称或岗位资格，质量责任制在落实的过程中就会落空。

（3）按图施工：

1）按工程设计图纸施工，是保证工程实现设计意图的前提，也是明确划分设计、施工单位质量责任的前提。施工过程中，如果施工单位不按图施工或不经原设计单位同意，就擅自修改工程设计，其直接的后果，往往违反了原设计的意图，影响工程质量，严重的将给工程结构安全留下隐患。间接后果是在原设计有缺陷或出现工程质量事故的情况下，由于施工单位擅自修改了设计，混淆了设计、施工单位各自应负的质量责任。所以按图施工、不擅自修改工程设计，是施工单位保证工程质量最基本要求。

2）工程建设项目的设计涉及多个专业，各专业间协调配合比较复杂，设计文件可能会有差错。这些差错通常会在图纸会审或施工过程中被逐步发现，对设计文件的差错，施工单位在发现后，有义务及时向设计单位提出，避免造成不必要的损失和质量问题。这是施工单位应具备的起码的职业道德，也是履行合同应尽的最基本的义务。

(4) 施工单位必须按照工程设计要求、施工技术标准和合同约定，对建筑材料、建筑构配件、设备和商品混凝土进行检验，未经检验或检验不合格的，不得使用。

材料、构配件、设备及商品混凝土检验制度，是施工单位质量保证体系的重要组成部分，是保障建设工程质量的重要内容。施工中要按工程设计要求、施工技术标准和合同约定，对建筑材料、建构配件、设备和商品混凝土进行检验。检验工作要按规定的范围和要求进行，按现行标准规定的数量、频率、取样方法进行检验。检验的结果要按规定的格式形成书面记录，并由有关专业人员签字。未经检验或检验不合格的，不得使用；使用在工程上的，要追究批准使用人的责任。

(5) 施工质量检验制度以及隐蔽工程检查：

施工质量检验，通常是指工程施工过程中工序质量检验，或称为过程检验。有预检及隐蔽工程检验和自检、交接检、专职检、分部工程中间检验等。

施工单位要加强对施工过程（工序）的质量控制，特别是要加强影响结构安全的地基和结构等关键施工过程的质量控制。完善的检验制度和严格的工序管理是保证工序过程质量的前提，只有过程网络上的所有过程的质量都受到严格的控制，整个工程的质量才能得以保证。

在施工过程中，某一道工序所完成的工程实物，被后一工序形成的工程实物所隐蔽，而且不可以逆向作业，前者就称为隐蔽工程。建设工程施工，在大多数情况下，具有不可逆性。隐蔽工程被后续工序隐蔽后，其施工质量就很难检验及认定。如果不认真做好隐蔽工程的质量检查工作，就容易给工程留下隐患。所以隐蔽工程在隐蔽前，施工单位除了要做好检查、检验并做好记录之外，还要及时通知建设单位（实施监理的工程为监理单位）和建设工程质量监督机构，以接受政府监督和向建设单位提供质量保证。

(6) 见证取样：

在工程施工过程中，为了控制工程总体或相应部位的施工质量，一般要依据有关技术标准，用特定的方法，对用于工程的材料或构件抽取一定数量的样品，进行检测或试验，并根据其结果来判断其所代表部位的质量。这是控制和判断工程质量水平所采取的重要技术措施。试块和试件的真实性和代表性，是保证这一措施有效的前提条件。建设工程施工检测，应实行有见证取样和送检制度。即施工单位在建设单位或监理单位见证下取样，送至具有相应资质的质量检测单位进行检测。见证人员和取样人员对试样的代表性和真实性负责。

实践证明，见证取样和送检工作为保证建设工程质量检测公正性、科学性、权威性的首要环节，对提高工程质量，实现质量目标起到了重要作用。为监理单位对工程质量的验收、评估提供了直接依据。

见证取样和送检主要程序为：

1) 授权

建设单位或该工程的监理单位应向施工单位、工程受监质监站和工程检测单位递交"见证单位和见证人员授权书"。

2) 取样

施工单位取样人员在现场抽取和制作试样时，必须有见证人见证，见证人应对试样进行监护，并和委托送检的送检人员一起采取有效的封样措施或将试样送至检测单位。

3）送检

检测单位在接受委托检验任务时，须有送检单位填写委托单，见证人应出示《见证人员证书》，并在检验委托单上签名。检测单位均须实施密码管理制度。

4）试验报告

检测单位应在检验报告上加盖"有见证取样送检"印章。发生试样不合格情况，应在24小时内上报收监质监站，并建立不合格项目台账。

5）报告领取

第一种情况：检验结果合格，由施工单位领取报告，办理签收登记。

第二种情况：检验结果不合格，试验单位通知见证人上报监督站。由见证人领取试验报告。

在见证取样和送检试验报告中，试验室应在报告备注栏中注明见证人，加盖有"有见证检验"专用章，不得再加盖"仅对来样负责"的印章，一旦发生试验不合格情况，应立即通知监督该工程的建设工程质量监督机构和见证单位，有出现试验不合格而需要按有关规定重新加倍取样复试时，还需按见证取样送检程序来执行。

未注明见证人和无"有见证检验"章的试验报告，不得作为质量保证资料和竣工验收资料。

（7）保修：

建设工程质量保修制度，是指建设工程在办理竣工验收手续后，在规定的保修期限内，因勘察、设计、施工、材料等原因造成的质量缺陷，应当由施工承包单位负责维修、返工或更换，由责任单位负责赔偿损失。

建设工程实行质量保修制度是落实建设工程质量责任的重要措施。《建筑法》、《质量管理条例》、《房屋建筑工程质量保修办法》对该项制度的规定主要有以下两方面内容：

一是建设工程承包单位在向建设单位提交竣工验收报告时，应当向建设单位出具质量保修书。质量保修书应当明确建设工程的保修范围、保修期限和保修责任等。保修范围和正常使用条件下的最低保修期限为：

1）基础设施工程、房屋建筑的地基基础工程和主体结构工程，为设计文件规定的该工程的合理使用年限；

2）屋面防水工程、有防水要求的卫生间、房间和外墙面的防渗漏为5年；

3）供热与供冷系统，为2个采暖期、供冷期；

4）电气管线、给水排水管道、设备安装和装修工程，为2年。

其他项目的保修期限由发包方与承包方约定。建设工程的保修期，自竣工验收合格之日起计算。因使用不当或者第三方造成的质量缺陷，以及不可抗力造成的质量缺陷，不属于法律规定的保修范围。

二是建设工程在保修范围和保修期限内发生质量问题的，施工单位应当履行保修义务，并对造成的损失承担赔偿责任。

对在保修期限内和保修范围内发生的质量问题，一般应先由建设单位组织勘察、设计、施工等单位分析质量问题的原因，确定维修方案，由施工单位负责维修。但当问题较严重复杂时，不管是什么原因造成的，只要是在保修范围内，均先由施工单位履行保修义务，不得推诿扯皮。对于保修费用，则由质量缺陷的责任方承担。

(8) 教育培训制度：

施工单位建立、健全教育培训制度，加强对职工的教育培训，是企业重要的基础工作之一，只有全员素质的提高，工程质量才能从根本上得到保证，由于施工单位从事施工活动的大多数人员都来自农村，而且增长速度快，施工单位的培训任务十分艰巨。教育培训通常包括各类质量教育和岗位技能培训等。

1.4 《劳动法》和《劳动合同法》

《中华人民共和国劳动法》（以下简称《劳动法》）是调整劳动关系和与劳动关系相关关系的法律规范的总称。《中华人民共和国劳动合同法》（以下简称《劳动合同法》）是劳动法的重要组成部分，对其劳动合同这一章节进行了重新规定和解读。

《劳动法》与《劳动合同法》属于基本法和特别法的关系，在一定范围内适用的法律是基本法，具有普遍性，而特别法是在特定范围内适用的法律，效力仅及于特定的人或事。一般在法律适用上，特别法优于普通法。如《劳动法》和《劳动合同法》都有规定的，适用于《劳动合同法》的规定。

1.4.1 劳动合同和集体合同的有关规定

1. 劳动合同

《劳动法》的第十六条至三十二条关于劳动合同相关的内容。

《劳动合同法》的第七条至第五十条是对合同从订立到终止全过程的明确阐述。

（1）劳动合同的概念

劳动合同是劳动者与用人单位确立劳动关系，明确双方权利和义务的协议。根据这个协议，劳动者加入企业、个体经济组织、事业组织、国家机关、社会团体等用人单位，成为该单位的一员，承担一定的工种、岗位或职务工作，并遵守所在单位的内部劳动规则和其他规章制度；用人单位应及时安排被录用的劳动者工作，按照劳动者提供劳动的数量和质量支付劳动报酬，并且根据劳动法律、法规规定和劳动合同的约定提供必要的劳动条件，保证劳动者享有劳动保护及社会保险、福利等权利和待遇。

（2）劳动合同的主体

建立劳动关系应当订立劳动合同。其中劳动主体是指用人单位和劳动者，劳动合同的主体与其他合同关系的主体不同：其一，劳动合同的主体是由法律规定的具有特定性，不具有法律资格的公民与不具有用工权的组织不能签订劳动合同；其二，劳动合同签订后，其主体之间具有行政隶属性，劳动者必须依法服从用人单位的行政管理。劳动关系指劳动者与用人单位（包括各类企业、个体工商户、事业单位等）在实现劳动过程中建立的社会经济关系。

（3）劳动合同的类型

劳动合同的期限将类型分为固定期限的劳动合同，无固定期限的劳动合同和以完成一定的工作为期限的劳动合同。

1）固定期限的劳动合同：用人单位与劳动者订立有一定期限的劳动协议。当合同期限届满，合同双方的劳动法律关系即行终止。如双方同意，可续订合同。

2) 无固定期限的劳动合同：用人单位与劳动者签订无期限规定的劳动协议。劳动者长期在用人单位内生产工作。这种合同一般适用于专业性强、时间持续的工作岗位。

用人单位与劳动者协商一致，可以订立无固定期限劳动合同。有下列情形之一，劳动者提出或者同意续订、订立劳动合同的，除劳动者提出订立固定期限劳动合同外，应当订立无固定期限劳动合同：

① 劳动者在该用人单位连续工作满十年的；

② 用人单位初次实行劳动合同制度或者国有企业改制重新订立劳动合同时，劳动者在该用人单位连续工作满十年且距法定退休年龄不足十年的；

③ 连续订立二次固定期限劳动合同，且劳动者没有《劳动合同法》第三十九条和第四十条第一项、第二项规定的情形，续订劳动合同的。

用人单位自用工之日起满一年不与劳动者订立书面劳动合同的，视为用人单位与劳动者已订立无固定期限劳动合同。

3) 以完成一定工作为期限的劳动合同：以劳动者所担负的工作任务来确定合同期限的劳动合同。如以完成某项科研，以及带有临时性、季节性的劳动合同。当事人在合同存续期间建立的是劳动法律关系，劳动者加入劳动单位集体，遵守劳动单位内部规则，享受劳动保险待遇。

（4）劳动合同的特征

劳动合同除了具有合同的共同特征外，还有自己独有的特征：

1) 劳动合同主体具有特定性。一方是劳动者，即具有劳动权利能力和劳动行为能力的中国人、外国人和无国籍人；另一方是用人单位，即具有使用劳动能力的权利能力和行为能力的企业个体经济组织、事业组织、国家机关、社会团体等用人单位。双方在实现劳动过程中具有支配与被支配、领导与服从的从属关系。

2) 劳动合同内容具有劳动权利和义务的统一性和对应性。没有只享受劳动权利而不履行劳动义务的，也没有只履行劳动义务而不享受劳动权利的。一方的劳动权利是另一方的劳动义务，反之亦然。

3) 劳动合同客体具有单一性，即劳动行为。

4) 劳动合同具有诺成、有偿、双务合同的特征。劳动者与用人单位就劳动合同条款内容达成一致意见，劳动合同即成立。用人单位根据劳动者劳动的数量和质量给付劳动报酬，不能无偿使用劳动力。劳动者与用人单位均享有一定的权利并履行相应的义务。

5) 劳动合同往往涉及第三人的物质利益关系。劳动合同必须具备社会保险条款，同时劳动合同双方当事人也可以在劳动合同中明确规定有关福利待遇条款，而这些条款往往涉及第三人物质利益待遇。

（5）劳动合同的作用

1) 劳动合同是建立劳动关系的基本形式。以劳动合同作为建立劳动关系的基本形势是世界各国的普遍做法。这是由于劳动过程是非常复杂的也是千变万化的，不同行业、不同单位合同劳动者在劳动过程中的权利义务各不相同，国家法律法规只能对共性问题做出规定，不可能对当事人的具体权利义务做出规定，这就要求签订劳动合同明确权利义务。

2) 劳动合同是促进劳动力资源合理配置的重要手段。用人单位可以根据生产经营或工作需要确定录用劳动者的条件和方式数量，并且通过签订不同类型不同期限的劳动合同，发挥劳动者的特长合理使用劳动力。

3）劳动合同有利于避免或减少劳动争议。劳动合同明确规定劳动者和用人单位的权利义务，这既是对合同主体双方的保障又是一种约束，有助于提高双方履行合同的自觉性，促使双方正确行使权力，严格履行义务。因为劳动合同的订立和履行有利于避免或减少劳动争议的发生，有利于稳定劳动关系。

（6）劳动合同的订立

1）劳动合同订立的基本原则

① 合法原则

劳动合同必须依法以书面形式订立。做到主体合法、内容合法、形式合法、程序合法。只有合法的劳动合同才能产生相应的法律效力。任何一方面不合法的劳动合同，都是无效合同，不受法律承认和保护。

② 协商一致原则

在合法的前提下，劳动合同的订立必须是劳动者与用人单位双方协商一致的结果，是双方"合意"的表现不能是单方意思表示的结果。

③ 合同主体地位平等原则

在劳动合同的订立过程中，当事人双方的法律地位是平等的。劳动者与用人单位不因为各自性质的不同而处于不平等地位，任何一方不得对他方进行胁迫或强制命令，严禁用人单位对劳动者横加限制或强迫命令的情况。只有真正做到地位平等，才能使所订立的劳动合同具有公正性。

④ 等价有偿原则

劳动合同明确双方在劳动关系中的地位作用，劳动合同是一种双务有偿合同，劳动者承担和完成用人单位分配的劳动任务，用人单位付给劳动者一定的报酬，并负责劳动者的保险金额。

2）劳动合同订立的时间要求和形式

用人单位自用工之日起即与劳动者建立劳动关系。用人单位应当建立职工名册备查。

《劳动合同法》第十条规定：建立劳动关系，应当订立书面劳动合同。

已建立劳动关系，未同时订立书面劳动合同的，应当自用工之日起一个月内订立书面劳动合同，否则用人单位须向劳动者支付双倍工资。自用工之日起超过一年未与劳动者签订书面劳动合同的，视为双方已经形成无固定期限劳动合同。

《劳动合同法》第六十九条规定非全日制用工双方当事人可以订立口头协议，不用定力书面劳动合同。对非全日制用工要注意以下几点：

① 非全日制劳动者在同一用人单位一般平均每日工作时间不超过 4 小时。每周工作时间累计不超过 24 小时。

② 非全日制用工不得约定试用期。

③ 非全日制用工小时计酬标准不得低于最低小时工资标准。

④ 非全日制用工劳动报酬结算支付周期最长不得超过 15 日。

⑤ 用人单位必须为劳动者缴纳工伤保险，否则发生工伤事故则要承担相关责任。

用人单位与劳动者在用工前订立劳动合同的，劳动关系自用工之日起建立。

3）劳动合同订立的应具备的条款
① 用人单位的名称、住所和法定代表人或者主要负责人
② 劳动者的姓名、住址和居民身份证或者其他有效身份证件号码
③ 劳动合同期限

法律规定合同期限分为三种：固定期限，如1年期限、3年期限等均属这一种；无固定期限，合同期限没有具体时间约定，只约定终止合同的条件，无特殊情况，这种期限的合同应存续到劳动者到达退休年龄；以完成一定的工作为期限，如劳务公司外派一员工去另外一公司工作，两个公司签订了劳务合同，劳务公司与外派员工签订的劳动合同期限是以劳务合同的解除或终止而终止，这种合同期限就属于以完成一定工作为期限的种类。用人单位与劳动者在协商选择合同期限时，应根据双方的实际情况和需要来约定。

④ 工作内容和工作地点

在工作内容这一条款中，双方可以约定工作数量、质量，劳动者的工作岗位等内容。

⑤ 劳动报酬

此必备条款可以约定劳动者的标准工资、加班加点工资、奖金、津贴、补贴的数额及支付时间、支付方式等。

⑥ 社会保险
⑦ 劳动保护、劳动条件和职业危害防护

在这方面可以约定工作时间和休息休假的规定，各项劳动安全与卫生的措施，对女工和未成年工的劳动保护措施与制度，以及用人单位为不同岗位劳动者提供的劳动、工作的必要条件等。

⑧ 劳动合同终止的条件。

这一条款一般是在无固定期限的劳动合同中约定，因这类合同没有终止的时限。但其他期限种类的合同也可以约定。但是，双方当事人不得将法律规定的可以解除合同的条件约定为终止合同的条件，以避免出现用人单位应当在解除合同时支付经济补偿金而改为终止合同不予支付经济补偿金的情况。

⑨ 违反劳动合同的责任

一般合同约定两种违约责任形式，第一种是一方违约赔偿给对方造成经济损失，即赔偿损失的方式；二是约定违约金的计算方法，采用违约金方式应当注意根据职工一方承受能力来约定具体金额，避免出现显失公平的情形。违约，不是指一般性的违约，而是指严重违约，致使劳动合同无法继续履行，如职工违约离职，单位违法解除劳动者合同等。

⑩ 法律、法规规定应当纳入劳动合同的其他事项

劳动合同除规定的必备条款外，用人单位与劳动者可以约定试用期、培训、保守秘密、补充保险和福利待遇等其他事项。

4）试用期

劳动合同期限三个月以上不满一年的，试用期不得超过一个月；劳动合同期限一年以上不满三年的，试用期不得超过二个月；三年以上固定期限和无固定期限的劳动合同，试用期不得超过六个月。

同一用人单位与同一劳动者只能约定一次试用期。

以完成一定工作任务为期限的劳动合同或者劳动合同期限不满三个月的，不得约定试

用期。

试用期包含在劳动合同期限内。劳动合同仅约定试用期的,试用期不成立,该期限为劳动合同期限。

用人单位在试用期解除劳动合同的,应当向劳动者说明理由。

劳动者在试用期的工资不得低于本单位相同岗位最低档工资或者劳动合同约定工资的百分之八十,并不得低于用人单位所在地的最低工资标准。

(7) 劳动合同的履行和变更

1) 用人单位与劳动者应当按照劳动合同的约定,全面履行各自的义务。

2) 用人单位应当按照劳动合同约定和国家规定,向劳动者及时足额支付劳动报酬。如用人单位拖欠或者未足额支付劳动报酬的,劳动者可以依法向当地人民法院申请支付令,人民法院应当依法发出支付令。

3) 用人单位应当严格执行劳动定额标准,不得强迫或者变相强迫劳动者加班。用人单位安排加班的,应当按照国家有关规定向劳动者支付加班费。

4) 劳动者有权利拒绝用人单位管理人员违章指挥、强令冒险作业的情况。对危害生命安全和身体健康的劳动条件,劳动者有权对用人单位提出批评、检举和控告。

5) 用人单位变更名称、法定代表人、主要负责人或者投资人等事项,不影响劳动合同的履行。用人单位发生合并或者分立等情况,原劳动合同继续有效,劳动合同由承继其权利和义务的用人单位继续履行。

6) 用人单位与劳动者协商一致,变更劳动合同约定内容。变更劳动合同,应当采用书面形式。变更后的劳动合同文本由用人单位和劳动者各执一份。

(8) 劳动合同的解除和终止

1) 劳动合同的解除

合同解除包括双方解除和单方解除。双方解除是当事人双方为了消灭原有的合同而订立的新合同,即解除合同。单方解除是指当事人一方通过行使法定解除权或者约定解除权而使合同的效力消灭。

① 劳动者与用人单位双方协商一致解除劳动合同。

《劳动法》第二十四条规定,经劳动合同当事人协商一致,劳动合同可以解除。

② 劳动者单方解除劳动合同。

劳动者提出解除劳动合同需提前三十日以书面形式通知用人单位。如试用期内需提前三日通知用人单位。

用人单位有下列情形之一的,劳动者可以解除劳动合同(劳动合同法第三十八条):

a. 未按照劳动合同约定提供劳动保护或者劳动条件的;

b. 未及时足额支付劳动报酬的;

c. 未依法为劳动者缴纳社会保险费的;

d. 用人单位的规章制度违反法律、法规的规定,损害劳动者权益的;

e. 因以欺诈、胁迫的手段或者乘人之危,使对方在违背真实意思的情况下订立或者变更劳动合同的情形致使劳动合同无效;

f. 用人单位以暴力、威胁或者非法限制人身自由的手段强迫劳动者劳动的,或者用人单位违章指挥、强令冒险作业危及劳动者人身安全的,劳动者可以立即解除劳动合同,不需事先告知用人单位；

g. 法律、行政法规规定劳动者可以解除劳动合同的其他情形。

③ 用人单位可以单方解除劳动合同的情形。

a. 劳动者有下列情形之一的，用人单位可以解除劳动合同：

(a) 在试用期间被证明不符合录用条件的；

(b) 严重违反用人单位的规章制度的；

(c) 严重失职，营私舞弊，给用人单位造成重大损害的；

(d) 劳动者同时与其他用人单位建立劳动关系，对完成本单位的工作任务造成严重影响，或者经用人单位提出，拒不改正的；

(e) 以欺诈、胁迫的手段或者乘人之危，使对方在违背真实意思的情况下订立或者变更劳动合同的；

(f) 被依法追究刑事责任的。

b. 有下列情形之一的，用人单位提前三十日以书面形式通知劳动者本人或者额外支付劳动者一个月工资后，可以解除劳动合同（劳动合同法第四十条）：

(a) 劳动者患病或者非因工负伤，在规定的医疗期满后不能从事原工作，也不能从事由用人单位另行安排的工作的；

(b) 劳动者不能胜任工作，经过培训或者调整工作岗位，仍不能胜任工作的；

(c) 劳动合同订立时所依据的客观情况发生重大变化，致使劳动合同无法履行，经用人单位与劳动者协商，未能就变更劳动合同内容达成协议的。

c. 有下列情形之一，需要裁减人员二十人以上或者裁减不足二十人但占企业职工总数百分之十以上的，用人单位提前三十日向工会或者全体职工说明情况，听取工会或者职工的意见后，裁减人员方案经向劳动行政部门报告，可以裁减人员：

(a) 依照企业破产法规定进行重整的；

(b) 生产经营发生严重困难的；

(c) 企业转产、重大技术革新或者经营方式调整，经变更劳动合同后，仍需裁减人员的；

(d) 其他因劳动合同订立时所依据的客观经济情况发生重大变化，致使劳动合同无法履行的。

裁减人员时，应当优先留用下列人员：

(a) 与本单位订立较长期限的固定期限劳动合同的；

(b) 与本单位订立无固定期限劳动合同的；

(c) 家庭无其他就业人员，有需要扶养的老人或者未成年人的。

用人单位依照规定裁减人员，在六个月内重新招用人员的，应当通知被裁减的人员，并在同等条件下优先招用被裁减的人员。

d. 劳动者有下列情形之一的，用人单位不得解除劳动合同：

(a) 从事接触职业病危害作业的劳动者未进行离岗前职业健康检查，或者疑似职业病病人在诊断或者医学观察期间的；

(b) 在本单位患职业病或者因工负伤并被确认丧失或者部分丧失劳动能力的；

(c) 患病或者非因工负伤，在规定的医疗期内的；

(d) 女职工在孕期、产期、哺乳期的；

(e) 在本单位连续工作满十五年，且距法定退休年龄不足五年的；
(f) 法律、行政法规规定的其他情形。
(9) 劳动合同终止
1) 有下列情形之一的，劳动合同终止：
① 劳动合同期满的；
② 劳动者开始依法享受基本养老保险待遇的；
③ 劳动者死亡，或者被人民法院宣告死亡或者宣告失踪的；
④ 用人单位被依法宣告破产的；
⑤ 用人单位被吊销营业执照、责令关闭、撤销或者用人单位决定提前解散的；
⑥ 法律、行政法规规定的其他情形。
2) 有下列情形之一的，用人单位应当向劳动者支付经济补偿：
① 劳动者依照劳动合同法法第三十八条规定解除劳动合同的；
② 用人单位向劳动者提出解除劳动合同并与劳动者协商一致解除劳动合同的；
③ 用人单位依照劳动合同法第四十条解除劳动合同的；
④ 用人单位因裁员解除劳动合同的；
⑤ 除用人单位维持或者提高劳动合同约定条件续订劳动合同，劳动者不同意续订的情形外，劳动合同期满终止固定期限劳动合同的；
⑥ 因企业破产或被吊销营业执照、责令关闭、撤销以及用人单位决定提前解散而终止劳动合同的；
⑦ 法律、行政法规规定的其他情形。

用人单位应当在解除或者终止劳动合同时出具解除或者终止劳动合同的证明，并在十五日内为劳动者办理档案和社会保险关系转移手续。劳动者应当按照双方约定，办理工作交接。用人单位依照本法有关规定应当向劳动者支付经济补偿的，在办结工作交接时支付。用人单位对已经解除或者终止的劳动合同的文本，至少保存两年备查。

(10) 违约

违约责任的承担方式可以约定两种形式，第一种赔偿损失的方法，即约定由违约一方赔偿给对方造成经济损失；第二是约定违约金。另外，所谓的违约，不是一般性的违约，而是指比较严重的违约，造成劳动合同无法继续履行，如职工违约离职，单位违法解除劳动者合同等。

1) 用人单位的违约责任。

根据《劳动合同法》规定，用人单位违反本法规定解除或者终止劳动合同的，应当依照规定的经济补偿标准的二倍向劳动者支付赔偿金。

2) 劳动者的违约责任。

根据《中华人民共和国劳动合同法实施条例》第二十六条规定，用人单位与劳动者约定了服务期，劳动者依照劳动合同法第三十八条的规定解除劳动合同的，不属于违反服务期的约定，用人单位不得要求劳动者支付违约金。

有下列情形之一，用人单位与劳动者解除约定服务期的劳动合同的，劳动者应当按照劳动合同的约定向用人单位支付违约金：
① 劳动者严重违反用人单位的规章制度的；

② 劳动者严重失职，营私舞弊，给用人单位造成重大损害的；
③ 劳动者同时与其他用人单位建立劳动关系，对完成本单位的工作任务造成严重影响，或者经用人单位提出，拒不改正的；
④ 劳动者以欺诈、胁迫的手段或者乘人之危，使用人单位在违背真实意思的情况下订立或者变更劳动合同的；
⑤ 劳动者被依法追究刑事责任的。

（11）赔偿

1）员工拒签劳动合同：

自用工之日起一个月内，经用人单位书面通知后，员工拒绝与用人单位签订劳动合同的，用人单位可以书面通知劳动者终止劳动关系，且用人单位无需对劳动者进行任何赔偿，但是应当依法向劳动者支付其实际工作时间的劳动报酬；

2）用人单位拒签劳动合同：

① 用人单位拒绝与劳动者签订劳动合同的，用人单位应当赔偿劳动者双倍工资。
② 用人单位自用工之日起满一年不与劳动者订立书面劳动合同的，视为用人单位与劳动者已订立无固定期限劳动合同。此时用人单位不与劳动者订立无固定期限劳动合同的，应当自订立无固定期限劳动合同之日起向劳动者每月支付二倍的工资。
③ 用人单位违反相关法规拒绝与劳动者订立劳动合同，后将劳动者辞退的，应当赔偿劳动者经济补偿金，若属于违法辞退，则需要向劳动者支付经济赔偿金。

经济补偿按劳动者在本单位工作的年限，每满一年支付一个月工资（劳动者在劳动合同解除或者终止前十二个月的平均工资。）的标准向劳动者支付。六个月以上不满一年的，按一年计算；不满六个月的，向劳动者支付半个月工资的经济补偿。劳动者月工资高于用人单位所在直辖市、设区的市级人民政府公布的本地区上年度职工月平均工资三倍的，向其支付经济补偿的标准按职工月平均工资三倍的数额支付，向其支付经济补偿的年限最高不超过十二年。

（12）劳动合同范本

劳动合同范本如下：

劳动合同范本

用人单位（甲方）：
地址（住所）：
法定代表人（主要负责人）

员工姓名（乙方）：
身份证住址：
身份证号码：

根据《劳动法》、《劳动合同法》等有关劳动法律、法规的规定，甲乙双方按照"合法、公平、平等自愿、协商一致、诚实信用"的原则，签订本劳动合同，确立劳动关系。

一、劳动合同期限

（一）甲、乙双方商定，采取下列第_____种形式确定劳动合同期：

1、有固定期限：从_____年_____月_____日起至_____年_____月_____日止。

2、无固定期限：从_____年_____月_____日起至法定终止条件出现时止。
3、以完成一定的工作任务为期限：从_____年_____月_____日至工作任务完成时止。
（二）试用期的约定，采取下列第_____种形式：
1、无试用期。
2、试用期为_____个月（天），从_____年_____月_____日起至_____年_____月_____日止。

二、工作内容和工作地点
（一）乙方的工作岗位（部门、工种或职务）为：
（二）乙方的工作任务或职责是：
（三）乙方工作地点是：
如甲方派乙方到外地或外单位工作，应签订补充协议。
（四）甲方根据生产经营需要和乙方的能力表现，可以合理调整乙方的工作岗位（包括部门、工种或职务）。

三、工作时间和休息休假
（一）甲乙双方同意按以下第_____种方式确定乙方的工作时间：
1、标准工时制，即每日工作8小时，每周工作40小时，每周至少休息一天。
2、不定时工作制，即经劳动保障部门审批，乙方所在岗位实行不定时工作制。
3、综合计算工时工作制，即经劳动保障部门审批，乙方所在岗位实行以为周期，总工时小时的综合计算工时工作制。
（二）甲方因生产（工作）需要，经与工会和乙方协商后可以延长工作时间。除《劳动法》第四十二条规定的情形外，一般每日不得超过1小时，因特殊原因最长每日不得超过3小时，每月不得超过36小时。
（三）休息日和法定节假日，甲方依法安排乙方休息休假，因工作需要安排乙方加班的，依法安排补休或支付加班费。

四、劳动报酬
（一）乙方正常工作时间的工资按下列第（　　）种形式执行，不得低于当地最低工资标准。
1、乙方试用期工资_____元/月；试用期满工资_____元/月。
2、其他形式：_____。
（二）工资必须以法定货币支付，不得以实物及有价证券替代货币支付。
（三）甲方可以根据企业人力资源的经营状况和乙方的能力表现，及工作岗位的调整情况，合理调整乙方的工资。
（四）甲方每月_____日发放乙方上一个月的工资。如遇节假日或休息日，则提前到最近的_____工作日支付。
（五）甲方依法安排乙方延长工作时间的，应按《劳动法》第四十四条的规定支付延长工作时间的工资报酬。
（六）因乙方过错造成乙方停工，甲方不支付乙方停工期间的工资，并可根据造成的损失，按有关规定相应处理。
（七）非因乙方原因造成甲方停工、停产，未超过一个工资支付周期（最长三十日）的，甲方应当按照正常工作时间支付工资。超过一个工资支付周期的，可以根据乙方提供的劳动，按照双方新约定的标准支付工资；甲方没有安排乙方工作的，应当按照不低于当地最低工资标准的百分之八十支付劳动者生活费，生活费发放至企业人力资源复工、复产或者解除劳动关系。
（八）乙方因病或者非因工负伤停止工作进行治疗，在国家人力资源规定医疗期内，甲方应当依照国家人力资源有关规定支付病伤假期工资。甲方支付的病伤假期工资不得低于当地最低工资标准的百分之八十。

（九）乙方依法享受法定休假日、年休假、探亲假、婚假、丧假、产假、看护假、计划生育假等假期期间，甲方应当视同其正常劳动并支付正常工作时间的工资。

五、社会保险和福利待遇

（一）劳动合同期内，甲方应依法为乙方办理参加养老、医疗、失业、工伤、生育等社会保险的手续，社会保险费按规定的比例，由甲乙双方负责。

（二）乙方患病或非因工负伤，甲方应按国家人力资源和地方的规定给予医疗期和医疗待遇，按医疗保险及其他相关规定报销医疗费用，并在规定的医疗期内支付病假工资或疾病救济费。

（三）乙方患职业病、因工负伤或者因工死亡的，甲方应按《工伤保险条例》的规定办理。

六、劳动保护、劳动条件和职业危害防护

（一）甲方按国家人力资源有关劳动保护规定提供符合国家人力资源劳动卫生标准的劳动作业场所，切实保护乙方在生产工作中的安全和健康。如乙方工作过程中可能产生职业危害，甲方应按《职业病防治法》的规定保护乙方的健康及其相关权益。

（二）甲方根据乙方从事的工作岗位，按国家人力资源有关规定，发给乙方必要的劳动保护用品，并按劳动保护规定免费安排乙方进行体检。

（三）乙方有权拒绝甲方的违章指挥、强令冒险作业，对甲方及其管理人员漠视乙方安全和健康的行为，有权要求改正并向有关部门检举、控告。

七、劳动纪律

（一）乙方应自觉遵守法律、法规、规章和企业人力资源依法制定的各项规章制度，严格遵守安全操作规程，服从管理，按时完成工作任务。

（二）乙方应保守甲方的商业秘密和与知识产权相关的保密事项。

八、劳动合同范本的履行和变更

（一）甲乙双方应当按照劳动合同的约定，全面履行各自的义务。

（二）甲乙双方协商一致，可以变更劳动合同约定的内容。变更劳动合同，应当采用书面形式。

九、劳动合同的解除、终止和续订

（一）双方协商一致，可以解除劳动合同。由甲方提出协商解除劳动合同的，应依法支付乙方经济补偿金；由乙方提出协商解除劳动合同的，甲方无需支付乙方经济补偿。

（二）乙方提前三十日以书面形式通知甲方，可以解除劳动合同。乙方在试用期内提前三日通知甲方，可以解除劳动合同。

（三）甲方有下列情形之一的，乙方可以解除劳动合同，并有权要求甲方支付解除劳动合同的经济补偿金：

1、未按照劳动合同约定提供劳动保护或者劳动条件的；

2、未及时足额支付劳动报酬的；

3、未依法为乙方缴纳社会保险费的；

4、甲方的规章制度违反法律、法规的规定，损害乙方权益的；

5、因甲方过错致使劳动合同无效的；

6、法律、行政法规规定乙方可以解除劳动合同的其他情形。

（四）乙方有下列情形之一的，甲方可以解除劳动合同，且无需支付乙方解除劳动合同的经济补偿金。

1、在试用期间被证明不符合录用条件的；

2、严重违反甲方的规章制度的；

3、严重失职，营私舞弊，给甲方造成重大损害的；

4、乙方同时与其他用人单位建立劳动关系，对完成甲方的工作任务造成严重影响，或者经甲方提出，拒不改正的；
　　5、因乙方过错致使劳动合同无效的；
　　6、被依法追究刑事责任的。
　　（五）有下列情形之一的，甲方提前三十日以书面形式通知乙方或者额外支付员工一个月工资后，可以解除劳动合同，但应支付乙方解除劳动合同的经济补偿金：
　　1、乙方工患病或者非因工负伤，在规定的医疗期满后不能从事原工作，也不能从事由用人单位另行安排的工作的；
　　2、乙方不能胜任工作，经过培训或者调整工作岗位，仍不能胜任工作的；
　　3、劳动合同订立时所依据的客观情况发生重大变化，致使劳动合同无法履行，经甲方与乙方协商，未能就变更劳动合同内容达成协议的。
　　（六）有下列情形之一，甲方可按《劳动合同法》第四十一条的规定解除劳动合同，但应支付乙方解除劳动合同的经济补偿金：
　　1、依照企业人力资源破产法规定进行重整的；
　　2、生产经营发生严重困难的；
　　3、企业人力资源转产、重大技术革新或者经营方式调整，经变更劳动合同后，仍需裁减人员的；
　　4、其他因劳动合同订立时所依据的客观经济情况发生重大变化，致使劳动合同无法履行的。
　　（七）乙方有下列情形之一的，甲方不得依照本劳动合同第九条第五、六项的规定解除劳动合同：
　　1、从事接触职业病危害作业未进行离岗前职业健康检查，或者疑似职业病在诊断或者医学观察期间的；
　　2、患职业病或者因工负伤并被确认丧失或者部分丧失劳动能力的；
　　3、患病或者非因工负伤，在规定的医疗期内的；
　　4、女职工在孕期、产期、哺乳期的；
　　5、在甲方连续工作满十五年，且距法定退休年龄不足五年的；
　　6、法律、行政法规规定的其他情形。
　　（八）有下列情形之一的，劳动合同终止：
　　1、劳动合同期满的；
　　2、乙方开始依法享受基本养老保险待遇的；
　　3、乙方死亡，或者被人民法院宣告死亡或者宣告失踪的；
　　4、甲方被依法宣告破产的；
　　5、甲方被吊销营业执照、责令关闭、撤销或者甲方决定提前解散的；
　　6、法律、行政法规规定的其他情形。
　　甲方依本项第1目规定终止固定期限劳动合同的，应支付乙方终止劳动合同的经济补偿金，但甲方维持或者提高劳动合同约定条件续订劳动合同，乙方不同意续订的情形外；
　　甲方依照本项第4目、第5目规定终止劳动合同的，应支付乙方终止劳动合同的经济补偿金。
　　（九）劳动合同期满，有第九条第七项规定情形之一的，劳动合同应当续延至相应的情形消失时终止。但是，本劳动合同第七项第2目规定乙方丧失或者部分丧失劳动能力的劳动合同的终止，按照国家人力资源有关工伤保险的规定执行。
　　（十）经济补偿按乙方在本单位工作的年限，每满一年支付一个月工资的标准向乙方支付。六个月以上不满一年的，按一年计算；不满六个月的，向乙方支付半个月工资的经济补偿。
　　乙方月工资高于甲方所在地设区的市级人民政府公布的本地区上年度职工月平均工资三倍的，向乙方支付经济补偿的标准按职工月平均工资三倍的数额支付，向乙方支付经济补偿的年限最高不超过十二年。
　　本条所称月工资是指乙方在劳动合同解除或者终止前十二个月的平均工资。
　　（十一）劳动合同期满而甲方需续延劳动合同的，应在劳动合同期满前30日内将《续订劳动合同意向通知书》送达乙方，经双方协商同意续延劳动合同的，应在劳动合同期满前 30 日内重新订立劳动合同；重新订立的劳动合同，自前份劳动合同期满次日起生效。

十、违约责任

（一）乙方违反培训协议中的服务期约定，应当按照约定向甲方支付违约金。

（二）乙方违反双方签订的竞业限制协议的，应当按照约定向甲方支付违约金。

（三）乙方试用期满后解除劳动合同而未提前 30 天通知的，或者试用期内解除劳动合同而未提前 3 天通知的，或自动离职的，以乙方日工资为标准，每延迟 1 日支付 1 日工资的赔偿金；给甲方造成其他损失的，应当承担赔偿责任，赔偿金额包括但不限于甲方招收录用乙方所支付的费用、培训费用、对生产经营和工作造成的直接经济损失。

（四）劳动合同依法被确认无效，给对方造成损害的，有过错的一方应当承担赔偿责任。

（五）甲方违约解除或者终止劳动合同的，应当依照本劳动合同第九条第十项规定的经济补偿标准的二倍向乙方支付赔偿金。

（六）任何一方的其他违约行为给对方造成经济损失的，按法律规定赔偿对方经济损失。

十一、争议处理

双方履行本劳动合同如发生争议，可先协商解决；不愿协商或协商不成的，可以向甲方所在地劳动争议仲裁委员会申请仲裁；对仲裁裁决不服的，可以向人民法院起诉。

十二、其他约定

（一）双方在此之前签订的所有劳动合同，凡与本劳动合同不一致的，应以本劳动合同为准，双方专门针对培训、商业秘密保护、竞业限制、购房等个别事项签订的协议除外。

（二）乙方保证与甲方签订本劳动合同时，已与其他用人单位解除或终止了劳动关系，并提供相关单位的解除或终止劳动关系证明，否则，甲方有权解除本劳动合同。由于乙方的过错，导致甲方被乙方原工作单位追诉的，乙方应赔偿甲方因此受到的全部损失。

（三）乙方因故辞职，应按照甲方的有关规章制度办理完工作交接手续后方可离职，否则甲方有权不予办理解除劳动合同的有关手续（包括出具解除劳动合同证明、办理档案和社保关系的转移等手续）。

（四）甲乙双方另行签订的培训协议、保密协议、竞业限制协议等与劳动合同相关的协议是本劳动合同的组成部分。

（五）甲方在企业人力资源内公开发布的各项规章制度对双方均具有约束力，除非该制度违反了国家人力资源法律法规或与本协议相冲突，否则视为本劳动合同的有效附件。

（六）劳动合同未尽事宜或劳动合同条款与劳动法规有抵触的，按现行劳动法规执行。

（七）本劳动合同一式两份，甲、乙双方各执一份。经甲、乙双方签章生效，涂改或冒签无效。

甲方：（盖章） 乙方：（签名或盖章）

法定代表人：

（或委托代理人）

_____年_____月_____日 _____年_____月_____日

2. 集体合同

《劳动法》关于集体合同的条文是第三十三条至三十五条。

《劳动合同法》关于集体合同的条文是第五十一条至五十六条。

1) 集体合同的概念

集体合同是指用人单位与本单位职工根据法律、法规、规章的规定，就劳动报酬、工作时间、休息休假、劳动安全卫生、保险福利等事项，通过集体协商签订的书面协议；

专项集体合同，是指用人单位与本单位职工根据法律、法规、规章的规定，就集体协商的某项内容签订的专项书面协议。

2）集体合同的签订

集体合同应由工会代表企业职工一方与用人单位订立；尚未建立工会的用人单位，由上级工会指导劳动者推举的代表与用人单位订立。集体合同订立后，应当报送劳动行政部门；劳动行政部门自收到集体合同文本之日起十五日内未提出异议的，集体合同即行生效。

在县级以下区域内，建筑业、采矿业、餐饮服务业等行业可以由工会与企业方面代表订立行业性集体合同，或者订立区域性集体合同。

3）集体合同的效力

依法订立的集体合同对用人单位和劳动者具有约束力。行业性、区域性集体合同对当地本行业、本区域的用人单位和劳动者具有约束力。

集体合同中劳动报酬和劳动条件等标准不得低于当地人民政府规定的最低标准；用人单位与劳动者订立的劳动合同中劳动报酬和劳动条件等标准不得低于集体合同规定的标准。

用人单位违反集体合同，侵犯职工劳动权益的，工会可以依法要求用人单位承担责任；因履行集体合同发生争议，经协商解决不成的，工会可以依法申请仲裁、提起诉讼。

1.4.2 劳动安全卫生的有关规定

1.《劳动法》

《劳动法》关于劳动安全卫生的条文是第五十二条至五十七条。

劳动安全卫生，又称劳动保护或者职业安全卫生，是指劳动者在生产和工作过程中应得到的生命安全和身体健康基本保障的制度。

《劳动法》对劳动安全卫生有如下规定：

（1）用人单位必须建立、健全劳动安全卫生制度，严格执行国家劳动安全卫生规程和标准，对劳动者进行劳动安全卫生教育，防止劳动过程中的事故，减少职业危害。

（2）劳动安全卫生设施必须符合国家规定的标准。新建、改建、扩建工程的职业安全卫生设施必须与主体工程同时设计、同时施工、同时投入生产和使用。

"劳动安全卫生设施"是指安全技术方面的设施、劳动卫生方面的设施、生产性辅助设施（如女工卫生室、更衣室、饮水设施等）。

（3）用人单位必须为劳动者提供符合国家规定的职业安全卫生条件和必要的劳动防护用品。对从事有职业危害作业的劳动者应当定期进行健康检查。

（4）从事特种作业的劳动者必须经过专门培训并取得特种作业资格。

（5）劳动者在劳动过程中必须严格遵守安全操作规程。劳动者对用人单位管理人员违章指挥、强令冒险作业，有权拒绝执行；对危害生命安全和身体健康的行为，有权提出批评、检举和控告。

（6）国家建立伤亡事故和职业病统计报告和处理制度。县级以上各级人民政府劳动行政部门、有关部门和用人单位应当依法对劳动者在劳动过程中发生的伤亡事故和劳动者的职业病状况，进行统计、报告和处理。

2. 《劳动合同法》

《劳动合同法》涉及劳动安全卫生的条文是第四条、第八条、第十七条、第三十二条、第三十八条、第四十二条、第四十五条、第五十一条、第五十二条、第六十二条、第七十四条、第七十六条、第八十八条。

《劳动合同法》对劳动安全卫生有如下规定：

（1）用人单位招用劳动者时，应当如实告知劳动者职业危害、安全生产状况。

（2）劳动合同应当具备工作时间和休息休假和劳动保护、劳动条件和职业危害防护条款。

（3）用人单位在制定、修改或者决定有关工作时间、休息休假、劳动安全卫生规章制度时，应当经职工代表大会或者全体职工讨论，提出方案和意见，与工会或者职工代表平等协商确定。

（4）企业职工一方与用人单位通过平等协商，可以就劳动报酬、工作时间、休息休假、劳动安全卫生、保险福利等事项订立集体合同，也可以订立劳动安全卫生、女职工权益保护、工资调整机制等专项集体合同。

（5）劳动者拒绝用人单位管理人员违章指挥、强令冒险作业的，不视为违反劳动合同。劳动者对危害生命安全和身体健康的劳动条件，有权对用人单位提出批评、检举和控告。

（6）用人单位以暴力、威胁或者非法限制人身自由的手段强迫劳动者劳动的，或者用人单位违章指挥、强令冒险作业危及劳动者人身安全的，劳动者可以立即解除劳动合同，不需事先告知用人单位。

（7）涉及下列劳动安全卫生问题的，用人单位不得依照《劳动合同法》第四十条、第四十一条的规定解除劳动合同，即使劳动合同期满，劳动合同也必须续延至相应的情形消失时终止：

1) 从事接触职业病危害作业的劳动者未进行离岗前职业健康检查，或者疑似职业病病人在诊断或者医学观察期间的；

2) 女职工在孕期、产期、哺乳期的。

（8）用工单位应当执行国家劳动标准，提供相应的劳动条件和劳动保护。

（9）县级以上地方人民政府劳动行政部门依法对实施劳动合同制度的情况进行监督检查，其中涉及劳动安全卫生保护的有：

1) 用人单位制定直接涉及劳动者切身利益的规章制度及其执行的情况；

2) 用人单位遵守国家关于劳动者工作时间和休息休假规定的情况。

（10）县级以上人民政府建设、卫生、安全生产监督管理等有关主管部门在各自职责范围内，对用人单位执行劳动合同制度的情况进行监督管理。

（11）用人单位有下列情形之一的，依法给予行政处罚；构成犯罪的，依法追究刑事责任；给劳动者造成损害的，应当承担赔偿责任：

1) 以暴力、威胁或者非法限制人身自由的手段强迫劳动的；

2) 违章指挥或者强令冒险作业危及劳动者人身安全的；

3) 侮辱、体罚、殴打、非法搜查或者拘禁劳动者的；

4) 劳动条件恶劣、环境污染严重，给劳动者身心健康造成严重损害的。

第 2 章　工程材料的基本知识

2.1　建筑材料的组成与分类

建筑材料：人类赖以生存的总环境中，所有构筑物或建筑物所用材料及制品统称为建筑材料。

2.1.1　材料的组成与结构

1. 材料的组成

材料的组成是决定材料性质的内在因素之一，主要包括化学组成和矿物组成。

化学组成：化学组成是指构成材料的化学元素及化合物的种类和数量，化学组成决定着材料的化学性质，影响其物理性质和力学性质。无机非金属建筑材料的化学组成以各种氧化物含量来表示；金属材料以元素含量来表示。

矿物组成：材料中的元素和化合物以特定的矿物形式存在并决定着材料的许多重要性质。矿物组成是无机非金属材料中化合物存在的基本形式。

2. 材料的结构

材料的性质与材料内部的结构有密切的关系。材料的结构主要分成：宏观结构、微观结构、亚微观结构。

（1）宏观结构

建筑材料的宏观结构是指用肉眼和放大镜能够分辨的粗大组织。其尺寸约为毫米级大小，以及更大尺寸的构造情况。宏观构造按孔隙尺寸可以分为：

1）致密结构：基本上是无孔隙存在的材料。例如，钢铁、有色金属、致密天然石材、玻璃、玻璃钢、塑料等。

2）多孔结构：是指具有粗大孔隙的结构。例如，加气混凝土、泡沫混凝土、泡沫塑料及人造轻质材料等。

3）微孔结构：是指微细的孔隙结构。

（2）微观结构

材料的微观结构是指材料在原子、分子层次的结构。材料的微观结构，基本上可分为晶体与非晶体。晶体结构的特征是其内部质点（离子、原子、分子）按照特定的规则在空间周期性排列。非晶体也称玻璃体或无定形体，如无机玻璃。玻璃体是化学不稳定结构，容易与其他物体起化学作用。

（3）亚微观结构

亚微观结构也称作细观结构，是介于微观结构和宏观结构之间的结构形式。如金属材料晶粒的粗细及其金相组织，木材的木纤维，混凝土中的孔隙及界面等。

从宏观、亚微观和微观三个不同层次的结构上来研究土木工程材料的性质，才能深入其本质，对改进与提高材料性能以及创制新型材料都有着重要的意义。

2.1.2 材料的分类

按材料的化学成分分类，可分为无机材料、有机材料和复合材料三大类：

无机材料又分为金属材料（钢、铁、铝、铜、各类合金等）、非金属材料（天然石材、水泥、混凝土、玻璃、烧土制品等）、金属—非金属复合材料（钢筋混凝土等）；

有机材料有木材、塑料、合成橡胶、石油沥青等；

复合材料又分为无机非金属—有机复合材料（聚合物混凝土、玻璃纤维增强塑料等）、金属—有机复合材料（轻质金属夹芯板等）。

按材料的使用功能，可分为结构材料和功能材料两大类：

结构材料：用作承重构件的材料，如梁、板、柱所用材料；

功能材料：所用材料在建筑上具有某些特殊功能，如防水、装饰、隔热等功能。

2.2 材料的物理性质和力学性质

2.2.1 材料的物理性质

（1）体积密度：材料在自然状态下单位体积的质量称为体积密度。

（2）密度：材料在绝对密实状态下单位体积的质量称为密度。

（3）堆积密度：散粒材料在规定装填条件下单位体积的质量称为堆积密度。

注意：密实状态下的体积是指构成材料的固体物质本身的体积；自然状态下的体积是指固体物质的体积与全部孔隙体积之和；堆积体积是指自然状态下的体积与颗粒之间的空隙之和。

（4）表观密度：材料的质量与表观体积之比。表观体积是实体积加闭口孔隙体积，此体积即材料排开水的体积。

（5）孔隙率：材料中孔隙体积与材料在自然状态下的体积之比的百分率。

（6）亲水性：当水与材料接触时，材料分子与水分子之间的作用力（吸附力）大于水分子之间的作用力（内聚力），材料表面吸附水分，即被水润湿，表现出亲水性，这种材料称为亲水材料。

（7）憎水性：当水与材料接触时，材料分子与水分子之间的作用力（吸附力）小于水分子之间的作用力（内聚力），材料表面不吸附水分，即不被水润湿，表现出憎水性，这种材料称为憎水材料。

（8）吸水性：材料吸收水分的能力称为吸水性，用吸水率表示。

吸水率有两种表示方法：质量吸水率、体积吸水率。

质量吸水率是材料在浸水饱和状态下所吸收的水分的质量与材料在绝对干燥状态下的质量之比。

体积吸水率是材料在浸水饱和状态下所吸收的水分的体积与材料在自然状态下的体积

之比。

(9) 含水率：材料在自然状态下所含的水的质量与材料干重之比。

2.2.2 材料的力学性质

1. 材料的强度

材料的强度是材料在外力作用下抵抗破坏的能力。通常情况下，材料内部的应力多由外力（或荷载）作用而引起，随着外力增加，应力也随之增大，直至应力超过材料内部质点所能抵抗的极限，即强度极限，材料发生破坏。

2. 弹性和塑性

材料在外力作用下产生变形，当外力取消后能够完全恢复原来形状的性质称为弹性。这种完全恢复的变形称为弹性变形（或瞬时变形）。材料在外力作用下产生变形，如果外力取消后，仍能保持变形后的形状和尺寸，并且不产生裂缝的性质称为塑性。这种不能恢复的变形称为塑性变形（或永久变形）。

3. 脆性和韧性

材料受力达到一定程度时，突然发生破坏，并无明显的变形，材料的这种性质称为脆性。大部分无机非金属材料均属脆性材料，如天然石材，烧结普通砖、陶瓷、玻璃、普通混凝土、砂浆等。脆性材料的另一特点是抗压强度高而抗拉、抗折强度低。在工程中使用时，应注意发挥这类材料的特性。

4. 硬度和耐磨性

材料的硬度是材料表面的坚硬程度，是抵抗其他硬物刻划、压入其表面的能力。通常用刻划法，回弹法和压入法测定材料的硬度。刻划法用于天然矿物硬度的划分，按滑石、石膏、方解石、萤石、磷灰石、长石、石英、黄晶、刚玉、金刚石的顺序，分为10个硬度等级。回弹法用于测定混凝土表面硬度，并间接推算混凝土的强度；也用于测定陶瓷、砖、砂浆、塑料、橡胶、金属等的表面硬度并间接推算其强度。

耐磨性是材料表面抵抗磨损的能力。材料的耐磨性用磨耗率表示。

2.3 无机胶凝材料

胶凝材料：建筑材料中，凡是自身经过一系列物理、化学作用，或与其他物质（如水等）混合后一起经过一系列物理、化学作用，能由浆体变成坚硬的固体，并能将散粒材料（如砂、石等）或块、片状材料（如砖、石块等）胶结成整体的物质。

根据胶凝材料的化学组成，一般可分为有机胶凝材料与无机胶凝材料。

2.3.1 无机胶凝材料的种类及其特性

无机胶凝材料以无机化合物为基本成分，常用的有石膏、石灰、各种水泥等。

根据无机胶凝材料凝结硬化条件的不同，可分为气硬性胶凝材料与水硬性胶凝材料。

1. 气硬性胶凝材料

只能在空气中（即在干燥条件下）硬化，也只能在空气中保持和发展其强度的胶凝材料。属于这类的材料有石灰、石膏、水玻璃、镁氧水泥等。

(1) 石灰

石灰是建筑工程中使用最早的气硬性胶凝材料之一。由于生产石灰的原料分布广,生产工艺简单,成本低廉,所以在土木工程中至今仍被广泛地采用。

1) 石灰的原料和生产

① 石灰的原料

生产石灰的最主要的原料是以 CaO_3 为主要成分的天然岩石,常用的有石灰石、白云石等,这些天然原料中的黏土杂质控制在 8% 以内。

除了用天然原料生成外,石灰的另一来源是利用化学工业副产品,例如用电石(碳化钙)制取乙炔时的电石渣,其主要的成分是 $Ca(OH)_2$,也就是消石灰。

② 石灰的生产

生石灰的生产过程就是煅烧石灰石,使 $CaCO_3$ 分解并排出 CO_2 的过程。其化学反应式如下:

$$CaCO_3 \xrightarrow{900℃} CaO + CO_2 \uparrow$$

$$MgCO_3 \xrightarrow{700℃} MgO + CO_2 \uparrow$$

在实际生产中,石灰石致密程度、块体大小及杂质含量有所不同,并考虑到热损失等因素,为了加快分解,煅烧温度常提高到 1000~1100℃。由于石灰石的外形尺寸大或煅烧时窑中温度分布不均等原因,生石灰中常含有欠火石灰和过火石灰。当煅烧温度过低,煅烧时间不充足时,$CaCO_3$ 不能完全分解,将生成欠火石灰。欠火石灰使用时,粘结力小,产浆量较低,它只是降低了石灰的利用率,不会带来危害。当煅烧温度过高,煅烧时间过长时,将生成颜色较深、密度较大的过火石灰。过火石灰结构密实,晶粒粗大,熟化速度很慢,容易使硬化的浆体产生隆起和开裂,影响工程质量。为避免过火石灰在使用以后,因吸收空气中的水蒸气而逐步熟化膨胀,使已硬化的砂浆或制品产生隆起、开裂等破坏现象,在使用以前必须使过火石灰熟化或将过火石灰去除。常采用的方法是在熟化过程中,利用筛网除掉较大尺寸过火石灰颗粒,而较小的过火石灰颗粒在储灰坑中至少存放两周以上,使其充分熟化,此即所谓的"陈伏"。陈伏时为防止石灰碳化,石灰膏的表面须保存有一层水。

生石灰是一种白色或灰色块状物质,其主要成分是氧化钙,因石灰原料中常常含有一定的碳酸镁成分,所以经过煅烧生成的生石灰中,也相应地含有氧化镁的成分。按石灰中氧化镁的含量,将生石灰分为钙质生石灰($MgO \leqslant 5\%$)和镁质生石灰($MgO > 5\%$)两类。镁质生石灰熟化较慢,但硬化后强度稍高。它们按技术指标又可分为优等品、一等品和合格品三个等级。

2) 石灰的熟化

生石灰(CaO)与水反应生成氢氧化钙(熟石灰,又称消石灰)的过程,称为石灰的熟化或消解(消化)。石灰熟化过程中会放出大量的热,同时体积增大 1~2.5 倍。石灰中的过火石灰熟化较慢,若在石灰浆体硬化后再发生熟化,会因熟化产生的膨胀而引起"崩裂"或者"鼓泡"现象,严重影响工程质量。因此生石灰(块灰)不能直接用于工程,使用前需要进行熟化。由块状生石灰熟化而成的石灰膏,一般应在储灰坑中陈伏 2 周左右。

石灰膏在陈伏期间，表面覆盖一层水以隔绝空气，避免与空气中的二氧化碳发生碳化反应。

根据加水量的不同，石灰可熟化成为消石灰粉或者石灰膏。将块灰淋以适当的水，使之充分熟化成为粉状，再干燥筛分成为干粉，称为消石灰粉或者熟石灰粉。将块状生石灰用较多的水熟化，或将消石灰粉与水拌合，所得到的具有一定稠度的膏状物称为石灰膏或者石灰乳。

3）石灰的硬化

石灰在空气中的硬化包括两个过程同时进行：

① 结晶作用

石灰浆在使用过程中，因游离水分逐渐蒸发和被砌体吸收，使得 $Ca(OH)_2$ 溶液过饱而逐步结晶析出，促进石灰浆体的硬化，同时干燥使得浆体紧缩而产生强度。

② 碳化作用

石灰浆体表面的 $Ca(OH)_2$ 与空气中的 CO_2 作用，生成不溶解于水的 $CaCO_3$ 晶体，析出的水分被逐步地蒸发，其反应如下：

$$Ca(OH)_2 + CO_2 + nH_2O = CaCO_3 + (n+1)H_2O$$

碳化反应生成的 $CaCO_3$ 晶体，与 $Ca(OH)_2$ 颗粒一起构成紧密交织的结晶网，提高了浆体强度。石灰的碳化慢，强度低，不耐水。

4）石灰的主要特性

① 保水性良好：石灰浆体中氢氧化钙粒子呈胶体分散状态，颗粒极细，所以颗粒表面能吸附一层较厚的水膜，从而使石灰浆体有较强保持水分的能力，即良好的保水性。将它掺入水泥砂浆中，可配成具有较好流动性和可塑性的混合砂浆，并克服了水泥砂浆容易泌水的缺点。

② 凝结硬化慢、可塑性好：石灰浆体通过干燥、结晶以及碳化作用而硬化，由于良好的保水性以及空气中的二氧化碳含量低，且碳化后形成的碳酸钙硬壳阻止二氧化碳向内部渗透，也妨碍水分向外蒸发，因而硬化缓慢。

③ 强度低、耐水性差：硬化浆体的强度主要由干燥、结晶作用而产生，在潮湿环境中，石灰浆体中的水分不易蒸发，二氧化碳也无法渗入，硬化将停止；由于氢氧化钙易溶于水，即使已硬化的石灰浆体遇水也会溶解溃散。因此，石灰不宜在长期潮湿和受水浸泡的环境中使用，也不宜用于重要建筑物基础。

④ 体积收缩大：石灰浆体在硬化过程中，要蒸发掉大量水分，引起体积较大收缩，致使容易出现干缩裂缝，因此除了调成石灰乳作薄层粉刷外，一般不宜单独用来制作建筑构件和制品。实际使用时常在石灰浆体中掺入砂作为骨料或者麻刀、纸筋等纤维状材料以抵抗收缩引起的开裂。

⑤ 化学稳定性差：石灰浆体是碱性材料，容易和酸性物质发生中和反应，即容易遭受酸性介质的腐蚀。石灰浆体在潮湿的空气中发生的碳化反应，其实也就是 $Ca(OH)_2$ 与碳酸 $2CO_3$ 生成 $CaCO_3$ 的中和反应。另外，$Ca(OH)_2$ 能与玻璃态的活性 SiO_2 或活性 Al_2O_3 反应，生成有水硬性的产物。

⑥ 吸湿性强：生石灰具有较强的吸湿性，是传统的干燥剂。

5) 石灰的应用与储存

① 石灰的应用

石灰在建筑工程中应用范围很广，生石灰粉、消石灰粉、石灰乳、石灰膏等不同品种的石灰具有不同的用途。

a. 生石灰粉可与含硅材料混合经加工制成硅酸盐制品。生石灰粉还可与纤维材料（如玻璃纤维）或轻质骨料加水拌合成型，然后用二氧化碳进行人工碳化，制成碳化石灰板。碳化石灰板加工性能好，适合作非承重的内隔墙板、顶棚。

b. 消石灰粉和黏土按一定比例配合可制成灰土，比如消石灰粉和黏土的体积比为3：7时配制成三七灰土。消石灰粉与黏土、砂石、炉渣等可拌制成三合土。灰土与三合土主要用在一些建筑物的基础、地面的垫层和公路的路基上。

c. 将熟化好的石灰膏或消石灰粉加水稀释成石灰乳，可用作内外墙及顶棚粉刷的涂料；如果掺入适量的砂或水泥和砂，即可配制成石灰砂浆或混合砂浆，用于墙体砌筑或抹面工程；也可掺入纸筋、麻刀等制成石灰灰浆，用于内墙或顶棚抹面。

② 石灰的储存

生石灰会吸收空气中的水分、二氧化碳，生成碳酸钙粉末从而失去粘结力。所以在工地上储存时要防止受潮，不宜储存太多也不宜存放过久。另外，石灰熟化时要放出大量的热量，因此必须将生石灰与可燃物分开保管，以免造成火灾。通常进场后可以立即陈伏，将储存期变为陈伏期。

（2）石膏

1）石膏的品种和生产

① 石膏的品种

石膏是以硫酸钙为主要成分的气硬性胶凝材料，其制品具有一系列的优良性质，在建筑领域中得到广泛的应用。石膏胶凝材料品种很多，主要有天然石膏、建筑石膏、高强石膏、无水石膏、高温煅烧石膏等。

② 石膏的生产

建筑工程中最常用品种是建筑石膏，亦称熟石膏，主要成分是β型半水石膏。它是将天然二水石膏在107～170℃常压下煅烧成半水石膏，经磨细而成的一种粉末状材料。它的反应式如下：

$$CaSO_4 \cdot 2H_2O \xrightarrow[\text{常压}]{107\sim170℃} CaSO_4 \cdot 1/2H_2O(\beta 型) + 3/2H_2O$$

天然二水石膏在加工时随加热过程中温度和压力的不同，可以得到不同的石膏产品。它的反应式如下：

$$CaSO_4 \cdot 2H_2O \xrightarrow[0.13MPa]{124℃} CaSO_4 \cdot 1/2H_2O(\alpha 型) + 3/2H_2O$$

α型半水石膏与β型半水石膏相比，结晶颗粒较粗，比表面积较小，硬化后强度较高，其3h的抗压强度高达9～24MPa，因此又称为高强石膏。

2）石膏的技术要求

建筑石膏呈白色粉末状，按其强度、细度、凝结时间指标分为优等品、一等品和合格品三个等级，见表 2-1，抗折强度和抗压强度为试样与水接触后 2h 测得的。

建筑石膏等级标准　　　　　　　　　　　　表 2-1

技术指标		优等品	一等品	合格品
强度 （MPa）	抗折强度	2.5	2.1	1.8
	抗压强度	4.9	3.9	2.9
细度	0.2mm 方孔筛筛余（％）≤	5.0	10.0	15.0
凝结时间 （min）	初凝时间≥	6		
	终凝时间≥	30		

建筑石膏在贮运过程中，应防止受潮及混入杂物。不同等级的石膏应分别贮运，不得混杂。一般贮存期为 3 个月，超过 3 个月，强度将降低 30％左右，超过贮存期限的石膏应重新进行质量检验，以确定其等级。

3) 建筑石膏的主要技术性质

① 凝结硬化快：石膏浆体的初凝和终凝时间都较短，一般的初凝时间为几分钟到几十分钟，终凝时间在半个小时以内，一个星期就能完全硬化。

② 硬化时体积微膨胀：石膏浆体凝结硬化时不像石灰、水泥会出现收缩，反而有时会略有膨胀，这样石膏在硬化体的表面就能制作出纹理细致的浮雕花饰。

③ 硬化后孔隙率较高。石膏浆体硬化后内部孔隙率可达到 50％～60％左右，所以石膏制品的表观密度较小、强度较低、导热系数小、吸热性能强、吸湿性能大，可以调节室内温度和湿度。

④ 防火性能好。石膏制品遇到火灾时，二水石膏将脱出结晶水，在制品表面形成蒸汽幕和脱水物隔热层，可有效减少火焰对内部结构的危害性。

⑤ 耐水性和抗冻性差。建筑石膏硬化体的吸湿性强，吸收的水分会减弱石膏晶粒间的结合力，使强度显著降低；如果长期浸水，会因二水石膏晶体逐渐被溶解而导致结构破坏。石膏制品吸水饱和后受冻，会因孔隙中水分结冰膨胀而破坏。所以，石膏制品的耐水性和抗冻性较差，不宜用于潮湿部位。

4) 建筑石膏的应用

建筑石膏不仅有以上所述的特性外，它还具有无污染、保温绝热、吸声、阻燃等方面的优点，一般做成石膏抹面灰浆、建筑装饰制品和石膏板等。

① 室内抹灰及粉刷

建筑石膏加水、砂拌合成石膏砂浆，可用于室内抹灰面，具有绝热、阻火、隔声、舒适、美观等特点。建筑石膏加水和缓凝剂调成石膏浆体，掺入部分石灰可用作室内粉刷涂料。粉刷后的墙面光滑细腻、洁白美观。

② 装饰制品

以石膏为主要原料，掺入少量的纤维增强材料和胶料，加水搅拌成石膏浆体，利用石膏硬化时体积微膨胀的性能，可制成各种石膏雕塑、饰面板及各种装饰品。

③ 石膏板

我国目前生产的石膏板主要有纸面石膏板、石膏空心条板、石膏装饰板、纤维石膏板等。

2. 水硬性胶凝材料

水硬性胶凝材料是指不仅能在空气中硬化,而且能更好地在水中硬化,保持并继续发展其强度的胶凝材料。

这类材料通常包括硅酸盐水泥、铝酸盐水泥、其他水泥。

2.3.2 通用水泥的特性及应用

水泥属于无机水硬性胶凝材料,不仅可用于干燥环境中的工程,而且也可以用于潮湿环境及水中的工程,在建筑、交通、水利、电力等基础设施建设工程中得到广泛应用。

水泥按性能和用途分为通用水泥、专用水泥和特性水泥三大类。通用水泥包括硅酸盐水泥、普通硅酸盐水泥、矿渣硅酸盐水泥等六大品种;专用水泥指具有专门用途的水泥,如砌筑水泥、道路水泥、大坝水泥、油井水泥等;特性水泥指在某种性能上较突出的水泥,如快硬、抗硫酸盐、低热微膨胀、白色硅酸盐水泥等。

1. 通用水泥的特性

通用水泥指适用于大多数工业、民用建筑工程的硅酸盐系列品种水泥。主要有硅酸盐水泥、普通硅酸盐水泥、矿渣硅酸盐水泥、火山灰质硅酸盐水泥、粉煤灰硅酸盐水泥以及复合硅酸盐水泥。

通用水泥的品种、特性及应用范围见表2-2。

通用水泥的品种、特性及应用范围 表2-2

	硅酸盐水泥	普通硅酸盐水泥	矿渣硅酸盐水泥	火山灰质硅酸盐水泥	粉煤灰硅酸盐水泥	复合硅酸盐水泥
主要特性	① 凝结硬化快、早期强度高 ② 水化热大 ③ 抗冻性好 ④ 耐热性差 ⑤ 耐蚀性差 ⑥ 干缩性较小	① 凝结硬化较快、早期强度高 ② 水化热较大 ③ 抗冻性较好 ④ 耐热性较差 ⑤ 耐蚀性较差 ⑥ 干缩性较小	① 凝结硬化慢、早期强度低,后期强度增长较快 ② 水化热较小 ③ 抗冻性差 ④ 耐热性好 ⑤ 耐蚀性较好 ⑥ 干缩性较大 ⑦ 泌水性大、抗渗性差	① 凝结硬化慢、早期强度低,后期强度增长较快 ② 水化热较小 ③ 抗冻性差 ④ 耐热性较差 ⑤ 耐蚀性较好 ⑥ 干缩性较大 ⑦ 抗渗性较好	① 凝结硬化慢、早期强度低,后期强度增长较快 ② 水化热较小 ③ 抗冻性差 ④ 耐热性较差 ⑤ 耐蚀性较好 ⑥ 干缩性较小 ⑦ 抗裂性较高	① 凝结硬化慢、早期强度低,后期强度增长较快 ② 水化热较小 ③ 抗冻性差 ④ 耐蚀性较好 ⑤ 其他性能与所掺入的两种或两种以上混合材料的种类、掺量有关
适用范围	① 高强混凝土及预应力混凝土工程 ② 早期强度要求高的工程及冬期施工的工程 ③ 严寒地区遭反复冻融作用的混凝土工程	与硅酸盐水泥基本相同	① 大体积混凝土工程 ② 高温车间和有耐热要求的混凝土结构 ③ 蒸汽养护的构件 ④ 耐腐蚀要求高的工程	① 地下、水中大体积混凝土结构 ② 有抗渗要求的工程 ③ 蒸汽养护的构件 ④ 耐腐蚀要求高的工程	① 地上、地下、水中大体积混凝土结构 ② 抗裂性较高的构件 ③ 蒸汽养护的构件 ④ 耐腐蚀要求高的工程	参照矿渣硅酸盐水泥、火山灰质硅酸盐水泥、粉煤灰硅酸盐水泥,其性能与所掺入的混合材料的种类、掺量有关,所以使用时针对工程性质加以选用

2. 通用水泥的技术要求

(1)凝结时间

水泥的凝结时间分为初凝时间和终凝时间。

初凝时间：从水泥加水拌合起至水泥浆开始失去可塑性所需的时间；

终凝时间：从水泥加水拌合起至水泥浆完全失去可塑性并开始产生强度所需的时间。

水泥的凝结时间在施工中具有非常重要的意义。为了保证有足够的时间在初凝时间前完成混凝土的搅拌、运输等施工工序，初凝时间不宜太短；为了使混凝土、砂浆能尽快地硬化达到一定的强度，从而有利于下道工序及早尽快进行，终凝时间不宜太长。

国家标准规定，六大常用水泥的初凝时间都不得短于45min。硅酸盐水泥的终凝时间不得长于6.5h，其他五类常用水泥的终凝时间不得长于10h。

(2) 体积安定性

水泥的体积安定性：水泥在凝结硬化过程中，体积变化的均匀性。

若水泥硬化后产生不均匀的体积变化，这就是所谓的体积安定性不良。一旦水泥发生体积安定性不良的问题就会使混凝土构件产生膨胀性裂缝，降低建筑工程质量，甚至引起严重事故。因此，施工中所使用的水泥必须经过安定性检测，合格后方能使用。

引起水泥体积安定性不良主要原因：

1) 水泥熟料矿物组成中游离氧化钙或氧化镁过多；

2) 水泥粉磨时石膏掺量过多。水泥熟料中一旦含有游离氧化钙或氧化镁这些熟化很慢的元素时，它们将在水泥已经硬化后才慢慢水化，并产生体积的膨胀，引起不均匀的体积变化，导致水泥石的开裂。石膏掺量太多后，水泥硬化后过量的石膏还会继续与已经固化的水化铝酸钙作用，生成钙矾石，体积增大约1.5倍，使水泥石开裂。

国家标准规定，游离氧化钙对水泥体积安定性的影响的实验是：煮沸法。测试方法可采用试饼法或雷氏法。由于游离氧化镁及过量石膏对水泥体积安定性的影响不便于检验，故国家标准对水泥中的氧化镁和三氧化硫的含量分别作了限制。

(3) 强度及强度等级

水泥的强度是评价和选用水泥的重要的技术指标，也是进行划分水泥强度等级的重要依据。水泥的强度除了受水泥熟料的矿物组成、混合料的掺量、石膏掺量、细度、龄期和养护条件等因素影响外，还与实验方法有关。

国家标准规定，水泥的强度应采用胶砂法来测定。该法是将水泥和标准砂按1：3混合，加入规定量的水，按规定的方法制成试件，并按规定进行养护，分别测定其3d和28d的抗压强度和折折强度。根据测定结果，按表2-3所列的有关国家标准中的规定，可确定该水泥的强度等级。

水泥的强度等级（MPa） 表2-3

品种	强度等级	抗压强度		抗折强度	
		3d	28d	3d	28d
硅酸盐水泥	42.5	≥17.0	≥42.5	≥3.5	≥6.5
	42.5R	≥22.0		≥4.0	
	52.5	≥23.0	≥52.5	≥4.0	≥7.0
	52.5R	≥27.0		≥5.0	
	62.5	≥28.0	≥62.5	≥5.0	≥8.0
	62.5R	≥32.0		≥5.5	

续表

品种	强度等级	抗压强度		抗折强度	
		3d	28d	3d	28d
普通硅酸盐水泥	42.5	≥17.0	≥42.5	≥3.5	≥6.5
	42.5R	≥22.0		≥4.0	
	52.5	≥23.0	≥52.5	≥4.0	≥7.0
	52.5R	≥27.0		≥5.0	
矿渣硅酸盐水泥 火山灰硅酸盐水泥 粉煤灰硅酸盐水泥 复合硅酸盐水泥	32.5	≥10.0	≥32.5	≥2.5	≥5.5
	32.5R	≥15.0		≥3.5	
	42.5	≥15.0	≥42.5	≥3.5	≥6.5
	42.5R	≥19.0		≥4.0	
	52.5	≥21.0	≥52.5	≥4.0	≥7.0
	52.5R	≥23.0		≥4.5	

注：强度等级中，R 表示早强型。

（4）其他技术要求

其他技术要求包括水泥的细度及化学指标。水泥的细度属于选择性指标。通用硅酸盐水泥的化学指标有不溶物、烧失量、三氧化硫、氧化镁、氯离子和碱含量。碱含量是指水泥中碱金属氧化物的含量，以 $Na_2O+0.658K_2O$ 计算值来表示。水泥中的碱含量高时，如果配制混凝土的骨料具有碱活性，可能产生碱骨料反应，导致混凝土因不均匀膨胀而破坏。因此，若使用活性骨料，用户要求提供低碱水泥时，则水泥中的碱含量应小于水泥用量的0.6%或由供需双方商定。

（5）常用水泥的包装及标志

国家标准规定，除以上主要技术要求外，水泥还有混合材料掺加量、包装标志等方面的技术要求。水泥可以散装或袋装，袋装水泥每袋净含量为 50kg，且不应少于标志质量的 99%；随机抽取 20 袋总质量（含包装袋）应不少于 1000kg。水泥包装袋上应清楚标明：执行标准、水泥品种、代号、强度等级、生产者名称、生产许可证标志及编号、出厂编号、包装日期、净含量。包装袋两侧应根据水泥的品种采用不同的颜色印刷水泥名称和强度等级，硅酸盐水泥和普通硅酸盐水泥采用红色，矿渣硅酸盐水泥采用绿色；火山灰质硅酸盐水泥、粉煤灰硅酸盐水泥和复合硅酸盐水泥采用黑色或蓝色。

3. 通用水泥的检验

水泥进场时必须检查验收才能使用。水泥进场时，必须有出厂合格证或质量保证证明，并应对品种、强度等级、包装、出厂日期等进行检查验收，验收要求如下：

（1）检验内容和检验批确定

1）按同一生产厂家、同一等级、同一品种、同一批号且连续进场的水泥，袋装不超过200t 为一批，散装不超过 500t 为一批，每批抽样不少于一次。

2）取样时应随机从不少于 3 个车罐中各采取等量水泥，经混拌均匀后，再从中称取不少于12kg 水泥作为检验样。袋装水泥应从 20 袋中取样不少于 12kg 水泥作为检验样。

3）水泥进场时应对其品种、级别、包装或散装仓号、出厂日期等进行检查，并应对其强度、安定性及其他必要的性能指标进行复验，其质量必须符合现行国家标准的规定。

4）当在使用中对水泥质量有怀疑或水泥出厂超过三个月（快硬硅酸盐水泥超过一个

月）时，应进行复验，并按复验结果使用。

　　5）钢筋混凝土结构、预应力混凝土结构中，严禁使用含氯化物的水泥。

　（2）复验项目

　　水泥的复验项目主要有：细度或比表面积、凝结时间、安定性、标准稠度用水量、抗折强度和抗压强度。

2.4 混 凝 土

　　混凝土是以胶凝材料、水、细骨料（如砂）、粗骨料（如碎石、卵石等）、必要时掺入外加剂和矿物质混合材料，按适当比例配合，经过均匀拌制、密实成型及养护硬化而制成的人工石材。混凝土又叫"砼"。

　　在混凝土中，碎石和砂起骨架作用，叫骨料，水泥与水构成的水泥浆，包裹了骨料颗粒，并填充其空隙。水泥浆在拌和时，起润滑作用，在硬结后，显示出胶结和强度作用。骨料和水泥浆复合发挥作用，构成混凝土整体。

　　混凝土是建筑施工中的主要材料之一，在建筑工程中被广泛使用，它具有以下优点：

　（1）有较高的抗压强度及耐久性，而且可以通过改变配合比得到性能不同的混凝土，以满足不同工程的要求。

　（2）混凝土拌合物有良好的塑性，容易浇筑成各种所需形状的构件。

　（3）混凝土与钢筋有牢固的粘结力，可以做成钢筋混凝土结构。

　（4）混凝土的组成材料中，砂、石占很大的比例，可以就地取材，比较经济。用钢筋混凝土结构代替钢木结构，能节约大量钢材、木材，建筑物建成后又可省去许多维修的费用。

　　混凝土的主要缺点是：自重大，抗拉强度低，容易产生裂缝，硬化时间长，在施工中影响质量的因素较多，质量波动较大。

　　随着科学技术的发展，混凝土的缺点正被逐渐克服。如采用轻质骨料可显著降低混凝土的自重，提高强度；掺入纤维或聚合物，可提高抗拉强度，掺入早强剂，可显著缩短硬化时间。

2.4.1 混凝土的种类及主要技术性能

　　土木建筑工程中，应用最广的是以水泥为胶凝材料，以砂、石为骨料，加水拌制成混合物，经一定时间硬化而成的水泥混凝土。在混凝土的组成中，骨料一般占总体积的70%～80%；水泥石占20%～30%，其余是少量的空气。

1. 混凝土的分类

　　按胶结材料分：水泥混凝土、石膏混凝土、沥青混凝土及聚合物混凝土等。

　　按表观密度分：重混凝土、普通混凝土、轻混凝土及特轻混凝土。

　　按性能与用途分：结构混凝土、水工混凝土、装饰混凝土及特种混凝土。

　　按施工方法分：泵送混凝土、喷射混凝土、振密混凝土、离心混凝土等。

　　按掺合料分：粉煤灰混凝土、硅灰混凝土、磨细高炉矿渣混凝土、纤维混凝土等。

2. 混凝土的主要技术性能

（1）新拌混凝土的和易性

新拌混凝土是指将水泥、砂、石和水按一定比例拌合但尚未凝结硬化时的拌合物。

和易性是一项综合技术性质，包括流动性、黏聚性和保水性三方面含义。

1）流动性

流动性是指新拌混凝土在自重或机械振捣作用下，能产生流动，并均匀密实地填充模板各个角落的性能。

2）黏聚性

黏聚性是指混凝土拌合物在施工过程中其组成材料之间有一定的黏聚力，不致发生分层和离析的现象，能保持整体均匀的性质。

3）保水性

保水性是指新拌混凝土在施工过程中，保持水分不易析出的能力。

（2）影响和易性的主要因素

1）水泥浆的数量和水灰比；

2）砂率；

3）组成材料的性质；

4）时间和温度。

（3）混凝土强度

混凝土立方体抗压强度（简称抗压强度）是指按标准方法制作的边长为150mm的立方体试件，在标准养护条件（温度20±3℃，相对湿度大于90%或置于水中）下，养护至28d龄期，经标准方法测试、计算得到的抗压强度值。用 f_{cu} 表示。非标准试件的立方体试件，其测定结果应乘以换算系数，换成标准试件强度值：边长100mm的立方体试件，应乘以0.95；边长200mm的立方体试件应乘以1.05。

普通混凝土划分为普通混凝土划分为C15、C20、C25、C30、C35、C40、C45、C50、C55、C60、C65、C70、C75和C80共14个等级。强度等级表示中的"C"表示混凝土强度，"C"后边的数值为抗压强度标准值。

（4）影响抗压强度的主要因素

1）水泥强度及水灰比

从混凝土的结构与混凝土的受力破坏过程可知，混凝土的强度主要取决于水泥石的强度和界面粘接强度。水泥强度和水灰比是影响混凝土强度的主要因素。在其他材料相同时，水泥强度等级越高，配置成的混凝土强度等级也越高。若水泥强度等级相同，则混凝土的强度主要取决于水灰比，水灰比越小，配置成的混凝土强度等级越高。但是，如果水灰比过小，混凝土拌合物过于干稠，在一定的施工条件下，混凝土不能被振捣密实，出现较多的蜂窝、孔洞，反而导致混凝土的强度严重下降。

2）骨料的品种、规格与质量

在水泥标号与水灰比相同的条件下，碎石混凝土的强度往往高于卵石混凝土，特别是在水灰比较小时。如水灰比为0.4时，碎石混凝土较卵石混凝土的强度高20%～35%，而当水灰比为0.65时，两者的强度基本上相同。其原因是水灰比小时，界面粘结是主要矛盾，而水灰比大时，水泥石强度成为主要矛盾。

泥及泥块等杂质含量少、级配好的骨料，有利于骨料与水泥石间的粘结，充分发挥骨料的骨架作用，并可降低用水量及水灰比，因而有利于强度。两者对高强混凝土尤为重要。粒径粗大的骨料，可降低用水量及水灰比，有利于提高混凝土的强度。对高强混凝土，较小粒径的粗骨料可明显改善粗骨料与水泥石的界面粘结强度，可提高混凝土的强度。

3) 养护条件及龄期

混凝土振捣成型后的一段时间内，保持适当的温度和湿度，使水泥充分水化，称为混凝土的养护。混凝土在拌制成型后所经历的时间称为龄期。在正常养护条件下，混凝土的强度将随龄期的增长而不断发展，最初几天强度发展较快，以后逐渐缓慢，28d达到设计强度。28天后更慢，若能长期保持适当的温度和湿度，强度的增长可延续数十年。

4) 施工因素的影响

混凝土施工工艺复杂，在配料、搅拌、运输、振捣、养护过程中，一定要严格遵守施工规范，确保混凝土强度。

(5) 混凝土的变形性

1) 化学收缩

混凝土硬化过程中，水化引起的体积收缩。收缩量随混凝土硬化龄期的延长而增加，但收缩率很小，一般在40d后渐趋稳定。

2) 温度变形

温度变化引起的，对大体积混凝土极为不利。

3) 干缩湿胀

处在空气中的混凝土当水分散失时会引起体积收缩，称为干缩；在受潮时体积又会膨胀，称为湿胀。

4) 荷载作用下的变形

短期荷载作用下的变形—弹塑性变形和弹性模量：混凝土是一种非匀质材料，属弹塑性体。弹性模量反映了混凝土应力-应变曲线的变化。

5) 徐变

混凝土在持续荷载作用下，随时间增长的变形。徐变有有利一面，也有不利一面。影响混凝土徐变的主要因素是水泥用量多少和水灰比大小。

(6) 混凝土的耐久性

即保证混凝土在长期自然环境及使用条件下保持其使用性能。常见的耐久性问题有抗渗性、抗冻性、抗侵蚀性、碳化、碱—骨料反应等。

2.4.2 普通混凝土的组成材料

普通混凝土是以通用水泥为胶结材料，用普通砂石材料为骨料，并以普通水为原材料，按专门设计的配合比，经搅拌、成型、养护而得到的复合材料。现代水泥混凝土中，为了调节和改善其工艺性能和力学性能，还加入各种化学外加剂和磨细矿质掺合料。

砂石在混凝土中起骨架作用，故也称骨料。水泥和水组成水泥浆，包裹在砂石表面并填充砂石空隙，在拌和物中起润滑作用，赋予混凝土拌和物一定的流动性，使混凝土拌和物容易施工；在硬化过程中胶结砂、石，将骨料颗粒牢固地黏结成整体，使混凝土有一定的强度。混凝土的组成及各材料的大致比例如表2-4。

混凝土组成及各组分材料绝对体积比　　　　　　　　表 2-4

组成成分	水泥	水	砂	石	空气
占混凝土总体积的（%）	10~15	15~20	20~30	35~48	1~3
	25~35		66~78		1~3

1. 水泥

水泥是混凝土组成材料中最重要的材料，更是影响混凝土强度、耐久性最重要的因素。水泥的强度等级，应与混凝土设计强度等级相适应。用高强度等级的水泥配低强度等级混凝土时，水泥用量偏少，会影响和易性及强度，可掺适量混合材料（火山灰、粉煤灰、矿渣等）予以改善。反之，如水泥强度等级选用过低，则混凝土中水泥用量太多，非但不经济，而且降低混凝土的某些技术品质（如收缩率增大等）。

一般情况下（C30以下），水泥强度为混凝土强度的1.5~2.0倍较合适（高强度混凝土可取0.9~1.5）。若采用某些措施（如掺减水剂和掺合材料），情况则大不相同，用42.5级的水泥也能配制C60~C80的混凝土，其规律主要受水灰比定则控制。

为保证混凝土的耐久性，水泥用量满足有关技术标准规定的最小和最大水泥用量的要求。如果水泥用量少于规定的最小水泥用量，则取规定的最小水泥用量值；如果水泥用量大于规定的最大的水泥用量，应选择更高强度等级的水泥或采用其他措施使水泥用量满足规定要求。水泥的具体用量由混凝土的配合比设计确定。

2. 细骨料

粒径为5mm以下的骨料称为细骨料，一般采用天然砂。混凝土用砂的质量要求，主要有以下几项：

（1）砂的粗细程度及颗粒级配

粒径越小，总表面积越大。在混凝土中，砂的表面由水泥浆包裹，砂的总表面积越大，需要的水泥浆越多。当混凝土拌合物的流动性要求一定时，显然用粗砂比用细砂所需水泥浆省，且硬化后水泥石含量少，可提高混凝土的密实性，但砂粒过粗，又使混凝土拌合物容易产生离析、泌水现象，影响混凝土的均匀性，所以，拌制混凝土的砂，不宜过细，也不宜过粗。

评定砂的粗细，通常用筛分析法。砂的粗细程度，工程上常用细度模数 μ_f 表示，细度模数越大，表示砂越粗。细度模数在3.7~3.1为粗砂，在3.0~2.3为中砂，在2.2~1.6为细砂。普通混凝土用砂的细度模数范围在3.7~1.6，以中砂为宜。在配制混凝土时，除了考虑砂的粗细程度外，还要考虑它的颗粒级配。砂的颗粒级配是指粒径大小不同的砂相互搭配的情况。如图2-1所示。

级配好的砂应该是粗砂空隙被细砂所填充，使砂的空隙达到尽可能小。这样不仅可以减少水泥浆量，即节约水泥，而且水泥石含量少，混凝土密实度提高，强度和耐久性加强。

（2）泥、泥块及有害物质

1）泥及泥块

泥黏附在骨料的表面，妨碍水泥石与骨料的粘结，降低混凝土强度，还会加大混凝土的干缩，降低混凝土的抗渗性和抗冻性。泥块在搅拌时不宜散开，对混凝土性质的影响更为严重。

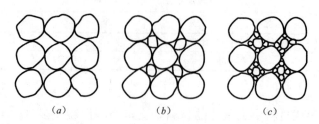

图 2-1 砂的颗粒级配图
(a) 相同粒径堆积；(b) 两种不同粒径堆积；(c) 多种不同粒径堆积

2) 有害物质

砂中的有害物质主要包括硫化物、硫酸盐、有机物及云母等，能降低混凝土的强度和耐久性。

(3) 坚固性

必须选坚固性好的砂，不用已风化的砂。

3. 粗骨料

粗骨料是指粒径大于 4.75mm 的岩石颗粒。常用的粗骨料有卵石（砾石）和碎石。由人工破碎而成的石子称为碎石，或人工石子；由天然形成的石子称为卵石。卵石按其产源特点，也可分为河卵石、海卵石和山卵石。其各自的特点相应的天然砂类似，各有其优缺点。通常，卵石的用量很大，故应按就地取材的原则给予选用。卵石的表面光滑，混凝土拌合物比碎石流动性要好，但与水泥砂浆粘结力差，故强度较低。

卵石和碎石按技术要求分为Ⅰ类、Ⅱ类和Ⅲ类三个等级。Ⅰ类用于强度等级大于 C60 的混凝土；Ⅱ类用于强度等级 C30~C60 及抗冻、抗渗或有其他要求的混凝土；Ⅲ类适用于强度等级小于 C30 的混凝土。

(1) 最大粒径及颗粒级配

与细骨料相同，混凝土对粗骨料的基本要求也是颗粒的总表面积要小和颗粒大小搭配要合理，以达到节约水泥和逐级填充而形成最大的密实度的要求。

1) 最大粒径

粗骨料公称粒径的上限称为该粒级的最大粒径。如公称粒级 5~20mm 的石子其最大粒径即 20mm。最大粒径反映了粗骨料的平均粗细程度。拌合混凝土中骨料的最大粒径加大，总表面减小，单位用水量有效减少。在用水量和水灰比固定不变的情况下，最大粒径加大，骨料表面包裹的水泥浆层加厚，混凝土拌合物可获较高的流动性。若在工作性一定的前提下，可减小水灰比，使强度和耐久性提高。通常加大粒径可获得节约水泥的效果。但最大粒径过大（大于 150mm）不但节约水泥的效率不再明显，而且会降低混凝土的抗拉强度，会对施工质量，甚至对搅拌机械造成一定的损害。

根据规定：混凝土用的粗骨料，其最大粒径不得超过构件截面最小尺寸的 1/4，且不得超过钢筋最小净间距的 3/4。对混凝土的实心板，骨料的最大粒径不宜超过板厚的 1/3，且不得超过 400mm。

2）颗粒级配

粗骨料与细骨料一样，也要有良好的颗粒级配，以减小空隙率，增强密实性，从而节约水泥，保证混凝土和和易性及强度。特别是配制高强度混凝土，粗骨料级配特别重要。

粗骨料的颗粒级配也是通过筛分实验来确定，所采用的方孔标准筛孔径为 2.36mm、4.75mm、9.50mm、16.0mm、19.0mm、26.5mm、31.5mm、37.5mm、53.0mm、63.0mm、75.0mm、90.0mm 共 12 个。

（2）强度及坚固性

1）强度

粗骨料在混凝土中要形成紧实的骨架，故其强度要满足一定的要求。粗骨料的强度有立方体挤压强度和压碎指标值两种。

2）坚固性

骨料颗粒在气候、外力及其物理力学因素作用下抵抗碎裂的能力称为坚固性。骨料由于干湿循环或冻融交替等作用引起体积变化会导致混凝土破坏。骨料越密实，强度超高、吸水率越小时，其坚固性越好；而结构疏松，矿物成分越复杂、结构不均匀，其坚固必越差。骨料的坚固性采用硫酸溶液浸泡来检验。

4. 混凝土拌合及养护用水

混凝土拌合用水按水源分为饮用水、地表水、地下水、再生水、混凝土企业设备洗刷水和海水。拌制宜采用饮用水。对混凝土拌合用水的质量要求是所含物质对混凝土、钢筋混凝土和预应力混凝土不应产生以下有害作用：

（1）影响混凝土的工作性及凝结。

（2）有碍于混凝土强度发展。

（3）降低混凝土的耐久性，加快钢筋腐蚀及导致预应力钢筋脆断。

（4）污染混凝土表面。

根据以上要求，符合国家标准的生活用水（自来水、河水、江水、湖水）可直接拌制各种混凝土。

2.4.3 混凝土配合比

普通混凝土的配合比是指混凝土的各组成材料数量之间的质量比例关系。确定比例关系的过程叫配合比设计。普通混凝土配合比，应根据原材料性能及对混凝土的技术要求进行计算，并经试验室试配、调整后确定。普通混凝土的组成材料主要包括水泥、粗骨料、细骨料和水，随着混凝土技术的发展，外加剂和掺和料的应用日益普遍，因此，其掺量也是配合比设计时需选定的。

混凝土配合比常用的表示方法有两种：一种以 $1m^3$ 混凝土中各项材料的质量表示，混凝土中的水泥、水、粗骨料、细骨料的实际用量按顺序表达，如水泥 300kg、水 182kg、砂 680kg、石子 1310kg；另一种表示方法是以水泥、水、砂、石之间的相对质量比及水灰比表达，如前例可表示为 $1:2.26:4.37$，$W/C=0.61$，我国目前采用的是质量比。

1. 混凝土配合比基本参数的确定

混凝土配合比设计，实质上就是确定四项材料用量之间的三个比例关系，即水与水泥之间的比例关系用水灰比表示；砂与石子之间的比例关系用砂率表示；水泥浆与骨料之间的比例关系,可用 1m³ 混凝土的用水量来反映。当这三个比例关系确定,混凝土的配合比就确定了。

(1) 水灰比的确定

满足强度要求的水灰比,可根据确定出的配制强度,按混凝土强度公式算出。

满足耐久性要求的水灰比,根据最大水灰比和最小水泥用量的规定查表。

根据强度和耐久性要求确定的水灰比有时是不相同的,应选取其中较小的水灰比。

(2) 确定用水量

用水量参照混凝土用水量参考表进行初步估计。然后按估计的用水量试拌混凝土拌合物,测其坍落度,坍落度若不符合要求,应保持水灰比不变的情况下调整用水量,再做试验,直到符合要求为止。

(3) 砂率的确定

通常确定砂率的方法,可先凭经验或经验图表进行估算,然后按初步估计的砂率拌制混凝土,进行和易性试验,通过调整确定。

2. 混凝土配合比设计的基本要求

配合比设计的任务,就是根据原材料的技术性能及施工条件,确定出能满足工程所要求的技术经济指标的各项组成材料的用量。其基本要求是:

(1) 达到混凝土结构设计要求的强度等级。

(2) 满足混凝土施工所要求的和易性要求。

(3) 满足工程所处环境和使用条件对混凝土耐久性的要求。

(4) 符合经济原则,节约水泥,降低成本。

3. 混凝土配合比设计的步骤

混凝土的配合比设计是一个计算、试配、调整的复杂过程,大致可分为初步计算配合比、基准配合比、实验室配合比、施工配合比设计 4 个设计阶段。首先按照已选择的原材料性能及对混凝土的技术要求进行初步计算,得出"初步计算配合比"。基准配合比是在初步计算配合比的基础上,通过试配、检测、进行工作性的调整、修正得到;实验室配合比是通过对水灰比的微量调整,在满足设计强度的前提下,进一步调整配合比以确定水泥用量最小的方案;而施工配合比考虑砂、石的实际含水率对配合比的影响,对配合比做最后的修正,是实际应用的配合比,配合比设计的过程是逐一满足混凝土的强度、工作性、耐久性、节约水泥等要求的过程。

4. 混凝土配合比设计的基本资料

在进行混凝土的配合比设计前,需确定和了解的基本资料。即设计的前提条件,主要有以下几个方面:

(1) 混凝土设计强度等级和强度的标准差。

(2) 材料的基本情况:包括水泥品种、强度等级、实际强度、密度;砂的种类、表观密度、细度模数、含水率;石子种类、表观密度、含水率;是否掺外加剂,外加剂种类。

(3) 混凝土的工作性要求:如坍落度指标。

(4) 与耐久性有关的环境条件:如冻融状况、地下水情况等。

(5) 工程特点及施工工艺:如构件几何尺寸、钢筋的疏密、浇筑振捣的方法等。

5. 施工配合比

配合比设计工作，一般均在试验室进行。选用干燥状态的骨料，在标准条件下制作试件和养护，这样获得的配合比称为试验室配合比。在施工现场，骨料多露天堆放，含有水分，在这种条件下使用的配合比叫作施工配合比。

2.4.4 混凝土检验规则

1. 一般规则

(1) 预拌混凝土的检验分为出厂检验和交货检验。

(2) 当判断混凝土质量是否符合要求时，强度、坍落度及含气量应以交货检验结果为依据；氯离子总含量以供方提供的资料为依据；其他检验项目应按合同规定执行。

(3) 交货检验的试验结果应在试验结束后 15d 内通知供方。

(4) 混凝土中氯化物和碱的总含量应符合现行国家标准和设计的要求。

2. 检验项目

(1) 常规检验混凝土强度和坍落度。

(2) 如有特殊要求除检验混凝土强度和坍落度外，还应按合同规定检验其他项目。

(3) 掺有引气型外加剂的混凝土应检验其含气量。

3. 取样与组批

(1) 用于出厂检验的混凝土试样应在搅拌地点采取，用于交货检验的混凝土试样应在交货地点采取。

(2) 交货检验的混凝土试样的采取及坍落度试验应在混凝土运到交货地点时开始算起 20min 内完成，试样的制作应在 40min 内完成。

(3) 结构混凝土的强度等级必须符合设计要求。用于检查结构构件混凝土强度的试件，应在混凝土的浇筑地点随机抽取。

2.5 砂 浆

砂浆是由无机胶凝材料、细骨料、水，以及为实现某种功能而加入的外加剂或掺合料，按一定比例配制而成的。建筑砂浆在建筑工程中，是一项用量大、用途广泛的建筑材料。

2.5.1 砂浆的种类及应用

根据不同用途，建筑砂浆可分为：

砌筑砂浆、抹面砂浆（普通抹面砂浆、防水砂浆、装饰砂浆等）、特种砂浆（如隔热砂浆、耐腐蚀砂浆、吸声砂浆等）。

1. 砌筑砂浆

砌筑砂浆尽量采用低强度等级水泥和砌筑水泥，对于一些特殊用途如用于结构加固、修补裂缝，应采用膨胀水泥。砌筑砂浆用砂应符合混凝土用砂的技术性质要求。为改善砂浆的和易性和节约水泥，还常在砂浆中掺入适量的石灰或黏土膏，加入皂化松香、微沫剂、纸浆废液，以及粉煤灰、火山灰质混合材、高炉矿渣等。

（1）砌筑砂浆的性质

1）流动性

砂浆的流动性也叫作稠度，是指在自重或外力作用下流动的性能。砂浆的流动性和许多因素有关，胶凝材料的用量、用水量、砂粒粗细、形状、级配，以及砂浆搅拌时间都会影响砂浆的流动性。

砂浆的流动性一般可由施工操作经验来掌握，也可在实验室中。用砂浆稠度仪测定其稠度值（即沉入量）来表示砂浆的流动性。砂浆流动性的选择与砌体材料及施工天气情况有关。

2）保水性

新拌砂浆能够保持水分的能力叫作保水性。保水性也指砂浆中各项组成材料不易分离的性质。新拌砂浆在存放、运输和使用的过程中，都必须保持其中水分不致很快流失，才能形成均匀密实的砂浆缝，而最后保证砌体具有良好的质量。掺用可塑性混合材料（石灰膏浆或黏土膏浆）的砂浆，其保水性都很好。通常可掺入些减水剂或微沫剂以改善新拌砂浆的性质。

砂浆的保水性用分层度表示。保水性良好的砂浆其分层度是较小的。砂浆的分层度以在 10～30mm 为宜。分层度大于 30mm 的砂浆，容易产生离析，不便于施工。分层度接近于零的砂浆，容易发生干缩裂缝。

（2）砂浆的强度

砂浆强度等级是以边长为 70.7mm×70.7mm×70.7mm 的立方体试块，按标准条件养护至 28d 的抗压强度平均值确定的。砂浆的强度等级共有 M2.5、M5、M7.5、M10、M15、M20 六个等级。砌筑砂浆强度等级 M10 及以下宜采用水泥混合砂浆。

2. 抹面砂浆

涂抹在建筑物或建筑构件表面的砂浆，可统称为抹面砂浆。根据抹面砂浆功能的不同，一般可将抹面砂浆分为普通抹面砂浆、装饰砂浆、防水砂浆和具有某些特殊功能的抹面砂浆（如绝热、耐酸、防射线砂浆）等。

对抹面砂浆要求具有良好的和易性，容易抹成均匀、平整的薄层，便于施工。还要有较高的粘结力，砂浆层要能与底面粘结牢固，长期使用不致开裂或脱落等性能。

抹面砂浆的组成材料与砌筑砂浆基本上是相同的。但为了防止砂浆层的开裂，有时需加入一些纤维材料；有时为了使其具有某些功能需要选用特殊骨料或掺合料。

（1）普通抹面砂浆

普通抹面砂浆对建筑物和墙体可起保护作用。它可以抵抗风、雨、雪等自然环境对建筑物的侵蚀，并提高建筑物的耐久性。经过砂浆抹面的墙面或其他构件的表面又可以达到平整、光洁和美观的效果。

抹面砂浆通常分为两层或三层进行施工。用于砖墙的底层抹灰，多用石灰砂浆或石灰炉灰砂浆；用于板条墙或板条顶棚的底层抹灰多用麻刀石灰灰浆；混凝土墙、梁、柱、顶板等底层抹灰多用混合砂浆。用于中层抹灰多用混合砂浆或石灰砂浆。用于面层抹灰多用混合砂浆、麻刀石灰灰浆或纸筋石灰灰浆。

在容易碰撞或潮湿的地方，应采用水泥砂浆。如墙裙、踢脚板、地面、雨篷、窗台以及水池、水井等处，一般多用1∶2.5水泥砂浆。

（2）装饰砂浆

涂抹在建筑物内外墙表面，能具有美观装饰效果的抹面砂浆通称为装饰砂浆。装饰砂浆的底层和中层抹灰与普通抹面砂浆基本相同。主要是装饰砂浆的面层，要选用具有一定颜色的胶凝材料和骨料以及采用某种特殊的操作工艺，使表面呈现出各种不同的色彩、线条与花纹等装饰效果。

装饰砂浆所采用的胶凝材料有普通水泥、矿渣水泥、火山灰质水泥和白水泥、彩色水泥，或是在常用水泥中掺加些耐碱矿物颜料配成彩色水泥以及石灰、石膏等。骨料常采用大理石、花岗石等带颜色的细石碴或玻璃、陶瓷碎粒。

外墙面的装饰砂浆有如下的常用工艺做法：拉毛、水刷石、水磨石、干粘石、斩假石、假面砖。装饰砂浆还可采取喷涂、弹涂、辊压等新工艺方法。可做成多种多样的装饰面层，操作很方便，施工效率可大大提高。

（3）防水砂浆

制作防水层的砂浆叫作防水砂浆。砂浆防水层又叫刚性防水层。这种防水层仅适用于不受振动和具有一定刚度的混凝土或砖石砌体工程。对于变形较大或可能发生不均匀沉陷的建筑物，都不宜采用刚性防水层。

防水砂浆可以用普通水泥砂浆来制作，也可以在水泥砂浆中掺入防水剂来提高砂浆的抗渗能力。

3. 特种砂浆

（1）绝热砂浆

采用水泥、石灰、石膏等胶凝材料与膨胀珍珠岩砂、膨胀蛭石或陶粒砂等轻质多孔骨料，按一定比例配制的砂浆称为绝热砂浆。绝热砂浆具有质轻和良好的绝热性能，其导热系数约为$0.07 \sim 0.10 \text{W}/(\text{m} \cdot \text{K})$，可用于屋面绝热层、绝热墙壁以及供热管道绝热层等处。

（2）吸声砂浆

一般绝热砂浆是由轻质多孔骨料制成的，都具有吸声性能。还可以配制用水泥、石膏、砂、锯末（其体积比约为1∶1∶3∶5）拌成的吸声砂浆，或在石灰、石膏砂浆中掺入玻璃纤维、矿物棉等松软纤维材料。吸声砂浆用于室内墙壁和平顶的吸声。

（3）耐酸砂浆

用水玻璃（硅酸钠）与氟硅酸钠拌制成耐酸砂浆，有时可掺入些石英岩、花岗岩、铸石等粉状细骨料。水玻璃硬化后具有很好的耐酸性能。耐酸砂浆多用作衬砌材料、耐酸地面和耐酸容器的内壁防护层。

（4）防射线砂浆

在水泥浆中掺入重晶石粉、砂可配制有防X射线能力的砂浆。其配合比约为水泥∶重晶石粉∶重晶石砂=1∶0.25∶4～5。如在水泥浆中掺加硼砂、硼酸等可配制有抗中子辐射能力的砂浆。此类防射线砂浆应用于射线防护工程。

（5）膨胀砂浆

在水泥砂浆中掺入膨胀剂，或使用膨胀水泥可配制膨胀砂浆。膨胀砂浆可在修补工程中及大板装配工程中填充缝隙，达到粘结密封作用。

(6) 自流平砂浆

在现代施工技术条件下,地坪常采用自流平砂浆,从而使施工迅捷方便、质量优良。自流平砂浆中的关键性技术是掺用合适的化学外加剂;严格控制砂的级配、含泥量、颗粒形态;同时选择合适的水泥品种。良好的自流平砂浆可使地坪平整、光洁,强度高,无开裂,技术经济效果良好。

按所用的胶凝材料不同,建筑砂浆分为:

水泥砂浆、石灰砂浆、石膏砂浆、混合砂浆和聚合物水泥砂浆等等。常用的混合砂浆有水泥石灰砂浆、水泥黏土砂浆和石灰黏土砂浆。

水泥砂浆是由水泥和砂子按一定比例混合搅拌而成的,它可以配制强度较高的砂浆,具有强度高、耐久性和耐火性好的特点,但其流动性和保水性差,施工相对较困难,一般应用于基础、长期受水浸泡的地下室和承受较大外力的砌体。

混合砂浆一般由水泥、石灰膏、砂子拌合而成,具有强度较高,且耐久性、流动性和保水性均较好的特点,便于施工,一般用于地面以上的砌体。

石灰砂浆是由石灰膏和砂子按一定比例搅拌而成的砂浆,完全靠石灰的气硬性而获得强度,强度较低,且耐久性差,但流动性和保水性较好,一般用于临时建筑或简易房屋中。

按表观密度分为轻砂浆、重砂浆。

2.5.2 砂浆配合比

砂浆配合比是指配制水泥砂浆材料时,水、砂子和水泥的配合比例,即水泥、砂及用水量的质量之比。

砌体砂浆可根据工程类别及砌体部位的设计要求,确定砂浆的强度等级,然后选定其配合比。一般情况下可以查阅有关手册和资料来选择配合比,但如果工程量较大、砌体部位较为重要或掺入外加剂等非常规材料时,为保证质量和降低造价,应进行配合比设计。配合比设计应根据原材料的性能、砂浆技术要求、块体种类及施工水平进行并应经试配、调整后确定。

1. 材料要求

(1) 砌筑砂浆所用原材料不应对人体、生物与环境造成有害的影响,并应符合现行国家标准《建筑材料放射性核素限量》GB 6566 的规定。

(2) 水泥宜采用通用硅酸盐水泥或砌筑水泥,且应符合《通用硅酸盐水泥》GB 175 和《砌筑水泥》GB/T 3183 的规定。水泥强度等级应根据砂浆品种及强度等级的要求进行选择。M15 及以下强度等级的砌筑砂浆宜选用 32.5 级的通用硅酸盐水泥或砌筑水泥;M15 以上强度等级的砌筑砂浆宜选用 42.5 级通用硅酸盐水泥。

(3) 砂宜选用中砂,应全部通过 4.75mm 的筛孔。

(4) 砌筑砂浆用石灰膏、电石膏应符合下列规定:

1) 生石灰熟化成石灰膏时,应用孔径不大于 3mm×3mm 的网过滤,熟化时间不得少于 7d;磨细生石灰粉的熟化时间不得少于 2d。沉淀池中储存的石灰膏,应采取防止干燥、冻结和污染的措施。严禁使用脱水硬化的石灰膏。

2) 制作电石膏的电石渣应用孔径不大于 3mm×3mm 的网过滤,检验时应加热至 70℃后至少保持 20min,并应待乙炔挥发完后再使用。

3）消石灰粉不得直接用于砌筑砂浆中。

（5）石灰膏、电石膏试配时的稠度，应为120±5mm。

（6）粉煤灰、粒化高炉矿渣粉、硅灰、天然沸石粉应符合《用于水泥和混凝土中的粉煤灰》GB/T 1596其他相关标准的规定。当采用其他品种矿物掺合料时，应有充足的技术依据，并应在使用前进行试验验证。

（7）采用保水增稠材料时，应在使用前进行试验验证，并应有完整的型式检验报告。

（8）外加剂应符合国家现行有关标准的规定，引气型外加剂还应有完整的型式检验报告。

（9）拌制砂浆用水应使用清洁的淡水，并符合相关规定。

2. 技术条件

（1）水泥砂浆及预拌砂浆的强度等级可分为M5、M7.5、M10、M15、M20、M25、M30；水泥混合砂浆的强度等级可分为M5、M7.5、M10、M15。

（2）砌筑砂浆拌合物的表观密度宜符合表2-5的规定。

砌筑砂浆拌合物的表观密度　　　　　　　　　　　　　　　表2-5

砂浆种类	表观密度（kg/m³）
水泥砂浆	≥1900
水泥混合砂浆	≥1800
预拌砂浆	≥1800

（3）砌筑砂浆的稠度、保水率、试配抗压强度应同时满足要求。

（4）砌筑砂浆施工时的稠度宜按表2-6选用。

砌筑砂浆的施工稠度　　　　　　　　　　　　　　　　　　表2-6

砌体种类	施工稠度（mm）
烧结普通砖砌体、粉煤灰砖砌体	70～90
混凝土砖砌体、普通混凝土小型空心砌块砌体、灰砂砖砌体	50～70
烧结多孔砖砌体、烧结空心砖砌体、轻骨料混凝土小型空心砌块砌体、蒸压加气混凝土砌块砌体	60～80
石砌体	30～50

（5）砌筑砂浆保水率应符合表2-7的规定。

砌筑砂浆的保水率　　　　　　　　　　　　　　　　　　　表2-7

砂浆种类	保水率（%）
水泥砂浆	≥80
水泥混合砂浆	≥84
预拌砂浆	≥88

（6）有抗冻性要求的砌体工程，砌筑砂浆应进行冻融试验。砌筑砂浆的抗冻性应符合表2-8的规定，且当设计对抗冻有明确要求时，尚应符合设计规定。

$$Q_C = 1000(f_{m,0} - \beta)/(\alpha \cdot f_{ce}) \qquad 式(2-2)$$

式中 Q_C——每立方米砂浆的水泥用量 kg,应精确至 1kg;

f_{ce}——水泥的实测强度,MPa,应精确至 0.1MPa;

α、β 砂浆的特征系数,其中 α 取 3.03,β 取 -15.09。

④ 石灰膏用量应按式（2-3）计算:

$$Q_D = Q_A - Q_C \qquad 式(2-3)$$

式中 Q_D——每立方米砂浆的石灰膏用量,kg,应精确至 1kg;石灰膏使用时的稠度宜为 120mm±5mm;

Q_C——每立方米砂浆的水泥用量,kg,应精确至 1kg;

Q_A——每立方米砂浆中水泥和石灰膏总量,应精确至 1kg,可为 350kg。

⑤ 每立方米砂浆中的砂用量,应按干燥状态（含水率小于 0.5%）的堆积密度值作为计算值（kg）。

⑥ 每立方米砂浆中的用水量,可根据砂浆稠度等要求选用 210~310kg。

2）现场配制水泥砂浆的试配应符合下列规定:

① 水泥砂浆的材料用量可按表 2-11 选用:

水泥砂浆的材料用量表　　　　　　　　　　　　　　　　　　表 2-11

强度等级	水泥	砂	用水量
M5	200~230	砂的堆积密度值	270~330
M7.5	230~260		
M10	260~290		
M15	290~330		
M20	340~400		
M25	360~410		
M30	430~480		

注：1. M15 及 M15 以下强度等级水泥砂浆,水泥强度等级为 32.5 级;M15 以上强度等级水泥砂浆水泥强度等级为 42.5 级;
2. 当采用细砂或粗砂时,用水量分别取上限或下限;
3. 稠度小于 70mm 时,用水量可小于下限;
4. 施工现场气候炎热或干燥季节,可酌量增加用水量;
5. 试配强度应按式式（2-1）计算。

② 水泥粉煤灰砂浆材料用量可按表 2-12 选用:

每立方米水泥粉煤灰砂浆材料用量（kg/m³）　　　　　　　　　表 2-12

强度等级	水泥和粉煤灰总量	粉煤灰	砂	用水量
M5	210~240	粉煤灰掺量可占胶凝材料总量的 15%~25%	砂的堆积密度值	270~330
M7.5	240~270			
M10	270~300			
M15	300~330			

注 1. 表中水泥强度等级为 32.5 级;
2. 当采用细砂或粗砂时,用水量分别取上限或下限;
3. 稠度小于 70mrn 时,用水量可小于下限;
4. 施工现场气候炎热或干燥季节,可酌量增加用水量;
5. 试配强度应按式（2-1）计算。

(2) 预拌砌筑砂浆的试配要求

1) 预拌砌筑砂浆应满足下列规定：

① 在确定湿拌砂浆稠度时应考虑砂浆在运输和储存过程中的稠度损失；

② 湿拌砂浆应根据凝结时间要求确定外加剂掺量；

③ 干混砂浆应明确拌制时的加水量范围；

④ 预拌砂浆的搅拌、运输、储存等应符合现行行业标准《预拌砂浆》JG/T 230 的规定；

⑤ 预拌砂浆性能应符合现行行业标准《预拌砂浆》JG/T 230 的规定。

2) 预拌砂浆的试配应满足下列规定：

① 预拌砂浆生产前应进行试配，试配时稠度取 70~80mm；

② 预拌砂浆中可掺入保水增稠材料、外加剂等，掺量应经试配后确定。

(3) 砌筑砂浆配合比试配、调整与确定

1) 砌筑砂浆试配时应考虑工程实际要求，搅拌应符合本章的规定。

2) 按计算或查表所得配合比进行试拌时，应按现行行业标准《建筑砂浆基本性能试验方法标准》JGJ/T 70 测定砌筑砂浆拌合物的稠度和保水率。当稠度和保水率不能满足要求时，应调整材料用量，直到符合要求为止，然后确定为试配时的砂浆基准配合比。

3) 试配时至少应采用三个不同的配合比，其中一个配合比应为按基准配合比，其余两个配合比的水泥用量应按基准配合比分别增加及减少 10%。在保证稠度、保水率合格的条件下，可将用水量、石灰膏、保水增稠材料或粉煤灰等活性掺合料用量作相应调整。

4) 砂浆试配时稠度应满足施工要求，并应按现行行业标准《建筑砂浆基本性能试验方法标准》JGJ/T 70 分别测定不同配合比砂浆的表观密度及强度；并应选定符合试配强度及和易性要求、水泥用量最低的配合比作为砂浆的试配配合比。

5) 砂浆试配配合比尚应按下列步骤进行校正：

① 应根据上述确定的砂浆配合比材料用量，按式（2-4）计算砂浆的理论表观密度值：

$$\rho_t = Q_c + Q_d + Q_s + Q_w \qquad 式（2-4）$$

式中 ρ_t——砂浆的理论表观密度值，kg/m^3，应精确至 $10kg/m^3$。

② 应按式（2-5）计算砂浆配合比校正系数 δ：

$$\delta = \rho_c/\rho_t \qquad 式（2-5）$$

式中 ρ_c——砂浆的实测表观密度值，kg/m^3，应精确至 $10kg/m^3$。

③ 当砂浆的实测表观密度值与理论表观密度值之差超过 2% 时，应将试配配合比中每项材料用量均乘以校正系数（δ）后，确定为砂浆设计配合比。

2.5.3 砂浆质量检验要求

(1) 供需双方应在合同规定的交货地点交接预拌砂浆。

(2) 当判定预拌砂浆质量是否符合要求时，强度、稠度以交货检验结果为依据；分层度、凝结时间以出厂检验结果为依据；其他检验项目应按合同规定执行。

(3) 取样与组批：

1) 用于交货检验的砂浆试样应在交货地点采取，用于出厂检验的砂浆试样应在搅拌地点采取。

2) 交货检验的砂浆试样应在砂浆运送到交货地点后按规定在 20min 内完成，稠度测试和强度试块的制作应在 30min 内完成。

(4) 砂浆强度检验的试样，其取样频率和组批条件应按以下规定进行：

1) 用于出厂检验的试样，每 250m³ 相同配合比的砌筑砂浆，取样不得少于一次，每一工作班相同配合比的砂浆不满 50m³ 时，取样也不得少于一次。

2) 预拌砂浆必须提供质量证明书。

2.6 石材、砖和砌块

2.6.1 砌筑石材的种类及应用

石材是建筑最早使用的材料之一，具有相对的耐久性能。世界上的许多古老的建筑都是用石材为主要建筑材料的，比如埃及金字塔、柬埔寨吴哥窟、古希腊的神殿等。在古老的中国的建筑中也是取用石材作为建筑的基础。石材在如今的建筑环境中依然使用很普遍，石材的许多优点是其他的材料无法替代的。

石材可分为天然石材和人造石材。

1. 天然石材

(1) 大理石

原指产于云南省大理的白色带有黑色花纹的石灰岩，剖面可以形成一幅天然的水墨山水画，古代常选取具有成型的花纹的大理石用来制作画屏或镶嵌画，后来大理石这个名称逐渐发展成称呼一切有各种颜色花纹的，用来做建筑装饰材料的石灰岩，白色大理石一般称为汉白玉。

1) 大理石的特性

大理石质地较密实、抗压强度较高、吸水率低、质地较软，属碱性中硬石材。天然大理石易加工、开光性好，常被制成抛光板材，其色调丰富、材质细腻、极富装饰性。天然大理石是石灰岩或白云岩在地壳内经过高温高压作用形成的变质岩，多为层状结构，有明显的结晶，纹理有斑纹、条纹之分，是一种富有装饰性的天然石材。天然大理石化学成分为碳酸盐（如碳酸钙或碳酸镁），矿物成分为方解石或白云石，纯大理石为白色，当含有部分其他深色矿物时，便产生多种色彩与优美花纹。从色彩上来说，有纯黑、纯白、纯灰、墨绿等数种。从纹理上说，有晚霞、云雾、山水、海浪等山水图案、自然景观。

大理石抗压强度较高，但硬度并不太高，易于加工雕刻与抛光。由于这些优点，使其在工程装饰中得以广泛应用。当大理石长期受雨水冲刷，特别是受酸性雨水冲刷时，可能使大理石表面的某些物质被侵蚀，从而失去原貌和光泽，影响装饰效果，因此大理石多用于室内装饰。

2) 大理石的技术要求

天然大理石板材的技术要求包括规格尺寸允许偏差、平面度允许公差、角度允许公差、外观质量和物理性能。其中物理性能的要求为：体积密度应不小于：$2.30g/cm^3$，吸水率不大于 0.50%，干燥压缩强度不小于 50.0MPa，弯曲强度不小于 7.0MPa，耐磨度不小于 10cm，镜面板材的镜向光泽值应不低于 70 光泽单位。

3）大理石的应用

天然大理石板材是装饰工程的常用饰面材料。一般用于宾馆、展览馆、剧院、商场、图书馆、机场、车站等工程的室内墙面、柱面、服务台、栏板、电梯间门口等部位。由于其耐磨性相对较差，虽也可用于室内地面，但不宜用于人流较多场所的地面。大理石由于耐酸腐蚀能力较差，除个别品种外，一般只适用于室内。

（2）花岗岩

花岗岩是一种岩浆在地表以下凝固冷却形成的火成岩，主要成分是长石和石英。因为花岗岩是深成岩，常能形成发育良好、肉眼可辨的矿物颗粒，因而得名。

1）花岗石的特性

花岗石构造致密、强度高、密度大、吸水率极低、质地坚硬、耐磨，属酸性硬石材。

2）花岗岩的技术要求

天然花岗石板材的技术要求包括规格尺寸允许偏差、平面度允许公差、角度允许公差、外观质量和物理性能。

3）花岗岩的应用

花岗岩素有"岩石之王"之称。在建筑中花岗岩从屋顶到地板都能使用。花岗岩不易风化，颜色美观，外观色泽可保持百年以上，花岗石板材主要应用于大型公共建筑或装饰等级要求较高的室内外装饰工程。花岗石因不易风化，外观色泽可保持百年以上，所以，粗面和细面板材常用于室外地面、墙面、柱面、勒脚、基座、台阶；镜面板材主要用于室内外地面、墙面、柱面、台面、台阶等，特别适宜做大型公共建筑大厅的地面。

2. 人造石材

（1）树脂型人造石材

树脂型人造石材是以不饱和聚酯树脂为胶结剂，与天然大理碎石、石英砂、方解石、石粉或其他无机填料按一定的比例配合，再加入催化剂、固化剂、颜料等外加剂，经混合搅拌、固化成型、脱模烘干、表面抛光等工序加工而成。使用不饱和聚酯的产品光泽好、颜色鲜艳丰富、可加工性强、装饰效果好。室内装饰工程中采用的人造石材主要是树脂型的。

（2）复合人造石材

复合人造石材采用的胶粘剂中，既有无机材料，又有有机高分子材料。复合型人造石材制品的造价较低，但它受温差影响后聚酯面易产生剥落或开裂。

（3）水泥型人造石材

水泥型人造石材是以各种水泥为胶结材料，砂、天然碎石粒为粗细骨料，经配制、搅拌、加压蒸养、磨光和抛光后制成的人造石材。配制过程中，混入色料，可制成彩色水泥石。水泥型石材的生产取材方便，价格低廉，但其装饰性较差。水磨石和各类花阶砖属此类。

2.6.2 砖的种类及应用

砌筑用砖按材质分：土砖、页岩砖、煤矸石砖、粉煤灰砖、灰砂砖、混凝土砖等。

按孔洞率分：实心砖（无孔洞或孔洞小于 25% 的砖）、多孔砖（孔洞率等于或大于

25%，孔的尺寸小而数量多的砖，常用于承重部位，强度等级较高）、空心砖（孔洞率等于或大于40%，孔的尺寸大而数量少的砖，常用于非承重部位，强度等级偏低）。

按生产工艺分：烧结砖（经焙烧而成的砖）、蒸压砖、蒸养砖。

1. 烧结砖

（1）烧结普通砖

烧结普通砖是以黏土、页岩、煤矸石和粉煤灰为主要原料，经成型、焙烧而成的实心砖。

烧结普通砖根据抗压强度分为MU30、MU25、MU20、MU15、MU10五个强度等级。

烧结普通砖的标准尺寸为：240mm×115mm×53mm。

烧结普通砖根据尺寸偏差、外观质量、泛霜和石灰爆裂分为优等品、一等品和合格品三个等级。优等品适用清水墙，一等品、合格品可用于混水墙。烧结普通砖是传统墙体材料，其优点是价格低廉，具有一定的强度、隔热、隔声性能较好，并有较好的耐久性；其缺点是烧砖过程能耗较高、砖体自重大（普通黏土砖每块重量在2.5kg左右）、成品尺寸小、施工效率低、抗震性能差等。目前我国正大力推广墙体材料改革，禁止使用黏土实心砖。

（2）烧结多孔砖

烧结多孔砖是以黏土、页岩、煤矸石等为主要原料，经胚料制备，入窑焙烧而成的，有许多小圆孔，孔洞率超过25%，不大于35%。

烧结多孔砖按抗压强度分为MU10、MU15、MU20、MU25、MU30五个等级。

砖的规格有190mm×190mm×90mm及240mm×115mm×90mm。

烧结多孔砖按尺寸偏差、外观质量、强度等级和物理性能分为优等品、一等品、合格品三个等级。烧结多孔砖可用于承重墙体，优等品可用于墙体装饰和清水墙砌筑，一等品、合格品可用于混水墙。用烧结多孔砖和烧结空心砖代替烧结普通砖，可使建筑物自重减轻30%左右，节约黏土20%～30%，节省燃料10%～20%，墙体施工功效提高40%，并改善砖的隔热隔声性能。

（3）烧结空心砖

烧结空心砖是以黏土、页岩、煤矸石等为主要原料，经胚料制备，入窑焙烧而成的，有少量大方孔，孔洞率大于35%，主要用于非承重部位。烧结空心砖根据密度分为800、900、1100三个密度级别。每个密度级根据孔洞及其排数、尺寸偏差、外观质量、强度等级和物理性能分为优等品、一等品和合格品三个等级。烧结空心砖按抗压强度分为MU2、MU3、MU5三个等级。常有规格为290mm×190mm×90mm及290mm×290mm×190mm等。

2. 非烧结砖

不经焙烧而制成的砖均为非烧结砖。目前非烧结砖主要有蒸养砖、蒸压砖、碳化砖等。

（1）蒸压灰砂砖

蒸压灰砂砖是以石灰和砂为主要原料，经胚料制备、压制成型、高压蒸汽养护而成的实心砖。砖的规格为240mm×115mm×53mm。蒸压灰砂砖根据抗压强度分为MU25、MU20、MU15、MU10四个强度等级。根据产品的尺寸偏差和外观质量分为优等品、一等品、合格品三个等级。

蒸压灰砂砖适用于各类民用建筑、公用建筑和工业厂房的内、外墙，以及房屋的基础。蒸压灰砂砖取代黏土砖对减少环境污染，保护耕地。具有良好的耐久性能，又具有较高的墙体强度，是替代烧结黏土砖的产品。砖体有实心和空心两种。

与烧结普通砖砌体比较，蒸压灰砂砖砌体的收缩值要大得多。而且影响因素，变化规律都不相同，这点在应用时应特别加以注意。由于蒸压灰砂砖的某些性能与烧结普通砖有较大差别，因此，必须在使用中采取相应的技术措施。蒸压灰砂砖作为楼房建筑的材料，约在2001年起大量采用，但由于使用蒸压灰砂的建筑容易出现墙体裂缝，2011年开始中国国内部分地区已经禁用。

（2）蒸养砖

常见蒸养砖是以粉煤灰，石灰为主要原料（也可以掺加适量石膏和骨料）经坯料制备，压制成型。经蒸压釜蒸压，高压蒸汽养护而成的墙体材料，颜色呈黑灰色。蒸养砖主要用于承重墙、因重量轻也可作为框架结构的填充材料，具有轻质、保温、隔热、可加工、缩短建筑工期等特点，该产品既能够消化大量的粉煤灰，节约耕地，减少污染，保护环境。

2.6.3 砌块的种类及应用

砌块是用于砌筑的，形体大于砌筑砖的人造块材，按产品主规格的尺寸可分为大型砌块（高度大于980mm）、中型砌块（高度为380～980mm）和小型砌块（高度大于115mm，小于380mm）。

1. 砌块的分类

按用途分：承重砌块和非承重砌块；

按有无孔洞分：实心砌块（无孔洞或空心率小于25%）和空心砌块（空心率≥25%）；

按材质分：硅酸盐砌块、轻骨料混凝土砌块、加气混凝土砌块、混凝土砌块等。

目前国内推广较为普遍的砌块有蒸压加气混凝土砌块、混凝土小型空心砌块、粉煤灰砌块等。

2. 砌块的应用

（1）蒸压加气混凝土砌块

蒸压加气混凝土砌块是钙质材料和硅质材料加铝粉，经蒸压养护而成的多孔轻质块体材料，简称加气混凝土砌块。砌块按强度分为A1.0，A2.0，A2.5，A3.5，A5.0，A7.5，A10七个级别。砌块按干密度分为B03，B04，B05，B06，B07，B08六个级别。常用规格尺寸为长度：600mm；宽度：100、120、125、150、180、200、240、250、300mm；高度：200、240、250、300mm。

蒸压加气混凝土砌块适用于各类建筑地面以上的内外填充墙和地面以下的内填充墙（有特殊要求的墙体除外）。

蒸压加气混凝土砌块不应直接砌筑在楼面、地面上。对于厕浴间、露台、外阳台以及设置在外墙面的空调机承托板与砌体接触部位等经常受干湿交替作用的墙体根部，宜浇筑宽度同墙厚、高度不小于0.2m的C20素混凝土墙垫；对于其他墙体，宜用蒸压灰砂砖在其根部砌筑高度不小于0.2m的墙垫。

蒸压加气混凝土砌块不得使用在建筑物±0.000以下（地下室的室内填充墙除外）部位；长期浸水或经常干湿交替的部位；受化学侵蚀的环境，如强酸、强碱或高浓度二氧化碳等的环境；砌体表面经常处于80℃以上的高温环境；屋面女儿墙。

（2）混凝土小型空心砌块

混凝土小型空心砌块是以水泥为胶凝材料，砂、碎石、煤矸石、炉渣为骨料，经加水搅拌、振动加压或冲压成型、养护而成的小型砌块。

混凝土小型空心砌块主规格尺寸为390mm×190mm×190mm，其他规格尺寸可由供需双方协商。混凝土小型空心砌块按抗压强度分为MU3.5、MU5、MU7.5、MU10、MU15、MU20六个强度等级；按其尺寸偏差和外观质量分为优等品、一等品和合格品三个质量等级。

普通混凝土小型空心砌块强度等级　　　　　表2-13

普通混凝土小型空心砌块强度等级（GB/T 8239—2014）MPa					
强度等级	砌块抗压强度		强度等级	砌块抗压强度	
	平均值≥	单块最小值≥		平均值≥	单块最小值≥
MU5.0	5.0	4.0	MU25	25.0	20.0
MU7.5	7.5	6.0	MU30	30.0	24.0
MU10	10.0	8.0	MU35	35.0	28.0
MU15	15.0	12.0	MU40	40.0	32.0
MU20	20.0	16.0			

混凝土小型空心砌块使用注意事项：

① 小砌块采用自然养护时，必须养护28d后方可使用；
② 出厂时小砌块的相对含水率必须严格控制在标准规定范围内；
③ 小砌块在施工现场堆放时，必须采用防雨措施；
④ 浇筑前，小砌块不允许浇水预湿。

混凝土小型空心砌块建筑体系比较灵活，砌筑方便，主要用于建筑的内外墙体。

（3）粉煤灰砌块

粉煤灰砌块是以粉煤灰、石灰为主要原料，掺加适量石膏、外加剂和骨料等，经坯料配制、轮碾碾练、机械成型、水化和水热合成反应而制成的实心粉煤灰砌块。粉煤灰砖的尺寸为240mm×115mm×53mm。粉煤灰砖的耐久性能主要表现在抗冻、耐水、干湿交替等项目。抗冻性和耐水性是反应制品耐久性的两项重要指标，特别是抗冻性。抗冻性是将试样在零下15～20℃冻5h，在10～20℃的水中融化3h，经如此冻融循环15次后的强度损失及外观破坏情况来衡量。

粉煤灰砖由于主要采用粉煤灰，通过扫描电子显微镜观察，粉煤灰颗粒偏粗，有较多空隙的熔渣颗粒和玻璃小球，因而吸水速度较慢，一般要24小时才能达到饱和状态。

粉煤灰砖的吸水率一般为8.26%～14.0%，比黏土砖略低（黏土砖14.29%～16.7%）长期浸泡水中，强度会继续上涨。经15次冻融循环后，外观基本完整，抗压强度达8～16MPa，干质量损失小于2.0%，它的抗冻性和耐水性都是良好的。粉煤灰砌块的导温系数很小，它阻止热流和温度波透过的能力强，通过粉煤灰砌块维护结构的热流量小，衰减倍数大，延迟时间长，与传统材料相比，在相同厚度条件下，粉煤灰砌块土内表面平均温度和波动温度均较小。

对夏季隔热要求而言，导热系数的良性影响是主要的，表面蓄热系数负面的影响是次要的。所以，综合作用的结果，对于不使用空调依靠自然降温的建筑，粉煤灰砌块的隔热性能仍略好于传统的黏土砖及普通的混凝土等传统建材。

2.7 钢　　材

钢材是以铁为主要元素，含碳量一般在 2% 以下，并含有其他元素的材料。

建筑钢材是指建筑工程中使用的各种钢材，包括钢结构用各种型材（如圆钢、角钢、工字钢、钢管）、板材，以及混凝土结构用钢筋、钢丝、钢绞线。

2.7.1 钢材的种类

钢材应用广泛、品种繁多，根据断面形状的不同、钢材一般分为型材、板材、管材和金属制品四大类。钢材是钢锭、钢坯或钢材通过压力加工制成需要的各种形状、尺寸和性能的材料。大部分钢材加工都是钢材通过压力加工，使被加工的钢（坯、锭等）产生塑性变形。

钢材根据加工温度不同，可以分为冷加工和热加工两种。

钢材按冶炼方法分为转炉钢、平炉钢和电炉钢三种。转炉钢主要采用氧气顶吹转炉钢。平炉钢质量好，但冶炼时间长，成本高。氧气转炉钢质量与平炉钢相当但成本较低。

按脱氧方法分为沸腾钢、镇静钢和半镇静（半脱氧）钢。镇静钢脱氧充分，沸腾钢脱氧较差，半镇静钢介于镇静钢和沸腾钢之间。一般采用镇静钢。

按压力加工方式分为热加工钢材和冷加工钢材。

按化学成分分为非金属钢、低合金钢和合金钢。

按主要质量等级分为普通质量钢、优质钢和高级优质钢。

按用途分建筑钢材一般分为钢结构用钢和混凝土结构用钢两种。

建筑工程目前常用的品种主要是碳素结构钢和低合金高强度结构钢。

1. 碳素结构钢

碳素结构钢是碳素钢的一种。含碳量约 0.05%～0.70%，个别可高达 0.90%。

碳素钢是指碳含量低于 2%，并有少量硅、锰以及磷、硫等杂质的铁碳合金。工业上常指含碳量小于 1.35%，除铁、碳和限量以内的硅、锰、磷、硫等杂质外，不含其他合金元素的钢。

碳素钢的性能主要取决于含碳量。含碳量增加，钢的强度、硬度升高，塑性、韧性和可焊性降低。与其他钢类相比，碳素钢使用最早，成本低，性能范围宽，用量最大。

（1）牌号及其表示方法

这类钢主要保证力学性能，故其牌号体现其力学性能。碳素结构钢的牌号，由代表屈服点的汉语拼音字母"Q"、屈服点数值、质量等级符号和脱氧方法四个部分按顺序组成。质量等级符号用 A、B、C、D 表示，质量等级不同，含 S、P 的量依次降低，钢材质量依次提高。其中 A 级的硫、磷含量最高，D 级的硫、磷含量最低，脱氧方法符号用 F、Z、

TZ表示，F是沸腾钢，Z是镇静钢，TZ是特殊镇静钢。Z与TZ符号在钢号组成表示方法中予以省略。

例如Q235-A·F表示屈服点为235MPa的A级沸腾钢，Q235-C表示屈服点为235MPa的C级镇静钢

(2) 碳素结构钢的特性与用途

碳素结构钢一般情况下都不经热处理，而在供应状态下直接使用。通常Q195、Q215、Q235钢碳的质量分数低，焊接性能好，塑性、韧性好，有一定强度，常轧制成薄板、钢筋、焊接钢管等，用于桥梁、建筑等结构和制造普通铆钉、螺钉、螺母等零件。碳素结构钢主要应用的是Q235。Q235级钢既具有较高的强度，又具有较好的塑性和韧性，可焊性也好，同时力学性能稳定，对轧制、加热、急剧冷却时的敏感性较小，故在钢结构中广泛应用；Q215钢强度低、塑性大、受力产生变形大，经冷加工后可代替Q235钢使用；Q255和Q275钢碳的质量分数稍高，强度较高，塑性、韧性较好，可进行焊接，通常轧制成型钢、条钢和钢板作结构件以及制造简单机械的连杆、齿轮、联轴节、销等零件。

2. 低合金高强度结构钢：

这类钢是含少量合金元素的低碳结构钢，故又名普通低合金结构钢。

主要用于各种工程结构，如建筑钢架、桥梁、船舶、车辆、锅炉、高压容器、输油输气管道、大型钢结构等。

(1) 牌号的表示方法

采用与碳素结构钢相同的牌号表示方法，由屈服点字母Q、屈服点数值、质量等级三个部分组成。根据钢材厚度（直径）＜16mm时的屈服点大小，分为Q295、Q345、Q390、Q420、Q460。钢的质量等级有A、B、C、D、E五个等级，E级要求－40℃的冲击韧性。对专业用低合金高强度钢，应在钢号最后标明。例如，16Mn钢，用于桥梁的专用钢种为"16Mnq"，汽车大梁的专用钢种为"16MnL"，压力容器的专用钢种为"16MnR"。

(2) 低合金高强度结构钢的特性及应用

合金元素加入后，提高了钢材的屈服点，同时具有良好的塑性、冲击韧性、可焊性及耐低温、耐蚀性等，可节约用钢量。

2.7.2 钢材的性质

钢材的性质包括强度、弹性、塑性、韧性以及硬度等内容。

1. 抗拉强度

建筑钢材的抗拉强度包括：屈服强度、极限抗拉强度、疲劳强度。

(1) 屈服强度（屈服极限）：是指钢材在静载作用下，开始丧失对变形的抵抗能力，并产生大量塑性变形时的应力。屈服强度是确定钢材容许应力的主要依据。

(2) 极限抗拉强度（抗拉强度）：是钢材在拉力作用下能承受的最大拉应力。

屈服强度和抗拉强度是钢材力学性质的主要检验指标。

(3) 疲劳强度：钢材承受交变荷载的反复作用下，可能在远低于屈服强度时突然发生的破坏。

2. 弹性

钢材在静荷作用下，受拉初始阶段，应力与应变成正比例变化，具有这种变形特征的性质称为弹性。其比值就是弹性模量 E。弹性模量是衡量钢材抵抗变形能力的指标。

3. 塑性

常用伸长率（或断面收缩率）和冷弯来表示。伸长率是衡量钢材塑性的重要指标，伸长率越大，钢材塑性越好。冷弯是钢材在常温下承受弯曲变形的能力。冷弯性能指标是通过试件被弯曲的角度（90°、180°）及弯心直径 d 对试件厚度（或直径）a 的比值（d/a）区分的，试件按规定的弯曲角和弯心直径进行试验，如图 2-2 所示，弯曲角度越大，d 与 a 的比值越小，表明冷弯性能越好。试件弯曲处的外表面无裂断、裂缝或起层，即认为冷弯性能合格。

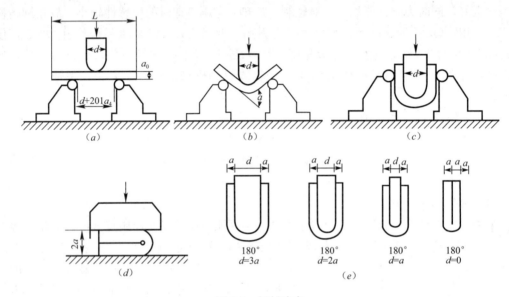

图 2-2 钢材冷弯

4. 冲击韧性

冲击韧性是指钢材抵抗冲击荷载而不破坏的能力。冲击韧性指标是通过标准试件的弯曲冲击韧性试验确定的。以摆锤打击试件，于刻槽处将其打断，试件单位截面积上所消耗的功，即为钢材的冲击韧性指标，用冲击韧性 a_k（J/cm²）表示，如图 2-3 所示。a_k 值越大，冲击韧性越好。

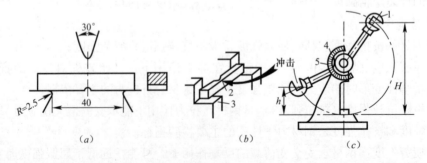

图 2-3 冲击韧性试验图

钢材的化学成分、组织状态、内在缺陷及环境温度都会影响钢材的冲击韧性。试验表明，冲击韧性随温度的降低而下降，其规律是开始下降缓和，当达到一定温度范围时，突然下降很多而呈脆性，这种脆性称为钢材的冷脆性。

发生冷脆时的温度称为临界温度，其数值越低，说明钢材的低温冲击性能越好。所以，在负温下使用的结构，应当选用脆性临界温度较工作温度为低的钢材。

随时间的延长而表现出强度提高，塑性和冲击韧性下降的现象称为时效。完成时效变化的过程可达数十年，但是钢材如经受冷加工变形，或使用中经受振动和反复荷载的影响，时效可迅速发展。因时效而导致性能改变的程度称为时效敏感性，对于承受动荷载的结构应该选用时效敏感性小的钢材。

5. 硬度

硬度是指在表面局部体积内，抵抗其他较硬物体压入产生塑性变形的能力。

6. 耐疲劳性

在反复荷载作用下的结构构件，钢材往往在应力远小于抗拉强度时发生断裂，这种现象称为钢材的疲劳破坏。疲劳破坏的危险应力用疲劳极限来表示，它是指疲劳试验中，试件在交变应力作用下，于规定的周期基数内不发生断裂所能承受的最大应力。

一般认为，钢材的疲劳破坏是由拉应力引起的，因此，钢材的疲劳极限与其抗拉强度有关，一般抗拉强度高，其疲劳极限也较高。由于疲劳裂纹是在应力集中处形成和发展的，故钢材的疲劳极限不仅与其内部组织有关，也和表面质量有关。

7. 焊接性能

钢材的可焊性是指焊接后在焊缝处的性质与母材性质的一致程度。影响钢材可焊性的主要因素是化学成分及含量。如硫产生热脆性，使焊缝处产生硬脆及热裂纹。又如，含碳量超过 0.3%，可焊性显著下降等。

2.7.3 钢结构用钢材的品种及特性

钢结构工程是由各式各样的钢材组合成，一般根据建筑规模再挑选各类钢材，常用的钢材有型钢、钢板等。

1. 型钢

型钢品种很多，是一种具有一定截面形状和尺寸的实心长条钢材。按其断面形状不同又分简单和复杂断面两种。前者包括圆钢、方钢、扁钢、六角钢和角钢；后者包括钢轨、H 型钢、C 型钢、工字钢、槽钢、窗框钢和异型钢等。

型钢成型有热轧和冷轧，常用的热轧型钢有角钢、工字钢、槽钢、T 型钢、H 型钢、Z 型钢等。

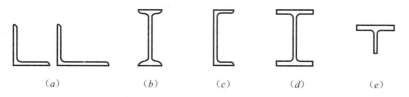

图 2-4 热轧型钢
(a) 角钢；(b) 工字钢；(c) 槽钢；(d) H 型钢；(e) T 型钢

(1) 热轧普通工字钢

工字钢的规格可用其截面的主要轮廓尺寸(mm)来表示,即以腰高(h)×腿宽(b)×腰厚(d)的毫米数表示,如Ⅰ160×88×6,即表示腰高为160mm,腿宽为88mm,腰厚为6mm的工字钢。工字钢规格也可用型号(号数)表示,型号表示腰高的厘米数,如腰高160mm的工字钢型号为Ⅰ16♯。腰高相同的工字钢,如有几种不同的腿宽和腰厚,需在型号右边加标码(也称角码)a或b或c予以区别,如32a♯、32b♯、32c♯等。

工字钢不论是普通型还是轻型的,由于截面尺寸均相对较高、较窄,故对截面两个主袖的惯性矩相差较大,因此,一般仅能直接用于在其腹板平面内受弯的构件或将其组成格构式受力构件。对轴心受压构件或在垂直于腹板平面还有弯曲的构件均不宜采用,这就使其在应用范围上有着很大的局限

(2) 热轧H型钢

H型钢是由工字钢优化发展而成的一种断面力学性能更为优良的经济型断面钢材,尤其断面与英文字母"H"相同而得名。

H型钢表示方法为:高度H×宽度B×腹板厚度$t1$×翼板厚度$t2$,如H型钢Q235B:200×200×8×12表示为高200mm宽200mm腹板厚度8mm,翼板厚度12mm的宽翼缘H型钢,其牌号为Q235B

H型钢翼缘宽,侧向刚度大,抗弯能力强,比工字钢大约5%~10%;相同截面负荷下,热轧H钢结构比传统钢结构重量减轻15%~20%;与混凝土结构相比,热轧H钢结构可增大6%的使用面积,而结构自重减轻20%~30%,减少结构设计内力。

以热轧H型钢为主的钢结构,其结构科学合理,塑性和柔韧性好,结构稳定性高,适用于承受振动和冲击载荷大的建筑结构,抗自然灾害能力强,特别适用于一些多地震发生带的建筑结构。据统计,在世界上发生7级以上毁灭性大地震灾害中,以H型钢为主的钢结构建筑受害程度最小。

(3) 热轧普通槽钢

槽钢是截面为凹槽形的长条钢材。其规格以腰高(h)×腿宽(b)×腰厚(d)的毫米数表示,如120×53×5,表示腰高为120mm,腿宽为53mm的槽钢,腰厚为5mm的槽钢,或称12♯槽钢。腰高相同的槽钢,如有几种不同的腿宽和腰厚也需在型号右边加abc予以区别,如25a♯25b♯25c♯等。

热轧普通槽钢主要用于建筑结构、车辆制造和其他工业结构,常与工字钢配合使用。

2. 钢板

钢板是一种宽厚比和表面积都很大的扁平钢材。钢板的规格以厚度×宽度×长度的毫米数表示。钢板按厚度不同分薄板、中板和厚板三种,钢带包括在钢板类内。按轧制方式可分为热轧钢板和冷轧钢板。

2.7.4 钢筋混凝土结构用钢材的品种及特性

钢筋混凝土结构用钢,主要由碳素结构钢和低合金结构钢轧制而成,主要有热轧钢筋、冷加工钢筋、热处理钢筋、预应力混凝土用钢丝和钢绞线等。

1. 热轧钢筋

热轧钢筋是经过热轧成型并自然冷却的成品钢筋。根据其表面形状分为光圆钢筋和带

肋钢筋两类。带肋钢筋有月牙肋钢筋和等高肋钢筋等。

（1）热轧光圆钢筋

热轧光圆钢筋，横截面为圆形，表面光圆，是用 Q215 或 Q235 碳素结构钢轧制而成的钢筋。其强度较低，塑性及焊接性能好，伸长率高，便于弯折成型和进行各种冷加工，广泛用于普通钢筋混凝土构件中，作为中小型钢筋混凝土结构的主要受力钢筋和各种钢筋混凝土结构的箍筋等。

（2）热轧带肋钢筋

热轧带肋钢筋横截面通常为圆形，表面有两条纵肋和沿长度方向均匀分布的横肋。热轧带肋钢筋是用低合金镇静钢和半镇静钢轧制成的钢筋，其强度较高，塑性和焊接性能较好，因表面带肋，加强了钢筋与混凝土之间的粘结力，广泛用于大、中型钢筋混凝土结构的受力钢筋，经过冷拉后可用作预应力钢筋。

2. 冷加工钢筋

（1）冷拔低碳钢丝

是由 $\phi 6 \sim \phi 8$mm 的 Q235 或 Q215 热轧圆盘条钢筋在常温下经冷拔加工而成。低碳钢经冷拔后，屈服点可提高 40%～60%，同时塑性降低。因此冷拔低碳钢丝已失去低碳钢的特性，变得硬脆。冷拔低合金钢丝的抗拉强度比冷拔低碳钢丝更高，其抗拉强度标准值为 800MPa，可用于中小型混凝土构件中的预应力筋。

（2）冷轧带肋钢筋

冷轧带肋钢筋是由热轧圆盘条为母材，经冷轧减径后在其表面冷轧成二面或三面横肋（月牙肋）的钢筋。

与冷拔低碳钢丝相比，冷轧带肋钢筋具有强度高、塑性好、与混凝土粘结牢固、节约钢材、质量稳定等优点。冷轧带肋钢钢筋宜用作中、小型预应力混凝土结构构件中的受力主筋，普通钢筋混凝土结构构件中的受力主筋、架立筋、箍筋和构造钢筋。

3. 热处理钢筋

预应力混凝土用热处理钢筋是由热轧带肋钢筋（即普通热轧中碳低合金钢筋）经淬火和回火等调质处理制成。外形按其螺纹外形分为有纵肋和无纵肋（都有横肋）两种。

预应力混凝土用热处理钢筋具有高强度、高韧性和高握裹力等优点，主要用于预应力混凝土桥梁轨枕，还用于预应力梁、板结构及吊车梁等。预应力混凝土用热处理钢筋成盘供应，开盘后能自行伸直，不需调直和焊接，施工方便且节约钢材。

4. 预应力混凝土用钢丝

预应力混凝土用钢丝是应用优质碳素结构钢制作，经冷拉或冷拉后消除应力处理制成。

预应力混凝土用钢丝按加工状态分为冷拉钢丝和消除应力钢丝两种；按松弛性能分为低（Ⅱ级）松弛钢丝和普通（Ⅰ级）松弛钢丝两种。

预应力钢丝的抗拉强度比钢筋混凝土用热轧光圆钢筋、热轧带肋钢筋高很多，在构件中采用预应力钢丝可以节省钢材、减少构件截面和节省混凝土。主要用于桥梁、吊车梁、大跨度屋架和管桩等预应力钢筋混凝土构件中。

5. 预应力混凝土钢绞线

预应力混凝土用钢绞线是在若干根直径为 2.5～5.0mm 的高强度钢丝中，以一根钢丝为中心，其余钢丝围绕其中心钢丝绞捻，再经消除应力热处理而制成。

预应力混凝土钢绞线按应力松弛性能分为Ⅰ级松弛和Ⅱ级松弛。

预应力混凝土用钢丝与钢绞线具有强度高、柔性好、松弛率低、抗腐蚀性强、无接头、质量稳定、安全可靠等特点，主要用于大跨度屋架及薄腹梁、大跨度吊车梁、桥梁等的预应力结构。

2.7.5 钢材的验收

建筑钢材的实物质量主要是看所送检的钢材是否满足规范及相关标准要求；现场所检测的建筑钢材尺寸偏差和重量偏差是否符合产品标准规定；外观缺陷是否在标准规定的范围内。

1. 钢筋混凝土用热轧带肋钢筋

（1）钢筋混凝土用热轧带肋钢筋的力学和冷弯性能应符合规范规定。

（2）热轧带肋钢筋的力学和冷弯性能检验应按批进行。每批应由同一牌号、同一炉罐号、同一规格的钢筋组成，每批重量不大于60t。力学性能检验的项目有拉伸试验和冷弯试验等二项，需要时还应进行反复弯曲试验。

1) 拉伸试验：每批任取2支切取2件试样进行拉伸试验。拉伸试验包括屈服点、抗拉强度和伸长率三项。

2) 冷弯试验：每批任取2支切取2件试样进行180°冷弯试验。冷弯试验时，受弯部位外表面不得产生裂纹。

3) 反复弯曲：需要时，每批任取1件试样进行反复弯曲试验。

4) 取样规格：拉伸试样：500～600mm；弯曲试样：200～250mm。

各项试验检验的结果符合上述规定时，该批热轧带肋钢筋为合格。如果有一项不合格，则从同一批中再任取双倍数量的试样进行该不合格项目的复验。如仍有一项不合格，则该批为不合格。

2. 钢筋混凝土用热轧光圆钢筋

（1）热轧光圆钢筋的力学和冷弯性能检验应按批进行。

（2）每批应由同一牌号、同一炉罐号、同一规格、同一交货状态的钢筋组成，每批重量不大于60t。

（3）力学性能检验的项目有拉伸试验和冷弯试验等二项。

1) 拉伸试验：每批任取2支切取2件试样进行拉伸试验。拉伸试验包括屈服点、抗拉强度和伸长率三项。

2) 冷弯试验：每批任取2支切取2件试样进行180°冷弯试验。冷弯试验时，受弯部位外表面不得产生裂纹。

（4）各项试验检验的结果符合上述规定时，该批热轧光圆钢筋为合格。如果有一项不合格，则从同一批中再任取双倍数量的试样进行该不合格项目的复验。如仍有一项不合格，则该批为不合格。

第3章 施工图识读、绘制的基本知识

工程图是工程施工、生产、管理等环节最重要的技术文件,是工程师的技术语言。为了便于技术交流,提高生产效率,国家指定专门机关负责组织制定"国家标准",简称国标,代号"GB"。

随着建筑技术的不断发展,由中华人民共和国住房和城乡建设部会同有关部门共同对《房屋建筑制图统一标准》等六项标准进行修订,批准《房屋建筑制图统一标准》GB/T 50001—2010、《总图制图标准》GB/T 50103—2010、《建筑制图标准》GB/T 50104—2010、《建筑结构制图标准》GB/T 50105—2010、《建筑给水排水制图标准》GB/T 50106—2010 和《暖通空调制图标准》GB/T 50114—2010 为国家标准,自2011年3月1日起施行。所有从事建筑工程技术的人员,在设计、施工、管理中都应该严格执行国家有关建筑制图标准。

3.1 施工图的基本知识

房屋建筑施工图是用正投影原理来表达建筑物构配件的组成、外形轮廓、平面布置、结构构造以及装饰、尺寸、材料等做法,按照建筑制图国家标准规定绘制的工程图纸。它是组织施工和编制预、决算的依据。

建造一幢房屋从设计到施工,要由许多专业和不同工种共同配合来完成。按内容和作用不同,可分为:建筑施工图(简称建施)、结构施工图(简称结施)和设备施工图(简称设施)。设备施工图又包含电气施工图(简称电施)、给水排水施工图(简称水施)、采暖通风与空气调节(简称空施)及装饰施工图(简称装施)。

通常一套完整的施工图纸还包括图纸目录和设计说明。图纸目录放在一套图纸的最前面,说明本工程的图纸类别、图号编排,图纸名称和备注等,以方便图纸的查阅。如表3-1是某住宅楼的施工图图纸目录。

图纸目录　　　　　　　　　　　　　　　　　　　　　表 3-1

图别	图号	图纸名称	备注	图别	图号	图纸名称	备注
建施	01	设计说明、门窗表		建施	10	1—1剖面图	
建施	02	车库平面图		建施	11	大样图一	
建施	03	一~五层平面图		建施	12	大样图二	
建施	04	六层平面图		结施	01	基础结构平面布置图	
建施	05	阁楼层平面图		结施	02	标准层结构平面布置图	
建施	06	屋顶平面图		结施	03	屋顶结构平面布置图	
建施	07	①~⑩轴立面图		结施	05	柱配筋图	
建施	08	⑩~①轴立面图		电施	01	一层电气平面布置图	
建施	09	侧立面图		电施	02	二层电气平面布置图	

设计总说明主要说明工程的概况和总的要求。内容包括工程设计依据（如工程地质、水文、气象资料）；设计标准（建筑标准、结构荷载等级、抗震要求、耐火等级、防水等级）；建设规模（占地面积、建筑面积）；工程做法（墙体、地面、楼面、屋面等的做法）及材料要求。

3.1.1 房屋建筑施工图的组成及作用

3.1.1.1 建筑施工图的组成及作用

建筑施工图主要用来表达建筑设计的内容，即表示建筑物的总体布局、外部造型、内部布置、内外装饰、细部构造及施工要求。它包括首页图、总平面图、建筑平面图、立面图、剖面图和建筑详图等。其中，平面图、立面图和剖面图是建筑施工图中最重要、最基本的图样，称为基本建筑图。

1. 建筑设计说明

建筑设计说明主要说明装修做法和门窗类型、数量、规格、采用的标准图集等情况。

某住宅楼设计说明举例：

（1）本建筑为某市某房地产公司生活住宅小区工程 1 栋，共 7 层，住宅楼底层为车库，总建筑面积 $4233.36m^2$，基底面积 $618.33m^2$。

（2）本工程为二类建筑，耐火等级二级，抗震设防烈度六度。

（3）本建筑定位见总图；相对标高±0.000 相对于绝对标高值见总图。

（4）本工程合理使用 50 年；屋面防水等级Ⅱ级。

（5）设计各图除注明外，标高以米计，平面尺寸以毫米计。

（6）本图未尽事宜，请按现行有关规范规程施工。

（7）墙体材料及做法：砌体结构选用材料除满足本设计外，还必须配合当地建设行政部门政策要求。地面以下或防潮层以下的砌体，潮湿房间的墙，采用 MU10 黏土多孔砖和 M7.5 水泥砂浆砌筑，其余按要求选用。

（8）骨架结构中的填充砌体均不作承重用，其材料选用按表 3-2 所示：

填充墙材料选用表　　　　　　　　　表 3-2

砌体部分	适用砌块名称	墙厚	砌块强度等级	砂浆强度等级	备注
外围护墙	黏土多孔砖	240	MU10	M5	砌块表观密度<16KN/m³
卫生间墙	黏土多孔砖	120	MU10	M5	砌块表观密度<16KN/m³
楼梯间墙	混凝土空心砌块	240	MU5	M5	砌块表观密度<10KN/m³
砌体部分	适用砌块名称	墙厚	砌块强度等级	砂浆强度等级	备注
外围护墙	黏土多孔砖	240	MU10	M5	砌块表观密度<16KN/m³
卫生间墙	黏土多孔砖	120	MU10	M5	砌块表观密度<16KN/m³
楼梯间墙	混凝土空心砌块	240	MU5	M5	砌块表观密度<10KN/m³

（9）外墙做法：烧结多孔砖墙面，40 厚聚苯颗粒保温砂浆，5.0 厚耐碱玻纤网布抗裂砂浆，外墙涂料见立面图。

2. 建筑总平面图

总平面图也称总图，是将拟建工程附近一定范围内的建筑物、构筑物及其自然状况，用水平投影方法和相应的图例画出的图样。主要是表示新建房屋的位置、朝向，与原有建筑物的关系，周围道路、绿化布置及地形地貌等内容。是新建房屋施工定位、土方施工，以及绘制水、暖、电等管线总平面图和施工总平面图的依据。

(1) 特点

1) 总平面图因包括的地方范围较大，所以绘制时都用较小的比例，如 1：2000、1：1000、1：500 等。

2) 总平面图上标注的尺寸，一律以米为单位。

3) 由于比例较小，总平面图上的内容一般按图例绘制，所以总图中使用的图例符号较多。在较复杂的总平面图中，若用到一些"国标"没有规定的图例，必须在图中另加说明。

(2) 图示内容

1) 筑物拟建房屋，用粗实线框表示，并在线框内，用数字表示建筑层数。

2) 新建建筑物的定位总平面图的主要任务是确定新建建筑物的位置，通常是利用原有建筑物、道路等来定位的。

3) 建筑物的室内外标高，我国把青岛市外的黄海海平面作为零点所测定的高度尺寸，称为绝对标高。在总平面图中，用绝对标高表示高度数值，单位为 m。

4) 相邻有关建筑、拆除建筑的位置或范围。原有建筑用细实线框表示，并在线框内，也用数字表示建筑层数。拟建建筑物用虚线表示。拆除建筑物用细实线表示，并在其细实线上打叉。

5) 附近的地形地物，如等高线、道路、水沟、河流、池塘、土坡等。

6) 指北针和风向频率玫瑰图在总平面图中应画出的指北针或风向频率玫瑰图来表示建筑物的朝向。风向频率玫瑰图一般画出十六个方向的长短线来表示该地区常年的风向频率，有箭头的方向为北向。

7) 绿化规划、管道布置。

8) 道路（或铁路）和明沟等的起点、变坡点、转折点、终点的标高与坡向箭头。以上内容并不是在所有总平面图上都是必需的，可根据具体情况加以选择。在阅读总平面图时应首先阅读标题栏，以了解新建建筑工程的名称，再看指北针和风向频率玫瑰图，了解新建建筑的地理位置、朝向和常年风向，最后了解新建建筑物的形状、层数、室内外标高及其定位，以及道路、绿化和原有建筑物等周边环境。

3. 建筑平面图

建筑平面图，简称平面图，它是假想用一水平剖切平面将房屋沿窗台以上适当部位剖切开来，对剖切平面以下部分所作的水平投影图。它反映出房屋的平面形状、大小和房间的布置、墙（或柱）的位置、厚度、材料、门窗的位置、大小、开启方向等情况，作为施工时放线、砌墙、安装门窗、室内外装修及编制预算等的重要依据。

建筑平面图分为底层平面图（首层平面图）、标准层平面图（也可用楼层命名）、屋顶平面图和局部平面图。

(1) 底层平面图的图示内容

1) 定位轴线：承重的墙、柱标注定位轴线。

2) 图线：被剖切到的墙、柱等轮廓线用粗实线表示；平面图实质上是剖面图，未被剖切到的部分如室外台阶、散水、楼梯以及尺寸线等用细实线表示；未被剖切到的可见部分如墙身、窗台、梯段等用中粗实线表示。

　　3）图例：在平面图中，门窗按规定的图例画出，注明代号 M 和 C，对于不同类型的门窗应在代号后写上编号。

　　4）剖切符号和索引符号：建筑剖面图的剖切位置和投射方向应在底层平面图上标出并编号，凡有详图的均需画出详图索引符号。

　　5）尺寸标注：平面图下方及左侧应注写三道尺寸，如有不同时，其他方向也应标注。第一尺寸：表示建筑物外墙门窗洞口等各细部位置的大小及定位尺寸；第二道尺寸：表示定位轴线之间的尺寸。相邻横向定位轴线之间的尺寸称为开间，相邻纵向定位轴线之间的尺寸称为进深；第三道尺寸：表示建筑物外墙轮廓的总尺寸，从一端外墙边到另一端外墙边的表示建筑物外墙轮廓的尺寸总长和总宽。

　　6）朝向：用指北针或风玫瑰表示房屋朝向。

　　7）比例：建筑平面图常用的比例是 1：50、1：100 或 1：200。

　（2）楼层平面图的图示内容

　　1）与底层平面图相同，需画出阳台和下一层的雨篷、遮阳板等。

　　2）屋顶平面图的图示内容。

　　3）表明屋顶的形状、排水方向及坡度，天沟和檐沟的位置，还有女儿墙、雨水管等的位置。

　　4）局部平面图的图示内容。

　　5）当某些楼层的平面布置基本相同，仅局部不同时，不同部分用局部平面图表示。

4. 建筑立面图

建筑立面图，简称立面图，它是在与房屋立面平行的投影面上所作的房屋正投影图。它主要反映房屋的长度、高度、层数等外貌和外墙装修构造。它的主要作用是确定门窗、檐口、雨篷、阳台等的形状和位置及指导房屋外部装修施工和计算有关预算工程量。

（1）立面图的命名

1）以房屋的主要入口命名

规定房屋主要入口所在的面为正面，当观察者面向房屋的主要入口站立时，从前向后所得的是正立面图，从后向前的则是背立面图，从左向右的称为左侧立面图，而从右向左的则称为右侧立面图。

2）以房屋的朝向命名

规定房屋朝南面的立面图称为南立面图，同理还有北立面图、西立面图和东立面图。

3）以定位轴线的编号命名

用该面的首尾两个定位轴线的编号，组合在一起来表示立面图的名称，如⑨～①立面图。⑨～①立面图若改以主要入口命名，也可称为正立面图或北立面图。

（2）立面图的图示内容

1）图名、比例。

2）两端的定位轴线及其编号，立面图一般只画出两端定位轴线及编号。

3）图线：立面图的外形轮廓用粗实线表示；室外地坪线用 1.4 倍的特粗实线（线宽

为粗实线的 1.4 倍左右）表示；门窗洞口、檐口、阳台、雨篷、台阶等用中粗实线表示；其余的，如墙面分隔线、门窗格子、雨水管以及引出线等均用细实线表示。

4）尺寸标注：在立面图上，高度尺寸主要用标高表示，只注写相对标高；一般要注出室内外地坪、一层楼地面、窗洞口的上下口、女儿墙压顶面、进口平台面及雨篷底面等的标高。

5）门窗的形式、位置与开启方向。

6）外墙面上的其他构配件、装饰物的形状、位置、用料和做法：如台阶、阳台等。

7）详图索引符号。

5. 建筑剖面图

建筑剖面图，简称剖面图，它是假想用一铅垂剖切面将房屋剖切开后移去靠近观察者的部分，作出剩下部分的投影图。

剖面图用以表示房屋内部的结构或构造方式，如屋面（楼、地面）形式、分层情况、材料、做法、高度尺寸及各部位的联系等。它与平、立面图互相配合用于计算工程量，指导各层楼板和屋面施工、门窗安装和内部装修等。是进行分层、砌筑内墙、铺设楼板、屋面板和楼梯、内部装修等工作的依据。剖面图剖切位置的选择：选择内部结构和构造复杂或者具有代表性的部位，一般选在楼梯间。

剖面图的图示内容：

（1）比例：应与建筑平面图一致。

（2）定位轴线：画出两端的轴线及编号以便与平面图对照，有时也注出中间轴线。

（3）图线：剖切到的墙身轮廓画粗实线；室内外地坪线用加粗实线（1.4 倍的粗实线）表示；可见部分的轮廓线如门窗洞，踢脚线，楼梯栏杆，扶手等画中粗线；图例线、引出线、标高符号、雨水管等用细实线画出。

（4）投影要求：剖面图中除了要画出被剖切到的部分，还应画出投影方向能看到的部分。室内地坪以下的基础部分，一般不在剖视图中表示，而在结构施工图中表达。

（5）图例：门、窗按规定图例绘制；砖墙、钢筋混凝土构件的材料图例与建筑平面图相同。

（6）尺寸标注：一般沿外墙注三道尺寸线，最外面一道从室外地坪到女儿墙压顶，是室外地面以上的总高尺寸；第二道为层高尺寸；第三道为勒脚高度、门窗洞高度、洞间墙高度、檐口厚度等细部尺寸。这些尺寸应与立面图相吻合。另外还需要用标高符号标出各层楼面，楼梯休息平台等的标高。

标高有建筑标高和结构标高之分。建筑标高是指地面、楼面、楼梯休息平台面等完成抹面装修之后的上皮表面的相对标高。

（7）其他标注：某些局部构造表达不清楚时可用索引符号引出，另绘详图。细部做法如地面、楼面的做法，可用多层构造引出标注。

6. 建筑详图

因建筑物体积较大，建筑平面图、立面图、剖面图通常采用缩小的比例绘制，所以房屋上许多细部构造无法表达清楚，为满足施工需要，必须分别将这些部位的形状、尺寸、材料和施工工艺用较大的比例画出，这样的图样叫建筑详图。建筑详图包括的主要图样：墙身剖面图、楼梯详图、门窗详图等，同时还包括某些细部接点大样图。

(1) 建筑详图的特点

1) 比例大，常用比例为1∶20、1∶10、1∶5、1∶2、1∶1等。

2) 尺寸标注齐全、准确。

3) 文字说明详细、清楚。

4) 详图与其他图纸联系主要采用详图索引符号及详图符号；有时也用轴线编号、剖切符号及详图符号。

(2) 建筑详图介绍

1) 墙身剖面图（外墙大样图）

① 墙身剖面图的形成：假想用一个垂直墙体轴线的铅垂剖切平面，将墙身某处从防潮层剖到顶部，所得到的局部剖面图，称为墙身剖面图。

② 比例：1∶20。

③ 作用：主要表达屋顶、檐口、楼地面的构造及其与墙体的连接；还表明女儿墙、门窗顶、窗台、圈梁、勒脚、散水等处的构造尺寸，是施工的重要依据。

④ 墙身剖面图的画法：一般门窗洞口中间用折线断开，如果中间各层墙体的构造相同，只画底层、中间层及顶层三个部位的组合图，基础不画，用折线断开。

2) 楼梯详图

① 楼梯的作用：是多层房屋上下交通的主要设施，由楼梯段（简称梯段，包括踏步或斜梁）、休息平台、栏杆与扶手等组成。梯段是联系两个不同标高平面的倾斜构件，上面做有踏步，踏步的水平面称为踏面，垂直面称为踢面；休息平台起到休息和转换行走方向的作用；栏杆和扶手起到保证安全的作用。

② 常用楼梯的形式：是钢筋混凝土楼梯，结构形式分为板式和梁板式。

③ 楼梯的分类：单跑楼梯、双跑楼梯、三跑楼梯、螺旋楼梯、弧形楼梯、剪刀楼梯等。

3) 楼梯平面图

① 含义：楼梯平面图是水平剖切平面位于各层窗台上方的剖面图。

② 楼梯平面图的画法要求：一般每一层楼梯都要画一个楼梯平面图。三层以下的房屋，一般每一层楼梯都要画一楼梯平面图。三层以上的房屋，若中间各层的楼梯位置及其梯段数、踏步数和大小都相同时，通常只画出底层，标准层（中间层）和顶层的楼梯平面图。

4) 楼梯剖面图

① 含义：假想用一个铅垂剖切平面，沿着各层一个方向（上行方向或下行方向）的楼梯段和门窗洞口，将楼梯从一层到顶层剖开，向另一方向（上行方向或下行方向，即未剖到的楼梯段方向）投影，所得的竖向剖面图，即为楼梯剖面图。

② 楼梯剖面图比例为1∶50。

③ 画法规定：在多层房屋中，若中间各层的楼梯构造相同时，则剖面图可只画出底层，中间层（标准层）和顶层，中间用折断线分开；当中间各层的楼梯构造不同时，应画出各层剖面。楼梯剖面图宜和楼梯平面图画在同一张图纸上。习惯上，屋顶可以省略不画。

5) 门窗详图

门窗详图包括门窗外立面图、接点大样图、五金表及文字说明。一般采用标准图或通用图。

① 门窗立面图：标注三道尺寸：最外为门窗洞口尺寸，中间为门窗框的外沿尺寸，

最里边为门窗扇的尺寸。

② 节点大样图：为门窗的局部剖面图，表明门窗的断面形状、尺寸及材料。

③ 截面图：主要用于门窗下料，现已不多用。

3.1.1.2 结构施工图的组成及作用

结构施工图主要表示建筑物的承载构件（基础、承重墙、柱、梁、板、屋架、屋面板等）的布置、形状、大小、数量、类型、材料做法及相互关系和结构形式等的图样。主要用来作为施工放线、开挖基槽、支模板、绑扎钢筋、设置预埋件、浇捣混凝土和安装梁、板、柱等构件及编制预算和施工组织计划等的依据。

1. 结构施工图的组成

结构施工图包括：

（1）结构设计说明：是带全局性的文字说明，它包括：选用材料的类型、规格、强度等级，地基情况，施工注意事项，选用标准图集等。

（2）结构平面布置图：是表示房屋中各承重构件总体平面布置的图样。它包括基础平面图、楼层结构布置平面图、屋盖结构平面图。

（3）构件详图：为了清楚表示某些重要构件结构做法，而采用较大比例绘制的图样，一般包括：梁、柱、板及基础结构详图，楼梯结构详图，屋架结构详图，其他详图（如天窗、雨篷、过梁等）。常用构件代号见表 3-3。

常用构件代号 表 3-3

序号	名称	代号	名称	代号	名称	代号
1	板	B	圈梁	QL	承台	CT
2	屋面板	WB	过梁	GL	设备基础	SJ
3	空心板	KB	过系梁	LL	桩	ZH
4	槽形板	CB	基础梁	JL	挡土墙	DQ
5	折板	ZB	楼梯梁	TL	地沟	DG
6	密肋板	MB	框架梁	KL	柱间支撑	ZC
7	楼梯板	TB	框支梁	KZL	垂直支撑	CC
8	盖板	GB	屋面框架梁	WKL	水平支撑	SC
9	挡雨板	YB	檩条	LT	梯	T
10	吊车安全道板	DB	屋架	WJ	雨篷	YP

2. 钢筋的基本知识

（1）钢筋的种类

按钢筋在构件中的作用不同，可以将钢筋分为以下几类（图 3-1）：

1）受力筋：通过力学结构计算，对受弯剪压扭拉等受力部位或构件配置的钢筋，主要用来承受荷载，满足结构功能。（构件中承受拉压应力的钢筋，梁、板中的受力筋根据其形状分为直筋和弯筋）。

2）箍筋：用于固定受力钢筋的位置，并承受部分内力。

3）架立筋：用来固定梁内箍筋的位置，并承受部分内力。

4）分布筋：设置在现浇板中，用来固定受力钢筋，抵抗在计算时忽略的弯矩和各种不确定内力，这就是属于构造钢筋。板内固定受力筋位置的钢筋，与受力筋方向垂直，可抵抗热胀冷缩引起的温度变形。

5) 构造筋：满足构造要求，对不易计算和没有考虑进去的各种因素，所设置的钢筋为构造钢筋。

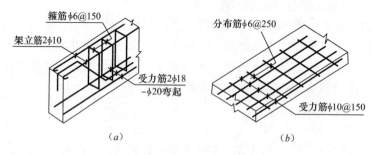

图 3-1　构件中钢筋的名称
(a) 梁内配筋；(b) 板内配筋

(2) 钢筋的弯钩与弯起

1) 钢筋的弯钩：钢筋分为光圆钢筋和螺纹钢筋，螺纹钢表面粗糙，与混凝土粘结力强，两端不必弯钩。光圆钢筋受拉时易打滑两端要做弯钩。弯钩的形式：半圆弯钩和直弯钩。

2) 钢筋的弯起：根据构件的受力要求，将构件下部的受力钢筋弯到构件上部，这种钢筋叫弯起筋。

(3) 保护层

钢筋外缘到构件表面的距离称为钢筋的保护层。其作用是保护钢筋免受锈蚀，提高钢筋与混凝土的粘结力。

(4) 钢筋的标注

钢筋的直径、根数及相邻钢筋中心距在图样上一般采用引出线方式标注，其标注形式有下面两种：

1) 标注钢筋的根数和直径

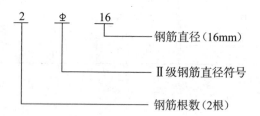

2) 标注钢筋的直径和相邻钢筋中心距

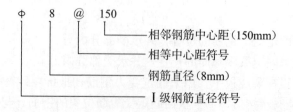

(5) 钢筋的表示法（表 3-4）

一般钢筋图例　　　　表 3-4

序号	名称	图例	说明
1	钢筋横断面	●	
2	无弯钩的钢筋端部	——	下图表示长、短钢筋投影重叠时，短钢筋的端部用 45°斜划线表示
3	带半圆形弯钩的钢筋端部	⌒——	
4	带直钩的钢筋端部	⌐——	
5	带丝扣的钢筋端部	╫——	

3.1.1.1.3　设备施工图的组成及作用

设备施工图按工种不同分为电气施工图（简称电施）、给水排水施工图（简称水施）、采暖通风与空气调节（简称空施）及装饰施工图（简称装施）。设备施工图主要表达给水、排水、采暖、通风、电气等设备的布置、构造、安装要求等，包括给水排水、采暖通风、电气照明等设备的平面布置图、系统图和详图，以及表示上、下水及暖气管道管线布置，卫生设备及通风设备等的布置，电气线路的走向和安装要求等。

1. 室内给水排水施工图

给水排水工程包括给水、排水两个方面。给水工程是指水源取水、水质净化、净水输送、配水使用等工程。排水工程是指污水（生产、生活等污水）排除、污水处理、处理后的污水排入江河等工程。给水排水施工图均分为室内、室外两部分。

给水排水施工图的主要内容包括：给水排水平面图、给水排水管道系统图、管道配件及安装详图、施工说明。

2. 采暖通风施工图

采暖是在冬季为了满足人们生活和工作的正常需要，将热能从热源输送到室内的过程。通风是把室内浊气直接或经处理后排至室外，把新鲜空气输入室内的过程。采暖施工图一般由设计说明、采暖平面图、系统图、详图、设备及主要材料表等组成。通风施工图由施工说明、通风与空调平面图、剖面图、原理图、详图、设备及主要材料表等组成。

3. 电气施工图

电气施工图主要包括以下内容：

（1）设计说明：主要包括电源、内外线、强弱电以及负荷等级；导线材料和敷设方式；接地方式和接地电阻；避雷要求；需检验的隐蔽工程；施工注意事项；电气设备的规格、安装方法。

（2）外线总平面图：主要用于表明线路走向、电杆位置、路灯设置以及线路怎样入户。

（3）平面图：主要用来表明电源引入线的位置、安装高度、电源方向；其他电气元件的位置、规格、安装方式；线路敷设方式、根数等。

（4）系统图：电气系统图不是立体图形，它主要是采用各种图例、符号以及线路组成的一种表格式的图形。

（5）详图：详图主要用于表示某一局部的布置或安装的要求。

3.1.2 房屋建筑施工图的图示特点

3.1.2.1 图示特点

施工图中各图样，主要是用正投影绘制的。通常在 H 面做平面图，在 V 面做正、背立面图，在 W 面上做左、右侧立面和剖面图。在图幅大小允许情况下，将平、立、剖面放在同一张图纸上，以便阅读。如果图幅过小，平、立、剖面图可分别单独绘出。

房屋的形体较大，所以施工图都用较小比例绘制。构造较复杂的地方，可用大比例的详图绘出。由于房屋的构、配件和材料种类较多，"国标"规定了一系列的图形符号来代表建筑构配件、卫生设备、建筑材料等，这种图形符号称为图例。为读图方便，"国标"还规定了许多标准符号。所以，阅读者应对图例和符号有所了解。

1. 基本制图原理简介

（1）正投影原理

1）投影的基本知识

人们对自然界的这一物理现象加以科学的抽象和概括：假设光线能穿透物体，而将物体表面上的各个点和线都在承接影子的平面上落下它们的影子，从而使这些点、线的影子组成能够反映物体外部或内部形状的"线框图"。把这样形成的"线框图"称为投影。

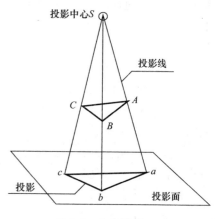

图 3-2 中心投影

投影的三要素：物体（形体）；光线（投射线）；平面（投影面）。

投影的分类：中心投影法、平行投影法；平行投影法又可分为斜投影法和正投影法。如图 3-2、图 3-3 所示。

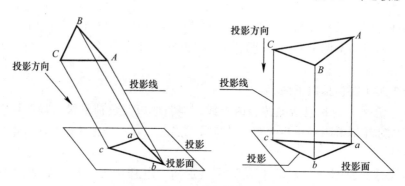

图 3-3 平行投影

2）正投影法

投射线相互平行且与投影面垂直。用正投影法得到的投影叫正投影。

正投影的基本特性（以直线为例）：

显实性：当直线或平面平行于投影面时，它们的投影反映实长或实形。如图 3-4 所示。

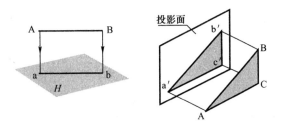

图 3-4　正投影的显实性

积聚性：当直线或平面平行于投影线时，其投影积聚于一点或一直线。如图 3-5 所示。

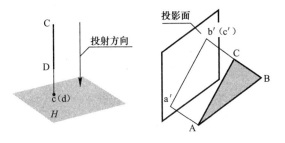

图 3-5　正投影的积聚性

类似性：直线或平面不平行于投影面时，直线的投影仍是直线，平面的投影仍是平面。如图 3-6 所示。

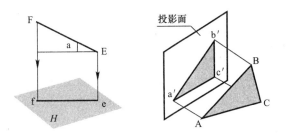

图 3-6　正投影的类似性

3）正投影图的表达

正投影图是用正投影法得到的多面投影图，这种图立体感差，直观性不强，但能正确反映物体的形状和大小，并且作图方便，度量性好，所以工程上应用最广。在正投影图中，习惯上将可见的内外轮廓线画成粗实线；不可见的孔、洞、槽等轮廓线画成细虚线，如图 3-7 所示。

用于指导施工队伍进行施工作业的工程图纸，是按照正投影原理、投影作图规则和方法绘制的。

(2) 三面正投影图（三视图）

1）三面投影体系的建立

图 3-8 中空间四个不同形状的物体，它们在同一个投影面上的正投影却是相同的。为了准确表示物体的空间形状，通常采用三个相互垂直的平面作为投影面，构成三面投影体

系，如图3-9所示。

水平位置的平面称作水平投影面（H面）；与水平投影面垂直相交呈正立位置的平面称为正立投影面（V面）；位于右侧与H、V面均垂直相交的平面称为侧立投影面（W面）。

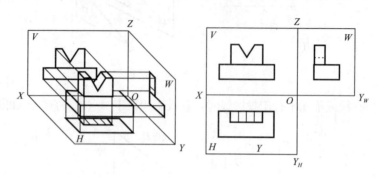

图3-7 正投影图的表达

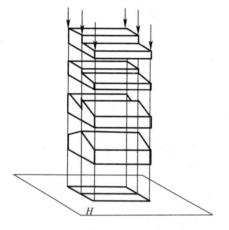

图3-8 物体的一个正投影不能确定其空间的形状

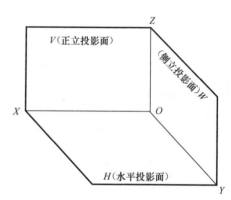

图3-9 三投影面的建立

2）三面正投影的形成

将物体置于H面之上，V面之前，W面之左的空间，如图3-10，按箭头所指的投影方向分别向三个投影面作正投影。由上往下在H面上得到的投影称为水平投影图（简称平面图）。由前往后在V面上得到的投影称作正立投影图（简称正面图）。由左往右在W面上得到的投影称作侧立投影图（简称侧面图）。

3）三个投影面的展开

为了把空间三个投影面上所得到的投影画在一个平面上，需将三个相互垂直的投影面展开摊平成为一个平面。即V面保持不动，H面绕OX轴向下翻转90°，W面绕OZ轴向右翻转90°，使

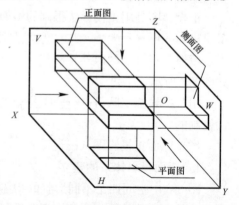

图3-10 投影图的形成

它们与 V 面处在同一平面上，如图 3-11（a）所示。

在初学投影作图时，最好将投影轴保留，并用细实线画出，如图 3-11（b）。

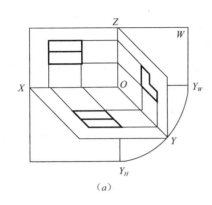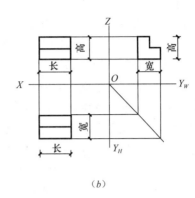

图 3-11 投影面的展开
(a) 展开；(b) 投影图

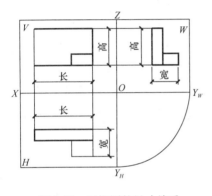

图 3-12 三视图的尺寸关系

4) 三面正投影图（三视图）的尺寸

在三视图中，平行于 OX 轴的形体上两端点之间的尺寸称为长度；平行于 OY 轴的形体上两端点之间的尺寸称为宽度；平行于 OZ 轴的形体上两端点之间的尺寸称为高度。

形体的一个视图可以反映形体相应的两个方向的尺度如图 3-12 所示。主视图反映形体的长、高两个方向的尺度；俯视图反映形体的长、宽两个方向的尺度；左视图反映形体的高、宽两个方向的尺度。

三视图之间的关系可归纳为"长对正、高平齐、宽相等"的三等关系，即主视图与俯视图长对正（等长）；主视图与侧视图高平齐（等高）；俯视图与侧视图宽相等（等宽）。

2. 建筑详图简介

需要绘制详图包括：墙身详图、楼梯详图、门窗详图等。

（1）建筑详图的图示特点

1) 比例较大，常用比例为 1:20、1:10、1:5、1:1。

2) 尺寸标注齐全、准确。

3) 文字说明详细、清楚。

4) 详图与其他图纸联系主要采用详图索引符号及详图符号；有时也用轴线编号、剖切符号及详图符号。

（2）建筑详图的基本内容

1) 表示建筑构配件的详细构造及连接关系等。

2) 表示建筑细部及剖面节点的形成、层次、做法、用料、规格及详细尺寸。

3) 表明施工要求及制作方法。

(3) 墙身详图

1) 墙身详图的形成

是建筑详图之一，比例一般为1∶20。

墙身详图也叫墙身大样图，实际上是建筑剖面图的有关部位的局部放大图。它主要表达墙身与地面、楼面、屋面的构造连接情况以及檐口、门窗顶、窗台、勒脚、防潮层、散水、明沟的尺寸、材料、做法等构造情况，是砌墙、室内外装修、门窗安装、编制施工预算以及材料估算等的重要依据。有时在外墙详图上引出分层构造，注明楼地面、屋顶等的构造情况，而在建筑剖面图中省略不标。

外墙剖面详图往往在窗洞口断开，因此在门窗洞口处出现双折断线（该部位图形高度变小，但标注的窗洞竖向尺寸不变），成为几个节点详图的组合。在多层房屋中，若各层的构造情况一样时，可只画墙脚、檐口和中间层（含门窗洞口）三个节点，按上下位置整体排列。有时墙身详图不以整体形式布置，而把各个节点详图分别单独绘制，也称为墙身节点详图。

2) 墙身详图的图示内容

① 墙身的定位轴线及编号，墙体的厚度、材料及其本身与轴线的关系。

② 勒脚、散水节点构造。主要反映墙身防潮做法、首层地面构造、室内外高差、散水做法，一层窗台标高等。

③ 标准层楼层节点构造。主要反映标准层梁、板等构件的位置及其与墙体的联系，构件表面抹灰、装饰等内容。

④ 檐口部位节点构造。主要反映檐口部位包括封檐构造（如女儿墙或挑檐）、圈梁、过梁、屋顶泛水构造、屋面保温、防水做法和屋面板等结构构件。

⑤ 图中的详图索引符号等。

(4) 楼梯详图

楼梯详图主要表示楼梯的类型和结构形式。楼梯是由楼梯段、休息平台、栏杆或栏板组成。楼梯详图主要表示楼梯的类型、结构形式、各部位的尺寸及装修做法等，是楼梯施工放样的主要依据。

楼梯详图一般分建筑详图与结构详图，应分别绘制并编入建筑施工图和结构施工图中。对于一些构造和装修较简单的现浇钢筋混凝土楼梯，其建筑详图与结构详图可合并绘制，编入建筑施工图或结构施工图。

楼梯的建筑详图一般有楼梯平面图、楼梯剖面图以及踏步和栏杆等节点详图。

1) 楼梯平面图

楼梯平面图主要表明梯段的长度和宽度、上行或下行的方向、踏步数和踏面宽度、楼梯休息平台的宽度、栏杆扶手的位置以及其他一些平面形状。

楼梯平面图中，楼梯段被水平剖切后，其剖切线是水平线，而各级踏步也是水平线，为了避免混淆，剖切处规定画45°折断符号，首层楼梯平面图中的45°折断符号应以楼梯平台板与梯段的分界处为起始点画出，使第一梯段的长度保持完整。

楼梯平面图中，梯段的上行或下行方向是以各层楼地面为基准标注的。向上者称为上行，向下者称为下行，并用长线箭头和文字在梯段上注明上行、下行的方向及踏步总数。

在楼梯平面图中，除注明楼梯间的开间和进深尺寸、楼地面和平台面的尺寸及标高外，还需注出各细部的详细尺寸。通常用踏步数与踏步宽度的乘积来表示梯段的长度。通常三个平面图画在同一张图纸内，并互相对齐，这样既便于阅读，又可省略标注一些重复的尺寸。

楼梯平面图原则上每层画一个，但若中间各层的位置、梯段数、踏步数、断面都相同时，可合并画一个平面图。

由于剖切平面并没有剖切到楼梯段，所以顶层平面图要画出三段完整的楼梯。

2）楼梯剖面图

楼梯剖面图反映楼梯各部分的构造及结构形式。

① 不画到屋面，用折断线断开。

② 标明地面、平台面和各层楼面的标高及梯段和栏杆的高度尺寸。

3）栏杆、扶手、踏步大样图

① 踏步详图表明踏步的截面形状、大小、材料及做法。

② 栏杆、扶手详图表明栏杆、扶手的形状、大小、材料及梯段连接的处理。

③ 主要表明楼梯栏杆及扶手。

（5）门窗详图

一般包括立面图、节点详图、断面图及五金表和文字说明。

1）门窗立面图

表明门窗的形式、开启方向及主要尺寸，还标注索引符号，以便查阅大样图。

尺寸：最外一道为门、窗洞口尺寸；中间一道为门、窗框的外沿尺寸；最里面一道为门、窗扇尺寸。

2）节点大样图

节点大样图为门、窗的局部剖面图，表示门窗框和门、窗扇的断面形状、尺寸、材料及相互的构造关系，也表明门窗与四周过梁、窗台、墙体等的构造关系。

3）截面图

是用比较大的比例将不同的门、窗用料和截口形状、尺寸单独绘制，通常将截面图与节点大样图绘在一起。

3. 制图标准及相关规定

（1）图纸幅面规格与图纸编排顺序

1）图纸幅面及图框尺寸

图纸幅面简称图幅，指图纸尺寸的大小。图纸幅面的基本尺寸规定有五种，其代号分别为 A0、A1、A2、A3 和 A4。图纸长边长为 l，短边长为 b。长边作为水平边使用的图幅称为横式图幅，短边作为水平边使用的图幅称为立式幅面。A0～A3 可横式或立式使用，A4 只能立式使用。

为了便于图纸的装订、查阅和保存，满足图纸现代化管理要求，图纸的大小规格应力求统一。工程图纸的幅面及图框尺寸应符合表 3-5 的规定：

图幅及其图框尺寸（mm）　　　表 3-5

	A0	A1	A2	A3	A4
$b×l$	841×1189	594×841	420×594	297×420	210×297
c	10			5	
a	25				

2）标题栏和会签栏

在每张施工图中，为了方便查阅图纸，图纸右下角都有标题栏。标题栏主要以表格形式表达本张图纸的一些属性，如设计单位名称、工程名称、图样名称、图样类别、编号以及设计、审核、负责人的签名。会签栏则是各专业工种负责人签字区，一般位于图纸的左上角图框线外。图纸的标题栏、会签栏及装订边的位置。

3）图纸编排顺序

工程图纸应按专业顺序编排。应为图纸目录、总图、建筑图、结构图、给水排水图、暖通空调图、电气图等。各专业的图纸，应按图纸内容的主次关系、逻辑关系进行分类排序。

（2）图线

1）图线的类型和画法

在建筑施工图中，为反映不同的内容和层次分明，图线采用不同的线型和线宽，见表3-6。

图线类型　　　　　　　　　　　　　　　　　表3-6

名称		线型	线宽	一般用途
实线	粗		b	主要可见轮廓线
	中粗		$0.7b$	可见轮廓线
	中		$0.5b$	可见轮廓线、尺寸线、变更云线
	细		$0.25b$	图例填充线、家具线
虚线	粗		b	见各有关专业制图标准
	中粗		$0.7b$	不可见轮廓线
	中		$0.5b$	不可见轮廓线、图例线
	细		$0.25b$	图例填充线、家具线
单点长画线	粗		b	见各有关专业制图标准
	中		$0.5b$	见各有关专业制图标准
	细		$0.25b$	中心线、对称线、轴线等
双点长画线	粗		b	见各有关专业制图标准
	中		$0.5b$	见各有关专业制图标准
	细		$0.25b$	假设轮廓线、成型前原始轮廓线
折断线	细		$0.25b$	断开界线
波浪线	细		$0.25b$	断开界线

线型有实线、虚线、单点长画线、双点长画线、折断线和波浪线等，根据需要选用。

2）图线的宽度

每个图样，应根据复杂程度与比例大小，线型可分粗、中、细三种线宽，先确定基本线宽b，再选用表3-7中适当的线宽组。同一张图纸内，相同比例的各图样，应选用相同的线宽组。

线宽组　　　　　　　　　　　　　　　　　　　　　表 3-7

线宽比	线宽组			
b	1.4	1.0	0.7	0.5
$0.7b$	1.0	0.7	0.5	0.35
$0.5b$	0.7	0.5	0.35	0.25
$0.25b$	0.35	0.25	0.18	0.13

注：1. 需要缩微的图纸，不宜采用 0.18 及更细的线宽。
　　2. 同一张图纸内，各不同线宽中的细线，可统一采用较细的线宽组的细线。

3）图线的连接

① 单点长画线两端不应是点，点画线与点画线交接或点画线与其他图线交接时，应是线段交接。

② 虚线与虚线交接或虚线与实线交接时，应是线段交接，如图 3-13（a）所示；虚线为实线的延长线时，不得与实线连接，如图 3-13（b）所示。

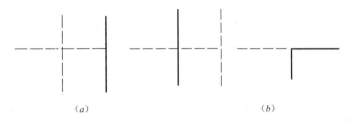

图 3-13　图线的连接
(a) 虚线与虚线及虚线与实线的交接；(b) 虚线为实线的延长线时的连接

③ 图线不得与文字、数字或符号重叠、混淆，不可避免时，应首先保证文字等的清晰。

(3) 字体

图纸上所需书写的文字、数字或符号等，均应笔画清晰、字体端正、排列整齐；标点符号应清楚正确。图样及说明中的汉字，宜采用长仿宋体（矢量字体）或黑体，同一图纸字体种类不应超过两种。长仿宋体的宽度与高度的关系应符合表 3-8 的规定，黑体字的宽度与高度应相同。大标题、图册封面、地形图等的汉字，也可书写成其他字体，但应易于辨认。汉字的简化字书写应符合国家有关汉字简化方案的规定。分数、百分数和比例数的注写，应采用阿拉伯数字和数学符号。

长仿宋体字高宽关系（mm）　　　　　　　　　　　　　表 3-8

字高	20	14	10	7	5	3.5
字宽	14	10	7	5	3.5	2.5

(4) 比例

图样的比例，应为图形与实物相对应的线性尺寸之比。比例有原值比例、放大比例和缩小比例之分，如图 3-14 所示。房屋建筑体形庞大，通常需要采用缩小比例才能画在图纸上。

不论采用何种比例绘图，尺寸数值均按原值注出，如图 3-15 所示。

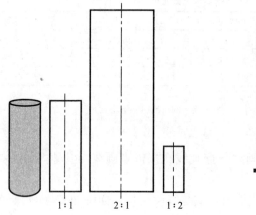

图 3-14 原值比例、放大比例和缩小比例　　图 3-15 用不同比例绘制的门

比例的符号为：，比例应以阿拉伯数字表示。比例宜注写在图名的右侧，字的基准线应取平；比例的字高宜比图名的字高小一号或二号，如图 3-16 所示。

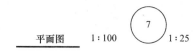

图 3-16 比例的注写

绘图所用的比例，应根据图样的用途与被绘对象的复杂程度，从表 3-9 中选用，并优先用表中常用比例。一般情况下，一个图样应选用一种比例。根据专业制图需要，同一图样可选用两种比例，但同一视图中的两种比例的比值不超过 5 倍。一般情况下，一个图样应选用一种比例。根据专业制图需要，同一图样可选用两种比例。

特殊情况下也可自选比例，这时除应注出绘图比例外，还必须在适当位置绘制出相应的比例尺。

绘图所用的比例　　　　　　　　　　　　　　　　　表 3-9

常用比例	1∶1、1∶2、1∶5、1∶10、1∶20、1∶30、1∶50、1∶100、1∶150、1∶200、1∶500、1∶1000、1∶2000
可用比例	1∶3、1∶4、1∶6、1∶15、1∶25、1∶40、1∶60、1∶80、1∶250、1∶300、1∶400、1∶600、1∶5000、1∶10000、1∶20000、1∶50000、1∶100000、1∶200000

(5) 尺寸标注

1) 尺寸的组成

图样上的尺寸，包括尺寸界线、尺寸线、尺寸起止符号和尺寸数字，如图 3-17 所示。

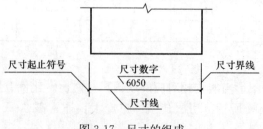

图 3-17 尺寸的组成

尺寸界线应用细实线绘制，一般应与被注长度垂直，其一端应离开图样轮廓线不小于2mm，另一端宜超出尺寸线2～3mm。图样轮廓线可用作尺寸界线。

尺寸起止符号一般用中粗斜短线绘制，其倾斜方向应与尺寸界线成顺时针45°角，长度宜为2～3mm。半径、直径、角度与弧长的尺寸起止符号，宜用箭头表示（图3-18）。

2）尺寸注写

尺寸数字的方向，应按图3-19（a）的规定注写。若尺寸数字在30°斜线区内，宜按图3-19（b）的形式注写。当尺寸线为竖直时，尺寸数字注写在尺寸线的左侧，字头朝左；其他任何方向，尺寸数字也应保持向上，且注写在尺寸线的上方。图样上的尺寸，应以尺寸数字为准，不得从图上直接量取。图样上的尺寸单位，除标高及总平面以米为单位外，其他必须以毫米为单位。尺寸数字一般应依据其方向注写在靠近尺寸线的上方中部。如没有足够的注写位置，最外边的尺寸数字可注写在尺寸界限的外侧，中间相邻的尺寸数字可错开注写（图3-20）。

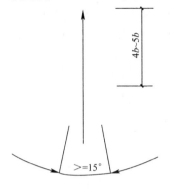

图3-18 尺寸起止符

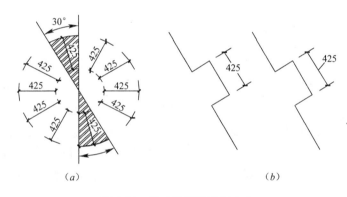

图3-19 尺寸数字的注写方向

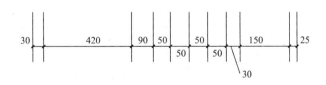

图3-20 尺寸数字的注写位置

(6) 符号

1) 剖切符号

① 剖视的剖切符号

剖视的剖切符号应由剖切位置线及投射方向线组成，均应以粗实线绘制，且不应与其他图线相接触。剖切位置线的长度宜为6～10mm；投射方向线应垂直于剖切位置线，长度应短于剖切位置线，宜为4～6mm。编号宜采用阿拉伯数字，按顺序由左至右、由下至上连续编排，并应注写在剖视方向线的端部。需要转折的剖切位置线，应在转角的外侧加注与该符号相同的编号（图3-21（a））。

建筑剖面图的剖切符号宜注在±0.000标高的平面图上。

② 断面的剖切符号

断面的剖切符号应只用剖切位置线表示，并应以粗实线绘制，长度宜为6～10mm。断面剖切符号的编号宜采用阿拉伯数字，按顺序连续编排，并应注写在剖切位置线的一侧；编号所在的一侧应为该断面的剖视方向，见图3-21（b）所示。剖面图或断面图，如与被剖切图样不在同一张图内，应在剖切位置线的另一侧注明其所在图纸的编号，也可以在图上集中说明。

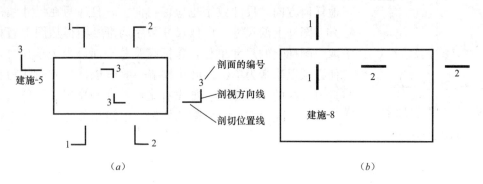

图 3-21　剖切符号
(a) 剖视的剖切符号；(b) 断面的剖切符号

2）索引符号与详图符号

① 索引符号

图样中的某一局部或构件，如需另见详图，应以索引符号表示，见图3-22（a）所示。索引符号是由直径为10mm的圆和水平直径组成，圆及水平直径均应以细实线绘制。

索引出的详图，如与被索引的详图同在一张图纸内，应在索引符号的上半圆中用阿拉伯数字注明该详图的编号，并在下半圆中间画一段水平细实线，见图3-22（b）所示。

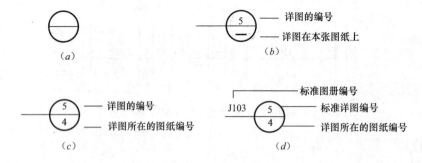

图 3-22　索引符号

索引出的详图，如与被索引的详图不在同一张图纸内，应在索引符号的上半圆中用阿拉伯数字注明该详图的编号，在索引符号的下半圆中用阿拉伯数字注明该详图所在图纸的编号，见图3-22（c）所示。数字较多时，可加文字标注。

索引出的详图，如采用标准图，应在索引符号水平直径的延长线上加注该标准图册的编号，见图 3-22（d）所示。需要标注比例时，文字在索引符号右侧或延长线下方，与符号下对齐。

索引符号如用于索引剖视详图，应在被剖切的部位绘制剖切位置线，并以引出线引出索引符号，引出线所在的一侧应为剖视方向。

② 详图符号

详图的位置和编号，应以详图符号表示。详图符号的圆应以直径为 14mm 粗实线绘制。

详图与被索引的图样同在一张图纸内时，应在详图符号内用阿拉伯数字注明详图的编号，见图 3-23（a）所示。详图与被索引的图样不在同一张图纸内时，应用细实线在详图符号内画一水平直径，在上半圆中注明详图编号，在下半圆中注明被索引的图纸的编号，见图 3-23（b）所示。

3）引出线

引出线应以细实线绘制，宜采用水平方向的直线、与水平方向成 30°、45°、60°、90°的直线，或经上述角度再折为水平线（图 3-24）。

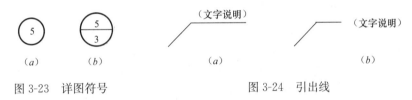

图 3-23 详图符号　　　　图 3-24 引出线

多层构造引出线，应通过被引出的各层。文字说明宜注写在水平线的上方，或注写在水平线的端部，说明的顺序应由上至下，并应与被说明的层次相互一致；如层次为横排序，则由上至下的说明顺序应与左至右的层次相互一致（图 3-25）。

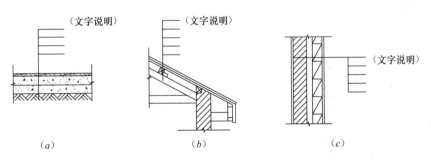

图 3-25 多层构造引出线
(a) 地坪引出线标注；(b) 屋顶引出线标注；(c) 墙体引出线标注

4）对称符号与连接符号

① 对称符号

对称符号由对称线和两端的两对平行线组成。对称线用细点画线绘制，对称符号用两条垂直于对称轴线、平行等长的细实线绘制，其长度为 6~10mm，间距为 2~3mm，画在对称轴线两端，且平行线在对称线两侧长度相等，对称轴线两端的平行线到投影图的距离也应相等，如图 3-26 所示。

② 连接符号

连接符号应以折断线表示需连接的部位。两部位相距过远时，折断线两端靠图样一侧应标注大写拉丁字母表示连接编号。两个被连接的图样必须用相同的字母编号（图3-27）。

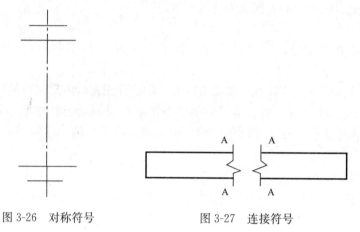

图3-26 对称符号　　　图3-27 连接符号

5）指北针与风玫瑰图

新建房屋的朝向与风向，可在总平面图及底层建筑平面图的适当位置绘制指北针或风向频率玫瑰图（简称"风玫瑰图"）来表示。指北针应按制图标准规定绘制，如图3-28（a）所示，指针方向为北向，圆用细实线绘制，直径24mm，指针尾部宽度为3mm。如需用较大直径绘制指北针时，指针尾部宽度宜为直径的1/8。指针涂成黑色，针尖指向北方，并注"北"或"N"字。

风向频率玫瑰图在8个或16个方位线上用端点与中心的距离，代表当地这一风向在一年中发生频率，粗实线表示全年风向，细虚线范围表示夏季风向。风向由各方位吹向中心，风向线最长者为主导风向，如图3-28（b）所示。

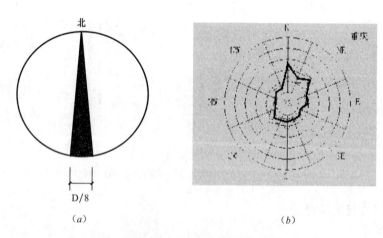

图3-28 指北针与风玫瑰图
(a) 指北针；(b) 风玫瑰图

6）定位轴线

定位轴线应用细单点长画线绘制。定位轴线应编号，编号应注写在轴线端部的圆内。

圆应用细实线绘制,直径为8~10mm。定位轴线圆的圆心应在定位轴线的延长线或延长线的折线上。

除较复杂需采用分区编号或圆形、折线形外,一般平面上定位轴线的编号,宜标注在图样的下方或左侧。横向编号应用阿拉伯数字,从左至右顺序编写;竖向编号应用大写拉丁字母,从下至上顺序编写,如图3-29所示。拉丁字母作为轴线号时,应全部采用大写字母,不应用同一个字母的大小写来区分轴线号。拉丁字母的I、O、Z不得用做轴线编号。当字母数量不够使用,可增用双字母或单字母加数字注脚。

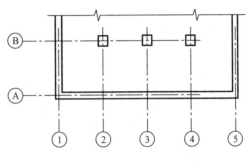

图3-29 定位轴线编号顺序

7) 标高

标高符号应以直角等腰三角形表示,用细实线绘制(图3-30a),如标注位置不够,也可按图3-30(b)所示形式绘制。标高符号的尖端应指至被注高度的位置,尖端一般应向下,也可向上(图3-30c)。

标高数字应以米为单位,注写到小数点以后第三位。在总平面图中,可注写到小数点以后第二位。零点标高应注写成±0.000,正数标高不注"+",负数标高应注"−",例如3.000、−0.600。标高数字应注写在标高符号的左侧或右侧。在图样的同一位置需表示几个不同标高时,标高数字可按图3-30d的形式注写。

总平面图室外地坪标高符号,宜用涂黑的三角形表示(图3-30e)。

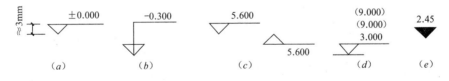

图3-30 标高符号

3.1.2.2 建筑图样画法

1. 平面图

平面图的方向宜与总图方向一致。在同一张图纸上绘制多于一层的平面图时,各层平面图宜按层数由低向高的顺序从左至右或从下至上布置。

除顶棚平面图外,各种平面图应按正投影法绘制。建筑物平面图应在建筑物的门窗洞口处水平剖切俯视,屋顶平面图应在屋面以上俯视,图内应包括剖切面及投影方向可见的建筑构造以及必要的尺寸、标高等,表示高窗、洞口、通气孔、槽、地沟及起重机等不可见部分时,应采用虚线绘制。

建筑物平面图应注写房间的名称或编号。编号注写在直径为 6mm 细实线绘制的圆圈内，并在同张图纸上列出房间名称表。平面较大的建筑物，可分区绘制平面图，但每张平面图均应绘制组合示意图。各区应分别用大写拉丁字母编号。在组合示意图中需提示的分区，应采用阴影线或填充的方式表示。

顶棚平面图宜采用镜像投影法绘制。室内立面图的内视符号，应注明在平面图上的视点位置、方向及立面编号。符号中的圆圈应用细实线绘制，可根据图面比例圆圈直径可选择 8~12mm。立面编号宜用拉丁字母或阿拉伯数字。

2. 立面图

各种立面图应按正投影法绘制。建筑立面图应包括投影方向可见的建筑外轮廓线和墙面线脚、构配件、墙面做法及必要的尺寸和标高等。

室内立面图应包括投影方向可见的室内轮廓线和装修构造、门窗、构配件、墙面做法、固定家具、灯具、必要的尺寸和标高及需要表达的非固定家具、灯具、装饰物件等。室内立面图的顶棚轮廓线，可根据具体情况只表达吊平顶或同时表达吊平顶及结构顶棚。

平面形状曲折的建筑物，可绘制展开立面图、展开室内立面图。圆形或多边形平面的建筑物，可分段展开绘制立面图、室内立面图，但均应在图名后加注"展开"二字。

较简单的对称式建筑物或对称的构配件等，在不影响构造处理和施工的情况下，立面图可绘制一半，并应在对称轴线处画对称符号。在建筑物立面图上，相同的门窗、阳台、外檐装修、构造做法等可在局部重点表示，绘出其完整图形，其余部分可只画轮廓线。在建筑物立面图上，外墙表面分格线应表示清楚。应用文字说明各部位所用面材及色彩。

有定位轴线的建筑物，宜根据两端定位轴线号编注立面图名称。无定位轴线的建筑物可按平面图各面的朝向确定名称。建筑物室内立面图的名称，应根据平面图中内视符号的编号或字母确定。

3. 剖面图

剖面图的剖切部位，应根据图纸的用途或设计深度，在平面图上选择能反映全貌、构造特征以及有代表性的部位剖切。各种剖面图应按正投影法绘制。建筑剖面图内应包括剖切面和投影方向可见的建筑构造、构配件以及必要的尺寸、标高等。剖切符号可用阿拉伯数字、罗马数字或拉丁字母编号。画室内立面时，相应部位的墙体、楼地面的剖切面宜绘出。必要时，占空间较大的设备管线、灯具等的剖切面，亦应在图纸上绘出。

3.2 施工图的识读

3.2.1 建筑施工图识读

3.2.1.1 建筑总平面图

1. 总平面图形成和用途

总平面图主要反映建筑基地的形状、大小、地形、地貌，是新建房屋在基地范围内的总体布置图。它表明新建房屋的平面轮廓形状和层数、与原有建筑物的相对位置、周围环境、地貌地形、道路和绿化的布置等情况，是新建房屋及其他设施的施工定位、土方施工以及设计水、暖、电、燃气等管线总平面图的依据。

总平面图一般采用1∶500、1∶1000、1∶2000的比例。总平面图中所注尺寸宜以米为单位，并应至少取至小数点后两位，不足时以"0"补齐；总平面图中的图线，应根据图纸功能，按国家标准选用。

由于绘图比例较小，在总平面图中所表达的对象，要用《总图制图标准》GB/T 50103—2010中所规定的图例来表示。常用的总平面图图例参见。

总图上的建筑物、构筑物应注写名称，名称宜直接标注在图上。当图样比例小或图面不够位置时，也可编号列表编注在图内。当图形过小时，可标注在图形外侧附近处。

2. 建筑总平面图图示内容

（1）风向频率玫瑰图

风向频率玫瑰图是根据当地的气象统计资料将一年中不同风向的吹风频率用同一比例画在十六个方位线上连接而成，粗实折线距中心点最远的顶点表示该方向吹风频率最高，称为常年主导风向。细实折线表示当地夏季6月、7月、8月三个月的风向频率，称为夏季主导风向。

（2）指北针

指北针的外圆用细实线绘制，直径为24mm，指针尾部的宽度为3mm。

（3）坐标系统

坐标系统有两种形式：测量坐标系统和建筑坐标系统。测量坐标系统是在国家和地区地形图上绘制的放格网叫测量坐标系统。与地形图采用同一比例尺，以100m×100m或50m×50m为一方格。竖轴为X，横轴为Y。为了便于换算，建筑坐标系统就是将建设地区的某一定点为"O"，水平方向为B轴，垂直方向A轴，进行分格。格的大小一般用100m×100m或50m×50m，比例尺与地形图相同。

在实际应用中用建筑坐标系统更加方便，也可将建筑坐标系统和新建筑物的轴线平行，但在附注中注明两种坐标系统的换算公式。

（4）规划红线

在城市建设的规划地形图上划分建筑用地和道路用地的界线，一般都以红色线条表示。它是建造沿街房屋和地下管线时，决定位置的标准线，不能超越。

（5）绝对标高、相对标高

绝对标高：我国把黄海海平面定为绝对标高的零点，其他各地标高以它作为基准。

相对标高：在房屋建筑设计与施工图中一般都采用假定的标高。并且把房屋的首层室内地面的标高，定为该工程相对标高零点。在总平面图上，常标注出相对标高零点对应的绝对标高值，即房屋首层室内地面的相对标高±0.000等于该绝对标高的89.79m。

（6）等高线

地面上高低起伏的形状称为地形。地形是用等高线来表示的。等高线是预定高度的水平面与所表示表面的截交线。

为了表明地表起伏变化状态，仍可假想用一组高差相等的水平面去截切地形表面，画出一圈一圈的截交线就是等高线。

阅读地形图是土方工程设计的前提，因此会看地形图非常必要。地形图的阅读主要是根据地面等高线的疏密变化大致判断出地面地势的变化。等高线的间距越大，说明地面越平缓；相反等高线的间距越小，说明地面越陡峭。从等高线上标注的数值可以判断出地形是上凸还是下凹。数值由外圈向内圈逐渐增大，说明此处地形是往上凸；相反数值由外圈向内圈减小，则此处地形为下凹。

3. 建筑总平面图图例符号

由于建筑总平面比例较小，故总平面图应用图例来表明各建筑物及构筑物的位置，道路、广场、室外场地和绿化，河流、池塘等的布置情况以及各建筑物的层数等，如图3-31所示。对于自定的图例，必须在总平面图的适当位置加以说明。

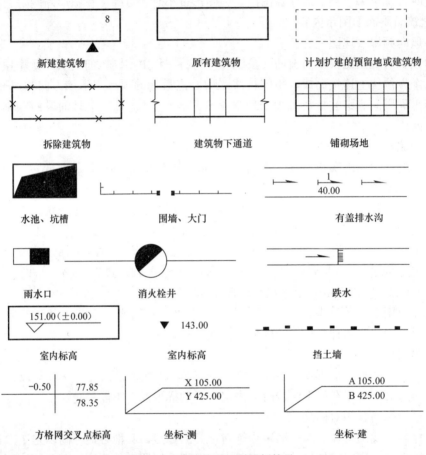

图3-31 建筑总平面图图例符号

4. 建筑总平面图识读

（1）建筑总平面图的识读内容

在总平面图上，一般图示有以下几方面的内容：

1）图名、比例、图例及有关的文字说明

建筑总平面图选用的比例一般较小，多为1∶500、1∶1000、1∶2000等，并用专门的总图图例来表示工程基地范围内的地貌、地物平面形状等。

2）工程的用地范围

工程用地的范围由规划红线来确定。规划红线又称建筑红线，它是城市建设规划图上划分建设用地和道路用地的分界线，一般用红色线条来表示，故称为"红线"。规划红线由当地规划管理部门确定，在确定沿街建筑或沿街地下管线位置时，不能超越此线或按规划管理部门的规定后退一定的距离。

3）拟建房屋的平面位置和定位依据

在总平面图上将建筑物分成五种情况，即新建建筑物、原有建筑物、计划扩建的建筑物、拆除的建筑物和新建的地下建筑物或构筑物，当我们阅读总平面图时，要区分哪些是新建建筑物、哪些是原有建筑物。

对于工程项目较多、规模较大的拟建建筑，或因地形复杂，为了保证定位放线的准确性，通常采用坐标定建筑物、道路和管道的位置。

4）拟建房屋的朝向和主要风向

在总平面图中，利用指北针指明建筑物的朝向，风玫瑰图表示该地区常年风向频率。

5）拟建建筑物的层数和室内外绝对标高

建筑物的层数，一般在建筑物的右上角用小圆点或数字表示，如"…"表示建筑物的层数为三层，标有数字"6"则表示建筑物为6层。

总图中标注的标高应为绝对标高，一般须表示建筑物底层室内地坪和室外平整地坪的标高值，对不同高度的地坪，应分别标注其标高。

6）总体布局

在总平面图中须表示出工程建设范围内的建筑物及构筑物的相对位置、周围道路交通（宽度、交叉点、坡向箭头和回转半径等）、绿化、围墙、喷泉、凉亭、雕塑及管线布置等的规划设计等。

7）技术经济指标

如建筑占地面积、使用面积、建筑面积、平面面积利用系数、容积率和净用地面积等。

（2）建筑总平面图识读实例

图3-32是某学校的总平面图，图样是按1∶500的比例绘制的。它表明该学校在靠近

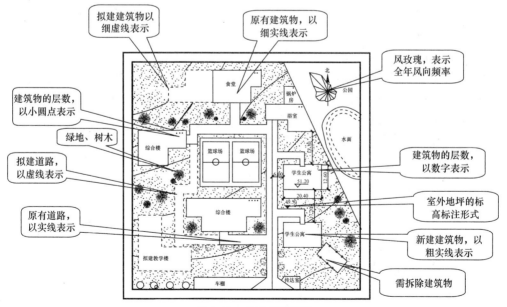

图3-32 建筑总平面图

公园池塘的围墙内,要新建两幢7层学生公寓。

新建学生公寓的位置是用定位尺寸表示的。北幢与浴室相距17.30m,与西侧道路中心线相距6.00m,两幢学生公寓相距17.20m。新建公寓均呈矩形,左右对称,东西向总长20.4m,南北向总宽12.6m,南北朝向。

从图中可看出,该学校的地势是自西北向东南的倾斜。学校的最北向是食堂,虚线部分表示扩建用地;食堂南面有两个篮球场,篮球场的东面有锅炉房和浴室;篮球场的西面和南面各有一综合楼;在新建学生公寓东南角有一即将拆除的建筑物,该校的西南还有拟建的教学楼和道路;学校最南面有车棚和传达室,学校大门设在此处。

3.2.1.2 建筑平面图

1. 建筑平面图的形成和用途

建筑平面图是假想用一水平的剖切面沿门窗洞口的位置将房屋剖切后,对剖切面以下部分房屋所作出的水平剖面图(剖面图的一种),简称平面图。它反映出房屋的平面形状、大小和房间的布置,墙(或柱)的位置、厚度和材料,门窗的类型和位置等情况。

平面图是建筑专业施工图中最主要、最基本的图纸,其他图纸(如立面图、剖面图及某些详图)多是以它为依据派生和深化而成的。建筑平面图也是其他工种(如结构、设备、装修)进行相关设计与制图的主要依据,其他工种(特别是结构与设备)对建筑的技术要求也主要在平面图中表示,如墙厚、柱子断面尺寸、管道竖井、留洞、地沟、地坑、明沟等。因此,平面图与建筑施工图其他图样相比,较为复杂,绘图也要求全面、准确、简明。

建筑平面图通常是以层次来命名的,如底层平面图、二层平面图、顶层平面图、屋顶平面图等等,若一幢多层房屋的各层平面布置都不相同,应画出各层的建筑平面图,并在每个图的下方注明相应的图名和比例。若上下各层的房间数量、大小和布置都相同时,则这些相同的楼层可用一个平面图表示,称为标准层平面图。

2. 建筑平面图的图示内容

(1) 底层平面图的图示内容

1) 表示建筑物的墙、柱位置并对其轴线编号。
2) 表示建筑物的门、窗位置及编号。
3) 注明各房间名称及室内外楼地面标高。
4) 表示楼梯的位置及楼梯上下行方向及级数、楼梯平台标高。
5) 表示阳台、雨篷、台阶、雨水管、散水、明沟、花池等的位置及尺寸。
6) 表示室内设备(如卫生器具、水池等)的形状、位置。
7) 画出剖面图的剖切符号及编号。
8) 标注墙厚、墙段、门、窗、房屋开间、进深等各项尺寸。
9) 标注详图索引符号。
10) 画出指北针。

指北针常用来表示建筑物的朝向。指北针外圆直径为24mm,采用细实线绘制,指北针尾部宽度为3mm,指北针头部应注明"北"或"N"字。

(2) 标准层平面图的图示内容

1) 表示建筑物的门、窗位置及编号。
2) 注明各房间名称、各项尺寸及楼地面标高。

3）表示建筑物的墙、柱位置并对其轴线编号。

4）表示楼梯的位置及楼梯上下行方向、级数及平台标高。

5）表示阳台、雨篷、雨水管的位置及尺寸。

6）表示室内设备（如卫生器具、水池等）的形状、位置。

7）标注详图索引符号。

（3）屋顶平面图的图示内容

屋顶檐口、檐沟、屋顶坡度、分水线与落水口的投影，出屋顶水箱间、上人孔、消防梯及其他构筑物、索引符号等。

3. 建筑平面图图示符号

由于建筑平面图表示的内容多，故平面图应用图例来表明各建筑物内门、窗、坡道、楼梯等位置，如图 3-33 所示。

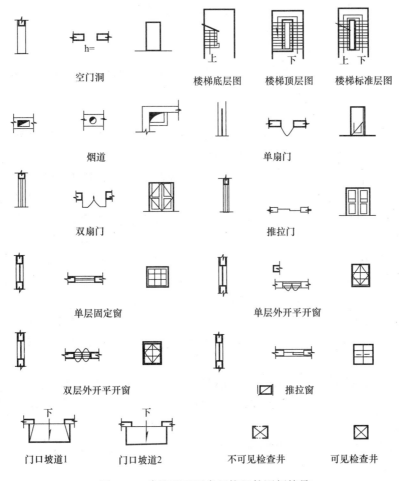

图 3-33　建筑平面图常用构配件图例符号

4. 建筑平面图图识读

（1）建筑总平面图的识读内容

1）底层平面图的识读

① 了解平面图的图名、比例。

② 了解建筑的朝向。
③ 了解建筑的平面布置。
④ 了解建筑平面图上的尺寸。
⑤ 了解建筑中各组成部分的标高情况。
⑥ 了解门窗的位置及编号。
⑦ 了解建筑剖面图的剖切位置、索引标志。
⑧ 了解各专业设备的布置情况。

建筑内的专业设备如卫生间的洗脸盆、浴缸等的位置，读图时要注意其位置、形式及相应尺寸。

2) 标准层平面图和顶层平面图的识读

为了简化作图，已在底层平面图上表示过的内容，在标准层平面图和顶层平面图上不再表示，顶层平面图上不再画二层平面图上表示过的雨篷等。识读标准层平面图和顶层平面图重点应与底层平面图对照异同。

3) 屋顶平面图的识读

屋顶平面图是屋面的水平投影图，不管是平屋顶还是坡屋顶，主要应表示出屋面排水情况和突出屋面的全部构造位置。

屋顶平面图的基本内容：

① 表明屋顶形状和尺寸，女儿墙的位置和墙厚，以及突出屋面的楼梯间、水箱、烟道、通风道、检查孔等具体位置。

② 表示出屋面排水分区情况、屋脊、天沟、屋面坡度及排水方向和下水口位置等。

③ 屋顶构造复杂的还要加注详图索引符号，画出详图。

④ 屋顶平面图虽然比较简单，亦应与外墙详图和索引屋面细部构造详图对照才能读懂，尤其是有外楼梯、检查孔、檐口等部位和做法、屋面材料防水做法。

(2) 建筑平面图识读实例

图 3-34 是住宅的储藏室平面图。从图中可以看出，储藏室地面标高为 -2.200m，室外地面标高为 -2.500m，说明储藏室地面相比室外地面高出 300mm。

该层共有 12 间储藏室作为车库使用，在出口处都有坡道与室外地面相连，北面 4 间储藏室出口处都有室外台阶（2 个踏步）与室外地面相连，其余 4 间储藏室由单元入口进入。

楼梯间的开间为 2600mm，所画出的那部分梯段是沿单元入口通向第一层楼面的第一个梯段，该梯段共有 12 个踏面宽度，尺寸标注为：$12 \times 280 = 3360$，说明了该梯段的长度。

该住宅沿横向共有 17 条定位轴线，沿纵向共有 8 条定位轴线，读者可自行理解平面图中的尺寸标注。

住宅的最左与最右墙体的外侧，各有宽度为 900mm 的散水，被前后的坡道打断。

该层平面中共有三种类型的门：M4、M5、DM1，宽度分别为 2700mm、900mm、1500mm。

图 3-35 是住宅的一层平面图。从图中可以看出，该层室内主要房间地面标高为 ± 0.000，厨房、卫生间地面标高为 -0.020m，这是由于厨房与卫生间的地面上经常有水存在，为

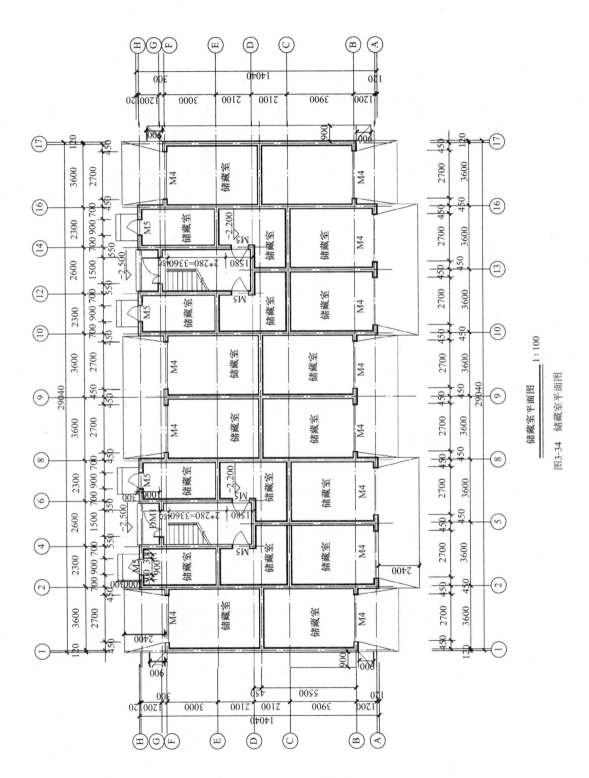

图3-34 储藏室平面图

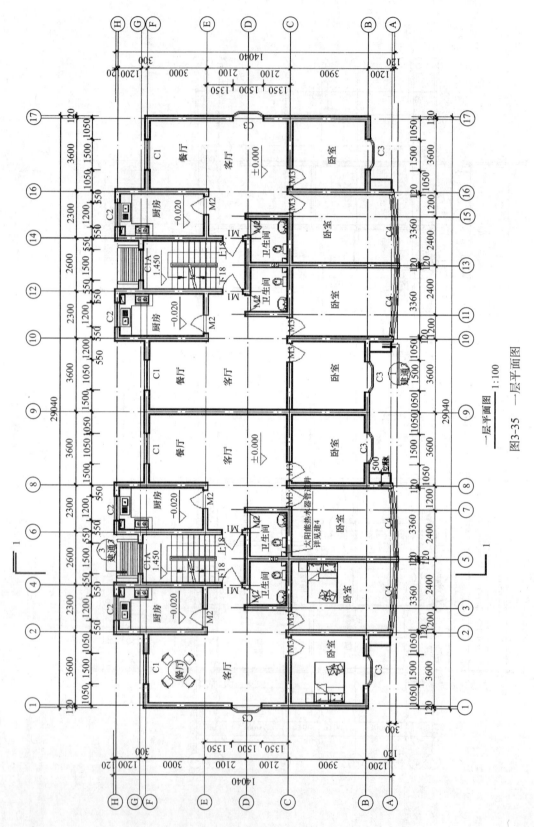

图3-35 一层平面图

防止水从厨房与卫生间内流入到客厅或其他房间,故地面处理上应有一定的高差 20mm,因此这样的房间门在图样中都会增加一条细线表示门口线。

该层共有 4 户,每梯两户,每户的房间组成及大小都是一样的,2 间卧室为南向,具有良好的朝向,餐厅与卫生间置于北向,客厅与餐厅没有用墙体隔开。部分房间内还画出了主要的家具和设备等。

该层平面中有 C1、C2、C3(凸窗)、C4(弧窗)以及 C1A 五种类型的窗,有 M1、M2 和 M3 三种类型的门,关于这些门窗的具体情况,可通过"设计总说明"中的门窗表进行查阅,如图 3-36 所示。注意,在该门窗表中列出的是本建筑所有使用的各种类型的门窗。

门窗表

序号	名称编号	洞口尺寸(mm)		数量	备注
		宽	高		
1	DM1	1500	2100	2	对讲电控防盗门
2	M1	1000	2100	20	多功能防火防盗分户门
3	M2	800	2100	44	木制夹板门
4	M3	900	2100	36	木制夹板门
5	M4	2700	2000	12	特制卷帘门甲方定
6	M5	900	2000	8	木制夹板门
7	C1	1500	1600	22	塑钢推拉窗
8	C1A	1500	1200	2	塑钢推拉窗
9	C2	1200	1600	16	塑钢推拉窗
10	C3	1500	1600	24	塑钢推拉窗
11	C3A	1500	1200	2	塑钢推拉窗
12	C4	3360	2200	16	塑钢推拉窗
13	GC1	1140	1400	6	威卢克斯窗
14	GC2	2150	H	4	南立面阁楼窗
15	GC3	1800	H	4	北立面阁楼窗

注:门窗做法详见厂家图集,窗户为绿色玻璃。

图 3-36 门窗表

图 3-37 是住宅的二、三层平面图,它与一层平面图相比,省略了第一道尺寸的标注,其余均没有较大区别,只是一层平面图中已画出的雨篷此时不再画出。

四层平面图,同二、三层一样,省略了第一道尺寸的标注。应当注意,在四层住户的客厅内,靠近 C 号纵墙预留了 2000×800 的阁楼洞口,以满足住户安装通向阁楼的楼梯空间,如图 3-38 所示。

图 3-39 是阁楼层平面图,可以看出:每户都有一个露台,露台地面与阁楼地面通过一台阶相连,共 2 个踏步;在阁楼平面上有 3 个房间、1 个卫生间,这与下面各层住户的正常使用房间是有区别的;在每个楼梯间的最顶层,都有一个通向屋面的预留检查口;该层平面上门窗有了一些变化,特别是原来四间主卧室的窗由弧窗 C4 变为了平窗 GC2。

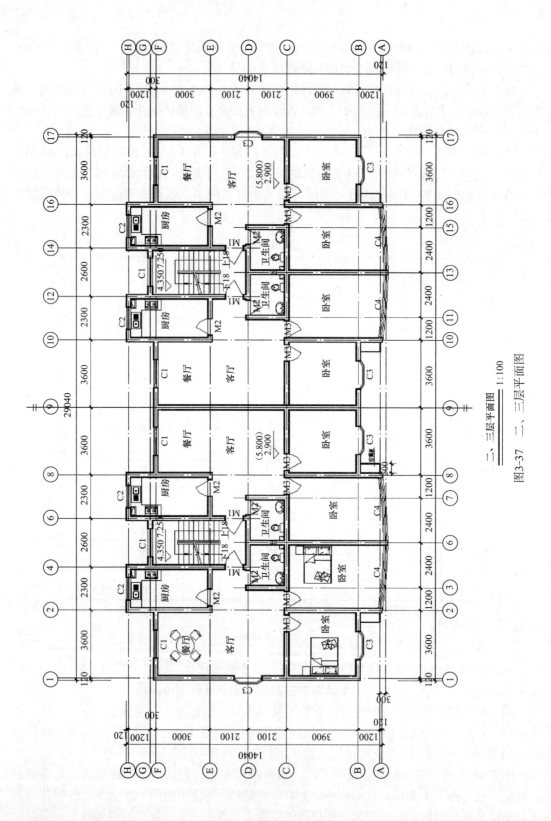

图3-37 二、三层平面图

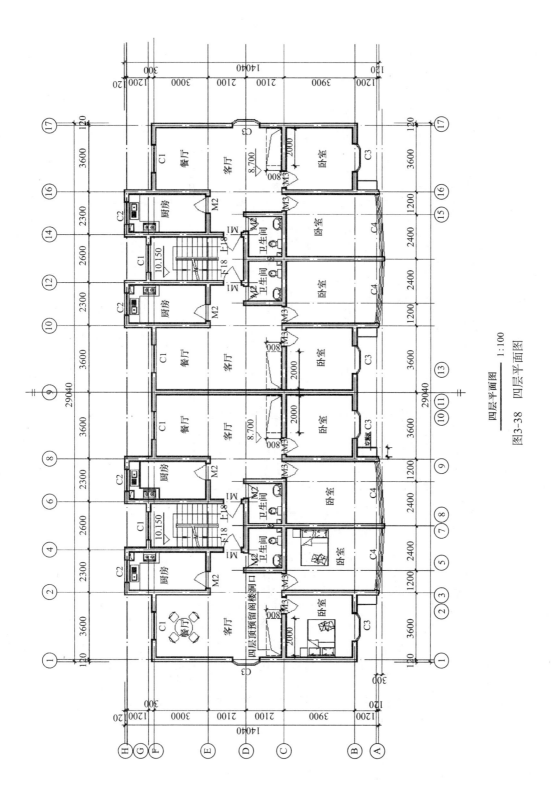

图3-38 四层平面图

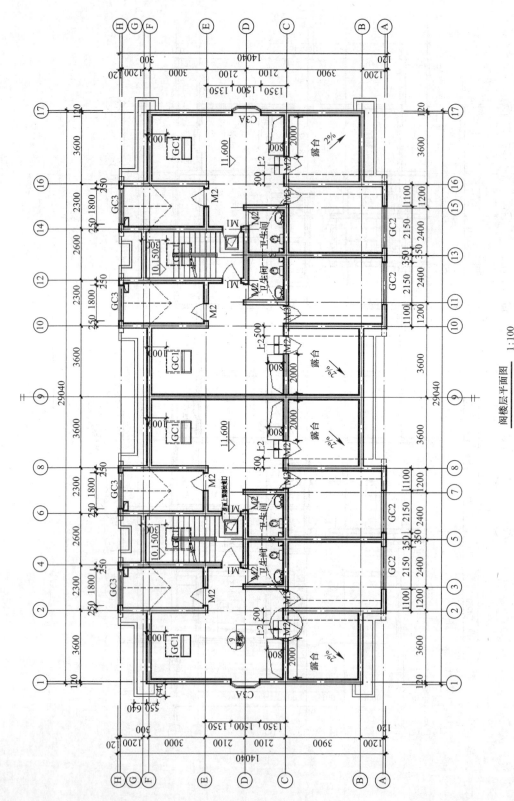

阁楼层平面图 1:100

图3-39 阁楼层平面图

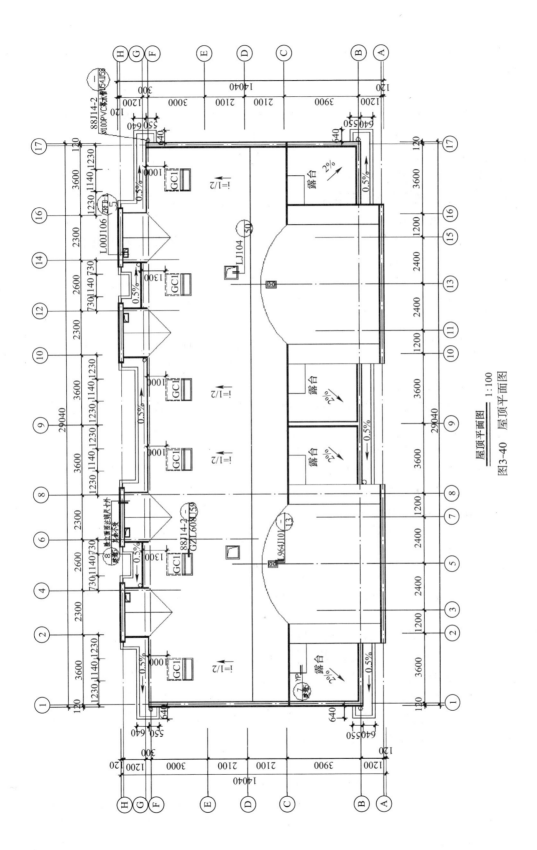

屋顶平面图 1:100

图3-40 屋顶平面图

屋顶平面图是房屋顶部按俯视方向在水平投影面上所得到的正投影图，由于屋顶平面图比较简单，常常采用较小的比例绘制。在屋顶平面图中应详细表示有关定位轴线、屋顶的形状、女儿墙（或檐口）、天沟、变形缝、天窗、详图索引符号、分水线、上人孔、屋面、水箱、屋面的排水方向与坡度、雨水口的位置、检修梯、其他构筑物、标高等。此外，还应画出顶层平面图中未表明的顶层阳台雨篷、遮阳板等构件。图3-40是画出的屋顶平面图，图中对部分构造进行了说明。

3.2.1.3 建筑立面图

1. 建筑立面图的图示方法及其命名

（1）建筑立面图的图示方法

为使建筑立面图主次分明、图面美观，通常将建筑物不同部位采用粗细的线型来表示。最外轮廓线画粗实线（b），室外地坪线用加粗实线（$1.4b$），所有突出部位如阳台、雨篷、线脚、门窗洞等中实线（$0.5b$），其余部分用细实线（$0.35b$）表示。

（2）立面图的命名

立面图的命名方式有三种：

1）以房屋的主要入口命名：规定房屋主要入口所在的面为正面，当观察者面向房屋的主要入口站立时，从前向后所得的是正立面图，从后向前的则是背立面图，从左向右的称为左侧立面图左侧立面图，而从右向左的则称为右侧立面图。

2）以房屋的朝向命名：规定房屋朝南面的立面图称为南立面图，同理还有北立面图、西立面图和东立面图。

3）以定位轴线的编号命名：用该面的首尾两个定位轴线的编号，组合在一起来表示立面图的名称，如图⑨~①立面图。⑨~①立面图若改以主要入口命名，也可称为正立面图，或北立面图。

2. 建筑立面图的图示内容

（1）室外地坪线及房屋的勒脚、台阶、花池、门窗、雨篷、阳台、室外楼梯、墙、柱、檐口、屋顶、雨水管等内容。

（2）尺寸标注。用标高标注出各主要部位的相对高度，如室外地坪、窗台、阳台、雨篷、女儿墙顶、屋顶水箱间及楼梯间屋顶等的标高。同时用尺寸标注的方法标注立面图上的细部尺寸，层高及总高。

（3）建筑物两端的定位轴线及其编号。

（4）外墙面装修。有的用文字说明，有的用详图索引符号表示。

3. 建筑立面图识读

图3-41为某住宅的南立面图，它的左边轴线是1号轴线，右边是17号轴线，立面图就是以这两条轴线命名的，该立面图的比例与平面图一致，也是1：100；

外轮廓线所包围的范围显示出这幢房屋的总长和总高，屋顶采用坡屋顶，共5层，其中一层为储藏室（车库），各层左右对称，按实际情况画出了窗洞的可见轮廓和窗形式；

建筑立面图宜标注室内外地坪、楼地面、阳台、平台、檐口、门窗等处的标高，也可标注相应的高度尺寸。如有需要，还可标注一些局部尺寸，如补充建筑构造、设施或构配件的定位尺寸和细部尺寸，如本例墙面上与室内楼面标高相同水平构件的尺寸120。标高一般注在图形外，并做到符号排列整齐，大小一致。若房屋立面左右对称时，可单侧标

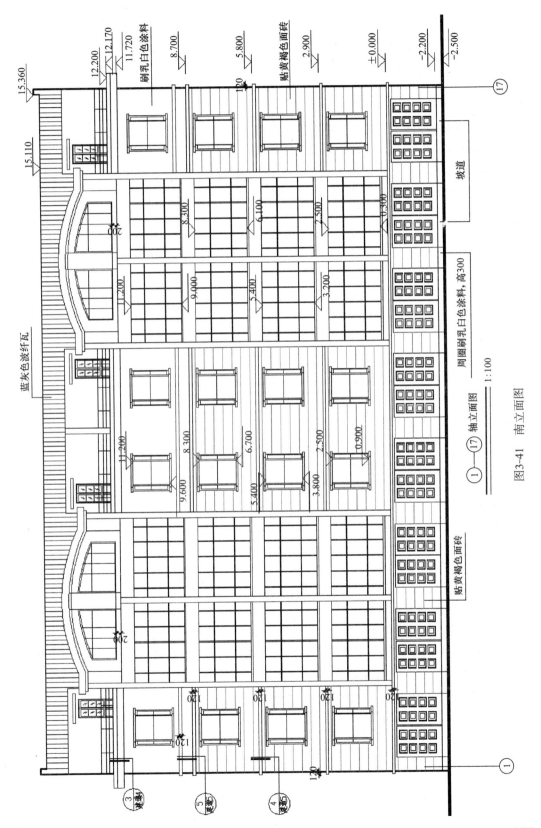

图3-41 南立面图

注，不对称时，左右两侧均应标注。必要时，可标注在图内。

从图上的文字说明，可了解到房屋外墙面装修的做法。外墙面以及一些构配件与设施等的装修做法，在立面图中常用引出线作文字说明，如本例房屋1～4层墙面采用贴黄褐色外墙面砖，5层及阁楼层墙面采用乳白色涂料。外墙勒脚处墙面除坡道外均采用乳白色外墙涂料，屋面采用蓝灰色波纤瓦等等。

另外，在该立面图上，对于一些构件还在图形左侧标注出了索引符号。

在阅读建筑平面图时为了加强图面效果，使外形清晰、重点突出和层次分明，习惯上房屋立面的最外轮廓线用线宽为 b（b 的取值按国家标准，如 $b=0.7mm$ 或 $b=1.0mm$）的粗实线画，在外轮廓线之内的凹进或凸出墙面的轮廓线，以及窗台、门窗洞、檐口、阳台、雨篷、柱、台阶等建筑设施或构配件的轮廓线，用线宽为 $0.5b$ 的中实线画；一些较小的构配件和细部的轮廓线，表示立面上的凹进或凸出的一些次要构造或装修线，如门窗扇、栏杆、雨水管和墙面分格线等均用线宽为 $0.25b$ 的细实线画；地坪线用线宽为 $1.4b$ 的特粗实线画。

图3-42 为该住宅的北立面图，它的左边轴线是17号轴线，右边是1号轴线，该立面图就是以这两条轴线命名的，比例也是1:100。显然，这个方向的立面所选择的材料同1～17立面，立面图上表达出了楼梯间外墙面的处理以及原来各层厨房向上延伸与屋面相交而形成的四个老虎窗。

对于该住宅的左右两侧立面图，如图3-43所示，不再赘述。

3.2.1.4 建筑剖面图

1. 建筑剖面图的形成和用途

建筑剖面图，简称剖面图，它是假想用一铅垂剖切面将房屋剖切开后移去靠近观察者的部分，作出剩下部分的投影图。

剖面图用以表示房屋内部的结构或构造方式，如屋面（楼、地面）形式、分层情况、材料、做法、高度尺寸及各部位的联系等。它与平、立面图互相配合用于计算工程量，指导各层楼板和屋面施工、门窗安装和内部装修等。

剖面图的数量是根据房屋的复杂情况和施工实际需要决定的；剖切面的位置，要选择在房屋内部构造比较复杂，有代表性的部位，如门窗洞口和楼梯间等位置，并应通过门窗洞口。剖面图的图名符号应与底层平面图上剖切符号相对应。

2. 建筑剖面图的图示内容

(1) 必要的定位轴线及轴线编号。
(2) 剖切到的屋面、楼面、墙体、梁等的轮廓及材料做法。
(3) 建筑物内部分层情况以及竖向、水平方向的分隔。
(4) 即使没被剖切到，但在剖视方向可以看到的建筑物构配件。
(5) 屋顶的形式及排水坡度。
(6) 标高及必须标注的局部尺寸。
(7) 必要的文字注释。

3. 建筑剖面图识读

如图3-44所示，建筑剖面图的图示内容有以下几个方面：

图3-42 ⑰—① 轴立面图

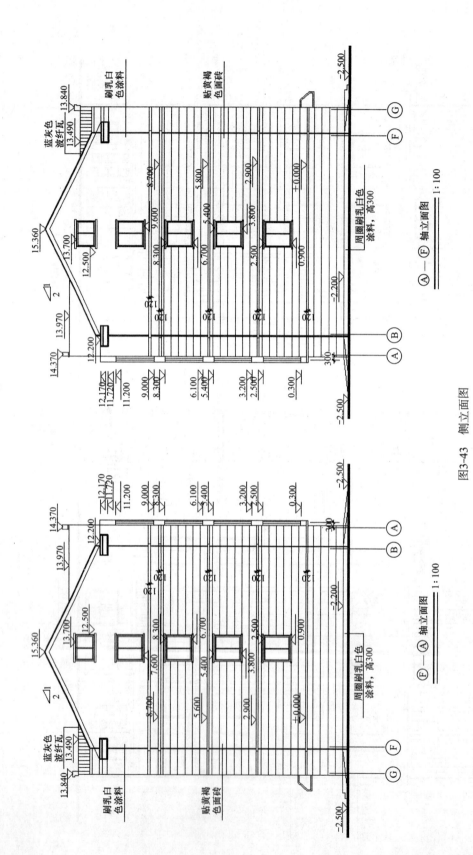

图3-43 侧立面图

砌筑砂浆的抗冻性 表 2-8

使用条件	抗冻指标	质量损失率（%）	强度损失率（%）
夏热冬暖地区	F15	≤5	≤25
夏热冬冷地区	F25		
寒冷地区	F35		
严寒地区	F50		

（7）砌筑砂浆中的水泥和石灰膏、电石膏等材料的用量可按表 2-9 选用。

砌筑砂浆的材料用量 表 2-9

砂浆种类	材料用量（kg/m³）
水泥砂浆	≥200
水泥混合砂浆	≥350
预拌砂浆	≥200

注：1. 水泥砂浆中的材料用量是指水泥用量。
2. 水泥混合砂浆中的材料用量是指水泥和石灰膏、电石膏的材料总量。
3. 预拌砂浆中的材料用量是指胶凝材料用量，包括水泥和替代水泥的粉煤灰等活性矿物掺合料。

（8）砂浆中可掺入保水增稠材料、外加剂等，掺量应经试配后确定。
（9）砂浆试配时应采用机械搅拌，搅拌时间应自开始加水算起，并应符合下列规定：
1）对水泥砂浆和水泥混合砂浆，搅拌时间不得少于 120s；
2）对预拌砂浆和掺有粉煤灰、外加剂、保水增稠材料等的砂浆，搅拌时间不得少于 180s。

3. 砌筑砂浆配合比的确定与要求

（1）现场配制砌筑砂浆的试配要求
1）现场配制水泥混合砂浆的试配应符合下列规定：
① 配合比应按下列步骤进行计算：
计算砂浆试配强度→计算每立方米砂浆中的水泥用量→计算每立方米砂浆中石灰膏用量→确定每立方米砂浆砂用量→按砂浆稠度选每立方米砂浆用水量。
② 砂浆的试配强度应按式（2-1）计算：

$$f_{m,0} = kf_2 \qquad 式(2-1)$$

式中 $f_{m,0}$——砂浆的试配强度，MPa，应精确至 0.1MPa；
f_2——砂浆强度等级值，MPa，应精确至 0.1MPa；
k——系数，按表 2-10 取值。

砂浆强度标准差 δ 及 k 值 表 2-10

施工水平 \ 强度等级	强度标准差 δ（MPa）							k
	M5	M7.5	M10	M15	M20	M25	M30	
优良	1.0	1.5	2.0	3.0	4.0	5.0	6.0	1.15
一般	1.2	1.8	2.5	3.7	5.0	6.2	7.5	1.20
较差	1.5	2.2	3.0	4.5	6.0	7.5	9.0	1.25

③ 水泥用量的计算应符合下列规定：
每立方米砂浆中的水泥用量，应按式（2-2）计算：

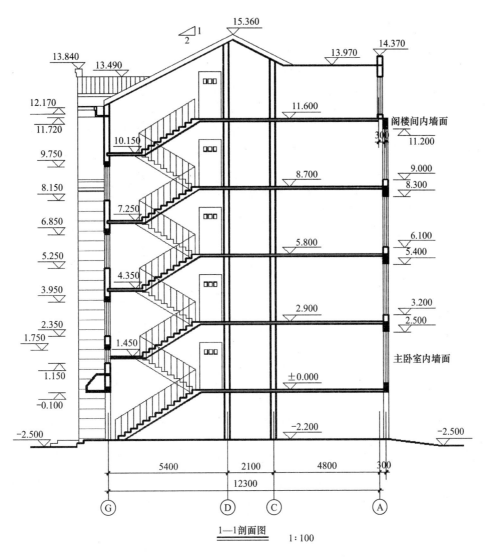

图 3-44 建筑剖面图

墙轴线及轴线编号；室外地面、底层地（楼）面、各层楼板、屋顶（包括檐口、女儿墙等）、门、窗、楼梯、台阶、坡道、散水、平台、阳台、雨篷、洞口、雨水管及其他装修可见的内容；剖面图和平面图、立面图一样，宜标注室内外地坪、楼地面、地下层地面、阳台、平台、檐口、屋脊、女儿墙、雨篷、门、窗、台阶等处完成面的标高，图中标高都表示与±0.000 的相对尺寸。可以看出，各层（除阁楼层 2.37m）的层高为 2.9m；表示楼、地面各层的构造，可用引出线说明，也可以另画详图，在剖面图中要用索引符号引出说明，本例在设计说明中已有"建筑做法说明"，故在剖面图上不再作任何标注。

从图名和轴线编号与平面图上的剖切位置和轴线编号相对照，可知 1—1 剖面图是通过④～⑤轴线间的楼梯梯段，剖切后向右进行投影而得到的横向剖面图，绘图比例为 1∶100。图中画出了屋顶的结构形式以及房屋室内外地坪以上各部位被剖切到的建筑构配件。如室内外地面、楼地面、内外墙及门窗、梁、楼梯与楼梯平台、雨篷等。

119

3.2.1.5 建筑详图

1. 建筑详图的形成和用途

建筑平面图、立面图、剖面图一般采用较小的比例，在这些图样上难以表示清楚建筑物某些局部构造或建筑装饰。因此，在施工图中必须将这些建筑的细部或构配件用较大比例（1∶20、1∶15、1∶10、1∶5、1∶2、1∶1等）将其形状、大小、材料和做法等详细地表示出来，这种图样称为建筑详图，简称详图，也可称为大样图。建筑详图是整套施工图中不可或缺的部分，是施工时准确完成设计意图的依据之一。

2. 建筑详图的分类

建筑详图可分为构造详图、配件及设施详图、装饰详图三大类。构造详图是指屋面、墙身、墙身内外饰面、吊顶、地面、地沟、地下工程防水、楼梯等建筑部位的用料和构造做法。配件和设施详图是指门、窗、幕墙、浴厕设施、固定的台、柜、架、桌、椅、池、箱等的用料、形式、尺寸和构造，大多可以直接或参见选用标准图或厂家样本（如门、窗）。装饰详图是指为美化室内外环境和视觉效果，在建筑物上所作的艺术处理，如花格窗、柱头、壁饰、地面图案的纹样、用材、尺寸和构造等。

3. 建筑详图图的图示内容

（1）外墙身详图

墙身详图也叫墙身大样图，实际上是建筑剖面图的有关部位的局部放大图。它主要表示墙身与地面、楼面、屋面的构造连接情况以及檐口、门窗顶、窗台、勒脚、防潮层、散水、明沟的尺寸、材料、做法等构造情况，是砌墙、室内外装修、门窗安装、编制施工预算以及材料估算等的重要依据。有时在外墙详图上引出分层构造，注明楼地面、屋顶等的构造情况，而在建筑剖面图中省略不标。

外墙剖面详图往往在窗洞口断开，因此在门窗洞口处出现双折断线（该部位图形高度变小，但标注的窗洞竖向尺寸不变），成为几个节点详图的组合。在多层房屋中，若各层的构造情况一样时，可只画墙脚、檐口和中间层（含门窗洞口）三个节点，按上下位置整体排列。有时墙身详图不以整体形式布置，而把各个节点详图分别单独绘制，也称为墙身节点详图。

墙身详图的图示内容：

1）墙身的定位轴线及编号，墙体的厚度、材料及其本身与轴线的关系。

2）勒脚、散水节点构造。主要反映墙身防潮做法、首层地面构造、室内外高差、散水做法，一层窗台标高等。

3）标准层楼层节点构造。主要反映标准层梁、板等构件的位置及其与墙体的联系，构件表面抹灰、装饰等内容。

4）檐口部位节点构造。主要反映檐口部位包括封檐构造（如女儿墙或挑檐）、圈梁、过梁、屋顶泛水构造、屋面保温、防水做法和屋面板等结构构件。

5）图中的详图索引符号等。

（2）楼梯详图

楼梯详图主要表示楼梯的类型和结构形式。楼梯是由楼梯段、休息平台、栏杆或栏板组成。楼梯详图主要表示楼梯的类型、结构形式、各部位的尺寸及装修做法等，是楼梯施工放样的主要依据。

楼梯详图一般分建筑详图与结构详图，应分别绘制并编入建筑施工图和结构施工图中。对于一些构造和装修较简单的现浇钢筋混凝土楼梯，其建筑详图与结构详图可合并绘制，编入建筑施工图或结构施工图。

楼梯的建筑详图一般有楼梯平面图、楼梯剖面图以及踏步和栏杆等节点详图。

1）楼梯平面图

楼梯平面图实际上是在建筑平面图中楼梯间部分的局部放大图，楼梯平面图通常要分别画出底层楼梯平面图、顶层楼梯平面图及中间各层的楼梯平面图。如果中间各层的楼梯位置、楼梯数量、踏步数、梯段长度都完全相同时，可以只画一个中间层楼梯平面图，这种相同的中间层的楼梯平面图称为标准层楼梯平面图。在标准层楼梯平面图中的楼层地面和休息平台上应标注出各层楼面及平台面相应的标高，其次序应由下而上逐一注写。

楼梯平面图主要表明梯段的长度和宽度、上行或下行的方向、踏步数和踏面宽度、楼梯休息平台的宽度、栏杆扶手的位置以及其他一些平面形状。

楼梯平面图中，楼梯段被水平剖切后，其剖切线是水平线，而各级踏步也是水平线，为了避免混淆，剖切处规定画45°折断符号，首层楼梯平面图中的45°折断符号应以楼梯平台板与梯段的分界处为起始点画出，使第一梯段的长度保持完整。

楼梯平面图中，梯段的上行或下行方向是以各层楼地面为基准标注的。向上者称为上行，向下者称为下行，并用长线箭头和文字在梯段上注明上行、下行的方向及踏步总数。

在楼梯平面图中，除注明楼梯间的开间和进深尺寸、楼地面和平台面的尺寸及标高外，还需注出各细部的详细尺寸。通常用踏步数与踏步宽度的乘积来表示梯段的长度。通常三个平面图画在同一张图纸内，并互相对齐，这样既便于阅读，又可省略标注一些重复的尺寸。

2）楼梯剖面图

楼梯剖面图实际上是在建筑剖面图中楼梯间部分的局部放大图，楼梯剖面图能清楚地注明各层楼（地）面的标高，楼梯段的高度、踏步的宽度和高度、级数及楼地面、楼梯平台、墙身、栏杆、栏板等的构造做法及其相对位置。

表示楼梯剖面图的剖切位置的剖切符号应在底层楼梯平面图中画出。剖切平面一般应通过第一跑，并位于能剖到门窗洞口的位置上，剖切后向未剖到的梯段进行投影。

在多层建筑中，若中间层楼梯完全相同时，楼梯剖面图可只画出底层、中间层、顶层的楼梯剖面，在中间层处用折断线符号分开，并在中间层的楼面和楼梯平台面上注写适用于其他中间层楼面的标高。若楼梯间的屋面构造做法没有特殊之处，一般不再画出。

在楼梯剖面图中，应标注楼梯间的进深尺寸及轴线编号，各梯段和栏杆、栏板的高度尺寸，楼地面的标高以及楼梯间外墙上门窗洞口的高度尺寸和标高。梯段的高度尺寸可用级数与踢面高度的乘积来表示，应注意的是级数与踏步数相差为1，即踏面数＝级数－1。

3）楼梯节点详图

楼梯节点详图主要是指栏杆详图、扶手详图以及踏步详图。它们分别用索引符号与楼梯平面图或楼梯剖面图联系。

踏步详图表明踏步的截面尺寸、大小、材料及面层的做法。栏板与扶手详图主要表明栏板及扶手的形式、大小、所用材料及其与踏步的连接等情况。

4. 建筑详图识读

如图 3-45 为墙身节点详图，该墙体为Ⓐ轴外墙、厚度 370mm。室内外高差为 0.3m，墙身防潮采用 20mm 防水砂浆，设置于首层地面垫层与面层交接处，一层窗台标高为 0.900m，首层地面做法从上至下依次为 20 厚 1：2 水泥砂浆面层，20 厚防水砂浆一道，60 厚混凝土垫层，素土夯实。

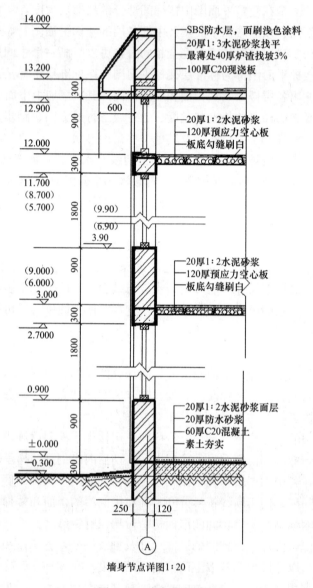

图 3-45　墙身节点详图

标准层楼层构造为 20 厚 1：2 水泥砂浆面层，120 厚预应力空心楼板，板底勾缝刷白；120 厚预应力空心楼板搁置于横墙上；标准层楼层标高分别为 3m、6m、9m。

屋顶采用架空 900mm 高的通风屋面，下层板为 120 厚预应力空心楼板，上层板为 100 厚 C20 现浇钢筋混凝土板；采用 SBS 柔性防水，刷浅色涂料保护层；檐口采用外天沟，挑出600mm，为了使立面美观，外天沟用斜向板封闭，并外贴金黄色琉璃瓦。

3.2.2 设备施工图识读

3.2.2.1 给水排水系统施工图

给水排水系统是为了系统地供给生活、生产、消防用水以及排除生活或生产废水而建设的一整套工程设施的总称。给水排水系统施工图则是表示该系统施工的图样，一般将其分为室内给水排水系统和室外给水排水系统两部分。室内给水排水系统施工图包括：设备系统平面图、轴测图、详图和施工说明；室外给水排水系统施工图包括：设备系统平面图、纵断面图、详图以及施工说明。

在给水排水系统的施工图中，一般都采用规定的图形符号来表示，表3-10列出了一些常用的图例符号。

给水排水施工图常用图例　　　　　　　　表3-10

序号	名称	图例	序号	名称	图例
1	生活给水管	——J——	11	污水池	⊠
2	废水管	——F——	12	清扫口	平面 系统
3	污水管	——W——	13	圆形地漏	平面 系统
4	立式洗脸盆		14	放水龙头	平面 系统
5	浴盆		15	水泵	平面 系统
6	盥洗槽		16	水表	
7	壁挂式小便器		17	水表井	
8	蹲式大便器		18	阀门井检查井	
9	坐式大便器		19	浮球阀	平面 系统
10	小便槽		20	立管检查口	

1. 给水排水系统的平面图

给水排水系统的平面图表明了该系统的平面布置情况。室内给水排水系统平面图包括：用水设备的类型、位置及安装方式与尺寸；各管线的平面位置、管线尺寸及编号；各零部件的平面位置及数量；进出管与室外水管网间的关系等。室外给水排水系统平面图包括：取水工程、净水工程、输配水工程、泵站、给水排水网、污水处理的平面位置及相互关系等。

（1）给水平面图

在房屋内部，凡需要用水的房间，均需要配以卫生设备和给水用具。图3-46所示为某学生宿舍的室内给水管网平面布置图，其主要表示供水管线的平面走向以及各用水房间所配备的卫生设备和给水用具。

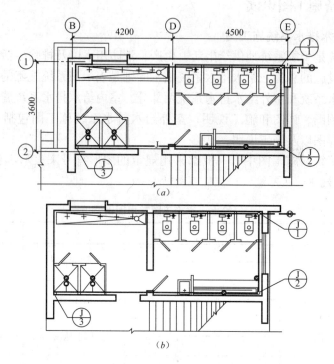

图3-46 某学生宿舍的室内给水管网平面布置图

从图3-46（a）中可以看出，给水引入管通过室外阀门井后引入楼内，形成地下水平干管，再由墙角处三根立管上来，由水平支管沿两侧墙面纵向延伸，分别经过四个蹲式大便器和盥洗槽；另一侧水平支管分别经过一个小便槽和拖布盆以及两个淋浴间，然后由立管处再向上层各屋供水。地漏的位置和各给水用具均已在图中标出，故按照给水管的平面顺序较容易看懂。

（2）排水平面图

排水平面图主要表示排水管网的平面走向以及污水排出的装置。仍以该学生宿舍为例给出。

如图3-47所示的排水平面图，为了靠近室外排水管道，将排水管布置在西北角，与给水引入管成90°，并将粪便排出管与淋浴、盥洗排出管分开，把后者的排出管布置在房屋的前墙面（南面），直接排到室外排水管道。图中还给出了污水排出装置、拖布池、大便器、小便槽、盥洗池、淋浴间和地漏。

2. 给水排水系统的图轴测

给水排水系统的平面图由于管道交错、读图时较难，而轴测图能够清楚、直观地表示出给水排水管的空间布置情况，立体感强，易于识别。在轴测图中能够清晰地标注出管道的空间走向、尺寸和位置，以及用水设备及其型号、位置。识读轴测图时，给水系统按照树状由干到枝的顺序、排水系统按照由枝到干的顺序逐层分析，也就是按照水流方向读图，再与平面图紧密结合，就可以清楚地了解到各层的给水排水情况。如图3-48所示的

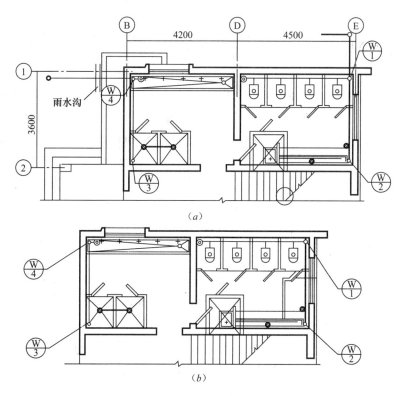

图 3-47 某学生宿舍的室内排水平面图

室内给水系统轴测图,从引入管开始读图,各管的尺寸和用水设备的位置一目了然。如引入管标高-1.000m,第一根立管直径为50mm,水平干管的标高-0.300m,最上层高位水箱的标高为8.800m 等。

3. 给水排水系统的详图

给水排水系统的详图用于表示某些设备、构配件或管道上节点的详细构造与安装尺寸。如图 3-49 所示座式大便器的安装详图,表明了安装尺寸的要求,如水箱高度为910mm,坐便器与地面的高度为350mm,水平进水支管高度为250mm 等。

在识读详图时,着重掌握详图上的各种尺寸及其要求,就能够快捷地对房屋设备进行维修或改造。

3.2.2.2 供暖系统施工图

供暖系统主要由三大部分组成:热源、输热管道、散热设备。根据供暖面积的大小可分为局部供暖和集中供暖。而集中供暖系统按所用热媒的不同,又可分为三类:热水供暖系统、蒸气供暖系统以及热风供暖系统。此外,供暖管网一般具有四种布置形式:上行式、下行式、单立式和双立式。

供暖系统施工图分为室内和室外两部分。室内部分主要包括:供暖系统平面图、轴测图、详图以及施工说明。室外部分主要包括:总平面图、管道横剖面图、管道纵剖面图、详图以及施工说明。

在供暖系统施工图中,各零部件均采用图例符号表示。表 3-11 列出了一些常用的图例符号。

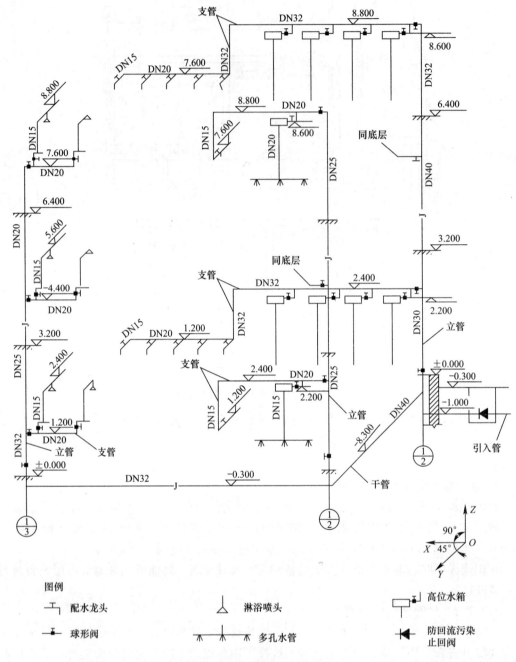

图 3-48 室内给水系统轴测图

1. 供暖平面图

供暖平面图主要表示供暖系统的平面布置，其内容包括管线（热水给水管、热水回水管）的走向、尺寸，各零部件的型号和位置等。在识图时，若按照热水给水管的走向顺序读图，则较容易看懂。

2. 供暖轴测图

供暖轴测图是用正面斜轴测投影绘制的供暖系统立体图，图中也标明散热器的位置、

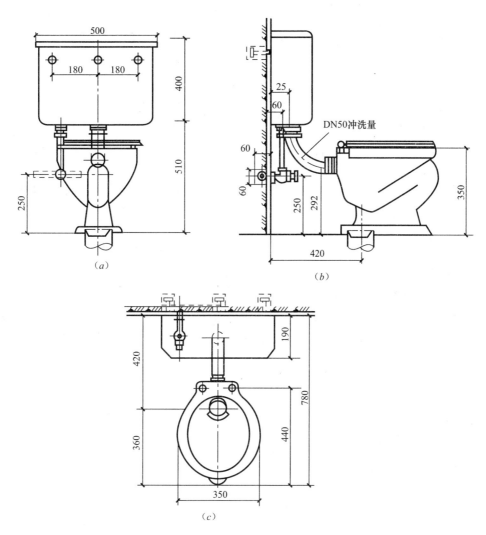

图 3-49 座式大便器的安装详图

常用图例 表 3-11

序号	名称	图例	序号	名称	图例
1	热水给水管	或 —RJ—	9	闸阀	—⋈—
2	热水回水管	或 —RH—	10	球阀	—⋈—
3	蒸汽管	—Z—	11	止回阀	
4	凝结水管	—N—	12	截止阀、阀门（通用）	—⋈— —
5	管道固定支架	—✳—	13	膨胀管	—PZ—
6	补偿器		14	绝热管	
7	套管伸缩器		15	集气罐	
8	方形伸缩器		16	柱式散热器	

续表

序号	名称	图例	序号	名称	图例
17	活接头		23	泄水阀	
18	法兰		24	自动排气阀	
19	法兰盖		25	除污器（过滤器）	立式　卧式
20	丝堵	或	26	疏水阀	
21	水泵		27	温度计	或
22	散热器跑风门		28	压力表	

数量以及各管线的位置、尺寸、编号等。与平面图对照，沿热水给水管走向顺序读图，可以看出供暖系统的空间相互关系。

综上所述，在识读供暖施工图时，首先应分清热水给水管和热水回水管，并判断出管线的排布方法是上行式、下行式、单立式、双立式中的哪种形式；然后查清各散热器的位置、数量以及其他元件（如阀门等）的位置、型号；最后再按供热管网的走向顺次读图。

3. 供暖详图

供暖详图用以详细体现各零部件的尺寸、构造和安装要求，以便施工安装时使用。如图 3-50 所示为几种不同散热器的安装详图。当采用悬挂式安装时，铁钩要在砌墙时埋入，

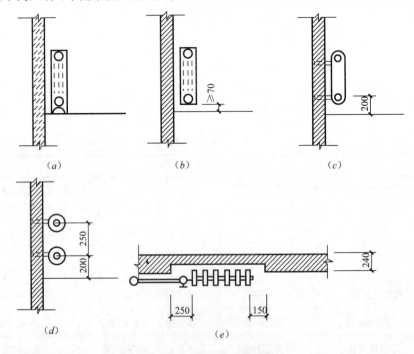

图 3-50 散热器安装详图
(a) 四柱有足；(b) 四柱悬挂；(c) 大 60 悬挂；(d) 圆翼型；(e) 散热器安装在墙龛内

待墙面处理完毕后再进行安装，同时要保证安装尺寸。

3.2.2.3 通风系统施工图

所谓通风，就是把室内被污染的空气直接或经净化后排到室外，把新鲜空气补充进来，从而保持室内空气环境符合卫生标准和满足生产工艺的需要。按通风系统的作用范围不同，通风可以分为局部通风和全面通风两种方式；按照通风系统的工作动力不同又可以分为自然通风和机械通风两种，如图 3-51 所示。通风系统施工图包括平面图、剖面图、轴测图和详图。在通风系统施工图中一般也都采用一些图例符号来表示。

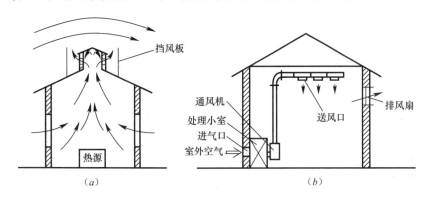

图 3-51 通风系统

1. 通风平面图

通风平面图主要表明通风管道、通风设备的平面布置情况，一般包括以下内容：

风道、风口、调节阀等设备的位置；

风道、设备等与墙面的距离以及各部分尺寸；

进出风口的空气流动方向；风机、电动机的型号等。

通风平面图如图 3-52 所示。其中剖面图表示风管、设备等在垂直方向的布置情况和标高。送风管的上表面水平，下表面倾斜；回风管的下表面水平，上表面倾斜，这种布置与其送排风量的大小有关。

2. 通风轴测图及详图

通风轴测图可以清楚地表达出管道的空间曲折变化情况，立体感强，通风详图主要用于表达各零部件的尺寸及其加工、安装的要求等。如图 3-53 所示为风管接头的详图。

3.2.2.4 电气系统施工图

电在人们的生产、生活中起着极其重要的作用。在工程建设中，电气设备及其安装是必不可少的。电气设备一般可分为：照明设备，如白炽灯等；电热设备，如电烤箱等；动力设备，如电动机等；弱电设备，如电话等；防雷设备，如避雷针等。本节主要对照明设备的电气施工图进行介绍，其他几种请读者自行了解。电气系统在房屋内部的顺序一般为：进户线—配电盘—干线—分配电板—支线—电气设备。

1. 图例和符号

电气系统施工图中的各电气元件和电气线路一般都采用图例来表示。表 3-12 列出了常用电气元件的图例。

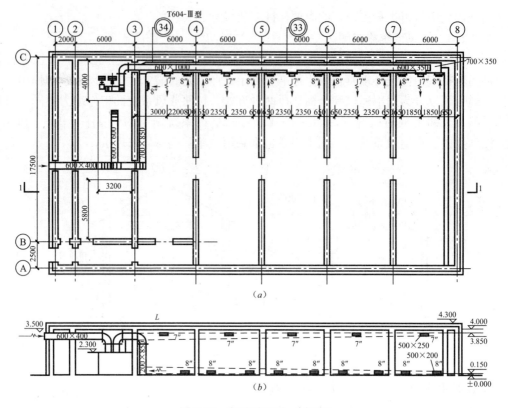

图 3-52 通风平面图、剖面图

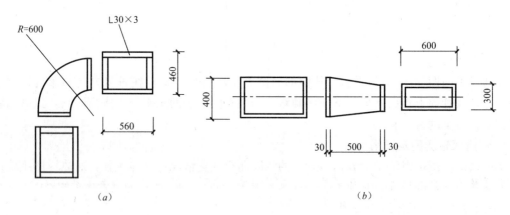

图 3-53 风管接头详图

2. 电气系统施工图的组成

电气系统施工图主要包括以下内容：

（1）设计说明：主要包括电源、内外线、强弱电以及负荷等级；导线材料和敷设方式；接地方式和接地电阻；避雷要求；需检验的隐蔽工程；施工注意事项；电气设备的规格、安装方法。

（2）外线总平面图：主要用于表明线路走向、电杆位置、路灯设置以及线路怎样入户。

常用电气元件　　　　　　　　　　　　表 3-12

序号	名称	图例	序号	名称	图例
1	电动机	Ⓜ	14	跌开式熔断器	
2	变压器		15	刀开关	
3	变电所		16	白炽灯	
4	移动变电所		17	防水灯	⊗
5	杆上变电站		18	壁灯	
6	配电箱		19	球形灯	●
7	电表	kWh	20	安全灯	
8	交流电焊机		21	墙壁灯	○
9	直流电焊机		22	吸顶灯	
10	分线盒		23	日光灯	
11	按钮	● ●	24	吊扇	
12	熔断器		25	排气风扇	
13	自动空气断路器		26	单相插座：(a) 明装；(b) 保护式；(c) 暗装	(a) (b) (c)

（3）平面图：主要用来表明电源引入线的位置、安装高度、电源方向；其他电气元件的位置、规格、安装方式；线路敷设方式、根数等。

（4）系统图：电气系统图不是立体图形，它主要是采用各种图例、符号以及线路组成的一种表格式的图形。

（5）详图：详图主要用于表示某一局部的布置或安装的要求。

3. 电气系统施工图的识读

电气系统施工图应按以下步骤进行：

（1）熟悉各种电气工程图例与符号。

（2）了解建筑物的土建概况，结合土建施工图识读电气系统施工图。

（3）按照设计说明→电气外线总平面图→配电系统图→各层电气平面图→施工详图的顺序，先对工程有一个总体概念，再对照着系统图，对每个部分、每个局部进行细致的理解，深刻地领会设计意图和安装要求。

（4）按照各种电气分项工程（照明、动力、电热、微电、防雷等）进行分类，仔细阅读电气平面图，弄清各电气的位置、配电方式及走向，安装电气的位置、高度，导线的敷设方式、穿管匀及导线的规格等。

3.2.2.5 煤气系统施工图

由于城市煤气网的建设以及为了给居民提供更好的服务设施，煤气安装已成为现在住宅楼建设的重要组成部分。煤气管网的分布近似于给水管网，但由于人工煤气有剧毒，并且与空气合到一定比例时易发生爆炸，所以对于煤气设备、管道等的设计、加工与敷设都有严格要求，必须注意防腐、防漏气的处理，同时还应加强维护和管理工作。

煤气施工图一般有平面图、系统图和详图三种，同时还附有设计说明。绘制的方法同给水排水施工图一样。

第4章 工程施工工艺和方法

4.1 地基与基础工程

4.1.1 岩土的工程分类

1. 岩土的工程分类

岩土的分类方法较多，在建筑施工过程中，一般按照土的开挖难易程度，将土分为松软土、普通土、坚土、砂砾坚土、软石、次坚石、坚石、特坚石八类，见表4-1，其中，一至四类为土，五至八类为岩石。

岩土的工程分类　　　　　　　　　　　　　　　　　　　表4-1

类别	土的名称	开挖方法及工具
一类土（松软土）	砂土、粉土、冲积砂土层、疏松的种植土、淤泥（泥炭）	用锹、锄头挖掘，少许用脚蹬
二类土（普通土）	粉质黏土；潮湿的黄土；夹有碎石、卵石的砂；粉土混卵（碎）石；种植土、填土	用锹、锄头挖掘，少许用镐翻松
三类土（坚土）	软及中等密实黏土；重粉质黏土；砾石土；干黄土；含有碎石卵石的黄土、粉质黏土；压实的填土	主要用镐，少许用锹、锄头挖掘，部分用撬棍
四类土（砂砾坚土）	坚硬密实的黏性土或黄土；含碎石卵石的中等密实的黏性土或黄土；粗卵石；天然级配砂石；软泥灰岩	整个先用镐、撬棍，后用锹挖掘，部分用楔子及大锤
五类土（软石）	硬质黏土；中密的页岩、泥灰岩、白垩土；胶结不紧的砾岩；软石灰及贝壳石灰石	用镐或撬棍、大锤挖掘，部分使用爆破方法
六类土（次坚石）	泥岩、砂岩、砾岩；坚实的页岩、泥灰岩、密实的石灰岩；风化花岗岩、片麻岩及正长岩	用爆破方法开挖，部分用风镐
七类土（坚石）	大理石；辉绿岩；玢岩；粗、中粒花岗岩；坚实的白云岩、砂岩、砾岩、片麻岩、石灰岩；微风化安山岩；玄武岩	用爆破方法开挖
八类土（特坚石）	安山岩；玄武岩；花岗片麻岩；坚实的细粒花岗岩、闪长岩、石英岩、辉长岩、辉绿岩、玢岩、角闪岩	用爆破方法开挖

2. 土的工程性质

土的工程性质对土方工程的施工方法及工程量大小有直接影响，其基本的工程性质有：

（1）土的可松性

自然状态下的土，经过开挖后，其体积因松散而增加，以后虽经回填压实，仍不能恢复到原来的体积，这种性质称为土的可松性。

土的可松性程度用可松性系数来表示。自然状态土经开挖后的松散体积与原自然状态下的体积之比,称为最初可松性系数(K_s);土经回填压实后的体积与原自然状态下的体积之比,称为最后可松性系数(K'_s)。土的最初可松性系数和最后可松性系数见表4-2。土的可松性影响到土方开挖、回填和土方运输的工程数量。

土的可松性系数 表4-2

类别	土的可松性系数	
	最初可松性系数(K_s)	最后可松性系数(K'_s)
一类土(松软土)	1.08~1.30	1.01~1.04
二类土(普通土)	1.14~1.28	1.02~1.05
三类土(坚土)	1.24~1.30	1.04~1.07
四类土(砂砾坚土)	1.26~1.37	1.06~1.15
五类土(软石)	1.30~1.45	1.10~1.20
六类土(次坚石)	1.30~1.45	1.10~1.20
七类土(坚石)	1.30~1.45	1.10~1.20
八类土(特坚石)	1.45~1.50	1.20~1.30

(2) 土的含水量

土的含水量是指土中所含的水与土的固体颗粒之间的质量比,通常以百分数表示。土的含水量严重影响土的压实性能。

(3) 土的渗透性

土的渗透性是指土体被水透过的性质。土的渗透性用渗透系数 K 表示。渗透系数 K 值反映出土的透水性强弱,它直接影响基坑降水方案的选择。

土的渗透系数 表4-3

土的名称	渗透系数(m/d)	土的名称	渗透系数(m/d)
黏土	<0.005	中砂	5.0~20.0
粉质黏土	0.005~0.1	匀质中砂	25.0~50.0
粉土	0.1~0.5	粗砂	20.0~50.0
黄土	0.25~0.5	圆砾	50.0~100.0
粉砂	0.5~1.0	卵石	100.0~500.0
细砂	1.0~5.0		

4.1.2 基坑(槽)开挖、支护及回填方法

1. 基坑(槽)开挖

(1) 开挖施工工艺

定位放线→分段分层开挖→排水、降水→修坡→整平→验收。

(2) 施工要点

1) 基坑(槽)开挖,应先进行测量定位,抄平放线,定出开挖尺寸。

2) 按照放线尺寸,进行分段(块)分层挖土。根据土质和地下水情况,采取直立或者放坡开挖,开挖施工中应注意操作安全。

3) 土方开挖过程中,应根据地表水或地下水的情况采取排水或降水措施,确保基坑

（槽）开挖时，基坑处于干燥状态。

当在地下水位以上开挖土方时，应在基坑（槽）底两侧或四周开设临时排水沟和集水井，用水泵进行排水。

当在地下水位以下开挖土方时，应采用井点降水，将水位降至基坑（槽）底下至少500mm。

雨期施工时，基坑（槽）应分段开挖，挖好一段浇筑一段垫层，并在基坑（槽）四周（两侧）围以土堤或挖排水沟，以防雨水流入基坑（槽），同时应检查边坡和支撑情况，防止边坡受雨水浸泡造成塌方。

4）基坑（槽）开挖应尽量防止对地基土的扰动。当基坑（槽）挖好后不能立即进行下道工序施工时，应预留100～200mm厚土层不挖，待下道工序开始前再挖至设计标高。如果采用机械挖土时，预留土层厚度应在150～300mm，由人工挖掘修整。

5）基坑（槽）开挖时，应对平面控制桩、水准点、基坑（槽）平面位置、水平标高、边坡坡度等经常检查复核。

6）基坑挖好后应进行验槽，并作好记录，当发现地基土质与工程地质勘察报告、设计要求不符合时，应及时与有关人员研究处理。

（3）土方边坡与边坡稳定

开挖基坑（槽）时，为了防止塌方，保证施工安全及边坡的稳定，其边沿应考虑放坡。当地质条件良好、土质均匀、地下水位低于基坑或基槽底面标高且敞开时间不长时，挖方边坡可以做成直立的形状（不放坡）。不放坡开挖的最大挖土深度见表4-4。

挖方边坡直立不加支撑的最大深度 表4-4

土质	开挖深度（m）
密实、中密的砂土和碎石类土（填充物为砂土）	1
硬塑、可塑的粉土及粉质黏土	1.25
硬塑、可塑的黏土和碎石类土（填充物为黏性土）	1.5
坚硬的黏土	2

挖方深度与坡底宽度之比称为坡度。当挖土深度超过了规定的最大挖土深度时，应考虑放坡，放坡时应按不同土层设置不同的放坡坡度，见图4-1。

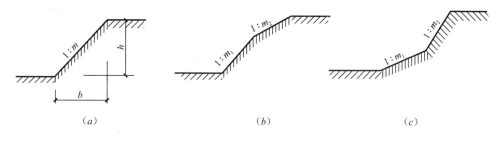

图4-1 土方边坡图
(a) 直线边坡；(b) 不同土层折线边坡；(c) 相同土层折线边坡

图中：m为边坡系数，$m=b/h$。边坡系数依据土质、挖方深度和施工方法来确定。

挖土过程中，基坑（槽）边不允许堆土或堆放其他材料，必须要堆放时，应离开坡顶

1.5m以上，防止边坡不稳定出现塌方。

2. 基坑支护

基坑（槽）土壁支撑技术：

当在建筑稠密地区或场地狭窄地段施工时，没有足够的场地来按规定进行放坡开挖或有防止地下水渗入基坑时，就需要用土壁支护结构来支撑土壁，以保证土方施工的安全顺利地进行，并减少对邻近建筑物和地下设施的不利影响。基坑（槽）常用的土壁支护结构是横撑式支撑、钢（木）板桩支撑、水泥土桩墙、地下连续墙等。

（1）横撑式支撑

横撑式支撑由挡土板、木楞和横撑组成。用于基坑开挖宽度不大、深度也较小的土壁支撑。根据挡土板所放位置的不同分为水平和垂直两类型式，见图4-2所示。

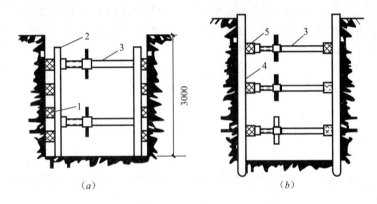

图4-2 横撑式支撑
(a) 间断式水平挡土板支撑；(b) 垂直挡土板支撑
1—水平挡土板；2—竖楞木；3—工具式横撑；4—竖直挡土板；5—横楞木

水平挡土板有间断式和连续式两种。对于湿度小的黏性土，当开挖深度不大于3m时可用间断式水平挡土板支撑。对于开挖深度不超过5m且呈松散状如砾石、砂、湿度大的软黏土等可用连续式水平挡土板支撑。

基坑开挖后按回填土的顺序拆除支撑，由下而上拆除，与支撑顺序相反。

（2）板桩支撑

板桩是一种支护结构，可用于抵抗土和水所产生的水平压力，既挡土又挡水（连续板桩）。

当开挖的基坑较深，地下水位较高且有可能发生流砂时，如果未采用井点降水方法，则宜采用板桩支撑，阻止地下水渗入基坑内，从而防止流砂产生。在靠近原建筑物开挖基坑（槽）时，为了防止原有建筑物基础下沉，通常也可采用板桩支护。

桩的常用种类有：钢板桩（图4-3）、木板桩、钢筋混凝土板桩和钢（木）混合板桩式支护结构等。

（3）水泥土桩墙

深层搅拌水泥土桩墙，是采用水泥作为固化剂，通过特制的深层搅拌机械，在地基深处就地将搅拌碎的软土和水泥强制搅拌形成水泥土，利用水泥和软土之间产生的一系列物理化学反应，使软土硬化成整体性的并有一定强度的土桩，由连续多个土桩形成土桩墙，起到挡土和防渗的作用。主要控制掺入水泥量和搅拌深度来控制土桩的强度和稳定性。

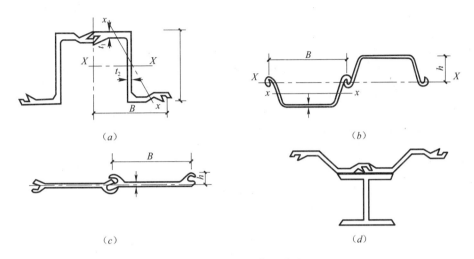

图 4-3 钢板桩截面形式
(a) Z字形板桩；(b) 波浪形板桩；(c) 一字形板桩；(d) 组合截面板桩

(4) 地下连续墙

用特制的挖槽机械，在泥浆护壁下开挖一个单元槽段的沟槽。清底后放入钢筋笼，用导管浇筑混凝土至设计标高，一个单元槽段即施工完毕。各单元槽段由特制的接头连接，形成连续的钢筋混凝土墙体。开挖土方时，地下连续墙可用作支护结构，既挡土又挡水，地下连续墙还可以同时用作建筑的承重墙。

3. 土方回填与压实

(1) 压实工艺流程

填方土料处理→基底（坑底）处理→分层回填压实→分层质量检验（下层检验合格才能填筑上一层）。

(2) 施工要点

1) 土料要求与含水量控制

为保证填土工程质量，必须正确选择土料。规范规定：碎石类土、砂土和爆破石碴，可用作表层以下的填料；含水量符合要求的黏性土，可用作各层填料；碎块草皮和有机质含量大于8%的土，仅用于无压实要求的填方；淤泥和淤泥质土一般不能用作填料，但在软土或沼泽地区经过处理使含水量符合压实要求后，可用于填方中的次要部位。

填土应分层进行，并尽量采用同类土填筑。如采用不同土填筑时，应将透水性较大的土层置于透水性较小的土层之下，不能将各种土混杂在一起使用，以免填方内形成水囊。

2) 基底（坑底）处理

回填土前应先清除坑底垃圾、草皮、树根，排除坑中积水、淤泥和杂物。坑底土若是耕植土或松土时，应先夯压密实。当填土位于水田、沟渠、池塘或含土量很大的松土地段时，应根据具体情况采取排水疏干，或将淤泥挖除换土、抛填片石、填砂砾石、掺石灰等措施进行处理。当填土地面坡度大于1/5时，应先将斜坡挖成阶梯形，阶高0.2~0.3m，阶宽大于 1m，然后分层填土。

3）压实方法

填土压实的方法一般有碾压、夯实、振动压实等几种。

① 碾压法

碾压机械有平碾（压路机）、羊足碾、振动碾等。砂类土和黏性土用平碾的压实效果好；羊足碾只适宜压实黏性土；振动碾是一种振动和碾压同时作用的高效能压实机械，适用于碾压爆破石碴、碎石类土等。

② 夯实法

夯实法是用夯锤自由下落的冲击力来夯实土壤，主要用于小面积回填土。其优点是可以夯实较厚的黏性土层和非黏性土层，使地基原土的承载力加强。方法有人工和机械夯实两种。

人工夯实用木夯和石夯，机械夯实有夯锤和蛙式打夯机等。夯锤借助起重设备提起落下，其重力大于 15kN，落距 2.5~4.5m，夯实厚度可达 1.5~2.0m，但是费用高。常用于夯实黏性土、砂砾土、杂填土及分层填土施工等。

蛙式打夯机轻巧灵活、构造简单、操作方便，在小型土方工程中应用最广。夯打遍数依据填土的类别和含水量确定。

③ 振动压实法

振动压实法是借助振动机使压实机振动，使土颗粒发生相对位移而达到密实状态。振动压路机是一种振动和碾压同时作用的高效能压实机械，比一般压路机提高功效 1~2 倍。这种方法更适用于填方为爆破石碴、碎石类土、杂填土等。

4）填土要求

施工时，每层最优铺土厚度和压实遍数，可根据土的性质，对密实度的要求和压实机械性能等因素确定。可参照表 4-5。

填方每层的铺土厚度和压实遍数 表 4-5

压实机具	每层铺土厚度（mm）	每层压实遍数（遍）
平碾	200~300	6~8
羊足碾	200~350	8~16
蛙式打夯机	200~250	3~4
振动碾	60~130	6~8
振动压路机	120~150	10
推土机	200~300	6~8
拖拉机	200~300	8~16
人工打夯	不大于 200	3~4

填土应从最低处开始，从一端向另一端自下而上铺筑。分段填筑时，交接处应填成阶梯形。墙基及管道回填应在两侧同时进行。

5）填土的压实

影响填土压实的因素有机械压实功、土的含水量及每层铺土厚度。

填土密实度要求和质量指标通常以压实系数 λ_c 表示，土的控制干密度 ρ_d 与最大干密度 ρ_{max} 之比称为压实系数 λ_c。压实系数要求可以参照表 4-6 进行。

压实填土的压实系数　　　　　　　　　　表 4-6

结构类型	填土部位	压实系数 λ_c
砌体承重结构和框架结构	在地基主要受力层范围内	≥0.97
	在地基主要受力层范围以下	≥0.95
排架结构	在地基主要受力层范围内	≥0.96
	在地基主要受力层范围以下	≥0.94
地坪垫层以下及基础底面标高以上的压实土		≥0.94

4.1.3 混凝土基础施工工艺

1. 钢筋混凝土浅基础施工

(1) 施工工艺流程

垫层浇筑→钢筋绑扎→模板安装→混凝土浇筑→模板拆除→养护。

(2) 施工操作要点

1) 钢筋绑扎：底板下层钢筋采用混凝土垫块，纵横间距不大于 600mm；侧边钢筋优先采用塑料垫块，上层钢筋采用钢筋马凳支撑，间距不大于 1000mm，梅花形布置。独立基础采用整根钢筋，地下室底板钢筋接头采用直螺纹连接。钢筋接头位置、同一截面接头数量、搭接长度等满足设计及施工规范的要求。绑扎钢筋时，靠近外围两行的相交点，全部扎牢，中间部分的相交点梅花型绑扎，保证受力钢筋不位移，对于双向受力的钢筋全部扎牢，不得跳扣绑扎。

柱、墙体钢筋采用插筋方式固定在底板钢筋上，底板内部绑扎不少于两道与墙插筋相同的水平筋固定预埋插筋，上部绑扎两道水平筋固定预埋插筋，确保位置准确。

2) 模板安装：模板采用专用建筑多层木模板结合 40mm×90mm 木方进行安装，要求安装牢固，尺寸正确，拼接严密不漏浆。对于地下室底板侧模，采用半砖砖胎模，粉 20 厚 1:3 水泥砂浆。

3) 混凝土浇筑：采用插入式振捣器振捣，插点均匀不漏振，振捣密实。对于大体积混凝土可以采用全面分层浇筑、分段分层浇筑、分段斜面浇筑等方法，防止出现施工缝而影响结构安全，或者出现渗漏水影响使用。

4) 模板拆除：模板拆除时间严格按照混凝土施工规范要求进行，模板拆除不得影响混凝土外表观感质量。

5) 养护：混凝土浇筑完成后，应在 6~12h 内进行养护（温度高取低值，温度低取高值）。连续养护不少于 7d，地下室等防水混凝土养护时间不少于 14d。

2. 桩基础施工

桩基础中桩的作用将来自上部结构的荷载传递至地下深处坚硬土层或岩石上，或者将软弱土层挤压密实，从而提高地基土的承载力，以减少基础的沉降。承台的作用则是将各单桩连成整体，承受并传递上部结构的荷载给群桩。

桩的种类较多，按桩的承载性质可分为端承桩和摩擦桩两种类型。端承桩是桩顶荷载由桩端阻力承受的桩；摩擦桩是桩顶荷载由桩侧摩阻力承受的桩。按桩身的材料可分为木桩、混凝土或钢筋混凝土桩、钢桩等。按沉桩的施工方法可分为挤土桩（包括打入式和压入式预制桩)、部分挤土桩（包括预钻孔打入式预制桩和部分挤土灌注桩)、非挤土桩（各种非挤土灌注桩）和混合桩等四种类型。按桩的制作方法可分为预制桩和灌注桩。

(1) 预制桩施工

预制桩是一种先预制桩构件，然后将其运至桩位处，用沉桩设备将它沉入或埋入土中而成的桩。预制桩主要有钢筋混凝土预制桩和钢桩两类。

1) 预制桩施工流程

现场布置→场地地基处理、整平、浇筑混凝土→支模→绑扎钢筋、安设吊环→浇混凝土→养护至30%设计强度拆模→支间隔端头模板、刷隔离剂、绑钢筋→浇筑间隔桩混凝土→同法间隔重叠制作第二层桩→养护至70%强度起吊→养护至100%设计强度运输、打桩。

2) 预制桩沉桩方法

预制桩按沉桩设备和沉桩方法，可分为锤击沉桩、振动沉桩、静力压桩和射水沉桩等数种。

① 锤击沉桩

锤击沉桩又称打桩。它是利用打桩设备的冲击动能将桩打入土中的一种方法。

打桩设备主要包括桩锤、桩架和动力装置三部分。桩锤是对桩施加冲击，把桩打入土中的主要机具。桩架的作用是将桩提升就位，并在打桩过程中引导桩的方向，以保证桩锤能沿着所要求的方向冲击。动力装置包括驱动桩锤及卷扬机用的动力设备（发电机、蒸汽锅炉、空气压缩机等）、管道、滑轮组和卷扬机等。采用重锤低击沉桩效果较好。

② 振动沉桩

振动沉桩与锤击沉桩的施工方法基本相同，其不同之处是用振动桩机代替锤打桩机施工。振动桩机主要由桩架、振动锤、卷扬机和加压装置等组成。

振动沉桩施工方法是在振动桩机就位后，先将桩吊升并送入桩架导管内，落下桩身直立插于桩位中。然后在桩顶扣好桩帽，校正好垂直度和桩位，除去吊钩，把振动锤放置于桩顶上并连牢。此时，在桩自重和振动锤重力作用下，桩自行沉入土中一定深度，待稳定并经再校正桩位和垂直度后，即可启动振动锤开始沉桩。振动沉桩一般控制最后三次振动（每次振动10min），测出每分钟的平均贯入度，或控制沉桩深度，当不大于设计规定的数值时即认为符合要求。

振动沉桩法适用于砂质黏土、砂土和软土地区施工，但不宜用于砾石和密实的黏土层中施工。如用于砂砾石和黏土层中时，则需配以水冲法辅助施工。

③ 静力压桩

静力压桩是利用桩机本身产生的静压力将预制桩分节压入土中的一种沉桩方法。具有施工时无噪声、无振动，施工迅速简便，沉桩速度快（压桩速度可达2m/min）等优点，而且在压桩过程中，还可预估单桩承载力。静力压桩适用于软弱土层，当存在厚度大于2m的中密以上砂夹层时，不宜采用静力压桩。

④ 水冲沉桩

水冲沉桩施工方法是在待沉桩身对称两侧，插入两根用卡具与桩身连接的平行射水管，管下端设喷嘴，沉桩时利用高压水，通过射水管喷嘴射水，冲刷桩尖下的土壤，使土松散而流动，减少桩身下沉的阻力。同时射入的水流大部分又沿桩身返回地面，因而减少了土壤与桩身间的摩擦力，使桩在自重或加重的作用下沉入土中。水冲沉桩法适用于在砂土和砂石土或其他坚硬土层中沉桩施工。

3) 桩的连接

目前，国内通常采用的连接方法有焊接、法兰盘螺栓连接和硫黄胶泥锚接。

(2) 灌注桩施工

混凝土灌注桩（简称灌注桩）是一种直接在现场桩位上使用机械或人工方法成孔，并在孔中灌注混凝土（或先在孔中吊放钢筋笼）而成的桩。所以灌注桩的施工过程主要有成孔和混凝土灌注两个施工序。

1) 钻孔灌注桩

钻孔灌注桩是指利用钻孔机械钻出桩孔，并在孔中浇筑混凝土（或先在孔中吊放钢筋笼）而成的桩。根据钻孔机械的钻头是否在土壤的含水层中施工，分为泥浆护壁成孔和干作业成孔两种施工方法。

① 泥浆护壁成孔灌注桩施工

泥浆护壁成孔灌注桩的施工方法为先利用钻孔机械（机动或人工）在桩位处进行钻孔，待钻孔达到设计要求的深度后，立即进行清孔，并在孔内放入钢筋笼，水下浇注混凝土成桩。在钻孔过程中，为了防止孔壁坍塌，孔中可注入一定稠度的泥浆（或孔中注入清水直接制浆）护壁进行成孔。泥浆护壁成孔灌注桩适用于在地下水位较高的含水黏土层，或流砂、夹砂和风化岩等各种土层中的桩基成孔施工，因而使用范围较广。

② 干作业成孔灌注桩施工

干作业成孔灌注桩的施工方法是先利用钻孔机械（机动或人工）在桩位处进行钻孔，待钻孔深度达到设计要求时，立即进行清孔，然后将钢筋笼吊入桩孔内，再浇注混凝土而成的桩。干作业成孔灌注桩，适用于地下水位以上的干土层中桩基的成孔施工。

③ 挤扩灌注桩施工

挤扩灌注桩是在普通灌注桩工艺中，增加一道"挤扩"工序，而生成一种新的桩型。它使传统的灌注桩由单纯摩擦受力变为摩擦与端承共同受力，使其承载力提高2~3倍，可缩短工期、节约建筑材料、减少工程量30%~70%，使工程造价大幅度降低。挤扩灌注桩适用于一般黏性土、粉土、砂性土、残积土、回填土、强风化岩及其他可形成桩孔的地基土，而且地下水位上、下可选用不同的适用工法进行施工。

2) 人工挖孔灌注桩

人工挖孔灌注桩是以硬土层作持力层、以端承力为主的一种基础型式，其直径可达1~3.5m，桩深60~80m，每根桩的承载力高达6000~10000kN，如果桩底部再进行扩大，则称"大直径扩底灌注桩"。

人工挖孔桩施工时，为确保挖土成孔施工安全，必须预防孔壁坍塌和流砂现象的发生。护壁方法很多，可以采用现浇混凝土护壁、喷射混凝土护壁、混凝土沉井护壁、砖砌体护壁、钢套管护壁、型钢、木板桩工具式护壁等多种。

3) 沉管灌注桩

沉管灌注桩是指用锤击或振动的方法，将带有预制混凝土桩尖或钢活瓣桩尖的钢套管沉入土中，待沉到规定的深度后，立即在管内浇筑混凝土或管内放入钢筋笼后再浇筑混凝土，随后拔出钢套管，并利用拔管时的冲击或振动使混凝土捣实而形成桩，沉管灌注桩又称打拔管灌注桩。

适应在有地下水、流砂、淤泥的情况下，可使施工大大简化等优点，但其单桩承载能力低，在软土中易产生颈缩。

沉管灌注桩按沉管的方法不同，分为锤击沉管灌注桩和振动沉管灌注桩两种。锤击沉管灌注桩适用于一般黏性土、淤泥质土、砂土、人工填土及中密碎石土地基的沉桩。振动沉管灌注桩适用于一般黏性土、淤泥质土、淤泥、粉土、湿陷性黄土、松散至中密砂土以及人工填土等土层。

4.2 砌体工程

4.2.1 砌体工程的种类

砌体工程是指用砂浆砌筑砖、石或砌块等形成墙体。根据砌筑主体不同，砌体工程可分为砖砌体工程、石砌体工程、砌块砌体工程、配筋砌体工程。

1. 砖砌体工程

由砖和砂浆砌筑而成的砌体称为砖砌体。砖的品种有烧结普通砖、烧结多孔砖、烧结空心砖、煤渣砖和蒸压（养）砖等，其强度等级决定着砌体的强度，特别是抗压强度。

标准砖的规格尺寸为240×115×53，根据它的表面大小不同分大面（240×115）、条面（240×53）、顶（丁）面（115×53）。

砌入墙内的砖，由于放置位置不同，又分为顺砖（也称卧砖或眠砖）、"陡砖"（也称侧砖）、立砖以及顶（丁）砖。砖与砖之间的缝统称灰缝。水平方向的叫水平缝或卧缝；垂直方向的缝叫立缝（也称头缝）。

采用标准砖组砌的砖墙厚度有：半砖墙（120mm）、一砖墙（240mm）、一砖半墙（370mm）、二砖墙（490mm）等。

采用普通砖砌筑的砖墙，其组砌形式可以分成以下几种，如图4-4所示。

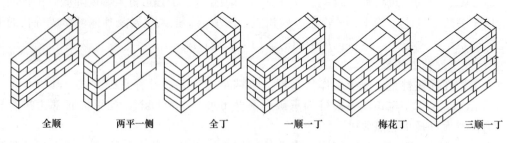

图4-4 砖墙的组砌形式

2. 石砌体工程

由石材和砂浆砌筑的砌体为石砌体。常用的石砌体有料石砌体、毛石砌体、毛石混凝土砌体。

毛石又分为乱毛石和平毛石。乱毛石是指形状不规则的石块；平毛石是指形状不规则、但有两个平面大致平行的石块。毛石的中部厚度不宜小于 150mm。

料石按其加工面的平整度分为细料石、粗料石和毛料石三种。料石的宽度、厚度均不宜小于 200mm，长度不宜大于厚度的 4 倍。

3. 砌块砌体工程

由砌块和砂浆砌筑的砌体为砌块砌体。常用的砌块砌体有混凝土空心砌块、加气混凝土砌块、粉煤灰硅酸盐砌块、轻骨料混凝土砌块等。一般把高度为 380～940mm 的砌块称中型砌块，高度小于 380mm 的砌块称小型砌块。

4. 配筋砌体工程

为了提高砌体的受压承载能力和减小构件的截面尺寸，可以在砌体内配置适量的钢筋形成配筋砌体。配筋砌体分为以下四类（图 4-5）：

（1）网状配筋砖砌体。在砖柱或墙体水平灰缝内配置一定数量的钢筋网而形成的砌体。

（2）组合砖砌体。由砖砌体和钢筋混凝土面层或钢筋砂浆面层组合的砌体。

（3）砖砌体和钢筋混凝土构造柱组合墙。在砖砌体中每隔一定距离设置钢筋混凝土构造柱，并在各层楼盖处设置钢筋混凝土圈梁。

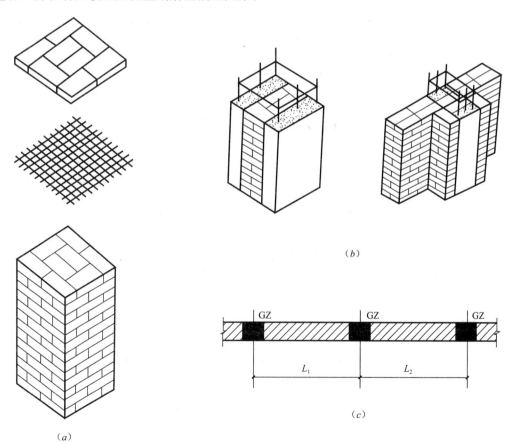

图 4-5 配筋砌体（一）
(a) 网状配筋砌体；(b) 组合砖砌体；(c) 砖砌体和钢筋混凝土构造柱组合墙

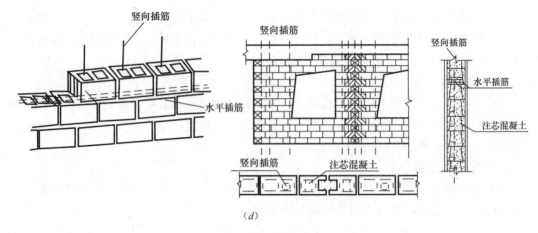

图 4-5 配筋砌体（二）
(d) 配筋砌块砌体

（4）配筋砌块砌体。在混凝土空心砌块的竖向孔洞中配置竖向钢筋，在砌块横肋凹槽中配置水平钢筋，然后浇筑混凝土，或在水平灰缝中配置水平钢筋，所形成的砌体称为配筋砌体。

5. 砂浆

砂浆是使单块砖接一定要求铺砌成砖砌体的必不可少的胶凝材料。砂浆既与砖产生一定的粘结强度，共同参与工作，使砌体受力均匀，又减少砌体的透气性，增加密实性。按组成材料的不同砂浆分为：仅有水泥和砂拌合成的水泥砂浆；在水泥砂浆中掺入一定数量的石灰膏的水泥混合砂浆，其目的是改善砂浆的和易性；砂浆强度等级分为 M20、M15、M10、M7.5、M5、M2.5 六个等级。最常用的砂浆的强度等级为 M5 级和 M7.5 级。在潮湿环境中砖墙砌体的砌筑砂浆宜采用水泥砂浆。

砂浆搅拌时间，自投料完算起，水泥砂浆和水泥混合砂浆，不得少于 2min；粉煤灰砂浆及掺用外加剂的砂浆，不得少于 3min；掺用微沫剂的砂浆为 3～5min。

砂浆拌成后和使用时，均应盛入储灰器中，如砂浆出现泌水现象，应在砌筑前再次拌合。砂浆应随拌随用。水泥砂浆和水泥混合砂浆必须在拌成后 3h 和 4h 内使用完毕，当施工期间最高气温超过 30℃时，则必须在拌成后 2h 和 3h 内使用完毕。

4.2.2 砌体工程施工工艺

1. 砖砌体

（1）砖砌体施工工艺

找平→放线→摆砖样→立皮数杆→盘角→挂准线→铺灰→砌砖→清理。

如果是清水墙，砌砖以后则还要进行勾缝。

（2）主要操作方法与要点

1）找平

① 首层墙体砌筑前的抄平：由于施工中基层上表面不同位置的标高存在差异，因此需要抹找平层。找平层的做法是，在基层表面外墙四个大角位置及每隔 10m 位置抹一灰饼，用水准仪确定灰饼的上表面标高，使之与设计标高一致。然后，按这些标高用 M7.5

防水砂浆或掺有防水剂的 C10 细石混凝土找平,此层既是防潮层,也是找平层。

② 楼层墙体砌筑前的抄平:每层的楼板完毕开始砌筑墙体前,将水准仪架设在楼板上,检测外墙四角表面的标高与设计标高的误差。

2) 放线

① 底层放线:找平层具有一定强度后,用经纬仪将外墙轴线引测到找平层表面,弹出墨线。轴线弹出后,按设计尺寸弹出墙的两边线。然后按图纸标注的尺寸弹出门窗洞口位置的墨线。

② 楼层放线:为了保证各楼层墙身轴线在同一铅垂面内,可用经纬仪或垂球,将底层控制轴线投测到各层墙表面。然后,用钢尺丈量其间距,经校核无误后,在墙表面弹出轴线和墙边线。最后,按设计图纸弹出门窗洞口的位置线。

3) 摆样砖

摆样砖是指在放线的基面上按选定的组砌方式用干砖试摆。一般在房屋外纵墙方向摆顺砖,在山墙方向摆丁砖,摆砖由一个大角摆到另一个大角,砖与砖间留 10mm 缝隙。摆砖的目的是为了校对所放出的墨线在门窗洞口、附墙垛等处是否符合砖的模数,以尽可能减少砍砖,并使砌体灰缝均匀,组砌得当。

4) 立皮数杆

皮数杆是指在其上划有每皮砖和灰缝厚度、门窗洞口、过梁、楼板、梁底、预制件等标高位置的一种木制标杆。砌筑时控制每皮砖竖向尺寸,同时还可以保证砌体的垂直度。皮数杆长度应略大于一个楼层的高度。皮数杆一般立于房屋的四大角、内外墙交接处、楼梯间以及洞口多的地方,每隔 10~15m 立一根。每次开始砌砖前应检查一遍皮数杆的垂直度和牢固程度,如图 4-6 所示。

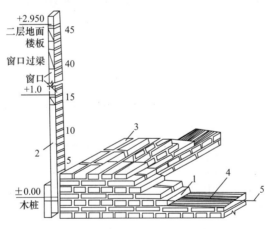

图 4-6 立皮数杆、立头角、挂线
1—墙基;2—皮数杆;3—头角;4—防潮层;5—挂线

5) 盘角、挂线

开始砌筑墙体时,先由技术水平高的工人在建筑物的外墙角,按皮数杆的标线砌五皮砖,然后将准线挂在头角墙身上,再砌中间墙身。墙身较长时,可从墙中间或流水段分界处先砌五皮砖。准线按皮挂,砌一皮砖,升一次线。对一砖墙(24 墙)单面挂线即可以,对一砖半墙（37墙）以上的墙，应双面挂线。

6）砌筑

铺灰砌砖的操作方法因地而异。比较通用的方法有三种：铺灰挤砖法、铲灰挤砖法、坐灰砌砖法。

① 铺灰挤砖法：用铺灰工具在墙上先铺好一段灰浆，然后边放砖边挤，将砂浆挤填在竖缝中。

② 铲灰挤砖法：铲灰济砖法又称三一砌砖法。即是一块砖、一铲灰、一揉压并随手将挤出的砂浆刮去的砌传方法。

③ 坐浆砌砖法：先用灰勺将砂浆铺于墙顶面上（每次铺长1m左右），把摊尺搁于墙边，用瓦刀依摊尺将砂浆刮乎，拿起砖，在砖的棱角上抹刮灰浆，随即砌上，看齐放正摆平，砌完一段后，进行灌浆。

7）勾缝、清理

勾缝：是清水墙的最后一道工艺。砌墙体时，先在灰缝处划出10mm深灰槽，待墙砌完后，再用1∶1.5水泥砂浆勾缝，勾缝完的墙面应及时清扫。

清理：当墙体砌筑完成后，应及时对墙面多余砂浆及落灰进行清理，保证墙面干净。

2. 混凝土空心砖砌体

（1）施工工艺

墙体放线→砖块浇水→拌制砂浆→砖块排列→铺灰→砖块就位→校正→砌砖→竖缝灌浆→勒缝。

（2）主要操作方法与要点

1）墙体放线

砌筑前，应将基础或楼层结构面按照标高找平，依据砌筑图放出第一皮砌块的轴线、砌体边线和洞口线。

2）拌制砂浆

同砖砌体工程施工。

3）砖块排列

① 砌筑前，应根据工程设计图，结合空心砖的品种、规格、绘制砖块排列图，经审核无误，按图排列砖块。

② 砖排列时尽可能采用主规格的砖块，主规格砖砌块应占总量的75%～80%。

③ 砖块排列上下皮应错缝搭砌，搭砌长度一般为砌块的1/2，不得小于砖高的1/3，也不应小于140mm。如果不满足规定，应压砌钢筋网片或拉结钢筋。

④ 墙体转角及纵横墙交接处，应将砖块分皮咬槎，交错搭砌。砌体垂直缝与门窗洞口边线应避开同缝，且不得采用砖镶砌。

⑤ 砌体灰缝厚度控制在12mm左右，不大于15mm。

4）铺灰

在砌块就位前，用大铲、灰勺进行分块铺灰，根据气温，铺设长度一般控制在1000mm。

5）砌砖

底部先用实心砖砌筑，高度一般为三皮砖，也可以用细石混凝土直接浇筑找平。

空心砖砌筑采用反砌，即将壁肋厚度大的面朝上，小面朝下，便于铺灰，增大上下皮砖的接触面，提高砌体抗剪强度。

空心砖砌筑时，应对孔错缝搭砌。

6）竖缝灌砂浆

每一皮砖就位砌筑后，用砂浆灌垂直缝，随后进行灰缝的勒缝，深度控制在3～5mm。

3. 砌块砌体

(1) 施工工艺

基层处理→放线→埋墙拉结筋→砌底部实心砖→立皮数杆→挂准线→砌筑→墙顶斜砖砌筑→清理。

(2) 主要操作方法与要点

1）基层处理

将砌筑加气混凝土砌块墙体部位的混凝土表面清扫干净，用砂浆找平，拉线用水平尺检查其平整度。

2）埋墙拉结筋

在混凝土墙（柱）侧面相应的砌块墙位置，依据皮数杆尺寸，沿墙高度方向每隔间距500mm，用2ϕ6与混凝土墙（柱）拉结。拉墙筋的固定可以采取以下三种方法：一是在浇筑混凝土时预埋，二是用结构胶植筋，三是用金属膨胀螺栓固定后焊接。后两种在完成后必须进行抗拉拔试验。

3）砌筑底部实心砖

在砌筑加气砌块前，底部先用实心砖砌筑，高度一般为三皮砖，也可以用细石混凝土直接浇筑找平。

4）墙顶斜砖砌筑

梁下、板下墙顶砖待墙体砌块砌完后14d再砌筑，要求斜砖与梁（板）顶紧，斜砖灰缝饱满。

其他各道工序操作方法与混凝土空心砖施工方法基本相同。

4.3 钢筋混凝土工程

4.3.1 常见模板的种类

1. 按照材料与构造分类

(1) 组合式模板

组合式模板在现代模板技术中具有通用性强、装拆方便、周转使用次数多的特点，可以根据构件尺寸预先拼装成定型的整体模板，整体吊装就位，也可以采用散支散拆的方法施工。

1）55型组合钢模板

55型组合钢模板由钢模板和配件两部分组成。配件又由连接件和支承件组成。钢模板主要包括平面模板、阴角模板、阳角模板、连接角模板等。

2) 钢框木（竹）胶合板模板

钢框木（竹）胶合板模板是以热轧型钢为钢框架，以覆面胶合板作板面，并加焊若干钢筋承托面板的一种组合式模板。面板有木、竹胶合板，单片木面竹芯胶合板等。

(2) 工具式模板

工具式模板是针对工程结构构件特点，研制开发的可持续周转使用的专用性模板，常用的有大模板、滑动模板、爬升模板、飞模等。

1) 大模板

大模板是大型模板或大块模板的简称。它的单块面积大，通常是以一面现浇墙使用一块模板，区别于组合钢模板和钢框胶合板模板。大模板组成构造见图4-7。

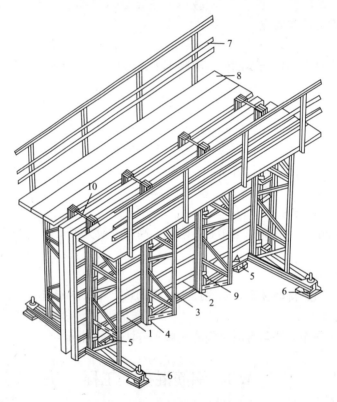

图4-7 大模板组成构造示意图

1—面板；2—水平肋；3—支撑桁架；4—竖肋；5—水平调整装置；6—垂直调整装置；
7—栏杆；8—脚手板；9—穿墙螺栓；10—固定卡具

大模板以其构造和组拼方式不同，可以分为整体式大模板、组合式大模板、拼装式大模板和筒形模板，以及用于外墙面施工的装饰混凝土模板。

2) 滑动模板

滑动模板简称为滑模，是现代混凝土工程的一项施工工艺，与常规施工方法相比，这种工艺具有施工速度快、机械化程度高、可节省支模和搭设脚手架所需要的工料，能较方便地将模板进行拆散和灵活组装并可重复使用。它只需要一套1m多高的模板及液压提升设备，按照工程设计的平面尺寸组装成滑模装置，就可以绑扎钢筋，浇筑混凝土，连续不断地施工，直至结构完成。

3）爬升模板

爬升模板是综合大模板和滑动模板工艺和特点的一种模板工艺，具有大模板和滑动模板的共同优点。尤其适用于超高层建筑施工。

4）飞模

飞模是一种大型工具式模板，因其外形如桌，又称桌模或台模。由于它可以借助起重机械从已浇筑完的混凝土楼板下吊运飞出转移到上层重复使用。故称飞模。

（3）永久性模板

永久性模板亦称一次性消耗模板，是在结构构件混凝土浇筑后模板不拆除，并构成构件受力或不受力的组成部分。

1）压型钢模板

压型钢模板是采用镀锌或经防腐处理的薄钢板，经成型机冷轧成具有梯形波形截面的槽形钢板或开口式方盒状钢壳的一种工程模板材料。压型钢板模板具有加工容易，重量轻，安装速度快，操作简便和取消支、拆模板的繁琐工序等优点。

2）预应力混凝土薄板模板

预应力混凝土薄板模板，一般是在构件预制工厂的台座上生产，通过施加预应力配筋制作成的一种预应力混凝土薄板构件。薄板本身既是现浇楼板的永久性模板，当与楼板的现浇混凝土叠合后，又是构成楼板的受力结构部分，与楼板组成组合板，或构成楼板的非受力结构部分，而只作永久性模板使用。

2. 按使用部位分类

（1）柱、墙模板

柱和墙均为垂直构件，模板工程应能保持自身稳定，并能承受浇筑混凝土时产生的横向压力。

1）柱模板

柱模主要由侧模（包括加劲肋）、柱箍、底部固定框、清理孔四个部分组成。

2）墙模板

对墙模板的要求与柱模板相似，主要保证其垂直度以及抵抗新浇筑混凝土的侧压力。

墙模板由五个基本部分组成：①侧模（面板）——维持新浇筑混凝土直至硬化；②内楞——支承侧模；③外楞——支承内楞和加强模板；④斜撑——保证模板垂直和支承施工荷载及风荷载等；⑤对拉螺栓及撑块——混凝土侧压力作用到侧模上时，保持两片侧模间的距离。

墙模板的侧模可采用胶合模板、组合钢模板、钢框胶合板模板等。

（2）梁、板模板

梁与板均为水平构件，其模板工程主要承受竖向荷载，如模板及支撑自重，钢筋、新浇筑混凝土自重以及浇筑混凝土时的施工荷载等，侧模则受到混凝土的侧压力。因此，要求模板支撑数量足够，搭设稳固牢靠。

（3）楼梯模板

楼梯模板包括梯段底模板、梯段侧模板、平台梁（板）模板、支承支架等。

搭设顺序为：先支设平台模板，再支设楼梯底模板，然后支设楼梯外帮侧模，外帮侧模应先在其内侧弹出楼梯底板厚度线，侧板位置线，钉好固定踏步侧模的挡板，在现场装钉侧板。

4.3.2 钢筋工程施工工艺

1. 钢筋的种类

普通混凝土结构用的钢筋可分为两类，热轧钢筋和冷加工钢筋（冷轧带肋钢筋、冷轧钢筋、冷拔螺旋钢筋等），余热处理钢筋属于热轧钢筋一类。根据新标准，热轧钢筋的强度等级由原来的Ⅰ级、Ⅱ级、Ⅲ级和Ⅳ级更改为按照屈服强度（MPa）分为 HPB300 级、HRB335 级、HRB400 级和 HRB500 级。

2. 钢筋的检验与存放

（1）钢筋的检验

钢筋混凝土结构中所用的钢筋，都应有出厂质量证明或试验报告单，每捆（盘）钢筋均应有标牌。进场时应按批号及直径分批验收。验收的内容包括查对标牌、外观检查，并按有关标准的规定抽取试样作力学性能试验，合格后方可使用。

（2）钢筋的存放

当钢筋运进施工现场后，必须严格按批分等级、牌号、直径、长度挂牌存放，并注明数量，不得混淆。钢筋应尽量堆入仓库或料棚内。条件不具备时，应选择地势较高，土质坚实，较为平坦的露天场地存放。

3. 钢筋翻样与配料

为了确保钢筋配筋和加工的准确性，事先应根据结构施工图画出相应的钢筋翻样图并填写配料单。

钢筋翻样图既是编制配料加工单和进行配料加工的依据，也是钢筋工绑扎、安装钢筋的依据，还是工程项目负责人检查钢筋工程施工质量的依据。

钢筋配料单是根据构件配筋图，先绘出各种形状和规格的单根钢筋简图并加以编号，然后分别计算钢筋下料长度和根数，填写配料单，申请加工。

4. 钢筋加工

钢筋加工主要包括调直、切断和弯折。

（1）钢筋调直

钢筋调直宜采用机械方法，也可采用冷拉方法。为了提高施工机械化水平，钢筋的调直宜采用钢筋调直切断机，它具有自动调直、定位切断、除锈、清垢等多种功能。

（2）钢筋切断

切断方法有：断丝钳切断法、手动切断机切断法、液压切断器切断法。

钢筋下料时须按计算的下料长度切断。断丝钳切断法用于切断直径较小的钢筋。手动切断机只用于切断直径小于 16mm 的钢筋；钢筋切断机可切断直径 40mm 以内的钢筋。

在大中型建筑工程施工中，提倡采用钢筋切断机，它不仅生产效率高，操作方便，而且确保钢筋端面垂直钢筋轴线，不出现马蹄形或翘曲现象，便于钢筋进行焊接或机械连接。

（3）钢筋弯曲成型

1）钢筋弯钩和弯折的一般规定

① 受力钢筋。HPB300 级钢筋末端应作 180°弯钩，其弯弧内直径不应小于钢筋直径的

2.5倍，弯钩的弯后平直部分长度不应小于钢筋直径3倍。当设计要求钢筋末端需作135°弯钩时，HRB335级、HRB400级及以上强度等级钢筋的弧内直径D不应小于钢筋直径的4倍，弯钩的弯后平直部分长度应符合设计要求。钢筋作不大于90°的弯折时，弯折处的弯弧内直径不应小于钢筋直径的5倍。

② 箍筋。除焊接封闭环式箍筋外，箍筋的末端应作弯钩。弯钩形式应符合设计要求，当设计无具体要求时，应符合下列规定：

箍筋弯钩的弯弧内直径不小于受力钢筋的直径；箍筋弯钩的弯折角度：对一般结构，不应小于90°；对有抗震等要求的结构应为135°。

③ 箍筋弯后的平直部分长度：对一般结构，不宜小于箍筋直径的5倍；对有抗震等级要求的结构，不应小于箍筋直径的10倍。

2）钢筋弯曲

钢筋弯曲前，对形状复杂的钢筋（如弯起钢筋），根据钢筋料牌上标明的尺寸，用石笔将各弯曲点位置划出。钢筋在弯曲机上成型时，心轴直径应是钢筋直径的2.5～5.0倍，成型轴宜加偏心轴套，以便适应不同直径的钢筋弯曲需要。弯曲细钢筋时，为了使弯弧一侧的钢筋保持平直，挡铁轴宜做成可变挡架或固定挡架（加铁板调整）。

5. 钢筋连接

工程中钢筋往往因长度不足或因施工工艺上的要求等必须连接。钢筋连接，应按结构要求、施工条件及经济性等，选用合适的接头。钢筋在工厂或工地加工多选用闪光对焊接头。现场施工中，除采用传统的绑扎搭接接头以外，对多高层建筑结构中的竖向钢筋直径＞20mm时多选用电渣压力焊接头，水平钢筋多选用螺纹套筒接头；对受疲劳荷载的高耸、大跨结构钢筋直径d＞20mm时，选用与母材等强的直螺纹套筒接头等。钢筋连接的方式很多，接头的主要方式可归纳为以下几类：

(1) 钢筋绑扎搭接连接

绑扎搭接连接是采用20～22号铁丝将两段钢筋扎牢使其连接起来达到接长的目的。

绑扎搭接必须满足以下要求：

1）同一构件中相邻纵向受力钢筋的绑扎搭接接头宜相互错开。

2）钢筋绑扎搭接接头连接区段的长度为1.3倍搭接长度，凡搭接接头中点位于该连接区段长度内的搭接接头均属于同一连接区段。当钢筋直径相同时，钢筋接头面积百分率为50%。

3）位于同一连接区段内的受拉钢筋搭接接头面积百分率：对梁类、板类及墙类构件，不宜大于25%；对柱类构件，不宜大于50%。

4）在任何情况下，纵向受拉钢筋绑扎搭接接头的搭接长度不应小于300mm，纵向受压钢筋的受压搭接长度不应小于200mm。

(2) 钢筋焊接连接

1）闪光对焊接头。利用对焊机使两段钢筋接触，通过低电压的强电流，待钢筋被加热到一定温度变软后，进行轴向加压顶锻，形成对焊接头。分为：连续闪光焊、预热闪光焊、闪光—预热—闪光焊。

2）电弧焊接头。电弧焊是利用弧焊机使焊条与焊件之间产生高温电弧，使焊条和电弧燃烧范围内的焊件熔化，待其凝固便形成焊缝或接头。

弧焊机有直流与交流之分，常用的为交流弧焊机。

3）电渣压力焊接头。是利用电渣压力焊机使两段钢筋接触周围包裹焊药，通电焊药加热，待钢筋被加热到一定温度变软后，进行上下轴向加压顶锻，形成对焊接头。

4）气压焊接头等。气压焊接钢筋是利用乙炔—氧气混合气体燃烧的高温火焰对已有初始压力的两根钢筋端部接合处加热，使钢筋端部产生塑性变形，并促使钢筋端都的金属原子互相扩散，当钢筋加热到1250~1350℃（相当于钢材熔点的0.8~0.9倍左右）时进行加压顶锻，使钢筋内的原子得以再结晶而焊接一起。

5）电阻点焊。当钢筋交叉点焊时，接触点只有点，接触处接触电阻较大，在接触的瞬间，电流产生的全部热量都集中在一点上，因而使金属受热而熔化，同时在电极加压下使焊点金属得到焊合。

(3) 钢筋机械连接

1）套筒挤压连接。将两根待接钢筋端头插入优质套筒后，用液压钳径向加高压挤压套筒，使套筒产生塑性变形而收缩，套筒部分内壁因变形而紧密地嵌入变形钢筋的凹面内，由此产生摩擦力和抗剪力来传递钢筋连接处的轴向荷载。

2）锥螺纹套筒接头。锥螺纹连接工艺是模仿石油钻机延长钻管的方法，被连接的钢筋端部加工成锥形状外螺纹，然后用手和特制扭力钳旋入锥形状内螺纹套筒，将两根钢筋连接起来。

3）镦粗直螺纹套筒接头。先将钢筋端头镦粗，再切削成直螺纹，然后用带直螺纹的套筒将钢筋两端拧紧的钢筋连接方法。

4）滚压直螺纹套筒接头。利用金属材料塑性变形后冷作硬化增强金属材料强度的特性，使接头与母材等强的连接方法。根据滚压直螺纹成型方式不同，可分为直接滚压螺纹、压肋滚压螺纹、剥肋滚压螺纹三种类型。

6. 钢筋代换

在钢筋配料中如遇有钢筋品种或规格与设计要求不符，需要代换时，可参照以下原则进行钢筋代换。

1）等强度代换：不同种类的钢筋代换，按抗拉强度值相等的原则进行代换；

2）等面积代换：相同种类和级别的钢筋代换，应按面积相等的原则进行代换。

7. 钢筋绑扎与安装

(1) 钢筋绑扎

钢筋现场绑扎之前要核对钢筋的钢号、直径、形状、尺寸及数量是否与配料单相符，核查无误后方可开始现场绑扎。钢筋绑扎采用20~22号铁丝。

钢筋绑扎时，钢筋交叉点应采用铁丝扎牢；梁和柱的箍筋应与受力钢筋垂直，箍筋弯钩叠合处应沿受力钢筋方向错开设置；板和墙的钢筋网，除外围两行钢筋的相交点全部扎牢外，中间部分交叉点可相隔交错扎牢，保证受力钢筋位置不偏移；钢筋绑扎搭接长度的末端与钢筋弯曲处的距离，不得小于10倍的钢筋直径，且接头不宜在最大弯矩处。钢筋搭接处，应在中部和两端用铁丝扎牢。

受力钢筋的绑扎接头位置应相互错开，在任一搭接长度 L_1 区段内有绑扎接头的受力钢筋截面面积占受力钢筋总截面面积的百分率为：受拉区不得超过25%，受压区不得超过50%；钢筋的绑扎接头搭接长度的末端与钢筋弯曲处的距离不得小于10d，接头不宜位于构件最大弯矩处；受拉区域内Ⅰ级钢筋接头末端应做成弯钩；直径 $d \geqslant 12mm$ 的Ⅱ级钢筋末端及轴心受压构件中任意直径的受力钢筋末端，可不做弯钩，但搭接长度不应小于 $35d$；钢筋搭接处应在中心和两端用铁丝扎牢，搭接长度应符合规范的规定。钢筋的保护层厚度要符合规范的规定，施工中应在钢筋下部设置混凝土垫块或水泥砂浆垫块，以保证保护层的厚度。

绑扎网和绑扎骨架外形尺寸的允许偏差应符合规范的规定。

（2）钢筋安装

安装钢筋时配置的钢筋级别、直径、根数和间距均应符合设计要求。

绑扎或焊接的钢筋网和钢筋骨架、不得有变形、松脱和开焊，钢筋位置的允许偏差符合规范的规定。

绑扎钢筋网与钢筋骨架应根据结构配筋特点及起重运输能力来分段，为防止钢筋网和钢筋骨架在运输和安装过程中发生变形，应采取临时加固措施。

钢筋网与钢筋骨架的吊点根据尺寸、重量、刚度而定。宽度大于1m的水平钢筋网宜采用四点起吊；跨度小于6m的钢筋骨架采用两点起吊；跨度大、刚度差的钢筋骨架应采用横吊梁四点起吊。

4.3.3 混凝土工程施工工艺

普通混凝土工程在混凝土结构工程中占有重要地位，混凝土工程质量的好坏直接影响到混凝土结构的承载力、耐久性与整体性。目前由于高层现浇混凝土结构和高耸构筑物的增多，混凝土的制备在施工现场通过小型搅拌站搅拌时实现了机械化。在工厂，大型搅拌站时已实现了微机控制自动化。混凝土外加剂技术也不断发展和推广应用，混凝土拌合物通过搅拌输送车和混凝土泵实现了长距离、超高度运输。随着现代工程结构的高度、跨度及预应力混凝土的发展，人们开发、研制了强度80MPa以上的高强混凝土，以及高工作性、高体积稳定性、高抗渗性、良好力学性能的高性能混凝土，并且还有具备环境协调性和自适应特性的绿色混凝土。此外，自动化、机械化的发展和新的施丁机械和施工工艺的应用，也大大改变了混凝土工程的施工技术。

混凝土施工工艺流程为：

制备→运输→浇筑→振捣→养护。

1. 混凝土的制备

（1）混凝土配料

混凝土在配合比设计时，必须满足结构设计的混凝土强度等级和耐久性要求，并有较好的工作性（流动性等）和经济性。混凝土的实际施工强度随现场生产条件的不同而上下波动，因此，混凝土制备前应在强度和含水量方面进行调整试配，试配合格后才能进行生产。

（2）混凝土搅拌

1）搅拌机械：主要的搅拌机类型有自落式和强制式两种。

① 自落式搅拌机就是在搅拌筒内壁焊有弧形叶片，当搅拌筒绕水平轴旋转时，弧形叶片不断地将物料提升到一定高度，然后自由落下而相互混合。

② 强制式搅拌机就是在搅拌筒中装有风车状的叶片，这些不同角度和位置的叶片转动时。强制物料翻越叶片，填充叶片通过后留下的空间，使物料混合均匀。

2) 混凝土搅拌方法

① 一次投料法。这是目前最普遍采用的方法。它是将砂、石、水泥和水一起同时加入搅拌筒中进行搅拌,为了减少水泥的飞扬和水泥的粘罐现象,对自落式搅拌机常采用的投料顺序是将水泥夹在砂、石之间,最后加水搅拌。

② 二次投料法。它又分为预拌水泥砂浆法和预拌水泥净浆法。

预拌水泥砂浆法是先将水泥、砂和水加入搅拌筒内进行充分搅拌,成为均匀的水泥砂浆后,再加入石子搅拌成均匀的混凝土。

预拌水泥净浆法是先将水泥和水充分搅拌成均匀的水泥净浆后,再加入砂和石搅拌成混凝土。

国内外的试验表明,二次投料法搅拌的混凝土与一次投料相比较,混凝土强度可提高约15%,在强度等级相同的情况下可节约水泥15%~20%。

3) 混凝土搅拌时间

搅拌时间是指从原材料全部投入搅拌筒时起,至开始卸料时为止所经历的时间。

搅拌时间是影响混凝土质量及搅拌机生产率的重要因素之一。混凝土的搅拌时间参照表4-7进行,轻骨料及掺有外加剂的混凝土均应适当延长搅拌时间。

混凝土搅拌的最短时间(s) 表4-7

混凝土坍落度(mm)	搅拌机类型	搅拌机出料容积(L)		
		<250	250~500	>500
≤30	自落式	90	120	150
	强制式	60	90	120
>30	自落式	90	90	120
	强制式	60	60	90

注:掺有外加剂时,搅拌时间应适当延长。

2. 混凝土运输

1) 在混凝土运输过程中,应控制混凝土运至浇筑地点后,不离析、不分层,组成成分不发生变化,并能保证施工所必需的稠度。混凝土运送至浇筑地点,如混凝土拌合物出现离析或分层现象,应进行二次搅拌。

2) 运送混凝土的容器和管道,应不吸水、不漏浆,并保证卸料及输送通畅。容器和管道在冬期应有保温措施,夏季最高气温超过40℃时,应有隔热措施。混凝土拌合物运至浇筑地点时的温度,最高不超过35℃,最低不低于5℃。

3) 混凝土从搅拌机卸出后到浇筑完毕的延续时间不应超过表4-8的规定。

混凝土从搅拌机卸出到浇筑完毕的延续时间 表4-8

气温	延续时间(min)			
	采用搅拌车		采用其他运输设备	
	≤C30	>C30	≤C30	>C30
≤25°	120	90	90	75
>25°	90	60	60	45

注:掺有外加剂或采用快硬水泥时延续时间应通过试验确定。

3. 混凝土浇筑

（1）浇筑要求

防止离析；分层灌注，分层捣实；正确留置施工缝；合理设置后浇带。

（2）浇筑方法

准备工作：模板、钢筋和预埋管线的检查；浇筑用脚手架、走道的搭设和安全检查。

浇筑柱子：施工段内的每排柱子应由外向内对称地依次浇筑，不要由一端向一端推进，预防柱子模板因湿胀造成受推倾斜而误差积累难以纠正。

梁和板一般应同时浇筑，顺次梁方向从一端开始向前推进。

剪力墙浇筑应采取长条流水作业，分段浇筑，均匀上升。

浇筑竖向构件时，应先在底部灌筑50～100mm厚与混凝土同成分的水泥砂浆。高度大于3m时，要用串筒或溜槽下料，防止混凝土出现分层离析，影响混凝土质量。

大体积混凝土结构整体性要求较高，一般不允许留设施工缝。因此，必须保证混凝土搅拌、运输、浇筑、振捣各工序的协调配合，并根据结构特点、工程量、钢筋疏密等具体情况确定，浇筑方法有：全面分层、分段分层、斜面分层。

4. 混凝土振捣

混凝土振动密实原理：在振动力作用下混凝土内部的粘着力和内摩擦力显著减少，骨料在其自重作用下紧密排列，水泥砂浆均匀分布填充空隙，气泡逸出，混凝土填满了模板并形成密实体积。

人工捣实是用人力的冲击来使混凝土密实成型。

机械捣实的方法主要有：①内部振动器（插入式振动器）；②表面振动器（平板式振动器）；③外部振动器（附着式振动器）。

5. 混凝土养护

混凝土浇筑捣实后，而水化作用必须在适当的温度和湿度条件下才能完成。混凝土的养护就是创造一个具有一定湿度和温度的环境，使混凝土凝结硬化，达到设计要求的强度。

1）自然养护——是指在自然气温条件下（大于+5℃），对混凝土采取覆盖、浇水湿润、挡风、保温等养护措施，使混凝土在规定的时间内有适宜的温湿条件进行硬化。自然养护又可分为覆盖浇水养护和薄膜布养护、薄膜养生液养护等。

混凝土养护期间，混凝土强度未达到$1.2N/mm^2$前，不允许在上面走动。

当最高气温低于25℃时，混凝土浇筑完后应在12h以内加以覆盖和浇水；最高气温高于25℃时，应在6h以内开始养护。

浇水养护时间的长短视水泥品种而定，硅酸盐水泥、普通硅酸盐水泥、矿渣硅酸盐水泥拌制的混凝土养护时间不少于7d；火山灰质硅酸盐水泥和粉煤灰硅酸盐水泥拌制的混凝土养护时间不少于14d；有防水抗渗要求的混凝土养护时间不少于14d。浇水次数应使混凝土保持具有足够的湿润状态。

2）人工养护——是指人工控制混凝土的温度和湿度，使混凝土强度增长，如蒸汽养护、热水养护、太阳能养护等。

现浇构件大多用自然养护，人工养护主要用来养护预制构件。

3）冬期养护——是指当室外日平均气温连续5d稳定低于5℃时，混凝土水化作用缓慢，硬化速度变缓；因此，为确保混凝土结构的工程质量，必须采用相应的冬期施工技术措施进行施工和养护。

混凝土冬期施工的养护方法有蓄热法、蒸汽法、电热法、暖棚法及外加剂法等。

4.4 钢结构工程

4.4.1 钢结构的连接方法

1. 焊接

钢结构工程常用的焊接方法有：药皮焊条手工电弧焊、自动（半自动）埋弧焊、气体保护焊。

（1）药皮焊条手工电弧焊

药皮焊条手工电弧焊原理是在涂有药皮的金属电极与焊件之间施加电压，由于电极强烈放电导致气体电离，产生焊接电弧，高温下致使焊条和焊件局部熔化，形成气体、熔渣、熔池，气体和熔渣对熔池起保护作用，同时，熔渣与熔池金属产生冶炼反应后凝固成焊渣，冷却凝成焊缝，固态焊渣覆盖于焊缝金属表面后成形。

（2）埋弧焊

埋弧焊是当今生产效率较高的机械化焊接方法之一，又称焊剂层下自动电弧焊。焊丝与母材之间施加电压并相互接触放弧后使焊丝端部及电弧区周围的焊剂及母材熔化，形成金属熔滴、熔池及熔渣。金属熔池受到浮于表面的熔渣和焊剂蒸气的保护，不与空气接触，避免有害气体侵入。埋弧焊焊接质量稳定、焊接生产率高、无弧光、烟尘少等优点，是压力容器、管段制造、焊接 H 型钢、十字形、箱形截面梁柱制作的主要方法。

（3）气体保护焊

气体保护焊包括钨极氩弧焊（TIG）、熔化极气体保护焊（GMAW）等，目前应用较多的是 CO_2 气体保护焊。CO_2 气体保护焊是采用喷枪喷出 CO_2 气体作为电弧焊的保护介质，使熔化金属与空气隔绝，保护焊接过程的稳定。用于钢结构的 CO_2 气体保护焊按焊丝分为：实芯焊丝 CO_2 气体保护焊（GMAW）和药芯焊丝 CO_2 气体保护焊（FCAW）。按熔滴过渡形式分为：短路过渡、滴状过渡、射滴过渡。按保护气体性质分为：纯 CO_2 气体保护焊和 $Ar+CO_2$ 气体保护焊。

2. 螺栓连接

（1）普通螺栓连接

建筑钢结构中常用的普通螺栓牌号为 Q235。普通螺栓强度等级要低，一般为 4.4S、4.8S、5.6S 和 8.8S。如 4.8S，"S"表示级，"4"表示栓杆抗拉强度为 400MPa，0.8 表示屈强比，则屈服强度为 $400 \times 0.8 = 320$MPa。

建筑钢结构中使用的普通螺栓，一般为六角头螺栓，常用规格有 M8、M10、M12、M16、M20、M24、M30、M36、M42、M48、M56、M64 等。普通螺栓质量等级按加工制作质量及精度分为 A、B、C 三个等级，A 级加工精度最高，C 级最差，A 级螺栓为精制螺栓，B 级螺栓为半精制螺栓，A、B 级适用于拆装式结构或连接部位需传递较大剪力的重要结构中，C 级螺栓为粗制螺栓，由圆钢压制而成，适用于钢结构安装中的临时固定，或用于承受静载的次要连接。普通螺栓可重复使用，建筑结构主结构螺栓连接，一般应选用高强螺栓，高强螺栓不可重复使用，属于永久连接的预应力螺栓。

(2) 高强度螺栓连接

高强度螺栓连接按受力机理分为：摩擦型高强度螺栓和承压型高强度螺栓。摩擦型高强度螺栓靠连接板叠间的摩擦阻力传递剪力，以摩擦力刚好被克服作为连接承载力的极限状态；承压型高强度螺栓是当剪力大于摩擦阻力后，以栓杆被剪断或连接板被挤坏作为载力极限。

高强度螺栓按形状不同分为：大六角头型高强度螺栓和扭剪型高强度螺栓。大六角头型高强度螺栓一般采用指针式扭力（测力）扳手或预置式扭力（定力）扳手施加预应力，目前使用较多的是电动扭矩扳手，按拧紧力矩的 50% 进行初拧，然后按 100% 拧紧力矩进行终拧，大型节点初拧后，按初拧力矩进行复拧，最后终拧。扭剪型高强度螺栓的螺栓头为盘头，栓杆端部有一个承受拧紧反力矩的十二角体（梅花头）和一个能在规定力矩下剪断的断颈槽。扭剪型高强度螺栓通过特制的电动扳手，拧紧时对螺母施加顺时针力矩，对梅花头施加逆时针力矩，终拧至栓杆端部断颈拧掉梅花头为止。

大六角头螺栓常用 8.8S 和 10.9S 两个强度等级，扭剪型螺栓只有 10.9S，目前扭剪型 10.9S 使用较为广泛。10.9S 中的 10 表示抗拉强度为 1000MPa，9 表示屈服强度比为 0.9，屈服强度为 900MPa。国标扭剪型高强螺栓为 M16、M20、M22、M24 四种，非国标有 M27、M30 两种；国标大六角高强螺栓有 M12、M16、M20、M22、M24、M27、M30 等型号。

3. 自攻螺钉连接

自攻螺钉多用于薄金属板间的连接，连接时先对被连接板制出螺纹底孔，再将直攻螺钉拧入被连接件螺纹底孔中，由于自攻螺钉螺纹表面具有较高硬度（≥HRC45），其螺纹具有弧形三角截面普通螺纹，螺纹表面也具有较高硬度，可在被连接板的螺纹底孔中攻出内螺纹，从而形成连接。

自攻螺钉分为自钻自攻螺钉与普通自攻螺钉。不同之处在于普通自攻螺钉在连接时，须经过钻孔（钻螺纹底孔）和攻丝（包括紧固连接）两道工序；而自钻自攻螺钉在连接时，是将钻孔和攻丝两道工序合并后一次完成，先用螺钉前面的钻头进行钻孔，接着用螺钉进行攻丝和紧固连接，可节约施工时间，提高工效。

自攻螺钉具有低拧入力矩和高锁紧性能的特点，在轻型钢结构中广泛应用。

4. 铆钉连接

铆钉连接按照铆接应用情况，可以分为活动铆接、固定铆接、密缝铆接，在建筑工程中一般不使用。

4.4.2 钢结构安装施工工艺

钢结构施工包括制作与安装两部分。

1. 钢结构安装工艺流程

场地三通一平→构件进场→吊机进场→钢柱安装→楼面梁（屋面梁）安装→檩条支撑系杆安装→屋面系统安装→零星构件安装→涂料装饰工程→收尾清理→验收。

2. 钢结构安装施工要点

(1) 吊装前准备工作

1) 安装前应对基础轴线和标高、预埋板位置、预埋与混凝土紧贴性进行检查、检测和办理交接手续。

2）超出规定的偏差在吊装之前应设法消除，构件制作允许偏差应符合规范要求。

3）起重机械准备：起重机械包括桅杆起重机、履带式起重机、汽车式起重机、轮胎式起重机、塔式起重机。

4）起重机具准备：主要包括卷扬机、钢丝绳、吊具、吊索、滑车及滑车组等。

5）其他物具准备：准备好所需的电焊机及劳保用品，为调整构件的标高准备好各种规格的铁垫片、钢楔。

（2）吊装工作

1）吊装方法

① 分件安装法：起重机每开行一次，仅吊装一种或几种构件。

分件吊装法，起重机每一次开行均吊装同类型构件，起重机可根据构件的重量及安装高度来选择，不同构件选用不同型号起重机，能充分发挥起重机的工作性能。吊装过程中索具更换次数少，吊装速度快，效率高，可给构件校正、焊接固定、混凝土浇筑养护提供充足时间。

② 综合安装法：起重机在厂房内一次开行中（每移动一次）就安装完一个节间内的各种类型的构件。

综合安装法其优点是起重机行走路线短，可及时按节间为下道工序创造工作面。但要求选用起重量较大的起重机，起重机的性能不能充分发挥，索具更换频繁，安装速度慢，构件供应和平面布置复杂，构件校正及最后固定时间紧迫。

2）起重机的选择

起重机型号选择取决于三个工作参数：起重量、起重高度和起重半径。三个工作参数均应满足结构安装的要求。

起重机的类型主要根据厂房结构的特点，厂房的跨度，构件的重量、安装高度以及施工现场条件和现有起重设备、吊装方法确定。一般中小型厂房跨度不大，构件的重量与安装高度也不大，可采用自行式起重机，以履带式起重机应用最普遍，也可采用桅杆式起重机；重型厂房跨度大、构件重、安装高度大，根据结构特点，可选用大型自行式起重机、重型塔式起重机等。

3）吊装要求

① 吊点采用四点绑扎，绑扎点应用软材料垫至其中以防钢构件受损。

② 起吊时先将钢构件吊离地面50cm左右，使钢构件中心对准安装位置中心，然后徐徐升钩，将钢构件吊至需连接位置即刹车对准预留螺栓孔，并将螺栓穿入孔内，初拧作临时固定，同时进行垂直度校正和最后固定，经校正后，并终拧螺栓作最后固定。

（3）钢构件连接要点

1）钢构件螺栓连接要点

① 钢构件拼装前应检查清除飞边、毛刺、焊接飞溅物等，摩擦面应保持干燥、整洁，不得在雨中作业。

② 高强度螺栓在大六角头上部有规格和螺栓号，安装时其规格和螺栓号要与设计图上要求相同，螺栓应能自由穿入孔内，不得强行敲打，并不得气割扩孔，穿放方向符合设计图纸的要求。

③ 从构件组装到螺栓拧紧，一般要经过一段时间，为防止高强度螺栓连接副的扭矩系数、标高偏差、顶拉力和变异系数发生变化，高强度螺栓不得兼作安装螺栓。

④ 为使被连接板叠密贴，应从螺栓群中央顺序向外施拧，即从节点中的中央按顺序向外受约束的边缘施拧。为防止高强度螺栓连接副的表面处理涂层发生变化影响预拉力，应在当天终拧完毕，为了减少先拧与后拧的高强度螺栓预拉力的差别，其拧紧必须分为初拧和终拧两步进行，对于大型节点，螺栓数量较多，则需要增加一道复拧工序，复拧扭矩仍等于初拧的扭矩，以保证螺栓均达到初拧值。

⑤ 高强度六角头螺栓施拧采用的扭矩扳手和检查采用的扭矩扳手在扳前和扳后均应进行扭矩校正。其扭矩误差应分别为使用扭矩的±5%和±3%。

对于高强度螺栓终拧后的检查，可用"小锤击法"逐个进行检查，此外应进行扭矩抽查，如果发现欠拧漏拧者，应及时补拧到规定扭矩，如果发现超拧的螺栓应更换。

对于高强度大六角螺栓扭矩检查采用"松扣、回扣法"，即先在累平杆的相对应位置划一组直线，然后将螺母退回约30°~50°，再拧到与细直线重合时测定扭矩，该扭矩与检查扭矩的偏差在检查扭矩的±10%范围内为合格，扭矩检查应在终拧1h后进行，并在终拧后24h之内完成检查。

⑥ 高强度螺栓上、下接触面处加有1/20以上斜度时应采用垫圈垫平。高强度螺栓孔必须是钻成的，孔边应无飞边、毛刺，中心线倾斜度不得大于2mm。

2）钢构件焊接连接要点

① 焊接区表面及其周围20mm范围内，应用钢丝刷、砂轮、氧乙炔火焰等工具，彻底清除待焊处表面的氧化皮、锈、油污、水等污物。施焊前，焊工应复核焊接件的接头质量和焊接区域的坡口、间隙、钝边等的处理情况。当发现有不符合要求时，应修整合格后方可施焊。

② 厚度12mm以下板材，可不开坡口，采用双面焊，正面焊电流稍大，熔深达65%~70%，反面达40%~55%。厚度12~20mm的板材，单面焊后，背面清根，再进行焊接。厚度较大板，开坡口焊，一般采用手工打底焊。

③ 多层焊时，一般每层焊高为4~5mm，多道焊时，焊丝离坡口面3~4mm处焊。

④ 填充层总厚度低于母材表面1~2mm，稍凹，不得熔化坡口边。

⑤ 盖面层应使焊缝对坡口熔宽每边3±1mm，调整焊速，使余高为0~3mm。

⑥ 焊道两端加引弧板和熄弧板，引弧和熄弧焊缝长度应大于或等于80mm。引弧和熄弧板长度应大于或等于150mm。引弧和熄弧板应采用气割方法切除，并修磨平整，不得用锤击落。

⑦ 埋弧焊每道焊缝熔敷金属横截面的成型系数（宽度：深度）应大于1。

⑧ 不应在焊缝以外的母材上打火引弧。

4.5 防水工程

4.5.1 防水工程的主要种类

防水工程是建筑工程的一个重要组成部分，直接关系到建筑物和构筑物的使用寿命、使用环境及卫生条件，影响到人们的生产活动、工作秩序及生活质量，也关系到整个城市的市容。它在建筑工程施工中属关键项目和隐蔽工程，对保证工程质量具有非常的重要地位。

1. 防水工程种类

（1）按其部位的不同分类

按防水部位不同分为地下防水、屋面防水、厕浴间和地面防水以及贮水池和贮液池等构筑物防水。

（2）按防水材料不同分类

按照防水材料可以分为卷材防水、涂膜防水、细石混凝土防水、水泥砂浆防水。前两种统称柔性防水，后两种统称刚性防水。

（3）按防水构造做法不同分类

按构造做法不同分为结构构件自防水、附加防水层防水。

（4）按施工方法不同分类

按施工方法不同分类可以分为热作业防水施工、冷作业防水施工。

近年来，新型防水材料及其应用技术发展迅速，并朝着由多层向单层、由热施工向冷施工、由适用范围单一向适用范围广泛、刚柔并举的方向发展。

2. 防水材料

（1）防水混凝土

防水混凝土兼有结构层和防水层的双重功效。其防水机理是依靠结构构件（如梁、板、柱、墙体等）混凝土自身的密实性，再加上一些构造措施（如设置坡度、变形缝或者使用嵌缝膏、止水环等），达到结构自防水的目的。

防水混凝土一般包括普通防水混凝土、外加剂防水混凝土（引气剂防水混凝土、减水剂防水混凝土、三乙醇胺防水混凝土、氯化铁防水混凝土等）和膨胀剂防水混凝土（补偿收缩混凝土）三大类。

（2）防水水泥砂浆

水泥砂浆防水层是通过严格的操作技术或掺入适量的防水剂、高分子聚合物等材料，提高砂浆的密实性，达到抗渗防水的目的。

水泥砂浆防水层按其材料成分的不同，分为刚性多层普通水泥砂浆防水、聚合物水泥砂浆防水和掺外加剂水泥砂浆防水三大类。

（3）卷材防水材料

1）沥青防水卷材

沥青防水卷材是用原纸、纤维织物、纤维毡等胎体材料浸涂沥青，表面撒布粉状、粒状或片状材料制成的可卷曲的片状防水材料。按胎体材料的不同分为三类，即纸胎油毡、纤维胎油毡和特殊胎油毡。纤维胎油毡包括织物类（玻璃布、玻璃席等）和纤维毡类（玻纤、化纤、黄麻等）等；特殊胎油毡包括金属箔胎、合成膜胎、复合胎等。由于其容易老化，使用寿命不长，因而目前使用不多。

2）高聚物改性沥青防水卷材

由于沥青防水卷材含蜡量高，延伸率低，温度的敏感性强，在高温下易流淌，低温下易脆裂和龟裂，因此只有对沥青进行改性处理，提高沥青防水卷材的拉伸强度、延伸率、在温度变化下的稳定性以及抗老化等性能，才能适应建筑防水材料的要求。

沥青改性以后制成的卷材，叫作改性沥青防水卷材。目前，对沥青的改性方法主要有：采用合成高分子聚合物进行改性、沥青催化氧化、沥青的乳化等。

合成高分子聚合物（简称高聚物）改性沥青防水卷材包括：SBS改性沥青防水卷材、APP改性沥青防水卷材、PVC改性焦油沥青防水卷材、再生胶改性沥青防水卷材、废橡胶粉改性沥青防水卷材和其他改性沥青防水卷材等种类。

3）合成高分子防水卷材

合成高分子防水卷材是用合成橡胶、合成树脂或塑料与橡胶共混材料为主要原料，掺入适量的稳定剂、促进剂、硫化物和改进剂等化学助剂及填料，经混炼、压延或挤出等工序加工而成的可卷曲片状防水材料。

合成高分子防水卷材有多个品种，包括三元乙丙橡胶防水卷材、丁基橡胶防水卷材、再生橡胶防水卷材、氯化聚乙烯防水卷材、聚氯乙烯防水卷材、聚乙烯防水卷材、氯磺化聚乙烯防水卷材、氯化聚乙烯-橡胶共混防水卷材、三元乙丙橡胶-聚乙烯共混防水卷材等。这些卷材的性能差异较大，堆放时，要按不同品种的标号、规格、等级分别放置，避免因混乱而造成错用。

（4）涂膜防水材料

防水涂料是一种在常温下呈黏稠状液体的高分子合成材料。涂刷在基层表面后，经过溶剂的挥发或水分的蒸发或各组分间的化学反应，形成坚韧的防水膜，起到防水、防潮的作用。

涂膜防水层完整、无接缝，自重轻，施工简单、方便、工效高，易于修补，使用寿命长。若防水涂料配合密封灌缝材料使用，可增强防水性能，有效防止渗漏水，延长防水层的耐用期限。

防水涂料按液态的组分不同，分为单组分防水涂料和双组分防水涂料两类。其中单组分防水涂料按液态类型不同，分为溶剂型和水乳型两种；双组分防水涂料属于反应型。

防水涂料按基材组成材料的不同，分为沥青基防水涂料、高聚物改性沥青防水涂料和合成高分子防水涂料三大类。

（5）密封防水材料

建筑密封材料是为了填堵建筑物的施工缝、结构缝、板缝、门窗缝及各类节点处的接缝，达到防水、防尘、保温、隔热、隔音等目的。

建筑密封材料应具备良好的弹塑性、粘结性、挤注性、施工性、耐候性、延伸性、水密性、气密性、贮存性、化学稳定性，并能长期抵御外力的影响，如拉伸、压缩、收缩、膨胀、振动等。

建筑密封材料品种繁多，它们的不同点主要表现在材质和形态两个方面。

建筑密封材料按形态不同，分为不定型密封材料和定型密封材料两大类。不定型密封材料是呈黏稠状的密封膏或嵌缝膏，将其嵌入缝中，具有良好的水密性、气密性、弹性、粘结性、耐老化性等特点，是建筑常用的密封材料。定型密封材料是将密封材料加工成特定的形状，如密封条、密封带、密封垫等，供工程中特殊的密封部位使用。

建筑密封材料按材质的不同，分为改性沥青密封材料和合成高分子密封材料两大类。

4.5.2 防水工程施工工艺

1. 防水混凝土施工

(1) 材料选用

1) 水泥：选用水泥强度不低于42.5MPa，水化热低，抗水性好，泌水性小，有一定抗腐蚀性的水泥。

2) 粗骨料：选用级配良好、粒径5～30mm的碎石。碎石含泥量不大于1%。

3) 细骨料：选用级配良好、平均粒径0.4mm的中砂，含泥量不大于2%。

(2) 防水混凝土制备

在保证能振捣密实的前提下水灰比尽可能小，一般不大于0.6，坍落度不大于50mm，水泥用量控制在320～400kg/m³之间，砂率取35%～40%。

(3) 防水混凝土操作要点

1) 分层浇筑，控制每层厚度不宜大于300～400mm，机械振捣密实。

2) 防水混凝土浇筑时，自由下落高度不大于1.5m。

3) 浇筑完成后6～12h进行养护，保持混凝土表面湿润，养护时间不低于14d。

4) 对于大体积混凝土养护时，要随时观察检测内外温度差，控制内外温差不大于25℃。

5) 施工缝留设：底板混凝土不允许留设施工缝；墙板混凝土在底板面上300～500mm处可以留设水平施工缝，但不允许留垂直缝。施工缝后浇筑混凝土前，应将缝口处混凝土凿毛，清除浮粒和杂物，用水清洗干净并保持湿润，在铺上一层20～50mm与混凝土相同成分的水泥砂浆，然后继续浇筑混凝土。

2. 防水砂浆施工

(1) 刚性多层抹面水泥砂浆防水施工

刚性多层抹面水泥砂浆防水工程是利用不同配合比的水泥浆和水泥砂浆分层分次抹压施工，相互脚底抹压密实，充分切断各层次毛细孔网，形成宜多层防渗的封闭防水整体。

1) 水泥砂浆制备

刚性防水层的背水面基层的防水层采用四层作法（"二素二浆"），迎水面基层的防水层采用五层作法（"三素二浆"）。素浆和水泥砂浆的配合比按表4-9选用。

普通水泥砂浆防水层的配合比　　　　　　表 4-9

名称	配合比		水灰比	适用范围
	水泥	砂		
素浆	1		0.55～0.60	水泥砂浆防水层第一层
素浆	1		0.37～0.40	水泥砂浆防水层第三、第五层
砂浆	1	1.5～2.0	0.40～0.50	水泥砂浆防水层第二、第四层

2) 水泥砂浆刚性防水层施工要点

① 施工前要进行基层处理，清理干净表面、浇水湿润、补平表面蜂窝孔洞，使基层表面平整、坚实、粗糙，以增加防水层与基层间的粘结力。

② 防水层每层应连续施工，素灰层与砂浆层应在同一天内施工完毕。为了保证防水

层抹压密实，防水层各层间及防水层与基层间粘结牢固，必须作好素灰抹面、水泥砂浆揉浆和收压等施工关键工序。素灰层要求薄而均匀，抹面后不宜干撒水泥粉。揉浆是使水泥砂浆素灰相互渗透结合牢固，即保护素灰层又起防水作用，揉浆时严禁加水，以免引起防水层开裂、起粉、起砂。

(2) 掺防水剂水泥砂浆防水施工

掺防水剂的水泥砂浆又称防水砂浆，是在水泥砂浆中掺入占水泥重量的3％～5％各种防水剂配制而成，常用的防水剂有氯化物金属盐类防水剂和金属皂类防水剂。

防水层施工时的环境温度为5～35℃，必须在结构变形或沉降趋于稳定后进行。为防止裂缝产生，可在防水层内增设金属网片。其施工方法有：

1) 抹压法。先在基层涂刷一层1:0.4的水泥浆（重量比），随后分层铺抹防水砂浆，每层厚度为5～10mm，总厚度不小于20mm。每层应抹压密实，待下一层养护凝固后再铺抹上一层。

2) 扫浆法。施工先在基层薄涂一层防水净浆，随后分层铺刷防水砂浆，第一层防水砂浆经养护凝固后铺刷第二层，每层厚度为10mm，相邻两层防水砂浆铺刷方向互相垂直，最后将防水砂浆表面扫出条纹。

3) 氯化铁防水砂浆施工。先在基层涂刷一层防水净浆，然后抹底层防水砂浆，其厚12mm分两遍抹压，第一遍砂浆阴干后．抹压第二遍砂浆；底层防水砂浆抹完12h后，抹压面层防水砂浆，其厚13mm分两遍抹压，操作要求同底层防水砂浆。

(3) 聚合物水泥砂浆施工

掺入各种树脂乳液的防水砂浆，其抗渗能力强，可单独用于防水工程或作防渗漏水工程的修补，获得较好的防水效果。因其价格较高，聚合物掺量比例要求较严。

3. 卷材防水工程施工工艺

(1) 卷材防水施工工艺流程

找平层施工→防水层施工→保护层施工→清理检查。

(2) 卷材防水施工要点

1) 冷粘法铺贴卷材施工

胶粘剂涂刷应均匀、不漏底、不堆积。空铺法、条粘法、点粘法应按规定的位置与面积涂刷胶粘剂。铺贴卷材时应平整顺直，搭接尺寸准确，接缝应满涂胶粘剂，辊压粘结牢固，溢出的胶粘剂随即刮平封口；也可采用热熔法接缝。接缝口应用密封材料封严，宽度不小于10mm。

2) 热熔法铺贴卷材施工

卷材表面热熔后（以卷材表面熔融至光亮黑色为度）应立即滚铺卷材，使之平展，并辊压粘结牢固。搭接缝处必须溢出热熔的改性沥青为度，并应随即刮封接口。

3) 自粘高聚物改性沥青防水卷材施工

待基层处理剂干燥后及时铺贴。先将自粘胶底面隔离纸完全撕净。铺贴时应排尽卷材下面的空气，并辊压粘结牢固，搭接部位宜采用热风焊枪加热后随即粘贴牢固，溢出的自粘胶随即刮平封口，接缝口用不小于10mm宽的密封材料封严。

4) 楼地面用水房间防水施工

① 地面防水可采用在水泥类找平层上铺设沥青类防水卷材、防水涂料或水泥类材料

防水层,以涂膜防水最佳。

② 水泥类找平层表面应坚固、洁净、干燥。铺设防水卷材或涂刷涂料前应涂刷基层处理剂,基层处理剂应采用与卷材性能配套(相容)的材料,或采用同类涂料的底子油。

③ 当采用掺有防水剂的水泥类找平层作为防水隔离层时,防水剂的掺入量和水泥强度等级(或配合比)应符合设计要求。

④ 地面防水层应做在面层以下,四周卷起,高出地面不小于250mm。

⑤ 地面向地漏处的排水坡度一般为2‰～3‰,地漏周围500mm范围内的排水坡度为3‰～5‰。地漏标高应根据门口至地漏的坡度确定,地漏上口标高应低于周围20mm以上,以利排水畅通。地面排水坡度和坡向应正确,不可出现倒坡和低洼。

⑥ 所有穿过防水层的预埋件、紧固件注意联结可靠(空心砌体,必要时应将局部用C10混凝土填实),其周围均应采用高性能密封材料密封。洁具、配件等设备沿墙周边及地漏口周围、穿墙、地管道周围均应嵌填密封材料,地漏离墙面净距离宜不小于80mm。

⑦ 轻质隔墙离地100～150mm以下应做成C15混凝土;混凝土空心砌块砌筑的隔墙,最下一层砌块之空心应用C10混凝土填实;卫生间防水层宜从地面向上一直做到楼板底;公共浴室还应在平顶粉刷中加作聚合物水泥基防水涂膜,厚度大于等于0.5mm。

⑧ 卷材防水应采用沥青防水卷材或高聚物改性沥青防水卷材,所选用的基层处理剂、胶粘剂应与卷材配套。防水卷材及配套材料应有产品合格证书和性能检测报告,材料的品种、规格、性能等应符合现行国家产品标准和设计要求。

4. 防水涂料防水工程施工工艺

涂料防水层是用防水涂料涂刷于结构表面所形表面防水层。一般采用外防外涂和外防内涂施工方法。常用的防水涂料有橡胶沥青类防水涂料、聚氨酯防水涂料、硅橡胶防水涂料、丙烯酸酯防水涂料、沥青类防水涂料等。防水涂料防水层属于柔性防水层。

(1) 涂膜防水层的施工工艺流程

找平层施工→防水层施工→保护层施工→清理检查

(2) 防水施工要点

1) 找平层施工:找平层的种类及施工要求见表4-10。

找平层的种类及施工要求　　　　　表4-10

找平层类别	施工要点	施工注意事项
水泥砂浆找平层	(1) 砂浆配合比要称量准确。搅拌均匀,砂浆铺设应按由远到近、由高到低的程序进行,在每一分格内最好一次连续抹成,并用2m左右的直尺找平,严格掌握坡度。 (2) 待砂浆稍收水后,用抹子抹平压实压光。终凝前,轻轻取出嵌缝木条。 (3) 铺设找平层12h后,需洒水养护或喷冷底子油养护。 (4) 找平层硬化后,应用密封材料嵌填分格缝	(1) 注意气候变化,如气温在0℃以下,或终凝前可能下雨时,不宜施工。 (2) 底层为塑料薄膜隔离层防水层或不吸水保温层时,宜在砂浆中加减水剂并严格控制稠度。 (3) 完工后表面少踩踏。砂浆表面不允许撒干水泥或水泥浆压光。 (4) 屋面结构为装配式钢筋混凝土屋面板时,应用细石混凝土嵌缝,嵌缝的细石混凝土宜掺膨胀剂,强度等级不应小于C20。当板缝宽度大于40mm或上窄下宽时,板缝内应设置构造钢筋。灌缝高度应与板平齐,板端应用密封材料嵌缝

续表

找平层类别	施工要点	施工注意事项
沥青砂浆找平层	(1) 基层必须干燥，然后满涂冷底子油1~2道，涂刷要薄而均匀不得有气泡和空白，涂刷后表面要保持清洁。 (2) 待冷底子油干燥后可铺沥青砂浆，其虚铺厚度约为压实后厚度的1.30~1.40倍。 (3) 待砂浆刮平后，即用火滚进行滚压（夏天温度高时，筒内可不生火）。滚压至平整、密实、表面没有蜂窝、不出现压痕为止。滚筒应保持清洁，表面可涂刷柴油，滚压不到之处可用烙铁烫平整，施工完毕后避免在上面踩踏。 (4) 施工缝应留成斜槎，继续施工时接槎处清理干净并刷热沥青一遍，然后铺沥青砂浆，用火滚或烙铁烫平	(1) 检查屋面板等基层安装牢固程度。不得有松动之处。屋面应平整、找好坡度并清扫干净。 (2) 雾、雨、雪天不得施工。一般不宜在气温0℃以下施工。如在严寒地区必须在气温0℃以下施工时应采取相应的技术措施（如分层分段流水施工及采取保温措施等）
细石混凝土找平层	(1) 细石混凝土宜采用机械搅拌和机械振捣。浇筑时混凝土的坍落度宜控制在10mm，浇捣密实。灌缝高度应低于楼板面10~20mm。表面不宜压光。 (2) 浇筑完板缝混凝土后，应及时覆盖并浇水养护7d，待混凝土强度等级达到C15时，方可继续施工	施工前用细石混凝土对管壁四周处稳固堵严并进行密封处理，施工时节点处清洗干净予以湿润，吊模后振捣密实。沿管的周边划出8~10mm沟槽，采用防水类卷材、涂料或油膏裹住立管、套管和地漏的沟槽内，以防止楼面的水有可能顺管道接缝处出现渗漏现象

2）防水层施工

① 涂刷基层处理剂

基层处理剂涂刷时应用刷子用力薄涂，使涂料尽量刷进基层表面的毛细孔。并将基层可能留下来的少量灰尘等无机杂质，像填充料一样混入基层处理剂中，使之与基层牢固结合。这样即使屋面上灰尘不能完全清扫干净，也不会影响涂层与基层的牢固粘结。特别在较为干燥的屋面上进行溶剂型防水涂料施工时，使用基层处理剂打底后再进行防水涂料涂刷，效果相当明显。

② 涂布防水涂料

厚质涂料宜采用铁抹子或胶皮板刮涂施工；薄质涂料可采用棕刷、长柄刷、圆滚刷等进行人工涂布，也可采用机械喷涂。涂料涂布应分条或按顺序进行，分条进行时，每条宽度应与胎体增强材料宽度相一致，以避免操作人员踩踏刚涂好的涂层。流平性差的涂料，为便于抹压，加快施工进度，可以采用分条间隔施工的方法，条带宽800~1000mm。

③ 铺设胎体增强材料

在涂刷第2遍涂料时，或第3遍涂料涂刷前，即可加铺胎体增强材料。胎体增强材料可采用湿铺法或干铺法铺贴。

a. 湿铺法：是在第2遍涂料涂刷时，边倒料、边涂布、边铺贴的操作方法。

b. 干铺法：是在上道涂层干燥后，边干铺胎体增强材料，边在已展平的表面上用刮板均匀满刮一道涂料。也可将胎体增强材料按要求在已干燥的涂层上展平后，用涂料将边缘部位点粘固定，然后再在上面满刮一道涂料，使涂料浸入网眼渗透到已固化的涂膜上。

胎体增强材料可以是单一品种的，也可以采用玻璃纤维布和聚酯纤维布混合使用。混合使用时，一般下层采用聚酯纤维布，上层采用玻璃纤维布。

④ 收头处理

为了防止收头部位出现翘边现象，所有收头均应用密封材料压边，压边宽度不得小于10mm，收头处的胎体增强材料应裁剪整齐，如有凹槽时应压入凹槽内，不得出现翘边、皱折、露白等现象，否则应进行处理后再涂封密封材料。

3）保护层施工

保护层施工见表4-11。

保护层的种类及施工要求 表4-11

保护层类别	施工要点	施工注意事项
细石混凝土保护层	适宜顶板和底板使用。先以氯丁系胶粘剂（如404胶等）花粘虚铺一层石油沥青纸胎油毡作保护隔离层，再在油毡隔离层上浇筑细石混凝土，用于顶板保护层时厚度不应小于70mm。用于底板时厚度不应小于50mm	浇筑混凝土时不得损坏油毡隔离层和卷材防水层，如有损坏应及时用卷材接缝胶粘剂补粘一块卷材修补牢固。再继续浇筑细石混凝土
水泥砂浆保护层	适宜立面使用。在三元乙丙等高分子卷材防水层表面涂刷胶粘剂，以胶粘剂撒粘一层细砂，并用压辊轻轻滚压使细砂粘牢在防水层表面，然后再抹水泥砂浆保护层。使之与防水层能粘结牢固，起到保护立面卷材防水层的作用	
泡沫塑料保护层	适用于立面。在立面卷材防水层外侧用氯丁系胶粘剂直接粘贴5～6mm厚的聚乙烯泡沫塑料板做保护层。也可以用聚醋酸乙烯乳液粘贴40mm厚的聚苯泡沫塑料做保护层	这种保护层为轻质材料，故在施工及使用过程中不会损坏卷材防水层
砖墙保护层	适用于立面。在卷材防水层外侧砌筑永久保护墙，并在转角处及每隔5～6m处断开，断开的缝中填以卷材条或沥青麻丝；保护墙与卷材防水层之间的空隙应随时以砌筑砂浆填实	要注意在砌砖保护墙时，切勿损坏已完工的卷材防水层

第5章 工程项目管理的基本知识

5.1 施工项目管理的内容及组织

5.1.1 施工项目管理的内容

1. 施工项目的概念

项目是指为了达到符合规定要求的目标,按限定时间、限定资源和限定质量标准等约束条件完成的,由一系列相互协调的受控活动组成的特定过程。

工程项目是项目中数量最大的一类。工程项目可按专业划分为建筑工程、公路工程、桥梁工程、水电工程、港口工程、铁路工程、园林工程、市政工程、自来水工程及地下人防工程等。

工程项目还可划分为建设项目、设计项目、地质勘探项目、文物挖掘项目、工程咨询项目和施工项目等。

施工项目是指建筑企业自施工投标开始到保修期满为止的全部过程中完成的项目。应当注意的是,只有建设项目、单项工程、单位工程的施工活动过程才称得上是施工项目,而分部工程、分项工程不是建筑企业的最终产品。因此它们的活动过程不能称为施工项目,而是施工项目的组成部分。它的产出物可能是整个建设项目,也可能是其中的一个单项工程或单位工程。

施工项目具有如下特性:

(1) 施工项目是建设项目或其中的单项工程、单位工程的施工活动过程;

(2) 施工项目以建筑业企业为管理主体;

(3) 项目的任务范围由施工合同界定;

(4) 产品具有多样性、固定性、体积庞大的特点;

(5) 项目专属定制唯一性,一个工程项目从立项批准建设运营,都是对这一个项目,这个项目就是一个产品,但这个产品只有一个;

(6) 项目进行不可逆转,项目进行到施工阶段,一般不可能停工或中断,如果发生将造成巨大损失或浪费,如烂尾楼;

(7) 项目地址不可移动,建筑工程具有一定的地域性,是不可能移动的;

(8) 项目的长期性,有的项目短则三五个月,有的项目要做数年甚至于数十年;

(9) 项目的动态性,动态性是由长期性造成的,项目进行的时间长了,人、材、机的价格会发生变动,天气、政策、物价、技术方案等等,这就是一个动态的管理过程。

2. 施工项目管理的概念

(1) 项目管理

项目管理是指管理者为达到项目的目标,运用系统理论和方法对项目进行的策划(规划、计划)、组织、控制、协调等活动过程的总称。

项目管理的对象是项目。项目管理者是项目中各项活动的主体。项目管理的职能同所有管理的职能均是相同的。由于项目的特殊性，要求运用系统的理论和方法进行科学管理，以保证项目目标的实现。

(2) 建设项目管理

建设项目管理是项目管理的一类。建设项目管理是指建设单位为实现项目目标，运用系统的观点、理论和方法对建设项目进行决策、设计、组织、控制、协调等管理活动。

建设项目管理的对象是建设项目。建设项目管理主体是建设单位或其委托的工程咨询(监理)单位。建设项目管理的职能是对建设项目进行决策、计划、组织、控制和协调。建设项目管理的主要任务就是对投资、质量、进度的目标进行控制。

(3) 施工项目管理

施工项目管理是指建筑企业运用系统的观点、理论和方法对施工项目进行的决策、计划、组织、控制、协调等全过程的全面管理。

施工项目管理具有如下特点：

1) 施工项目管理的主体是建筑施工企业。其他单位都不进行施工项目管理，例如建设单位对项目的管理称为建设项目管理，设计单位对项目的管理称为设计项目管理。

2) 施工项目管理的对象是施工项目。施工项目管理周期包括工程投标、签订施工合同、施工准备、施工、竣工验收、保修等。施工项目具有多样性、固定性和体型庞大等特点，因此施工项目管理具有先有交易活动，后有"生产成品"，生产活动和交易活动很难分开等特殊性。

3) 施工项目管理的内容是按阶段变化的。由于施工项目各阶段管理内容差异大，因此要求管理者必须进行有针对性的动态管理，要使资源优化组合，以提高施工效率和效益。

4) 施工项目管理要求强化组织协调工作。由于施工项目生产活动具有独特性(单件性)、流动性、露天作业、工期长、需要资源多，且施工活动涉及的经济关系、技术关系、法律关系、行政关系和人际关系复杂等特点，因此，必须通过强化组织协调工作才能保证施工活动的顺利进行。主要强化办法是优选项目经理，建立调度机构，配备称职的调度人员，努力使调度工作科学化、信息化，建立起动态的控制体系。

3. 施工项目管理程序

施工项目管理程序可以划分为五个阶段，即投标和签订合同阶段；施工准备阶段；施工阶段；验收、交付与结算阶段；用后服务阶段。

(1) 投标和签订合同阶段

投标、签订合同阶段的目标是力求中标并签订工程承包合同。该阶段的主要工作包括：①由企业决策层或企业管理层按企业的经营战略，对工程项目做出是否投标及争取承包的决策；②决定投标后收集掌握企业本身、相关单位、市场、现场诸多方面的信息；③编制《施工项目管理规划大纲》；④编制投标书，并在投标截止日期前发出投标函；⑤如果中标，则与招标方谈判，依法签订工程承包合同。

(2) 施工准备阶段

施工准备阶段的目标是使工程具备开工和连续施工的基本条件。该阶段的主要工作包括：①企业管理层委派项目经理，由项目经理组建项目经理部，根据工程项目管理需要建立健全管理机构，配备管理人员；②企业管理层与项目经理协商签订《施工项目管理目标责任书》，明确项目经理应承担的责任目标及各项管理任务；③由项目经理组织编制《施工项目管理实施规划》；④项目经理部抓紧做好施工各项准备工作，达到开工要求；⑤由项目经理部编写开工报告，上报获得批准后开工。

（3）施工阶段

施工阶段即自开工至竣工的实施过程，在这一阶段，项目经理部既是决策机构，又是责任机构。施工阶段的目标是完成合同约定的全部施工任务，达到竣工、交付使用的条件。该阶段主要工作包括：①做好动态控制工作，保证质量、进度、成本、安全目标的全面实现；②管理施工现场，实现文明施工；③严格履行合同，协调好与建设单位、监理单位、设计单位等相关单位的关系；④处理好合同变更及索赔；⑤做好记录、检查、分析和改进工作。

（4）验收交工与结算阶段

验收交工与结算阶段的目标是对项目成果进行总结、评价，对外结清债权债务，结束交易关系。该阶段的主要工作包括：①由项目经理部组织进行工程收尾；②进行试运转；③接受工程正式验收；④验收合格后整理移交竣工的文件，进行工程款结算；⑤项目经理部总结工作，编制竣工报告，办理工程交接手续，签订《工程质量保修书》；⑥项目经理部解体。

（5）用后服务阶段

这是施工项目管理的最后阶段，即在竣工验收后，按照合同规定的责任期进行用后服务、回访与保修，其目的是保证使用单位正常使用，发挥效益。

用后服务阶段的目标是保证用户正确使用，使建筑产品发挥应有功能，反馈信息，改进工作，提高企业信誉。这一阶段的工作由企业管理层执行。该阶段的主要工作包括：①根据《工程质量保修书》的约定做好保修工作；②为保证正常使用提供必要的技术咨询服务；③进行工程回访，听取用户意见，总结经验教训，发现问题，及时维修和保养；④配合科研等需要，进行沉陷、抗震性能观察。

4. 施工项目管理主要内容

项目管理包括以下8方面内容。

（1）建立施工项目管理组织

1）由企业采用适当的方式选聘称职的项目经理。

项目经理是施工企业法定代表人在施工项目上的授权委托代表人；项目经理应由施工企业法定代表人任命，并根据法定代表人授权的范围、期限和内容履行管理职责，并对项目实施全过程、全面管理。

2）根据施工项目的特点，选用适当的组织形式，组建项目管理机构，明确责任、权限和义务。

3）根据实际情况，制定相应的施工项目管理制度。

（2）编制施工项目管理规划

施工项目管理规划是由企业管理层或项目经理主持编制的，作为编制投标书的依据或指导施工项目管理的规划文件。施工项目管理规划分为项目管理规划大纲和施工项目管理实施规划。在工程投标前，由企业管理层编制施工项目管理大纲，对施工项目管理从投标到保修期满进行全面的纲要性规划。施工项目管理大纲可以用施工组织设计替代。

在工程开工前，由项目经理组织编制施工项目管理实施规划，对施工项目管理从开工到交工验收进行全面的指导性规划。当承包人以施工组织设计代替项目管理规划时，施工组织设计应满足项目管理规划的要求。

施工项目管理规划的主要内容有：

1) 进行工程项目分解，确定阶段控制目标，然后从局部到整体实施和管理。
2) 建立施工项目管理工作体系，确定管理工作流程。
3) 建立系统文件，以利执行。

(3) 施工项目的目标控制

在施工项目实施的全过程中，应对项目质量、进度、成本和安全目标进行控制，以实现项目的各项约束性目标。控制的基本过程是：确定各项目标控制标准；在实施过程中，通过检查、对比，衡量目标的完成情况；将衡量结果与标准进行比较，若有偏差，分析原因，采取相应的措施以保证目标的实现。

(4) 施工项目的生产要素管理

施工项目的生产要素主要包括劳动力、材料、设备、技术和资金。管理生产要素的内容有：分析各生产要素的特点；按一定的原则、方法，对施工项目的生产要素进行优化配置并评价；对施工项目各生产要素进行动态管理。

(5) 施工项目的合同管理

为了确保施工项目管理及工程施工的技术组织效果和目标实现，从工程投标开始，就要加强工程承包合同的策划、签订、履行和管理。同时，还应做好索赔工作，讲究索赔方法和技巧。

(6) 施工项目的信息管理

进行施工项目管理和施工项目目标控制、动态管理，必须在项目实施的全过程中，充分利用计算机对项目有关的各类信息进行收集、整理、储存和使用，提高项目管理的科学性和有效性。

(7) 施工现场的管理

在施工项目实施过程中，应对施工现场进行科学有效的一管理，以达到安全施工、文明施工、保护环境、塑造良好的企业形象、提高施工管理水平的目的。

(8) 组织协调

协调为有效控制服务，协调和控制都是计划目标实现的保证。在施工项目实施过程中，应进行组织协调、沟通和处理好内部及外部的各种关系，排除各种干扰和障碍。

5. 施工项目管理的目标

由于建筑施工企业是根据建设单位的要求（一般由合同约定）承担工程建设任务，施工企业必须树立服务观念，为项目和建设单位提供建设服务。同时，合同也规定了施工企业的责任和义务，因此施工企业作为项目建设的一个重要参与方，其项目管理不仅应服务于施工企业本身的利益，也必须服务于项目的整体利益。

施工项目管理的目标应符合合同的要求，其主要内容包括：

(1) 施工的质量目标

工程项目质量目标是通过质量控制来达到的。控制是指致力于满足工程项目质量要求，也就是为了保证工程项目质量满足工程合同、规范标准所采取的一系列措施、方法和手段。项目质量控制目标包括以下三方面：

1）工作质量控制目标。工作质量是指参与项目建设全过程人员，为保证项目建设质量所表现的工作水平和完善程度。该项质量控制目标可分解为：管理工作质量、政治工作质量、技术工作质量和后勤工作质量等四项。

2）工序质量控制目标。工程项目建设全过程是通过一道道工序来完成的。每道工序的质量，必须具有满足下道工序相应要求的质量标准，工序质量必然决定产品质量。工程质量控制目标可分解为：人员、材料、机械、施工方法和施工环境等五项。

3）产品质量控制目标。工程产品质量是指工程项目满足相关标准规定或合同约定的要求，包括在使用功能、安全及其耐久性能、环境保护等方面所有明显和隐含的能力的特性总和。工程产品质量控制目标可分解为：适用性、安全性、耐久性、可靠性、经济性和与环境协调性等六项。

施工项目质量目标一般根据建设单位要求，或者投标承诺，或者施工企业自身形象信誉的需要而确定，通常包含合格工程、优质主体工程、优质工程，其中优质工程分为市优质、省优质、国家级优质。

（2）施工的成本目标

通过对施工项目成本控制，来达到项目成本最低，创造效益最好。成本控制就是在完成一个施工项目过程中，对所发生的成本支出，有组织、有系统地进行预测、计划、控制、核算、考核、分析等，进行科学管理的工作，对生产经营所消耗的物质资源和费用开支，及时纠正将要发生和已经发生的偏差，把各项生产费用控制在计划成本的范围之内，保证成本目标的实现。

（3）施工的进度目标

施工的进度目标主要根据施工合同要求，满足建设单位对施工工期的要求。通过进度目标的层层分解，制定各部分或各时段的具体进度计划，通过各部分或各时段进度控制来达到最后的总进度目标。

（4）施工的安全管理目标

施工的安全管理目标一般包括：

1）施工期内杜绝重伤、死亡事故；轻伤事故频率控制在1.5%以内；

2）施工人员、工人安全教育必须达到100%；

3）单项安全技术措施有针对性；

4）施工用电达到部颁标准；

5）"三宝"、"四口"等防护设施达标；

6）各种脚手架搭设及模板工程达到部颁标准；

7）施工机具及机械安全达到部颁标准；

8）施工现场安全达标率100%。

（5）文明施工和环境保护目标

1）施工现场文明施工达标率100%；

2）沿工地四周连续设置坚固、稳定、整洁美观的现场围挡；施工现场各种标牌、达标率100%；

3）现场工人住宿安全卫生合格率达100%，生活设施专人负责率达到100%；

4）材料堆放整齐率达到100%；

5）现场防火器材配置合理，动火审批手续齐全；

6）废气、废水、废料等环境保护达标率100%。

5.1.2 施工项目管理的组织

1. 施工项目管理组织的主要形式

施工项目管理组织的形式是指在施工项目管理组织中处理管理层次、管理跨度、部门设置和上下级关系的组织结构的类型。主要的管理组织形式有工作队式、部门控制式、矩阵式、事业部式等。

（1）工作队式项目组织

如图5-1所示，工作队式项目组织是指主要由企业中有关部门抽出管理力量组成施工项目经理部的方式，企业职能部门处于服务地位。

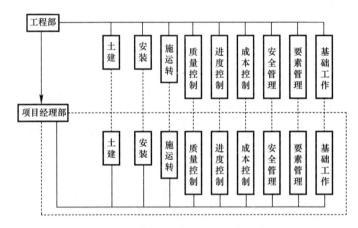

图5-1 工作队式项目组织形式示意图

1）工作队式项目组织的特征

一般由公司任命项目经理，由项目经理在企业内部招聘或抽调职能部门人员组成管理机构（工作队），项目经理全权指挥，独立性强。

项目管理班子成员在工程建设期间与原所在部门断绝领导与被领导关系。原单位负责人员负责业务指导及考察，但不能随意干预项目管理班子的工作或调回人员。

项目管理组织与项目同寿命，项目结束后机构撤销，所有人员仍回原所在部门和岗位。

2）工作队式项目组织的适用范围

工作队式项目组织适用于大型项目，工期要求紧，要求多工种、多部门密切配合的项目。

（2）部门控制式项目组织

1）部门控制式项目组织的特征

部门控制式并不打乱企业的现行建制，把项目委托给企业某一专业部门或某一施工队，由被委托的单位负责组织实施，其形式如图5-2所示。

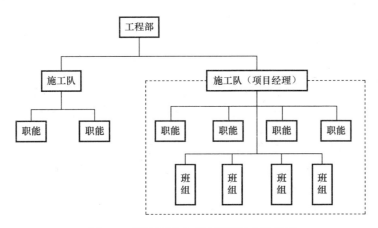

图 5-2 部门控制式项目组织形式示意图

2) 部门控制式项目组织的适用范围

部门控制式项目组织一般适用于小型的、专业性较强、不需要涉及众多部门的施工项目。

(3) 矩阵式项目组织

矩阵式项目组织是指结构形式呈矩阵状的组织，其项目管理人员由企业有关职能部门派出并进行业务指导，接受项目经理的直接领导，其形式如图 5-3 所示。

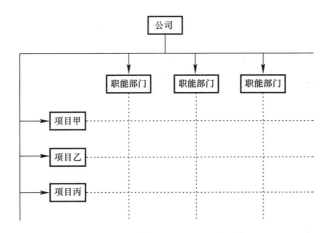

图 5-3 矩阵式项目组织形式示意图

1) 矩阵式项目组织的特征

项目组织机构与职能部门的结合部同职能部门数相同。多个项目与职能部门的结合呈矩阵状。既能发挥职能部门的纵向优势，又能发挥项目组织的横向优势。

专业职能部门是永久性的，项目组织是临时性的。职能部门负责人对参与项目组织的人员有组织调配、业务指导和管理考察的责任。项目经理将参与项目组织的职能人员在横向上有效地组织在一起，为实现项目目标协同工作。

矩阵中的每个成员或部门，接受原部门负责人和项目经理的双重领导，但部门的控制力大于项目的控制力。

项目经理对调配到本项目经理部的成员有权控制和使用，当感到人力不足或某些成员

173

不得力时,他可以向职能部门要求给予解决。

2) 矩阵式项目组织的适用范围

矩阵式项目组织适用于同时承担多个需要进行项目管理工程的企业。在这种情况下,各项目对专业技术人才和管理人员都有需求,加在一起数量较大,采用矩阵制式组织可以充分利用有限的人才对多个项目进行管理,特别有利于发挥优秀人才的作用。适用于大型、复杂的施工项目。因大型复杂的施工项目要求多部门、多技术、多工种配合实施,在不同阶段,对不同人员,在数量和搭配上有不同的需求。

(4) 事业部式项目组织

1) 事业部式项目组织的特征

企业成立事业部,事业部对企业来说是职能部门,对外界来说享有相对独立的经营权,是一个独立单位。事业部可以按地区设置,也可以按工程类型或经营内容设置,其形式如图5-4所示。事业部能较迅速适应环境的变化,提高企业的应变能力,调动部门的积极性。

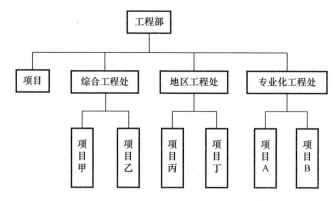

图 5-4 事业部式项目组织形式示意图

在事业部(一般为其中的工程部或开发部,对外工程公司是海外部)下边设置项目经理部。项目经理由事业部选派,一般对事业部负责,有的可以直接对业主负责,这是根据其授权程度决定的。

2) 事业部式项目组织的适用范围

事业部式项目组织适用于大型经营性企业的工程承包,特别是适用于远离公司本部的工程承包。需要注意的是,一个地区只有一个项目,没有后续工程时,不宜设立地区事业部,也就是说它适用于在一个地区内有长期市场或一个企业有多种专业化施工力量时采用。在这种情况下,事业部与地区市场同寿命,地区没有项目时,该事业部应撤销。

2. 施工项目经理部

(1) 施工项目经理部概念

施工项目经理部是由企业授权,在施工项目经理的领导下建立的项目管理组织机构,是施工项目的管理层,其职能是对施工项目实施阶段进行综合管理。施工项目经理部应接受施工企业职能部门的指导、监督、检查、服务和考核,并负责对施工项目资源进行合理使用和动态管理。施工项目经理部是施工项目现场管理的一次性具有弹性的施工生产组织机构,既是施工企业某一施工项目的管理层,又对劳务作业层负有管理和服务的双重职能。

施工项目经理部由项目经理、项目副经理以及其他技术和管理人员组成。

(2) 项目经理部的性质

施工项目经理部的性质可以归纳为以下三方面：

1) 相对独立性。施工项目经理部的相对独立性主要是指它与企业存在着双重关系。一方面，它作为企业的下属单位，同企业存在着行政隶属关系，要绝对服从企业的全面领导；另一方面，它又是一个施工项目独立利益的代表，存在着独立的利益，同企业形成一种经济承包或其他形式的经济责任关系。

2) 综合性。施工项目经理部的综合性主要表现在以下几方面：

① 施工项目经理部是企业所属的经济组织，主要职责是管理施工项目的各种经济活动。

② 施工项目经理部的管理职能是综合的，包括计划、组织、控制、协调、指挥等多方面。

③ 施工项目经理部的管理业务是综合的，从横向看包括人、财、物、生产和经营活动，从纵向看包括施工项目寿命周期的主要过程。

3) 临时性。施工项目经理部是企业一个施工项目的责任单位，随着项目的开工而成立，随着项目的竣工而解体。

(3) 施工项目经理部的作用

1) 负责施工项目从开工到竣工的全过程施工生产经营的管理，对作业层负有管理与服务的双重职能。

2) 为项目经理决策提供信息依据，当好参谋，同时要执行项目经理的决策意图，向项目经理全面负责。

3) 施工项目经理部作为组织体，应完成施工企业所赋予的基本任务——项目管理任务——项目管理；凝聚管理人员的力量；协调部门之间、管理人员之间的关系；影响和改变管理人员的观念和行为，沟通部门之间、项目经理部与作业队之间、与公司之间、与环境之间的关系。

4) 施工项目经理部是代表施工企业履行工程承包合同的主体，对项目产品和建设单位负责。

(4) 建立施工项目经理部的基本原则

1) 根据所设计的项目组织形式设置。因为项目组织形式与项目的管理方式有关，与企业对项目经理部的授权有关。不同的组织形式对项目经理部的管理力量和管理职责提出了不同要求，提供了不同的管理环境。

2) 根据施工项目的规模、复杂程度和专业特点设置。例如，大型项目经理部可以设职能部、处；中型项目经理部可以设处、科；小型项目经理部一般只需设职能人员即可。如果项目的专业性强，便可设置专业性强的职能部门，如水电处、安装处、打桩处等。

3) 根据施工工程任务需要调整。项目经理部是一个具有弹性的一次性管理组织，随着工程项目的开工而组建，随着工程项目的竣工而解体，不应搞成一级固定性组织。在工程施工开始前建立，在工程竣工交付使用后解体。项目经理部不应有固定的作业队伍，而是根据施工的需要，由企业（或授权给项目经理部）在社会市场吸收入员，进行优化组合和动态管理。

4)适应现场施工的需要。项目经理部的人员配置应面向现场,满足现场的计划与调度、技术与质量、成本与和核算、劳务与物资、安全与文明施工的需要。而不应设置专营经营与咨询、研究与发展、政工与人事等与项目施工关系较少的非生产性管理部门。

(5)施工项目经理部的工作内容

1)在项目经理的领导下制定项目管理实施规划及项目管理的各项规章制度。

2)对进入项目的资源和生产要素进行优化配置与动态管理。

3)有效控制项目工期、质量、成本和安全等目标。

4)协调施工企业内部、项目内部以及项目与外部各系统之间的关系,增进项目各部门之间的沟通,提高工作效率。

5)对施工项目目标和管理行为进行分析、考核和评价,并对各类责任制度执行结果实施奖惩。

(6)施工项目的劳动力组织

施工项目的劳动力来源于社会的劳务市场,应从以下三方面进行组织和管理:

1)劳务输入。坚持"计划管理、定向输入、市场调节、双向选择、统一调配、合理流动"的方针。

2)劳动力组织。劳务队伍均要以整建制进入施工项目,由项目经理部和劳务分公司配合,双方协商共同组建栋号(作业)承包队,栋号(作业)承包队的组建要注意打破工种界限,实行混合编组,提倡一专多能、一岗多职。

3)项目经理部对劳务队伍的管理。对于施工劳务分包公司组建的现场施工作业队,除配备专职的栋号负责人外,还要实行"三员"管理岗位责任制:即由项目经理派出专职质量员、安全员、材料员,实行一线职工操作全过程的监控、检查、考核和严格管理。

(7)项目经理部部门设置与人员配置

目前国家对项目经理部的设置规模尚无具体规定。结合有关企业推行施工项目管理的实际,一般按项目的使用性质和规模分类。只有当施工项目达到一定规模时,才实行施工项目管理。

一般项目经理部可设置以下5个部门:

1)经营核算部门。主要负责工程预结算、合同与索赔、资金收支、成本核算、工资分配等工作。

2)技术管理部门。主要负责生产调度、文明施工、劳动管理、技术管理、施工组织设计、计划统计等工作。

3)物资设备供应部门。主要负责材料的询价、采购、计划供应、管理、运输、工具管理,机械设备的租赁配套使用等工作。

4)质量安全监控管理部门。主要负责工程质量、安全管理、消防保卫、环境保护等工作。

5)测试计量部门。主要负责计量、测量、试验等工作。

(8)项目经理部岗位设置及职责

1)岗位设置

根据项目大小不同,人员安排不同,项目部领导层从上往下设置项目经理、项目技术负责人等;项目部设置最基本的六大岗位:施工员、质量员、安全员、资料员、造价员、材料员,其他还有标准员、机械员、劳务员等。

2)岗位职责

在现代施工企业的项目管理中,施工项目经理是施工项目最高责任人和组织者,是决定施工项目盈亏的关键性角色。

一般来说,人们习惯于将项目经理定位于企业的中层管理者或中层干部,然而由于项目管理及项目环境的特殊性,在实践中的项目经理所行使的管理职权与企业职能部门的中层干部往往是有所不同的。前者体现在决策职能的增强上,着重于目标管理;而后者则主要表现为控制职能的强化,强调和讲究的是过程管理。实际上,项目经理应该是职业经理式的人物,是复合型人才,是通才。他应该具有懂法律、善管理、会经营、敢负责、能公关等各方面的较为丰富的经验和知识,而职能部门的负责人则往往是专才,是某一技术专业领域的专家。对项目经理的素质和技能要求在实践中往往是同企业中的总经理完全相同的。

项目技术负责人是在项目部经理的领导下,负责项目部施工生产、工程质量、安全生产和机械设备管理工作。

施工员、质量员、安全员、资料员、造价员、材料员、标准员、机械员、劳务员都是项目的专业人员,是施工现场的管理者。其主要工作职责可以概略描述如下:

施工员主要从事项目施工组织和进度控制;

质量员主要从事项目施工质量管理;

安全员主要从事项目施工安全管理;

资料员主要从事项目施工资料管理;

造价员主要从事项目造价管理;

材料员主要从事项目施工材料管理;

标准员主要从事项目工程建设标准管理;

机械员主要从事项目施工机械管理;

劳务员主要从事项目劳务管理。

(9)项目经理部管理制度

项目经理部管理制度的作用体现在两个方面:一是贯彻国家和企业与施工项目有关的法律、法规、方针、政策、标准、规程等,指导本施工项目的管理;二是规范施工项目组织及职工的行为,按规定的方法、程序、要求、标准进行施工和管理活动,从而保证施工项目组织按正常秩序运转,确保施工项目目标的顺利实现。

项目经理部的主要管理制度通常包括:

1)项目管理人员的岗位责任制度;

2)项目技术、质量、安全管理制度;

3)项目计划、统计与进度管理制度;

4)项目成本核算制度;

5)项目材料、机械设备与现场管理管理制度;

6)项目分配与奖励制度;

7)项目例会、施工日志与档案管理制度;

8)项目分包及劳务管理制度;

9)项目组织协调制度;

10) 项目信息管理制度。

(10) 项目经理部的解体

项目经理部是一次性、具有弹性的施工现场生产组织机构，工程临近结尾时，业务管理人员乃至项目经理要陆续撤走，因此，必须重视项目经理部的解体和善后工作。企业工程管理部门是项目经理部解体善后工作的主管部门，主要负责项目经理部的解体后工程项目在保修期间问题的处理，包括因质量问题造成的返（维）修、工程剩余价款的结算以及回收等。

项目经理部解体及善后工作的程序和内容：

1) 成立善后工作小组，有项目经理任组长，技术、预算、财务、材料等人员为成员，主要负责剩余材料的处理、工程价款的回收、财务账目的结算移交，以及解决与建设单位的有关未定事宜。善后工作一般规定为3个月（从工程管理部门批准项目经理部解体之日起计算）。

2) 在竣工交付验收签字之日起15日内，项目经理部要向企业工程管理部写出项目经理部解体申请报告，同时提出善后留用和遣散人员的名单及时间，经有关部门审核批准后执行。

3) 项目经理部在解聘人员时，要提前发给两个月的岗位效益工资，并给予有关待遇。从解聘第3个月起（含解聘合同当月）其工资福利待遇在公司或新的被聘单位领取。

4) 项目完成后，还要考虑该项目的保修问题，因此在项目经理部解体与工程结算前，要由项目经理部与工程管理部门协商同建设单位签订保修责任书，并确定工程保修费的预留比例。

5) 项目经理部剩余材料原则上让售处理给公司物资部门，材料价格按质论价。如双方发生争议时可由企业经营管理部门协调裁决；对外让售必须经公司主管领导批准。项目经理部自购的通信、办公等小型固定资产，必须如实建立台账，按质论价，移交公司。

6) 项目经理部的成本盈亏审计。以该项目工程实际发生成本与价款结算回收数为依据，由审计牵头，预算财务、工程部门参加，于项目经理部解体后一定时间写出审计评价报告，交经理办公会批。

7) 项目经理部的工程结算、价款回收及加工订货等债权债务的处理，由留守小组完成。如未能全部收回又未办理任何符合法规手续的，其差额部分作为项目经理部成本亏损额计算。

8) 对工程项目综合效益做出审计评估。如果除完成《项目管理目标责任书》规定指标以外有盈余者，可按企业有关制度按一定比例作为项目经理部的管理奖。如果经济效益审计为亏损者，其亏损部分由项目经理部负责。

5.2 施工项目目标控制

5.2.1 施工项目目标控制的任务

1. 施工项目目标控制的概念

所谓控制，是指为了实现组织的计划目标而对组织活动进行监视并纠偏矫正，以确保组织计划与实际运行状况动态适应的行为。

施工项目目标控制的行为对象是施工项目，控制行为的主体是施工项目经理部，控制对象的目标构成目标体系。对不同的目标控制，分别编制不同专业的计划，采用有专业特点的科学方法纠正由于各种干扰产生的偏差。

施工项目目标控制问题的要素包括：施工项目、控制目标、控制主体、实施计划、实施信息、偏差数据、纠偏措施、纠偏行为。

施工项目控制的目的是排除干扰、实现合同目标。因此，可以说施工项目目标控制是实现施工目标的手段。如果没有施工项目的目标控制，就谈不上施工项目管理，也不会有目标的实现。

2. 施工项目目标控制内容

（1）施工项目质量控制

1）施工项目质量特性

施工项目质量是指工程满足业主需要的，符合国家法律、法规、技术规范标准、设计文件及合同规定的综合特性。施工项目质量的质量特性主要表现在以下六个方面：

① 适用性，即功能，是指工程满足使用目的的各种性能，包括理化性能、结构性能、使用性能。

② 耐久性，即寿命，是指工程在规定的条件下，满足规定功能要求使用的年限，也就是工程竣工后的合理使用寿命周期。由于建筑物本身结构类型不同、质量要求不同、施工方法不同、使用性能不同的个性特点，建筑物使用寿命规定也不同。

③ 安全性，是指工程建成后在使用过程中保证结构安全、保证人身和环境免受危害的程度。建设工程产品的结构安全度、抗震、耐火及防火能力等是否达到特定的要求，都是安全性的重要标志。工程交付使用之后，必须保证人身财产和工程整体都有能力免遭工程结构破坏及外来危害的伤害。工程组成部件，如楼梯栏杆等，也要保证使用者的安全。

④ 可靠性，是指工程在规定的时间和规定的条件下完成规定功能的能力。工程不仅要求在交工验收时要达到规定的指标，而且在一定的使用时期内要保持应有的正常功能，如工业生产用的管道防"跑、冒、滴、漏"等，都属可靠性的范畴。

⑤ 经济性，是指工程从规划、勘察、设计、施工到整个产品使用周期内成本和消耗的费用。工程经济性具体表现为设计成本、施工成本和使用成本三者之和，包括从征地、拆迁、勘察、设计、施工、配套设施等建设全过程的总投资和工程使用阶段的能耗、维护、保养等。通过分析比较，可判断工程是否符合经济性要求。

⑥ 环境的协调性，是指工程与其周围生态环境协调、与所在地区经济环境协调以及与周围已建工程相协调，以适应可持续发展的要求。

2）施工项目质量控制特点

施工项目质量控制是指对项目的实施情况进行监督、检查和测量，并将项目实施结果与事先制定的质量标准进行比较，判断其是否符合质量标准，找出存在的偏差，分析偏差形成原因的一系列活动。项目质量控制贯穿于项目实施的全过程。

① 影响质量的因素多。设计、材料、机械、地形、地质、水文、气象、施工工艺、操作方法、技术措施、管理制度和水平等，均影响施工项目的质量。

② 容易产生质量变异。由于施工项目本身的特点，加之影响施工项目质量的偶然性因素和系统性因素都较多，很容易产生质量变异。因此，施工中要严防出现系统性因素的

质量变异,要把质量的变异控制在偶然性因素范围内。

③ 容易产生第一、二判断错误。施工项目由于工序交接多,中间产品多,隐蔽工程多,若不及时检查实质,事后再看表面,就容易产生第二判断错误。也就是说,容易将不合格的产品,认为是合格的产品;反之,若检查不认真,测量仪表有误,读数有误,则会产生第一判断错误,即把合格产品判定为不合格产品。

④ 质量检查不能解体、拆卸。工程建成后,不可能像某些工业产品那样,再拆卸或解体检查内在的质量,或重新更换零件;即使发现质量问题,也不可能像工业产品那样实行"包换"或"退款"。

⑤ 质量受投资、进度的制约。施工项目质量受投资、进度的制约较大。因此,必须正确处理质量、投资、进度三者之间的相互关系,使其达到对立的统一。

3) 施工项目质量控制的原则

在进行施工项目质量控制过程中,应遵循以下几点原则:

① 坚持"质量第一,用户至上"。建筑产品作为一种特殊商品,使用年限较长,是"百年大计",直接关系到人民生命财产安全。所以,工程项目在施工中应自始至终把"质量第一,用户至上"作为质量控制的基本原则。

② 坚持"以人为核心"。人是质量的创造者,质量控制必须坚持"以人为核心",把人作为控制的动力,调动人的积极性、创造性;增强人的责任感,树立"质量第一"的观念;提高人的素质,避免人的失误;以人的工作质量保工序质量,促工程质量。

③ 坚持"以预防为主"。"以预防为主"就是要加强质量的事前控制和事中控制,从对产品质量的事后检查把关,转向对工作质量的检查,对工序质量的检查,对中间过程的质量检查;并根据经验和具体情况预测可能出现的质量问题,事先制定预防措施,防止出现质量问题。

④ 坚持质量标准,一切以数据说话。质量标准是评价产品质量的尺度,数据是质量控制的基础和依据。产品质量是否符合质量标准,必须通过严格检查,用数据说话。

⑤ 贯彻科学、公正、守法的职业规范。

4) 施工项目质量控制的过程

施工项目质量控制的过程,包括施工准备阶段质量控制、施工过程质量控制和施工验收质量控制。

施工准备质量控制是指工程项目开工前的全面施工准备和施工过程中各分部分项工程施工作业前的施工准备的控制,还包括季节性的特殊施工准备。

施工过程的质量控制是指施工作业技术活动的投入与产出过程的质量控制,其内涵包括全过程施工生产及其中的分部分项工程的施工作业过程。

施工验收质量控制是指对已完工程验收时的质量控制,即工程产品质量控制。包括隐蔽工程验收、检验批验收、分项工程验收、分部工程验收、单位工程验收和整个建设项目竣工验收过程的质量控制。

5) 施工质量的政府监督

① 建设工程项目质量政府监督的内容

a. 建设工程的质量监督申报工作

在工程开工前,政府质量监督机构在受理建设工程质量监督的申报手续时,对建设单位提供的文件资料进行审查，审查合格后签发有关质量监督文件。

b. 开工前的质量监督

开工前召开项目参与各方参加的首次监督会议，并进行第一次监督检查。

c. 在施工期间的质量监督

在工程施工期间，按照监督方案对施工情况进行定期不定期的检查。

d. 竣工阶段的质量监督

做好竣工验收前的质量复查；参与竣工验收会议；编制单位工程质量监督报告；建立建设工程质量监督档案。

② 施工项目质量政府监督验收

建设工程质量验收是对已完工的工程实体的外观质量及内在质量按规定程序检查后，确认其是否符合设计及各项验收标准的要求、是否可交付使用的一个重要环节。正确地进行工程项目质量检查评定和验收，是保证工程质量的重要手段。

工程质量验收的程序及组织包括：

a. 检验批应由专业监理工程师组织施工单位项目专业质量检查员、专业工长等进行验收。

b. 分项工程应由专业监理工程师组织施工单位项目专业技术负责人等进行验收。

c. 分部工程应由总监理工程师组织施工单位项目负责人和项目技术负责人等进行验收。勘察、设计单位项目负责人和施工单位技术、质量部门负责人应参加地基与基础部分工程的验收。设计单位项目负责人和施工单位技术、质量部门负责人应参加主体结构、节能分部工程的验收。

d. 单位工程中的分包工程完工后，分包单位应对所承包的工程项目进行自检，并应按验收标准规定的程序进行验收。验收时，总包单位应派人参加。分包单位应将所分包工程的质量控制资料整理完整，并移交给总包单位。

e. 单位工程完工后，施工单位应组织有关人员进行自检。总监理工程师应组织各专业监理工程师对工程质量进行竣工预验收。存在施工质量问题时，应由施工单位整改。整改完毕后，由施工单位向建设单位提交工程竣工报告，申请工程竣工验收。

f. 建设单位收到工程竣工报告后，应由建设单位项目负责人组织监理、施工、设计、勘察等单位项目负责人进行单位工程验收。

按国家现行管理制度，房屋建筑工程及市政基础设施工程验收合格后，还需在规定时间内，将验收文件报政府管理部门备案。

工程质量不符合要求时，应按规定进行处理：

a. 经返工或返修的检验批，应重新进行验收。

b. 经有资质的检测机构检测鉴定能够达到设计要求的检验批，应予以验收。

c. 经有资质的检测机构检测鉴定达不到设计要求、但经原设计单位核算认可能够满足安全和使用功能的检验批，可予以验收。

d. 经返修和加固处理的分项、分部工程，满足安全及使用功能要求时，可按技术处理方案和协商文件的要求予以验收。

经返修或加固处理仍不能满足安全或重要使用要求的分部工程及单位工程，严禁验收。

（2）施工项目进度控制

是指在既定的工期内，编制出最优的施工进度计划，在执行该计划的施工中，经常检查施工实际进度情况，并将其与计划进度相比较，若出现偏差，便分析产生的原因和对工期的影响程度，找出必要的调整措施，修改原计划，不断地如此循环，直至工程竣工验收。施工项目进度控制的总目标是确保施工项目的合同工期的实现，或者在保证施工质量和不因此而增加施工实际成本的条件下，适当缩短工期。

1) 影响施工进度的不利因素

① 业主因素。如业主按照使用要求改变设计造成的设计变更；应提供的施工场地条件不能及时提供或所提供的场地不能满足工程正常需要；不能及时向施工单位或材料供应商付款等。

② 勘察设计因素。如勘察资料不准确，特别是地质资料错误或遗漏；设计内容不完善，规范应用不恰当，设计有缺陷或错误；设计对施工的可能性未考虑或考虑不周；施工图纸供应不及时，不配套，或出现重大差错等。

③ 施工技术因素。如施工工艺错误；不合理的施工方案；施工安全措施不当；不可靠技术的应用等。

④ 自然环境因素。如复杂的工程地质条件；不明的水文气象条件；地下埋藏文物的保护、处理；洪水、地震、台风等不可抗力等。

⑤ 社会环境因素。如外单位临近工程施工干扰；节假日交通、市容整顿的限制；临时停水、停电、断路；以及在国内外常见的法律及制度的变化，经济制裁、战争、骚乱、罢工、企业倒闭等。

⑥ 组织管理因素。如向有关部门提出各种申请审批手续上报延误；合同签订时遗漏条款、表达失当；计划安排不周密，组织协调不力，导致停工待料、相关作业脱节；领导不力，指挥失当，使参加工程建设的各个单位、各个专业、各个施工过程之间交接及配合上发生矛盾等。

⑦ 材料、设备因素。如材料、构配件、机具、设备供应环节的差错，品种、规格、质量、数量、时间不能满足工程的需要；特殊材料及新材料的不合理使用；施工设备不配套，选型失当，安装失误，有故障等。

⑧ 资金因素。如有关方拖欠资金，资金不到位，资金短缺；汇率浮动和通货膨胀等。

2) 施工进度控制的原理

① 动态控制原理

施工项目是在动态条件下实施的，进度控制也必须是一个动态的管理过程。进度计划在实施过程中，会因为新情况的产生、各种干扰因素和风险因素的作用而发生变化，使人们难以执行原定的进度计划。因此，进度控制人员在计划执行过程中要不断检查建设工程实际进度，并与计划安排进行对比，从中得出偏离计划的信息，然后在分析偏差及其产生原因的基础上，通过采取措施，维持原计划，使之能正常实施。这样在进度计划的执行过程中不断地检查和调整，以保证建设工程进度得到有效控制。施工进度动态控制基本原理如图 5-5 所示。

② 系统原理

a. 施工项目计划系统。包括施工项目总进度计划、单位工程进度计划、分部分项工程进度计划、季度和月（旬）作业计划，这些计划组成一个施工项目进度计划系统。编制时从总体计划到局部计划，逐层对计划控制目标进行分解，以保证总进度计划控制目标的实现和落实。执行计划时,从月(旬)作业计划开始实施,逐层按目标控制,从而达到对施工项目整体进度控制。

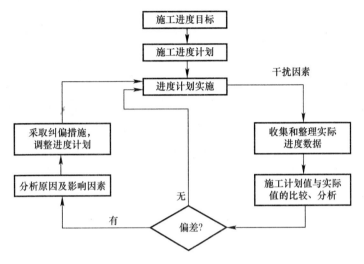

图 5-5 施工进度动态控制基本原理图

b. 施工项目进度实施组织系统。施工项目经理和有关劳动调配、材料设备、采购运输等各职能部门按照施工进度规定的要求进行严格管理、落实和完成各自的任务。施工组织各级负责人,从项目经理、施工管理人员、班组长及其所属全体人员组成了施工项目实施的完整组织系统。

c. 施工项目进度控制的组织系统。为了保证施工项目进度实施,还应有一个项目进度的检查控制系统。从公司、项目部,一直到作业班组都设有专门职能部门或人员负责检查汇报,统计整理实际施工进度的资料,并与计划进度进行比较分析和进行调整。当然不同层次的人员负有不同的进度控制职责,分工协作,形成一个纵横连接的施工项目进度控制组织系统。

(3) 施工项目成本控制

工程项目成本管理是在满足工程质量、工期、安全、环保等合同条款要求的前提下,通过计划、组织、控制、协调等管理活动,减少各类成本资源消耗和费用支出,实现预定的工程项目成本目标。工程项目成本指标的控制主要通过技术、经济、管理等系统化手段来实施。通常工程项目成本管理过程包括项目成本预测、成本计划、成本控制、成本核算、成本分析、成本考核等六大任务。

施工项目成本控制是指在成本形成过程中,根据事先制定的成本目标,对企业经常发生的各项生产经营活动按照一定的原则,采用专门的控制方法,进行指导、调节、限制和监督,将各项生产费用控制在原来所规定的标准和预算之内。如果发生偏差或问题,应及时进行分析研究,查明原因,并及时采取有效措施,不断降低成本,以保证实现规定的成本目标。

(4) 施工项目安全控制

指经营管理者对施工生产过程中的安全生产工作进行的策划、组织、指挥、协调、控制和改进的一系列活动,其目的是保证在生产经营活动中的人身安全、资产安全,促进生产的发展，保持社会的稳定。安全管理的对象是生产中一切人、物、环境、管理状态，安全管理是一种动态管理。

安全生产管理的基本原则如下：

1) 管生产同时管安全。安全寓于生产之中，并对生产起到促进与保证作用。因此，安全与生产虽然有时会出现矛盾，但安全、生产管理的目标、目的，表现出高度的一致和完全的统一。

管生产同时管安全，不仅是对各级领导明确安全管理责任，同时也向一切与生产有关的机构、人员，明确了业务范围内的安全管理责任。各级人员安全生产责任制的建立，管理责任的落实，体现了管理生产同时管理安全的原则。

2) 坚持安全管理的目的性。安全管理的内容是对生产中的人、物、环境等因素状态的管理，有效地控制人的不安全行为和物的不安全状态，消除或避免事故，达到保护劳动者的安全与健康的目的。

3) 必须贯彻预防为主的方针。安全生产的方针是"安全第一、预防为主、综合治理"。安全第一是从保护生产力的角度和高度，表明在生产范围内，安全与生产的关系，肯定安全在生产活动中的位置和重要性。

贯彻预防为主，首先要端正对生产中不安全因素的认识，端正消除不安全因素的态度，选准消除不安全因素的时机。在安排和布置生产的同时，要针对生产中可能出现的不安全因素，采取措施予以消除，这才是最佳选择。在生产活动中，经常检查，及时发现不安全因素，采取措施，尽快地、坚决地予以消除，是安全管理应有的鲜明态度。

坚持综合治理就是综合运用经济手段、法律手段和必要的行政手段，从发展规划、行业管理、安全投入、科技进步、经济政策、教育培训、安全立法、激励约束、企业管理、监管机制等多方面着手，解决安全生产的历史性、深层次问题，建立安全生产长效机制。

4) 坚持"三全"动态管理。安全管理是一切与生产有关的人共同的事。缺乏全员的参与，安全管理不会有生气，不会出现好的管理效果。

安全管理涉及生产活动的方方面面，涉及从开工至竣工交付的全部生产过程，涉及全部的生产时间，涉及一切变化着的生产因素。因此，生产活动中必须坚持全员、全过程、全方位的动态管理。

5) 安全管理重在控制。进行安全管理的目的是预防、消灭事故，防止或消除事故伤害，保护劳动者的安全与健康。对生产中人的不安全行为和物的不安全状态的控制，是安全管理的重点。事故的发生，是由于人的不安全行为的运动轨迹与物的不安全状态的运动轨迹的交叉。事故发生的原理说明了对生产因素状态的控制，应该是安全管理的重点。

6) 在管理中发展、提高。既然安全管理是在变化着的生产活动中的管理，是一种动态的管理，其管理就意味着是不断发展、不断变化，以适应变化着的生产活动，消除新的危险因素。要不间断地摸索新的规律，总结管理、控制的办法与经验，指导新的变化后的管理，从而使安全管理不断上升到新的高度。

3. 施工项目目标控制的程序

(1) 认真研究施工合同中规定的施工项目控制总目标，收集制定控制目标的各种依据，为控制目标的落实做准备；

(2) 施工项目经理与企业法人签订"项目管理目标责任书"，确定项项目经理的控制目标；

(3) 施工项目经理部编制施工组织设计，确定施工项目经理部的计划总目标；

(4) 制定施工项目的阶段性控制目标和年度控制目标；

(5) 按时间、部门、管理人员、劳务班组落实控制目标，明确责任；

(6) 责任者提出控制措施。

4. 施工项目目标控制的任务

施工项目控制的任务是进行以项目进度控制、质量控制、成本控制和安全控制为主要内容的四大目标控制。这四项目标是施工项目的约束条件，也是施工效益的象征。其中前三项目标是指施工项目成果，而安全目标则是指施工过程中人和物的状态。也就是说，安全既指人身安全，又指财产安全，所以，安全控制既要克服人的不安全行为，又要克服物的不安全状态。

施工项目目标控制的具体任务见表5-1。

施工项目目标控制的任务　　　　　　　　表 5-1

控制目标	具体控制任务
质量控制	使分部分项工程达到质量检验评定标准的要求，实现施工组织设计中保证施工质量的技术组织措施和质量等级，保证合同质量目标等级的实现
进度控制	使施工顺序合理，衔接关系适当，连续、均衡、有节奏施工，实现计划工期，提前完成合同工期
成本控制	实现施工组织设计的降低成本措施，降低每个分项工程的直接成本，实现项目经理部盈利目标，实现公司利润目标及合同造价
安全控制	实现施工组织设计的安全设计和措施，控制劳动者、劳动手段和劳动对象，控制环境，实现安全目标，使人的行为安全、物的状态安全，断绝环境危险源
施工现场控制	科学组织施工，使场容场貌、料具堆放与管理、消防保卫、环境保护及职工生活均符合规定要求

5.2.2 施工项目目标控制的措施

1. 施工项目的质量控制措施

(1) 施工准备阶段质量控制

施工准备阶段的质量控制是指项目正式施工活动开始前，对项目施工各项准备工作及影响项目质量的各因素和有关方面进行的质量控制。

1) 技术资料、文件准备的质量控制

① 施工项目所在地的自然条件及技术经济条件调查资料

具体收集的资料包括：地形与环境条件、地质条件、地震级别、工程水文地质情况、气象条件以及当地水、电、能源供应条件、交通运输条件和材料供应条件等。

② 施工组织设计

对施工组织设计要进行两方面的控制：一是在选定施工方案后，在制定施工进度时，必须考虑施工顺序、施工流向以及主要是分部分项工程的施工方法、特殊项目的施工方法和技术措施；二是在制定施工方案时，必须进行技术经济比较，使施工项目满足符合性、有效性和可靠性要求，不仅使得施工工期短、成本低，还要达到安全生产、效益提高的经济质量效益。

③ 工程测量控制资料

施工现场的原始基准点、基准线、参考标高及施工控制网等数据资料，是施工之前进行质量控制的基础，这些数据资料是进行工程测量控制的重要内容。

2）设计交底和图纸审核的质量控制

① 设计交底

工程施工前，由设计单位向施工单位有关技术人员进行设计交底，其主要内容包括：

a. 设计意图，包括设计思想、设计方案比较、基础处理方案、结构设计意图、设备安装和调试要求、施工进度安排等。

b. 施工注意事项，包括对基础处理的要求，对建筑材料的要求，采用新结构、新工艺的要求，施工组织和技术保证措施等。

交底后，由施工单位提出图纸中的问题和疑点，并结合工程特点提出要解决的技术难题。经双方协商研究，拟定出解决办法。

② 图纸审核

图纸审核是设计单位和施工单位进行质量控制的重要手段，也是使施工单位通过审查熟悉设计图纸，明确设计意图和关键部位的工程质量要求，发现和减少设计差错，保证工程质量的重要手段。

3）材料物资采购质量控制

采购物资应符合设计文件、标准、规范、相关法规及承包合同要求，如果项目部另有附加的质量要求，也应予以满足。对于重要物资、大批量物资、新型材料以及对工程最终质量有重要影响的物资，可由企业主管部门对可供选用的供货方进行逐个评价，并确定合格供方名单。

4）质量教育与培训

通过教育培训和其他措施提高员工的能力，增强质量和顾客意识，使员工满足所从事的质量工作对员工能力的要求。项目领导班子应着重以下几方面的培训：

① 质量意识教育。

② 充分理解和掌握质量方针和目标。

③ 质量管理体系有关方面的内容。

④ 质量保持和持续改进意识。

（2）施工作业过程质量控制

1）技术交底

按照工程重要程度，单位工程开工前，应由企业或项目技术负责人向承担施工的负责人或分包人进行全面技术交底。工程复杂、工期长的工程可分为基础、结构、装修几个阶段分别组织技术交底。各分项工程施工前，应由项目技术负责人向参加该项目施工的所有班组和配合工种进行交底。

技术交底的主要内容包括图纸交底、施工组织设计交底、分项工程技术交底和安全交底等。通过交底明确对轴线、尺寸、标高、预留孔洞、预埋件、材料规格及配合比等要求，安排工序搭接、工种配合、施工方法、进度等施工安排，明确质量、安全、节约措施。交底的形式有书面、口头、会议、挂牌、样板、示范操作等。

2) 测量控制

① 对于有关部门提供的原始基准点、基准线和参考标高等的测量控制点应做好复核工作，经审核批准后，才能进行后续相关工序的施工。

② 复测施工测量控制网。在复测施工测量控制网时，应抽检建筑方格网、控制高程的水准网点以及标桩埋设位置等。

3) 材料控制

① 对供货方质量保证能力进行评定；

② 建立材料管理制度，减少材料损失、变质；

③ 对原材料、半成品和构配件进行标识；

④ 加强材料检查验收；

⑤ 发包人提供的原材料、半成品、构配件和设备的检查验收；

⑥ 材料质量抽样和检验方法控制；

4) 机械设备控制

施工项目上所使用的机械设备应根据项目特点和工程需要，合理选择其使用形式。机械设备的使用形式包括自行采购、租赁、承包和调配等。

合理使用机械设备，应贯彻人机固定原则，实行定机、定人、定岗位责任的"三定"制度。要合理划分施工段，组织好机械设备的流水施工。要做好机械设备的综合利用，充分发挥机械效率。

机械设备的保养。保养分为例行保养和强制保养。例行保养的主要内容：有保持机械的清洁、检查运转情况、防止机械腐蚀和按技术要求润滑等。强制保养是按照一定周期和内容分级进行保养。

5) 环境控制

影响施工项目质量的环境因素包括工程技术环境、工程管理环境和劳动环境的控制。

6) 计量控制

施工中的计量工作，包括施工生产时的投料计量、施工测算监测计量以及对项目、产品或过程的测试、检验和分析计量等。

7) 工序控制

工序质量是指工序过程的质量。工序质量控制是为把工序质量的波动限制在要求的界限内所进行的质量控制活动。工序质量控制的最终目的是要保证稳定地生产合格产品。

8) 特殊过程控制

特殊过程是指该施工过程或工序施工质量不易或不能通过其后的检验和试验而得到充分的验证，或者万一发生质量事故则难以挽救的施工过程。

特殊过程是施工质量控制的重点，通过设置质量控制点，抓住影响工序施工质量的主要因素进行特殊过程的强化控制。质量控制点的设置是保证施工过程质量的有力措施，也是进行质量控制的重要手段。

9) 工程变更控制

工程变更可能导致项目工期、成本以及质量的改变。对于工程变更必须进行严格的管理和控制。当工程变更发生时，应对其进行严格的跟踪管理和控制。

10）成品保护

成品保护的措施主要有：

① 护：护就是提前保护，防止对成品的污染及损伤；

② 包：包就是进行包裹，防止对成品的污染及损伤；

③ 盖：盖就是表面覆盖，防止堵塞、损伤；

④ 封：封就是局部封闭。

(3) 施工验收质量控制

1）施工质量验收标准

建筑工程施工质量验收应根据《建筑工程施工质量验收统一标准》GB 50300—2013规定进行。

2）最终质量检验和试验

单位工程质量验收也称质量竣工验收，是建筑工程投入使用前的最后一次验收，也是最重要的一次验收。验收合格的条件有以下五个方面：

① 构成单位工程的各分部工程应验收合格。

② 有关的质量控制资料应完整。

③ 涉及安全、节能、环境保护和主要使用功能的分部工程检验资料应复查合格，资料复查要全面检查其完整性，不得有漏检缺项。

④ 对主要使用功能应进行抽查。抽查检验结果应符合有关专业验收规范的规定。

⑤ 观感质量应通过验收。

2. 施工项目进度控制措施

(1) 编制进度计划

施工单位的进度计划包括：施工准备工作计划、施工总进度计划、单位工程施工进度计划及分部分项工程进度计划。

1）施工准备工作计划。

施工准备工作的主要任务是为建设工程的施工创造必要的技术和物资条件，统筹安排施工力量和施工现场。应根据各项施工准备工作的内容、时间和人员，编制施工准备工作计划。

2）施工总进度计划。

施工总进度计划是根据施工部署中施工方案和工程项目的开展程序，对整个工程项目中所有单位工程做出时间上的安排。其目的在于确定各单位工程及整个工程项目施工期限及开、竣工日期，进而确定施工现场劳动力、材料、成品、半成品、施工机械的需要数量和调配情况，以及现场临时设施的数量、水电供应量和能源、交通需求量。

3）单位工程施工进度计划。单位工程施工进度计划是在既定施工方案的基础上，根据规定的工期和各种资源供应条件，遵循各施工过程的合理施工顺序，对单位工程中的各施工过程做出时间和空间上的安排，并以此为依据，确定施工作业所需的劳动力、施工机具和材料供应计划。

4）分部分项工程进度计划。分部分项工程进度计划是针对工程量较大或施工技术比较复杂的分部分项工程，在依据工程具体情况所制定的施工方案的基础上，对其各施工过程做出的时间安排。

施工进度计划表示方法有多种，常用的有横道图和网络图两种方法。

(2) 施工项目进度控制措施

为了实施进度控制，项目经理部必须根据建设工程的具体情况，认真制定进度控制措施，以确定建设工程控制目标的实现。进度控制的措施主要包括组织措施、管理措施、经济措施和技术措施。

1) 组织措施

施工进度控制的组织措施主要包括：

① 建立进度控制目标体系。组织是目标能否实现的决定性因素，为了实现项目进度目标，应充分重视健全项目管理的组织体系。进度控制组织体系如图5-6所示。

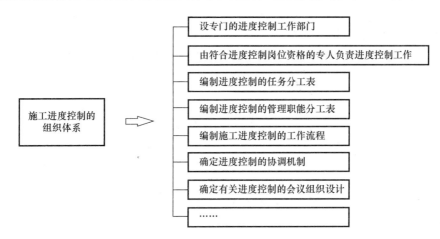

图5-6 进度控制的组织体系

② 建立工程进度报告制度及信息沟通网络。

③ 建立工程进度计划审核制度和进度计划实施中的检查分析制度。

④ 编制施工进度的工作流程，如：定义施工进度计划系统（由多个相互关联的施工进度计划组成的系统）的组成，各类进度计划的编制程序、审批程序和计划调整等。

⑤ 进行有关进度控制会议的组织设计，明确下列内容：会议的类型，各类会议的主持人和参加单位及人员，各类会议的召开时间，各类会议文件的整理、分发和确认等。保证会议起到实效。建立图纸审查、工程变更和设计变更管理制度。

2) 管理措施

施工进度控制的管理措施涉及管理的思想、管理的方法、管理的手段、承发包模式、合同管理和风险管理等。在理顺组织的前提下，科学和严谨的管理十分重要。

① 更新施工进度控制管理观念：进度计划系统观念、动态控制的观念、多方案比较和选优的观念。

② 应用工程网络计划的方法编制进度计划实现进度控制的科学化。

③ 应选择合理的合同结构，以避免过多的合同交接而影响工程的进展。

④ 应注意分析影响工程进度的风险，采取风险管理措施，以减少进度失控的风险量。常见的影响工程进度的风险有组织风险、管理风险、合同风险、资源（人力、物力和财力）风险、技术风险等。

⑤ 应重视信息技术（包括相应的软件、局域网、互联网以及数据处理设备等）在进度控制中的应用。

3）经济措施

施工进度控制的经济措施涉及工程资源需求计划和加快施工进度的经济激励措施等。通过资源需求的分析，可发现所编制的计划实现的可能性，若资源条件不具备，则应调整进度计划。

在编制工程成本计划时，应考虑加快工程进度所需要的资金，其中包括为实现施工进度目标将要采取的经济激励措施所需的费用。

4）技术措施

施工进度控制的技术措施涉及对实现施工进度目标有利的设计技术和施工技术的选用。

不同的设计理念、设计方案、设计技术路线对工程进度都会产生不同的影响，在工程进度受阻时，应分析是否存在设计技术的影响因素，为了实现进度目标，研究一下是否有设计变更的必要和是否有可能变更。

（3）施工进度的检查

跟踪检查施工实际进度是分析施工进度、调整施工进度的前提。其目的是收集实际施工进度的有关数据。跟踪检查的时间、方式、内容和收集数据的质量，将直接影响控制工作的质量和效果。

施工项目进度的比较分析常用的方法有：

1）横道图记录比较法。横道图记录比较法是把在项目施工中检查实际进度收集的信息，经整理后直接用横道线并列标于原计划的横道线一起，进行直观比较的一种方法。这种方法简明直观，编制方法简单，使用方便，是人们常用的方法。

2）列表比较法。当采用无时间坐标网络计划时，也可以采用列表比较法。即根据记录检查时，将正在进行的工作名称和已进行的天数列于表内，然后在表上计算有关参数，再依据原有总时差和尚有总时差判断实际进度与计划进度的差别，以及分析对后期工作及总工期的影响程度。

3）S形曲线比较法。S形曲线比较法是在一个以横坐标表示进度时间，纵坐标表示累计完成任务量的坐标体系上，首先按计划时间和任务量绘制一条累计完成任务量的曲线（即S形曲线），然后将施工进度中各检查时间时的实际完成任务量也绘在此坐标上，并与S形曲线进行比较的一种方法。如图5-7所示。

4）香蕉形曲线比较法。香蕉形曲线实际上是两条S形曲线组合成的闭合曲线，如图5-8所示，由于这两条曲线形成一个形如香蕉的曲线，故称此为香蕉型曲线。只要实际完成量曲线在两条曲线之间，则不影响总的进度。

5）前锋线比较法。当工程项目的进度计划用时标网络计划表达时，还可以用实际进度前锋线进行实际进度与计划进度的比较。凡前锋线与工作箭线的交点在检查日期的右侧，表示提前完成计划进度；若其点在检查日期的左侧，表示进度拖后；若其点与检查日期重合，表示工作实际进度与计划进度一致。

（4）施工项目进度计划的调整

分析偏差影响程度的具体分析步骤如下：

1）分析出现进度偏差的工作是否为关键工作。若出现偏差的工作为关键工作，则无论偏差大小,均会影响后续工作及总工期,必须采取相应的调整措施。若出现偏差的工作不为关键工作,则需要进一步根据偏差值与总时差和自由时差进行比较分析,才能确定对后续工作和总工期的影响程度。

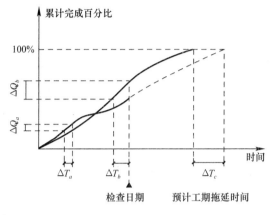

图 5-7　S形曲线比较图　　　　图 5-8　香蕉形曲线比较图

2) 分析进度偏差是否大于总时差。若偏差值大于总时差,说明此工作的偏差必将影响后续工作和总工期,因此必须采取措施进行调整。若偏差值小于该工作的总时差,说明此偏差对总工期无影响,但它对后续工作的影响程度,尚需分析此偏差与自由时差的大小关系才能确定。

3) 分析进度偏差是否大于自由时差。若工作的进度偏差大于该工作的自由时差,说明此偏差必然对后续工作产生影响,应该如何调整,应根据后续工作的允许影响程度而定。若工作的进度偏差小于该工作的自由时差,说明此偏差对后续工作不产生影响,则不必对原计划调整。

3. 施工项目成本控制措施

(1) 编制成本计划

1) 成本计划的类型

对于一个施工项目而言,其成本计划是一个不断深化的过程。在这一过程的不同阶段形成深度和作用不同的成本计划,按其作用可分为三类。

① 竞争性成本计划。即工程项目投标及签订合同阶段的估算成本计划,在投标报价过程中,虽也着力考虑降低成本的途径和措施,但总体上较为粗略。

② 指导性成本计划。即选派项目经理阶段的预算成本计划,是项目经理的责任成本目标。它是以合同标书为依据,按照企业的预算定额标准制定的设计预算成本计划,且一般情况下只是确定责任总成本指标。

③ 实施性计划成本。即项目施工准备阶段的施工预算成本计划,它以项目实施方案为依据,落实项目经理责任目标为出发点,采用企业的施工定额通过施工预算的编制而形成的实施性施工成本计划。

2) 成本计划的编制

① 按施工项目成本组成编制施工项目成本计划

施工项目成本可以按成本构成分解为人工费、材料费、施工机具使用费、措施费和间接费。

② 按子项目组成编制施工项目成本计划

大中型的工程项目通常是由若干单项工程构成的,而每个单项工程包括了多个单位工程,每个单位工程又是由若干个分部分项工程构成。因此,首先要把项目总施工成本分解到单项工程和单位工程中,再进一步分解为分部工程和分项工程。

③ 按工程进度编制施工项目成本计划

编制按时间进度的施工成本计划,通常可利用控制项目进度的网络图进一步扩充而得。即在建立网络图时,一方面确定完成各项工作所需花费的时间,另一方面同时确定完成这一工作的合适的施工成本支出计划。

(2) 施工项目成本核算

施工成本一般以单位工程为成本核算对象,但也可以按照承包工程项目的规模、工期、结构类型、施工组织和施工现场等情况,结合成本管理要求,灵活划分成本核算对象。施工成本核算的基本内容包括:

1) 人工费核算;

2) 材料费核算;

3) 周转材料费核算;

4) 结构件费核算;

5) 机械使用费核算;

6) 措施费核算;

7) 分包工程成本核算;

8) 间接费核算;

9) 项目月度施工成本报告编制。

(3) 施工项目成本控制措施

为了取得施工项目成本管理的理想成果,应当从多方面采取措施实施管理,通常可以将这些措施归纳为组织措施、技术措施、经济措施、合同措施等4个方面。

1) 组织措施

组织措施是从施工成本管理的组织方面采取的措施,如实行项目经理责任制,落实施工成本管理的组织机构和人员,明确各级施工成本管理人员的任务和职能分工、权利和责任,编制本阶段施工成本控制工作计划和详细的工作流程图等。施工成本管理不仅是专业成本管理人员的工作,各级项目管理人员都负有成本控制责任。组织措施是其他各类措施的前提和保障,而且一般不需要增加什么费用,运用得当可以收到良好的效果。

2) 技术措施

技术措施不仅对解决施工成本管理过程中的技术问题是不可缺少的,而且对纠正施工成本管理目标偏差也有相当重要的作用。因此,运用技术纠偏措施的关键,一是要能提出多个不同的技术方案,二是要对不同的技术方案进行技术经济分析。在实践中,要避免仅从技术角度选定方案而忽视对其经济效果的分析论证。

3) 经济措施

经济措施是最易为人接受和采用的措施。管理人员应编制资金使用计划,确定、分解施工成本管理目标。对施工成本管理目标进行风险分析,并制定防范性对策。通过偏差原因分析和未完工程施工成本预测，可发现一些潜在的问题将引起未完工程施工成本的增加，对这些问题应以主动控制为出发点，及时采取预防措施。由此可见，经济措施的运用绝不仅仅是财务人员的事情。

4）合同措施

成本管理要以合同为依据，因此合同措施就显得尤为重要。对于合同措施从广义上理解，除了参加合同谈判、修订合同条款、处理合同执行过程中的索赔问题、防止和处理好与业主和分包商之间的索赔之外，还应分析不同合同之间的相互联系和影响，对每一个合同作总体和具体分析等。

(4) 施工项目成本控制的步骤

在确定了项目施工成本计划之后，必须定期地进行施工成本计划值与实际值的比较，当实际值偏离计划值时，分析产生偏差的原因，采取适当的纠偏措施，以确保施工成本控制目标的实现。其步骤如下：

1）比较

按照某种确定的方式将施工成本计划值与实际值逐项进行比较，以发现施工成本是否已超支。

2）分析

在比较的基础上，对比较的结果进行分析，以确定偏差的严重性及偏差产生的原因。这一步是施工成本控制工作的核心，其主要目的在于找出产生偏差的原因，从而采取有针对性的措施，减少或避免相同原因的再次发生或减少由此造成的损失。

3）预测

根据项目实施情况估算整个项目完成时的施工成本。预测的目的在于为决策提供支持。

4）纠偏

当工程项目的实际施工成本出现了偏差，应当根据工程的具体情况、偏差分析和预测的结果，采取适当的措施，以期达到使施工成本偏差尽可能小的目的。纠偏是施工成本控制中最具实质性的一步。只有通过纠偏，才能最终达到有效控制施工成本的目的。

5）检查

指对工程的进展进行跟踪和检查，及时了解工程进展状况以及纠偏措施的执行情况和效果，为今后的工作积累经验。

5.3 施工资源与现场管理

5.3.1 施工资源管理的任务和内容

1. 施工项目资源管理的概念

施工项目资源，也称施工项目生产要素，是指生产力作用于施工项目的有关要素，即投入施工项目的劳动力、材料、机械设备、技术和资金等要素。施工项目生产要素是施工项目管理的基本要素，施工项目管理实际上就是根据施工项目的目标、特点和施工条件，通过对生产要素的有效和有序地组织和管理项目，并实现最终目标。施工项目的计划和控制的各项工作最终都要落实到生产要素管理上。生产要素的管理对施工项目的质量、成本、进度和安全都有重要影响。

资源管理是对项目所需要的人力、材料、机械设备、技术和资金所进行的计划、组织、指挥、协调和控制等活动。

2. 施工项目资源管理的任务

(1) 确定资源类型及数量

具体内容包括：

1) 确定项目施工所需的各层次管理人员和各工种工人的数量；
2) 确定项目施工所需的各种物资资源的品种、类型、规格和相应的数量；
3) 确定项目施工所需的各种施工设施的定量需求；
4) 确定项目施工所需的各种来源的资金的数量。

(2) 确定资源的分配计划

包括编制人员需求分配计划、编制物资需求分配计划、编制设备和设施需求分配计划、编制资金需求分配计划。在各项计划中，明确各种施工资源的需求在时间上的分配，以及在相应的子项目或工程部位上的分配。

(3) 编制资源进度计划

资源进度计划是资源按时间的供应计划，应视项目对施工资源的需用情况和施工资源的供应条件而确定编制哪种资源进度计划。编制资源进度能合理考虑施工资源的运用，这将有利于提高施工质量，降低施工成本和加快施工进度。

(4) 施工资源进度计划的执行和动态调整

施工项目施工资源管理部能仅停留于确定和编制上述计划，在施工开始前和在施工过程中应落实和执行所编的有关资源管理的计划，并视需要对其进行动态的调整。

3. 施工项目资源管理的过程

项目资源管理的全过程包括编制计划、配置、控制和处置四个环节。

(1) 编制计划

按照业主需要和合同工期要求，编制资源的优化配置计划，确定各种资源的投入数量、投入时间，以满足施工项目实施进度的需要。

(2) 配置

配置是指按照编制的计划，从资源的供应、投入到项目实施，保证项目需要。优化是资源管理目标的计划预控，通过项目管理实施规划和施工组织设计予以实现，包括资源的合理选择、供应和使用。配置要遵循资源配置自身的经济规律和价值规律，更好地发挥资源的效能，降低成本。

(3) 控制

应根据每种资源的特性，采取科学的措施，进行动态配置和组合，协调投入，合理使用，不断纠正偏差以尽可能少的资源满足项目要求，达到节约资源的目的。

(4) 处置

处置是根据各种资源投入，在使用和产出核算的基础上，进行使用效果分析，一方面对管理效果进行总结，找出经验和问题，评价管理活动；另一方面又管理提供反馈信息，以指导下一阶段的管理工作，并持续改进。

4. 施工项目资源管理的程序

项目资源管理应按程序实现资源优化配置和动态控制，其目的是为了降低项目成本，提高效益。资源管理应遵循下列程序：

(1) 按合同要求，编制资源配置计划，确定投入资源的数量与时间。

(2) 根据资源配置计划，做好各种资源的供应工作。

(3) 根据各种资源的特性，采取科学的措施，进行有效组合、合理投入、动态调控。

(4) 对资源投入和使用情况定期分析，找出问题，总结经验并持续改进。

5. 施工项目资源管理的内容

(1) 人力资源管理

人力资源是指推动经济和社会发展的体力和脑力劳动者，在施工项目中包括不同层次的管理人员和各种工人。施工项目人力资源管理是项目的组织对该项目的人力资源进行科学的计划、适当的培训、合理的配置、准确的评估和有效的激励等方面的一系列管理工作。

当前，我国在建筑业企业中设置劳务分包企业序列，施工总承包企业和专业承包企业的作业人员按合同由劳务分包公司提供。劳动力管理主要依靠劳务分包公司，项目经理部协助管理。施工项目中的劳动力，关键在使用，使用的关键在提高效率，提高效率的关键是如何调动职工的积极性，调动积极性的最好办法是加强思想政治工作和利用行为科学，从劳动力个人的需要与行为的关系的观点出发，进行恰当的激励。

1) 人力资源的特征

人力资源是一种特殊而又重要的资源，是各种生产要素中最具活力的要素，也是起决定性作用的要素。其特征如下：

① 生物性。与其他资源不同，人力资源属于人类自身所有，存在于人体中的一种"活"的资源，与人的生理特征、遗传基因等密切相关，具有生物性。

② 时代性。人力资源数量、质量和人力资源素质的提高，即人力资源的形成受时代条件的制约，具有时代性。

③ 能动性。人力资源的能动性是体力与智力的结合，具有主观能动性，具有不断开发的潜力。

④ 两重性。两重性是指人力资源具有生产性，又具有消费性。

⑤ 时效性。时效性是指人力资源长期不使用就会荒废和退化。

⑥ 连续性。人力资源开发的连续性是指人力资源是连续进行开发的资源，不仅人力资源的使用过程是一个开发的过程，培训、积累和创造也是一个开发的过程。

⑦ 再生性。人力资源是一个可以再生的资源，通过人口总体内的各个个体的不断替换更新和劳动力的"消耗—生产—再消耗—再生产"的过程实现其再生。人力资源的再生性除受生物规律支配外，还受到人类自身的意识、意志的支配、人类文明发展活动的影响，新技术革命的制约。

2) 人力资源计划

为了完成生产任务，履行施工合同，保证工程项目的施工期限、质量和安全，同时加强对人力资源的管理，应编制人力资源管理计划，按有关定额指标，根据工程项目的数量、质量和工期的需要合理安排人力资源的数量和质量，争取做到科学合理、平衡协调。

① 人力资源需求计划

确定工程项目人力资源的需要量，是人力资源管理计划中的重要组成部分，它不仅决定人力资源的招聘、培训计划，而且直接影响其他管理计划的编制。

人力资源需求计划要紧紧围绕施工项目总进度计划的实施进行编制。因为总进度计划决定了各个单项工程的施工顺序及人数，它是经过组织流水作业，去掉劳动力高峰及低谷，反复进行综合平衡以后得出的劳动力需要量计划，反映了计划期内应调入、补充、调出的各种人员变化情况。

人力资源需求计划编制的步骤是：确定劳动效率、确定劳动力投入量、确定整个项目的劳动力投入曲线、确定现场其他人员的使用计划。

劳动效率通常用"产量/单位时间"或"工时消耗量/单位工程量"来表示，是劳动力需求计划编制的重要前提，只有确定了劳动力的劳动效率，才能制订出科学合理的计划。

② 人力资源配置计划

人力资源配置包括人力资源的合理选择、供应和使用。项目的人力资源配置包括市场资源，也包括内部资源。人力资源配置计划应根据组织发展计划和组织工作方案，结合人力资源核查报告进行制定。

人力资源配置计划编制内容：

a. 根据工程类型和生产过程特点，制定工作时间、工作制度和工作班次方案。

b. 根据精干、高效的原则和劳动定额，提出各岗位所需配备的人员数量。

c. 确定各类人员应具备的劳动技能和文化素质。

d. 测算职工的工资和福利费用。

e. 测算劳动生产率。

f. 确定项目管理人员和技术人员的选聘方案。

人力资源配置计划编制方法：

a. 按设备计算定员，根据机器设备的数量、工人操作设备定额和生产班次等确定。

b. 按劳动定额定员，根据生产任务量，按劳动定额确定人员数量。

c. 按岗位计算定员，根据设备操作岗位和每个岗位需要的工人数确定。

d. 按比例计算定员，按生产工人数量的比例计算所需服务人员数量。

e. 按组织机构职责范围、业务分工计算管理人员的人数。

③ 人力资源培训计划

为保证人力资源的使用，在使用前还必须进行人力资源的招聘、调遣和培训工作，工程完工或暂时停工时必须解聘或调到其他工地工作。为此，必须按照实际需要和环境等因素确定培训和调遣时间的长短，及早安排招聘，并签订劳务合同或者劳务分包合同。

人力资源培训计划是人力资源管理计划的重要组成部分。人力资源培训计划的内容应包括培训目标、培训方式、培训时间、各种形式的培训人数、培训经费和师资保证等。

④ 人力资源激励计划

采用激励手段可以提高产量和生产效率，达到经济地实现项目目标的目的。激励的方式有行为激励和经济激励，在工程项目中，行为激励虽然可以创造出健康的工作环境，但经济激励却可以使参与者直接受益。

3）人力资源优化配置

人力资源优化配置的要求

对人力资源优化配置时，应以精干高效、双向选择、治懒劣汰，竞争择优为原则，同时还需要满足以下要求：

a. 数量合适。根据工程量的大小和合理的劳动定额并结合施工工艺和工作面的大小确定劳动者的数量。要做到在工作时间内能满负荷工作，防止"三个人的活，五个人干"的现象。

b. 结构合理。所谓结构合理是指在劳动力组织中的知识结构、技能结构、年龄结构、体能结构、工种结构等方面，与所承担生产经营任务的需要相适应，能满足施工和管理的需求。

c. 素质匹配。主要是指劳动者的素质结构与物质形态的技术结构相匹配；劳动者的技能素质与所操作的设备、工艺技术的要求相适应；劳动者的文化程度、业务知识、劳动技能、熟练程度和身体素质等，能胜任所担负的生产和管理工作。

d. 协调一致。指管理者与被管理者、劳动者之间，相互支持、相互协作、相互尊重，形成具有很强凝聚力的劳动群体。

e. 效益提高。这是衡量劳动力组织优化的最终目标，一个优化的劳动力组织不仅在工作上实现满负荷、高效率，更重要的是要提高经济效益。

4）劳动力的动态管理

动力的动态管理是指根据生产任务和施工条件的变化对劳动力进行跟踪平衡与协调，以解决劳务失衡、劳务与生产要求脱节等问题的动态过程，其目的是实现劳动力动态的优化组合。

劳动力的动态管理是项目经理部的一项重要职责，其内容包括：

① 对施工现场的劳动力进行跟踪平衡，进行劳动力补充与削减，向企业劳动管理部门提出申请计划。

② 按计划在项目中分配劳务人员，并向作业班组下达施工任务书。

③ 解决施工要求与劳动力数量、工种、技术能力、相互配合等现状矛盾，尤其要解决农忙时劳动力不足的问题。

④ 进行工作考核，并按合同支付劳务报酬、兑现奖惩。

劳动力动态管理的原则是：以进度计划与劳务合同为依据，以动态平衡和日常调度为手段，以达到劳动力优化组合和充分调动作业人员的积极性为目的。

（2）材料管理

建筑材料按在生产中的作用可分为主要材料、辅助材料和其他材料。其中主要材料指在施工中被直接加工，构成工程实体的各种材料，如钢材、水泥、木材、砂、石等。辅助材料指在施工中有助于产品的形成，但不构成实体的材料，如促凝剂、脱模剂、润滑物等。其他材料指不构成工程实体，但又是施工中必需的材料，如燃料、油料、砂纸、棉纱等。另外，还有周转材料（如脚手架材、模板材等）、工具、预制构配件、机械零配件等。建筑材料还可以按其自然属性分类，包括金属材料、硅酸盐材料、电器材料、化工材料等。施工项目材料管理的重点在现场、使用、节约和核算。

1) 材料需求计划

材料需求计划是根据工程项目设计文件及施工组织设计编制的,反映完成施工项目所需的各种材料品种、规格、数量和时间要求,是编制其他各项计划的基础。

材料需求计划一般包括整个项目的需求计划和各计划期的需求计划,准确确定材料需用量是编制材料计划的关键。材料需求计划是编制其他各类材料计划的基础,是控制材料供应量和供应时间的依据。但是,材料往往不是一次性采购齐的,需分期分次进行。因此,材料需用计划也相应划分为材料总需求计划和材料计划期(季、月)需求计划。

根据不同的情况,可分别采用直接计算法或间接计算法确定材料需用量。

① 直接计算法:对于工程任务明确,施工图纸齐全,可直接按施工图纸计算出分部分项工程实物量,套用相应的材料消耗定额,逐条逐项计算各种材料的需用量,然后汇总编制材料需用计划,再按施工进度计划分期编制各期材料需用计划。

② 间接计算法:工程任务已经落实,但设计尚未完成,技术资料不全,不能直接计算需要量,为了事先做好备料工作,采用间接计算法,估算材料量,当图纸资料具备后再计算调整各种材料用量。间接计算法主要有:概算指标法、比例计算法、类比计算法、经验估计法。

2) 材料需求计划的编制步骤

年度计划是物资部门根据企业年初制定的方针目标和年度施工计划,通过套用现行的消耗定额编制年度物资供应计划,是企业控制成本,编制资金计划和考核物资部门全年工作的主要依据。

季度计划是年度计划的滚动计划和分解计划。

月度需求计划也称为备料计划,是由项目技术部门依据施工方案和项目月度计划编制的下月备料计划,也可以说是年、季度计划的滚动计划,多由项目技术部门编制,经项目总工审核后报项目物资管理部门。

材料计划编制步骤大致如下:

第一步,了解企业年度方针目标和本项目全年计划目标。

第二步,了解工程年度的施工计划。

第三部,根据市场行情,套用企业现行定额,编制年度计划。

第四步,根据年度计划,编制材料备料季度或月度计划。

3) 材料使用和供应计划

材料使用计划是材料供应部门根据材料需用计划,材料库存情况及合理储备等要求,经综合平衡后制定的,是指导材料订货、采购等活动的计划。它是组织、指导材料供应与管理业务活动的具体行动计划。主要反映施工项目所需材料的来源,如需向国家申请调拨,还是向市场购买等。

材料使用计划即各类材料的实际进场计划,是项目材料管理部门组织材料采购、加工定货、运输、仓储等材料管理工作的行动指南,是根据施工进度和材料的现场加工周期所提出的最晚进场计划。

材料供应计划是在确定计划需用量的基础上,预计各种材料的期初存储量、期末储备量,经过综合平衡后,计算出材料的供应量,然后再进行编制。材料供应量等于材料需用量加期末储备量减期初库存量。

4）材料管理控制

① 材料计划管理。包括材料需要量总计划、年计划、季度计划、月度计划等制定和实施。

② 材料供应单位选择。为了保证材料的合格，确保工程质量，要对生产厂家及供货单位进行资格审查，内容包括营业执照、生产许可证、产品鉴定证书；完善的检测手段和试验机构，可提供产品合格证和材质证明；生产情况、经济实力等。

③ 订立材料采购合同，主要包括合同主要条款、材料供应合同内容、合同签订后的管理。

④ 材料出厂或进场验收。主要包括验收准备、质量验收、数量验收等。

⑤ 材料的储存管理。主要包括库房要求、材料的存放管理规定。

⑥ 材料使用管理。包括材料领发、限额领料。

⑦ 不合格品处理。进场验收质量不合格时，可以拒收，并通知上级供应部门进行处理。

(3) 机械设备管理

施工项目的机械设备，主要是指作为大型工具使用的大、中、小型机械，既是固定资产，又是劳动手段。施工项目机械设备管理的环节包括选择、使用、保养、维修、改造、更新。其关键在使用，使用的关键是提高机械效率，提高机械效率必须提高利用率和完好率。利用率的提高靠人，完好率的提高在于保养与维修。

1) 机械设备计划

施工机械设备的需求计划主要用于确定施工机具设备的类型、数量、进场时间，可据此落实施工机具设备来源、组织进场。

2) 机械设备使用计划

项目经理部应根据工程需要编制机械设备使用计划，报组织领导或组织有关部审批，其编制依据是工程施工组织设计。施工组织设计包括工程的施工方案、方法、措施等。同样的工程采用不同的施工方法、生产工艺及技术安全措施，选配的机械设备也不同。因此编制施工组织设计，应在考虑合理的施工方法、工艺、技术安全措施时，同时考虑用什么设备去组织生产，才能最合理、最有效地保证工期和质量，降低生产成本。

机械设备使用计划一般由项目经理部机械管理员负责编制。中、小型设备机械一般由项目经理部主管经理审批。大型设备经主管项目经理审批后，报组织有关职能部门审批，方可实施运作。租赁大型起重机械设备，主要考虑机械设备配置的合理性（是否符合使用、安全要求）以及是否符合资质要求（包括租赁企业、安装设备组织的资质要求，设备本身在本地区的注册情况及年检情况、操作设备人员的资格情况等）。

3) 机械设备的使用管理

① 机械设备的优化配置。设备选择配置要力求少而精，做到生产上适用、技术性能先进、安全可靠、设备状况稳定、经济合理和能满足施工要求。

② 机械选用质量控制。机械设备选用，应着重从机械设备的选型、机械设备的主要性能参数和机械设备的使用操作要求等方面控制。

③ 机械设备的安全管理。制定机械设备安全使用管理制度，加强机械操作工的培训教育和持证上岗管理。机械设备的使用过程中加强巡查，发现问题及时处理。强化机械保

养制度并责任落实到人。

④ 机械设备的成本核算。对台班完成产量、消耗燃油电力等，做好基础资料收集，对机械设备的使用进行评估。

⑤ 机械设备的合理使用。实行操作证制度，人机固定，定时保养，合理使用，建立机械设备使用管理制度。

（4）技术管理

施工项目技术管理，是对各项技术工作要素和技术活动过程的管理。技术工作要素包括技术人才、技术装备、技术规程、技术资料等。技术活动过程指技术计划、技术运用、技术评价等。技术作用的发挥，除决定于技术本身的水平外，极大程度上还依赖于技术管理水平。没有完善的技术管理，先进的技术是难以发挥作用的。

施工项目技术管理的任务有四项：

1）正确贯彻国家和行政主管部门的技术政策，贯彻上级对技术工作的指示与决定；

2）研究、认识和利用技术规律，科学地组织各项技术工作，充分发挥技术的作用；

3）确立正常的生产技术秩序，进行文明施工，以技术保证工程质量；

4）努力提高技术工作的经济效果，使技术与经济有机地结合。

（5）资金管理

施工项目的资金，是一种特殊的资源，是获取其他资源的基础，是所有项目活动的基础。资金管理主要有以下环节：编制资金计划，筹集资金，投入资金（施工项目经理部收入），资金使用（支出），资金核算与分析。施工项目资金管理的重点是收入与支出的问题，收支之差涉及核算、筹资、贷款、利息、利润、税收等问题。

1）资金支出计划

主要包括：

① 人工费支付计划；

② 材料费支付计划；

③ 设备费支付计划；

④ 分包工程款支付计划；

⑤ 现场管理费支付计划；

⑥ 其他费支付计划。包括上级管理费、保险费、利息等各种其他开支。

2）资金收入计划

资金收入计划即业主工程款支付计划，它与工程进度和合同确定的付款方式有关。主要包括：

① 业主支付的工程预付款。该款在以后工程进度款中按一定比例扣除。

② 工程进度款。

③ 工程竣工结算款。

④ 工程保修金。

3）资金管理计划

项目经理部应编制年、季、月进度资金管理计划，上报企业主管部门审批实施。包括资金支出计划和资金收入计划。

5.3.2 施工现场管理的任务和内容

现场是指从事工程施工活动经批准占用的施工场地。它既包括红线以内占用的建筑用地，又包括红线以外现场附近经批准占用的临时施工用地。施工现场管理就是运用科学的思想、组织、方法和手段，对施工现场的人、设备、材料、工艺、资金等生产要素，进行有计划地组织、控制、协调、激励，来保证预定目标的实现。

1. 现场管理的基本规定

（1）项目经理部应在施工前了解经过施工现场的地下管线，标出位置，加以保护。施工时发现文物、古迹、爆炸物、电缆等，应当立即停止施工，保护现场，及时向有关部门报告，并按照规定处理。

（2）施工中需要停水、停电、封路而影响环境时，应经有关部门批准，事先告示。在行人、车辆通过的地方施工，应当设置沟、井、坎、洞覆盖物和标志。

（3）项目经理部应对施工现场的环境因素进行分析，对于可能产生的污水、废气、噪声、固体废弃物等污染源采取措施，进行控制。建筑垃圾和渣土应堆放在指定地点，定期进行清理。装载建筑材料、垃圾或者渣土的运输机械，应采取防止尘土飞扬、洒落或者流溢的有效措施。施工现场应根据需要设置机动车辆冲洗装置，冲洗污水应进行处理。

（4）除有符合规定的装置外，不得在施工现场熔化沥青和焚烧油毡、油漆，亦不得焚烧其他可产生有毒有害烟尘和恶臭气味的废弃物。项目经理部应按规定有效地处理有毒有害物资。禁止将有毒有害废弃物现场回填。

（5）施工现场的场容管理应符合施工平面图设计的合理安排和物料器具定位管理标准化的要求。

（6）项目经理部应依据施工条件，按照施工总平面图、施工方案和施工进度计划的要求，认真进行所负责区域的施工平面图的规划、设计、布置、使用和管理。

（7）现场的主要机械设备、脚手架、密封式安全网与围挡、模具施工临时道路、各种管线、施工、施工材料制品堆场及仓库、土方及建筑垃圾堆放区、变配电间、消火栓、警卫室、现场的办公、生产和生活临时设施等的布置，均应符合施工平面图的要求。

（8）现场入口处的醒目位置，应公示下列内容：
1）工程概况；
2）职业健康安全纪律；
3）防火须知；
4）职业健康安全生产与文明施工规定；
5）施工平面图；
6）项目经理部组织机构图和主要管理人员名单。

（9）施工现场周边应按当地有关要求设置围挡和相关的职业健康安全预防设施。危险品仓库附近应有明显的标志及围挡设施。

（10）施工现场应设置畅通的排水沟系统，保持场地道路的干燥坚实。施工现场的泥浆和污水未经处理不得直接排放。地面宜做硬化处理。有条件时，可对施工现场进行绿化布置。

2. 施工现场管理的任务

施工现场管理的任务，具体可以归纳为以下几点：

(1) 全面完成生产计划规定的任务，含产量、产值、质量、工期、资金、成本、利润和安全等。

(2) 按施工规律组织生产，优化生产要素的配置，实现高效率和高效益。

(3) 搞好劳动组织和班组建设，不断提高施工现场人员的思想和技术素质。

(4) 加强定额管理，降低物料和能源的消耗，减少生产储备和资金占用，不断降低生产成本。

(5) 优化专业管理，建立完善管理体系，有效地控制施工现场的投入和产出。

(6) 加强施工现场的标准化管理，使人流、物流高效有序。

(7) 治理施工现场环境，改变"脏、乱、差"的状况，注意保护施工环境，做到施工不扰民。

3. 施工现场管理标准化

(1) 施工现场管理标准化的概念

开展现场管理标准化的内涵是动员全体职工，围绕项目施工全过程的一切工作内容和目的，依据国家（行业）和企业制定的各种有关标准和规定而开展的规范化、制度化的现场管理活动，是在施工现场具体实施、落实各种既定标准的工作。推行这一活动，应引用全面质量管理基本思想中的"三全"法，即"全面"、"全过程"和"全员"。

"全面"。就内容来讲，要求施工现场的各项管理工作都要实行标准化，包括现场布置标准化、工序作业标准化、生活办公区管理标准化、经济核算和现场分区责任标准化等。

"全过程"。就空间和时间而言，是整体的和有始有终的。即在一个工程项目中，从上到下、从左到右的各个岗位的各项工作都要实行标准化管理；从开工到竣工的各分部分项、各个环节都要实行标准化管理。

"全员"。全体人员都投入到标准化工作中去，做到人人了解、人人支持、人人参与，在各自的岗位上开展标准化工作，体现每个人既是标准的制定者，也是标准的执行者。

(2) 施工现场的主要标准

1) 技术类标准。如质量检验评定标准、施工技术规范、工序作业标准。

2) 管理类标准。如工程项目质量管理标准、现场材料管理标准、用电管理标准、施工准备管理标准等。

3) 行为类标准。如工程项目管理人员工作标准、电气焊技术工人操作标准、垂直运输设备安全操作规程等。

这些标准的具体内容，都必须结合工程项目的特点，保证国家、行业和企业的标准得以落实。如工序作业标准，规定木工支撑大型现浇混凝土模板，必须对排架底脚平面进行弹线，做到支撑纵横顺直均匀受力；钢筋工绑扎大型基础或者构件及平台布筋，必须拉麻线校直。

4. 施工现场管理的内容

(1) 规划及报批施工用地。

根据施工项目及建筑用地的特点科学规划，充分、合理使用施工现场场内占地；当场内空间不足时，应同发包人按规定向城市规划部门、公安交通部门申请，经批准后，方可使用场外施工临时用地。

（2）设计施工现场平面图。

根据建筑总平面图、单位工程施工图，拟定的施工方案、现场地理位置和环境及政府部门的管理标准，充分考虑现场布置的科学性、合理性，设计施工总平面图、单位工程施工平面图；单位工程施工平面图应根据施工内容和分包单位的变化，设计出阶段性施工平面图，并在阶段性进度目标开始实施前，通过施工协调会议确认后实施。

（3）建立施工现场管理组织。

1）项目经理全面负责施工过程中的现场管理，并建立施工项目经理部体系。

2）项目经理部应由主管生产的副经理、主任工程师以及生产、技术、质量、安全、保卫、消防、材料、环保、卫生等管理人员组成。

3）建立施工现场管理制度、管理标准、实施措施、监督办法和奖惩制度。

4）根据工程规模、技术复杂程度和施工现场的具体情况，遵循"谁生产、谁负责"的原则，建立按专业、岗位、区片划分的施工现场管理责任制，并组织实施。

5）建立现场管理例会和协调制度，通过调度工作实施的动态管理，做到经常化、制度化。

（4）建立文明施工现场

1）按照国务院及地方建设行政主管部门颁布的施工现场管理法规和规章，认真管理施工现场。

2）按审核批准的施工总平面图布置管理施工现场，规范场容。

主现场入口处应有以下标牌：

① 工程概况牌（写明工程名称、工程规模、性质、用途、结构形式，开竣工日期、发包人、设计人、承包人和监理单位的名称、施工起止年月等）。

② 安全纪律牌（安全警示标志、安全生产及消防保卫制度）。

③ 防火须知牌。

④ 安全无重大事故牌。

⑤ 安全生产、文明施工牌。

⑥ 施工总平面图。

⑦ 项目经理部组织架构及主要管理人员名单图（写明施工负责人、技术负责人、质量负责人、安全负责人、器材负责人等）。

3）项目经理部应对施工现场场容、文明形象管理做出总体策划和部署，分包人应在项目经理部指导和协调下，按照分区划块原则做好分包人施工用地场容、文明形象管理的规划。

① 现场的入口应设置大门，并标明消防入口。有横梁的大门高度应考虑起重机械的运入，也可设置成无横梁或横梁可取下的大门。入口大门以设立电动折叠门为宜。目前大多企业已设计了标准的施工现场大门作为企业的统一标志，在大门上设置有企业的标志。

② 场容管理要划分现场参与单位的责任区，各自负责所管理的场区。划分的区域应随着施工单位和施工阶段的变化而改变。

③ 现场道路应尽量布置成环形，以便于出入。施工道路的布置要尽量避开后期或地下管道的位置，防止后期工程和地下管道施工时造成道路的破坏。场内通道以及大门入口

处的上空如有障碍应设置高度标志，防止超高车辆碰撞。

④ 现场的临对围护包括周边围护和措施性围护。周边围护是指现场周围的围护，如市区工地的围护设施高度应不低于1.8m，临街的脚手架也应当设置相应的围护设施。措施性围护是指对特殊地区的围护，如危险品附近应有标志及围栏，起重机越过高压电缆应设置隔离棚。有的城市已规定塔式起重机越过场外地区时必须设安全棚。但由于场外搭设安全棚和围护比较困难，有的项目选用内爬式塔式起重机进行施工。

⑤ 施工现场应有排水措施，做到场地不积水，不积泥浆，不扬尘，保证道路干燥坚实。工地地面宜做硬化处理，如果施工项目工期较长，施工现场面积较大，且有裸露的地面，则最好种植草皮，以防起尘，影响周围空气的质量。

⑥ 现场办公室应保持整洁。办公室墙上应有明显的紧急使用的电话号码告示，包括火警、匪警、急救车、专科医院等。紧急使用的电话号码应单独张贴，禁止在上面作其他记录。施工现场设置的职工宿舍、食堂应保持清洁、卫生。

4）经常检查施工项目现场管理的落实情况，听取社会公众、近邻单位的意见，发现问题及时处理，不留隐患，避免再度发生，并实施奖惩。

5）接受政府住房城乡建设行政主管部门的考评和企业对建设工程施工现场管理的定期抽查、日常检查、考评和指导。

6）加强施工现场文明建设，展示和宣传企业文化，塑造企业及项目经理部的良好形象。要教育职工注意举动和语言的文明。特别是在市区施工时，应把服装整洁、举止文明等列入纪律教育的内容。

（5）现场环境保护

1）防大气污染措施

① 高层建筑物和多层建筑物清理施工垃圾时，要搭设封闭式专用垃圾道，采用容器吊运或将永久性垃圾道随结构安装好以供施工使用，严禁凌空随意抛撒。

② 施工现场道路采用焦渣、级配砂石、粉煤灰级配砂石、沥青混凝土或水泥混凝土等有条件的可利用永久性道路，并指定专人定期洒水清扫，形成制度，防止道路扬尘。

③ 袋装水泥、白灰、粉煤灰等易飞扬的细颗散粒材料，应库内存放。室外临时露天存放时，必须下垫上盖，严密遮盖，防止扬尘。

④ 散装水泥、粉煤灰、白灰等细颗粉状材料，应存放在固定容器（散灰罐）内。没有固定容器时，应设封闭式专库存放，并具备可靠的防扬尘措施。

⑤ 运输水泥、粉煤灰、白灰等细颗粉状材料时，要采取遮盖措施，防止沿途遗撒、扬尘。卸运时，应采取措施，以减少扬尘。

⑥ 车辆不带泥沙出现场措施。可在大门口铺一段石子，定期过筛清理；做一段水沟冲刷车轮；人工拍土，清扫车轮、车帮；挖土装车不超装；车辆行驶不猛拐，不急刹，防止撒土；卸土后注意关好车厢门；场区和场外安排人清扫洒水，基本做到不撒土、不扬尘，减少对周围环境污染。

⑦ 除设有符合规定的装置外，禁止在施工现场焚烧油毡、橡胶、皮革、树叶、枯草等以及其他会产生有毒，有害烟尘和恶臭气体的物质。

⑧ 机动车都要安装PCA阀，对那些尾气排放超标的车辆要安装净化消声器，确保不冒烟。

⑨ 工地茶炉、大灶、锅炉，尽量采用消烟除尘型茶炉、锅炉和消烟节能回风灶，烟尘降至允许排放为止。

⑩ 工地搅拌站除尘是治理的重点。有条件要修建集中搅拌站，由计算机控制进料、搅拌、输送全过程，在进料仓上方安装除尘器，可使水泥、砂、石中的粉尘降低99%以上。采用现代化先进设备是解决工地粉尘污染的根本途径。

⑪ 工地采用普通搅拌站，先将搅拌站封闭严密，尽量不使粉尘外泄，扬尘污染环境。并在搅拌机拌筒出料口安装活动胶皮罩，通过高压静电除尘器或旋风滤尘器等除尘装置将风尘分开净化，达到除尘目的。最简单易行的是将搅拌站封闭后，在拌筒的出料口上方和地上上料斗侧面装几组喷雾器喷头，利用水雾除尘。

⑫ 拆除旧有建筑物时，应适当洒水，防止扬尘。

2）防水污染措施

① 禁止将有毒、有害废弃物作土方回填。

② 施工现场搅拌站废水、现制水磨石的污水、电石（碳化钙）的污水须经沉淀池沉淀后再排入城市污水管道或河流。最好将沉淀水用于工地洒水降尘采取措施回收利用。上述污水未经处理不得直接排入城市污水管道或河流中去。

③ 现场存放油料，必须对库房地面进行防渗处理，如采用防渗混凝土地面铺油毡等。使用时，要采取措施，防止油料跑、冒、滴、漏，污染水体。

④ 施工现场100人以上的临时食堂，污染物排放时可设置简易有效的隔油池，定期掏油和杂物，防止污染。

⑤ 工地临时厕所、化粪池应采取防渗漏措施。中心城市施工现场的临时厕所可采取水冲式厕所，蹲坑上加盖，并有防蝇、灭蝇措施，防止污染水体和环境。

⑥ 化学药品、外加剂等要妥善保管，库内存放，防止污染环境。

3）防止噪声污染措施

① 严格控制人为噪声，进入施工现场不得高声喊叫、无故甩打模板、乱吹哨，限制高音喇叭的使用，最大限度地减少噪声扰民。

② 凡在人口稠密工地进行强噪声作业时，须严格控制作业时间，一般晚10点到次日早6点之间停止强噪声作业。确系特殊情况必须昼夜施工时，尽量采取降低噪声措施，并会同建设单位找当地居委会、村委会或当地居民协调，出安民告示，求得群众谅解。

③ 尽量选用低噪声设备和工艺代替高噪声设备与加工工艺。如低噪声振捣器、风机、电动空压机、电锯等。

④ 声源处安装消声器消声。即在通风机、鼓风机、压缩机、燃气轮机、内燃机及各类排气放空装置等进出风管的适当位置设置消声器。常用的消声器有阻性消声器、抗性消声器、阻抗复合消声器、穿微孔板消声器等。具体选用哪种消声器，应根据所需消声量、噪声源频率特性和消声器的声学性能及空气动力特性等因素而定。

⑤ 采取吸声、隔声、隔振和阻尼等声学处理的方法来降低噪声。

吸声：吸声是利用吸声材料（如玻璃棉，矿渣棉，毛毡，泡沫塑料，吸声砖，木丝板≥干蔗板等）和吸声结构（如穿孔共振吸声结构、微穿孔板吸声结构、薄板共振吸声结构等）吸收通过的声音，减少室内噪声的反射来降低噪声。

隔声：隔声是把发声的物体、场所用隔声材料（如砖、钢筋混凝土、钢板、厚木板、矿棉被等）封闭起来与周围隔绝。常用的隔声结构有隔声间、隔声机罩、隔声屏等。有单层隔声和双层隔声结构两种。

隔振：隔振，就是防止振动能量从振源传递出去。隔振装置主要包括金属弹簧、隔振器、隔振垫（如剪切橡胶、气垫）等。常用的材料还有软木、矿渣棉、玻璃纤维等。

阻尼：阻尼就是用内摩擦损耗大的一些材料来消耗金属板的振动能量并变成热能散失掉，从而抑制金属板的弯曲振动，使辐射噪声大幅度地消减。常用的阻尼材料有沥青、软橡胶和其他高分子涂料等。

（6）及时清场转移

施工结束后，应及时组织清场，向新工地转移。同时，组织剩余物资退场，拆除临时设施，清除建筑垃圾，按市容管理要求恢复临时占用土地。

5. 施工现场管理措施

（1）5S 活动

5S 活动是指对施工现场中各个生产要素所处的状态不断地进行整理（Seiri）、整顿（Seiton）、清扫（Seiso）、清洁（Seiketsu）、素养（Shitsuke）。因为这五个词语中罗马拼音的第一个字母都是 S，所以称为 5S。5S 活动是符合现代化大生产特点的一种科学管理方法，是提高现场管理效果的一项有效措施和手段。

整理，就是对施工现场现实存在的人、事、物进行调查分析，按照有关要求区分需要和不需要，合理和不合理，将施工现场不需要和不合理的人、事、物及时处理。

整顿，就是合理定置。在整理的基础上，将施工现场所需要的人、事、物、料等按照施工平面布置设计的位置，并根据有关法规、标准及规定，科学合理地布置堆码，使人才合理利用，物品合理布置，实现人、物、场所在空间上的最佳组合，从而达到科学施工、文明全生产、提高效率和质量的目的。

清扫，就是对施工现场的设备、场地、物品等进行维护打扫，保持现场环境卫生，干净整洁，无垃圾、无污物，并使设备运转正常。

清洁，就是维护整理、整顿、清扫，是前三项活动的继续和深入。通过清洁，消除发生事故的根源，使施工现场保持良好的施工和生活环境和施工秩序，始终处于最佳状态。

素养，就是努力提高施工现场全体人员的素质，养成遵章守纪和文明施工的习惯，这是开展 5S 活动的核心和精髓。

开展 5S 活动，要特别注意调动项目全体人员的积极性。在项目全过程，始终要做到自觉管理、自我实施和自我控制。

（2）合理定置

合理定置就是将施工现场所需的物在空间上合理布置，实现人与物、人与场所、物与场所、物与物之间的最佳配合，使施工现场秩序化、标准化和规范化，以体现文明施工水平。合理定置是现场管理的一项重要内容，是改善现场环境的一种科学的管理方法。

合理定置的主要依据是有关现场管理的法规、标准、管理办法、设计要求等；施工组织设计、自然条件、材料设备等需用量及进场计划和运输方式等。合理定置应保证施工能顺利进行，尽量减少施工用地；应尽量减少临时设施的工程量，充分利用原有建筑物及给水排水、道路、灯设施，以节省临时设施费用。应合理布施工现场的运输道路及各种材料堆放、加工场所、仓库位置，尽量使场内运输距离最短和减少二次搬运，以降低运输费用。要按照有关标准和规定，一次定置到位。要进行多方案比较，择优选择，做到有利于项目目标的实现，使人、物、场所之间最佳结合，创造良好的施工环境。

（3）目视管理

目视管理实际上就是用眼睛看的管理，也可称为"看得见的管理"。是利用形象直观、色彩适宜的各种视觉感知信息组织现场施工活动，达到提高生产效率，保证工程质量，降低工程成本的目的。

目视管理的基本特征是以视觉显示为基本手段，便于判断和监督；以公开化为基本原则，尽可能地向所有人员全面提供所需要的信息，形成一个让所有人都自觉参与完成项目目标的管理系统。目视管理形象、直观、简便、适用、透明，便于项目参与人员的自我管理和自我控制，是一种符合建筑业现代化施工要求和生理及心理需要的科学管理方法。这种方法可以贯穿于施工现场管理的各个环节之中，具有其他方法不可替代的作用。

第6章　劳动保护的相关规定

6.1　劳动保护内容的相关规定

6.1.1　工作时间、休息时间、休假制度的规定

1. 工作时间

工作时间又称劳动时间，是指法律规定的劳动者在一昼夜和一周内从事劳动的时间。工作时间有工作小时、工作日和工作周三种，其中工作日即在一昼夜内的工作时间，是工作时间的基本形式。工作时间为法律范畴，不限于实际工作时间，工作时间的范围，不仅包括作业时间，还包括准备工作时间、结束工作时间以及法定非劳动消耗时间。

工作时间是用人单位计发劳动者报酬依据之一。劳动者按照劳动合同约定的时间提供劳动，即可以获得相应的劳动报酬。

工作时间的长度由法律直接规定，或由集体合同或劳动合同直接规定。工作时间分为标准工作时间、计件工作时间和其他工作时间。

《劳动法》规定劳动者每日工作时间不超过8小时，平均每周工作时间不超过44小时，用人单位应保证劳动者每周至少休息1日。

（1）标准工作时间

标准工作时间是指法律规定的在一般情况下普遍适用的，按照正常作息办法安排的工时制度。我国《国务院关于职工工作时间的规定》中规定，职工每日工作8小时、每周工作40小时。

（2）缩短工作时间

缩短工作时间是指法律规定的在特殊情况下劳动者的工作时间长度少于标准工作时间的工时制度。目前，我国实行缩短工作时间的劳动者主要有以下几类：

1) 从事矿山井下、高山、有害有毒、特别繁重和过度紧张的体力劳动的劳动者。纺织业实行"四班三运转"的工时办法，化工业每天缩短为6或7小时，煤矿井下实行四班6小时工时制，建筑、冶炼、地质勘探、森林采伐、装卸搬运等均为繁重体力劳动，依本行业特点都实行不同程度的特殊条件下的缩短工作日。

2) 从事夜班工作的劳动者。夜班工作一般指是实行三班制的企业、单位，当日晚上10点至次日早晨6点的时间，夜班工作改变了人们的正常生活规律，增加了神经系统的负荷，工作起来比较辛苦，为此规定从事夜班工作的时间比白班减少1小时，发给夜班津贴。还有些连续生产不容间断的工作必须安排夜班，如钢铁冶炼、发电等夜班工作时间可与白班相同，但要给夜班劳动者增发夜班津贴。

3) 哺乳期女职工。哺乳未满12个月婴儿的女职工，每日在工作时间内可以哺乳两

次。一般规定，每次不得超过半小时，合计1小时算在工作时间之内。

4）对未满18岁的未成年人也实行少于8小时工作日，为保障其健康成长。

（3）不定时工作时间

不定时工作时间是指每一工作日没有固定的上下班时间限制的工作时间制度，主要针对因生产特点、工作特殊需要或职责范围的关系，无法按标准工作时间衡量或需要机动作业的职工所采用的一种工时制度。经批准实行不定时工作制的职工，不受《劳动法》第41条规定的日延长工作时间标准和月延长工作时间标准的限制，但用人单位应采用弹性工作时间等适当的工作和休息方式，确保职工的休息休假权利和生产、工作任务的完成。实行不定时工作制人员不执行加班工资的规定。但是实行不定时工作人员的工作时间仍应按照相关法规文件的规定，平均每天原则上工作8小时，每周至少休息1天。

根据《关于企业实行不定时工作制和综合计算工时工作制的审批办法》中规定，企业对符合下列条件之一的职工，可以实行不定时工作日制：

1）企业中的高级管理人员、外勤人员、推销人员、部分值班人员和其他因工作无法按标准工作时间衡量的职工；

2）企业中的长途运输人员、出租汽车司机和铁路、港口、仓库的部分装卸人员以及因工作性质特殊，需机动作业的职工；

3）其他因生产特点、工作特殊需要或职责范围的关系，适合实行不定时工时制的职工。

（4）综合计算工作时间

综合计算工作时间即分别以周、月、季、年等为周期综合计算工作时间，但其平均日工作时间和平均周工作时间应与法定标准工作时间基本相同。

按规定，综合计算工作日适用于以下条件之一的企业职工：

1）交通、铁路、邮电、水运、航空、渔业等行业中因工作性质特殊，需要连续作战的职工。

2）地质及资源探测、建筑、制盐、制糖、旅游等因受季节和自然资源限制的行业的部分职工。

3）其他适合实行综合计算工时工作制职工。

（5）计件工资时间

对实行计件工作的劳动者，用人单位应当根据《劳动法》第36条规定的工时制度合理确定其劳动定额和计件报酬标准。

计件工资是指按照合格产品的数量和预先规定的计件单位来计算的工资。它不直接用劳动时间来计量劳动报酬，而是用一定时间内的劳动成果来计算劳动报酬，它是间接用劳动时间来计算的，是计时工资的转化形式。

计件工资可分个人计件工资和集体计件工资。个人计件工资适用于个人能单独操作而且能够制定个人劳动定额的工种；集体计件工资适用于工艺过程要求集体完成，不能直接计算个人完成合格产品的数量的工种。

1）计件工资特点

① 计件工资的显著特点是将劳动报酬与劳动成果最直接、最紧密地联系在一起，能够直接、准确地反映出劳动者实际付出的劳动量，使不同劳动者之间以及同一劳动者在不

同时间上的劳动差别在劳动报酬上得到合理反映。因此,计件工资能够更好地体现按劳分配原则。

② 计件工资的实行,有助于促进企业经营管理水平的提高。

③ 计件工资的计算与分配事先都有详细、明确的规定,在企业内部工资分配上有很高的透明度,使得工人对自己所付出的劳动和能够获得的劳动报酬心中有数,因此,具有很强的物质激励作用。

④ 计件工资收入直接取决于劳动者在单位时间内生产合格产品数量的多少,因此可以刺激劳动者从物质利益上关心自己的劳动成果,努力学习科学文化,不断提高技术水平与劳动熟练程度,提高工时利用率,加强劳动纪律,这对于企业员工素质和劳动生产率的提高都是十分有利的。

2) 计件工资的形式

① 直接计件工资。计件工人按完成合格产品的数量和计件单价来支付工资;

② 间接计件工资。按工人所服务的计件工人的工作成绩或所服务单位的工作成绩来计算支付工资;

③ 有限计件工资。对实行计件工资的工人规定其超额工资不得超过本人标准工资总额的一定百分比;

④ 无限计件工资。对实行计件工资的工人超额工资不加限制;

⑤ 累进计件工资。工人完成定额的部分按同一计件单价计算工资,超过定额的部分,则按累进递增的单价计算工资;

⑥ 计件奖励工资。产品数量或质量达到某一水平就给予一定奖励;

⑦ 包工工资。把一定质量要求的产品、预先规定完成的期限和工资额包给个人或集体,按要求完成即支付工资。

(6) 延长工作时间

延长工作时间是指用人单位由于生产经营需要,经与工会和劳动者协商后,可以延长劳动者的工作时间。

1) 正常情况下延长工作时间,按照《劳动法》的规定,需具备以下三个条件:

① 由于生产经营需要。生产经营需要主要是指紧急生产任务,如不按期完成,就要影响用人单位的经济效益和职工的收入,在这种情况下,才可以延长职工的工作时间;

② 必须与工会协商。用人单位决定延长工作时间的,应把延长工作时间的理由、人数、时间长短等情况向工会说明,征得工会同意后,方可延长职工工作时间;

③ 必须与劳动者协商。用人单位决定延长工作时间,应进一步与劳动者协商,因为延长工作时间要占用劳动者的休息时间,所以只有在劳动者自愿的情况下才可以延长工作时间。

除要符合以上条件外,延长工作时间的长度也必须符合《劳动法》的规定。即:一般每日不得超过 1 小时,因特殊原因需要延长工作时间的,在保障劳动者身体健康的条件下延长工作时间每日不得超过 3 小时,但是每月不得超过 36 小时。

2) 非正常情况下延长工作时间,是指依据《劳动法》第 42 条的规定,遇到下列情况,用人单位延长工作时间可以不受正常情况下延长工作时间的限制:

① 发生自然灾害、事故或者因其他原因,威胁劳动者生命健康和财产安全,需要紧

急处理的;生产设备、交通运输线路、公共设施发生故障,影响生产和公众利益,必须及时抢修的;

② 法律、行政法规规定的其他情形。

同时《劳动法》第 61 条和第 63 条分别作出规定,禁止对怀孕 7 个月以上和在哺乳未满 1 周岁的婴儿期间的女职工安排其延长工作时间和夜班劳动。

3) 延长工作时间的形式

在规定的工作时间外,延长工作时间、休息日工作又不能安排补休的或法定休假日工作的,称为"加班"。加班形式主要有以下几种:

① 延长工作时间加班。

② 休息日工作又不能安排补休的加班。

③ 法定休假日加班。

2. 劳动者休息时间的有关规定

休息时间是指劳动者在法定工作时间以外,自行支配的时间。

根据劳动法及有关法律法规,劳动者普遍享有的休息时间有:

(1) 日休息时间:是指劳动者在一昼夜内,除工作时间以外,由自己支配的时间。按照《中华人民共和国劳动法》第 36 条规定及《职工工作时间的规定》的有关内容,劳动者每日工作应不超过 8 小时,其余时间均属于劳动者的休息时间。

(2) 周休息时间:《国务院关于职工工作时间的规定》于 1995 年 5 月 1 日施行后,我国职工普遍实行"五天工作制",企业职工每周工作时间不超过 40 小时,每周休息两天。对于实行综合计时的企业或岗位,也应根据《中华人民共和国劳动法》第三十八条规定保证每周至少有一天的休息时间。

(3) 节日休息:根据《中华人民共和国劳动法》第四十条规定,每逢元旦、春节、国际劳动节、国庆节和法律、法规规定的其他法定休假节日,用人单位应当依法安排劳动者休假。

《劳动法》规定,用人单位在下列节日期间应当依法安排劳动者休假:

第 1 类:全民法定公休节日;

1) 元旦,放假 1 天(每年 1 月 1 日);

2) 春节,放假 3 天(农历正月初一、初二、初三);

3) 清明节,放假 1 天(农历清明当日);

4) 劳动节,放假 1 天;

5) 端午节,放假 1 天;

6) 中秋节,放假 1 天;

7) 国庆节,放假 3 天(10 月 1 日、2 日、3 日)。

第 2 类:部分公民放假的节日及纪念日,包括:妇女节(3 月 8 日妇女放假半天)、青年节(5 月 4 日 14 周岁以上 28 周岁以下的青年放假半天)、儿童节(6 月 1 日 14 周岁以下的少年儿童放假 1 天)、中国人民解放军建军纪念日(8 月 1 日现役军人放假半天)。

第 3 类:少数民族习惯的节日,具体节日由各少数民族聚居地区的地方人民政府,按照各该民族习惯,规定放假日期。

（4）年休假

年休假是指职工连续工作1年以上的，享受带薪年休假。单位应当保证职工享受年休假。职工在年休假期间享受与正常工作期间相同的工资收入。

此外，劳动者还按有关规定还可以享受探亲假、婚丧假、生育（产）假等。

（5）休息时间工作工资报酬

《劳动法》第四十四条规定用人单位应当按照下列标准支付高于劳动者正常工作时间工资的工资报酬：

1）安排劳动者延长工作时间的，支付不低于工资的150％的工资报酬；

2）休息日安排劳动者工作又不能安排补休的，支付不低于工资的200％的工资报酬；

3）法定休假日安排劳动者工作的，支付不低于300％的工资报酬。

此外，对因工作需要不能安排职工休年假的，经职工本人同意，可以不安排职工休年假，但是对于未休的年假天数，单位应按照该职工日工资收入的300％支付工资报酬。

3. 休假制度

休假制度是指为保障职工享有休息权而实行的定期休假的制度。根据劳动法等的规定，现行休假制度包括的内容有：公休假日、法定节日、探亲假、年休假以及由于职业特点或其他特殊需要而规定的休假。按现行制度，各种休假日均带有工资。下面我们主要介绍《职工带薪年休假条例》。

《职工带薪年休假条例》规定机关、团体、企业、事业单位、民办非企业单位、有雇工的个体工商户等单位的职工连续工作1年以上的，享受带薪年休假即年休假。单位应当保证职工享受年休假。职工在年休假期间享受与正常工作期间相同的工资收入。

具体休假时间为：职工累计工作已满1年不满10年的，年休假5天；已满10年不满20年的，年休假10天；已满20年的，年休假15天。国家法定休假日、休息日不计入年休假的假期。

职工有下列情形之一的，不享受当年的年休假：

（1）职工依法享受寒暑假，其休假天数多于年休假天数的；

（2）职工请事假累计20天以上且单位按照规定不扣工资的；

（3）累计工作满1年不满10年的职工，请病假累计2个月以上的；

（4）累计工作满10年不满20年的职工，请病假累计3个月以上的；

（5）累计工作满20年以上的职工，请病假累计4个月以上的。

单位根据生产、工作的具体情况，并考虑职工本人意愿，统筹安排职工年休假。休假在1个年度内可以集中安排，也可以分段安排，一般不跨年度安排。单位因生产、工作特点确有必要跨年度安排职工年休假的，可以跨1个年度安排。

单位确因工作需要不能安排职工休年假的，经职工本人同意，可以不安排职工休年假。对职工应休未休假天数，单位应当按照该职工日工资收入的300％支付年休假工资报酬。

单位不安排职工休年休假又不依照条例规定给予年休假工资报酬的，由县级以上地方人民政府人事部门或者劳动保障部门依据职权责令限期改正；对逾期不改正的，除责令该单位支付年休假工资报酬外，单位还应当按照年休假工资报酬的数额向职工加付赔偿金；对拒不支付年休假工资报酬、赔偿金的，属于公务员和参照公务员法管理的人员所在单位的，对直接负责的主管人员以及其他直接责任人员依法给予处分；属于其他单位的，由劳动保障部门、人事部门或者职工申请人民法院强制执行。

6.1.2 劳动安全与卫生

劳动安全卫生，又称劳动保护或者职业安全卫生，是指劳动者在生产和工作过程中应得到的生命安全和身体健康基本保障的制度。劳动安全卫生是劳动者实现宪法赋予的生命权、健康权的具体保障。劳动安全与卫生，既是相互联系又是彼此独立，共同组成劳动者劳动保护的屏障。劳动安全是指用人单位应保证劳动场所无危及劳动者生命安全的伤害事故发生。劳动卫生是指用人单位应保证劳动场所无危及劳动者身体健康的慢性职业危害发生。

1. 劳动安全管理

为了保证劳动者在生产过程中的人身安全，法律法规对用人单位提出了相关要求，并形成了一系列制度来保障劳动者的劳动安全，其中主要有安全生产责任制度、安全技术措施计划制度、生产安全事故报告和处理制度、安全事故应急救援制度和安全生产教育培训制度。在本书第1章法律法规中已经详细介绍了安全生产责任制度、生产安全事故报告和处理制度、安全事故应急救援制度和安全生产教育培训制度，下面主要介绍安全技术措施计划制度。

安全技术措施计划是生产经营单位生产财务计划的一个组成部分，是改善生产经营单位生产条件，有效防止事故和职业病的重要保证制度。安全技术措施计划的核心是安全技术措施。

（1）编制安全技术措施计划的原则

① 必要性和可行性原则。编制计划时，一方面要考虑安全生产的实际需要，如针对在安全生产检查中发现的隐患、可能引发伤亡事故和职业病的主要原因，新技术、新工艺、新设备等的应用，安全技术革新项目和职工提出的合理化建议等方面编制安全技术措施。另一方面，还要考虑技术可行性与经济承受能力。

② 自力更生与勤俭节约的原则。编制计划时，要注意充分利用现有的设备和设施，挖掘潜力，讲求实效。

③ 轻重缓急与统筹安排的原则。对影响最大、危险最大的项目应优先考虑，逐步有计划地解决。

④ 领导和群众相结合的原则。加强领导，依靠群众，使计划切实可行，以便顺利实施。

（2）编制安全技术措施计划的依据、程序和内容

编制安全措施计划的依据是：①党中央、国务院发布的有关安全生产的方针政策、法律法规等；②国务院所属各部委与地方人民政府发布的行政法规和技术标准；③在安全卫生检查中发现尚未解决的问题；④因生产发展需要所应采取的安全技术与劳动卫生技术措施；⑤安全技术革新的项目和职工提出的合理化建议。

安全技术措施计划应包括下列内容：①措施名称及所在车间；②目前安全生产状况及拟定采取的措施；③所需资金、设备、材料及来源；④项目完成后的预期效果；⑤设计施工单位或负责人；⑥开工及竣工日期。

(3) 安全技术措施计划项目的范围

安全技术措施计划项目范围包括以改善企业劳动条件、防止工伤事故和职业病为目的的一切技术措施。大致可分为四类：

① 安全技术措施。其包括以防止工伤事故为目的的一切措施。如各种设备、设施以及安全防护装置、保险装置、信号装置和安全防爆设施等。

② 工业卫生技术措施。它是指以改善作业条件防止职业病为目的的一切措施。如防尘、防毒、防噪声、防射线以及防物理因素危害的措施。

③ 辅助房屋及设施。它指有关劳动卫生方面所必须的房屋及一切设施。如为职工设置的淋浴、盥洗设施，消毒设备，更衣室、休息室、取暖室、妇女卫生室等。

④ 宣传教育设施。它是指安全宣传教育所需的设施、教材、仪器，以及举办安全技术培训班、展览会，设立教育室等。

2. 劳动卫生规程

劳动卫生规程是指国家为了保护职工在生产和工作过程中的健康，防止、消除职业病和各种职业危害而制定的各种法律规范。职业病是指在劳动过程中，由有害健康的工作背景和劳动条件长期影响所造成的人体器官的疾病。劳动卫生规程主要内容有：

(1) 防止粉尘危害

劳动卫生规程要求各生产单位，凡是有粉尘作业环境的，要努力实现生产设备的机械化、密闭化，设置吸尘、滤尘和通风设备。

(2) 防止有害有毒物质危害

在劳动生产过程中，有毒有害的气体和液体的长期影响会严重地损害工人的安全和健康。凡散发有害健康气体应加以密闭、必要时安装通风，净化设备；有毒物质和危险物品分别存储在专设场所，并严格管理。

(3) 防止噪声和强光的规定

在从事衔接、锻压、电焊、冶炼等作业环境中所产生的噪声和强光，对作业工人的视觉和听觉都有不良影响。劳动卫生规程要求作业环境要有消音设备，工人操作时要配备个人防护用品等。

(4) 防暑降温和防寒

作业时环境的温度应有统一规定，高温和高寒对工人都有不良影响，室内工作地点的温度经常高于35℃时，应采取降温措施；低于5℃时，应设取暖设备。

(5) 通风照明

工作场所的光线应该充足，采光部分不要遮蔽。通道应该有足够的照明。

(6) 个人防护用品的规定

从事有灼伤、烫伤或者容易发生机械外伤等危险的操作，在强烈辐射热或者低温条件下的操作。散放毒性、刺激性、感染性物质或者大量粉尘的操作，经常使衣服腐蚀、潮湿或者特别肮脏的操作，都要按照规定发工作服、工作帽、口罩、手套、护腿、鞋盖、防护眼镜、防毒面具、防寒用品等防护用品。

(7) 职工健康管理的规定

为增强从事有害健康作业的职工抵抗职业性中毒的能力，应满足特殊营养需要，免费发给保健品。对高温作业的职工，应免费提供高温饮料，以补充水分和盐分。另外，单位应根据需要，设置浴室、厕所、更衣室、休息室、妇女卫生室、生产辅助设施。

3. 劳动者报酬

（1）工资基本规定

《劳动法》规定，工资分配应当遵循按劳分配原则，实行"同工同酬"。同工同酬是指用人单位对于技术和劳动熟练程度相同的劳动者在从事同种工作时，不分性别、年龄、民族、区域等差别，只要提供相同的劳动量，就获得相同的劳动报酬。

工资水平在经济发展的基础上逐步提高。国家对工资总量实行宏观调控。用人单位根据本单位的生产经营特点和经济效益，依法自主确定本单位的工资分配方式和工资水平。

工资应当以货币形式按月支付给劳动者本人。不得克扣或者无故拖欠劳动者的工资。劳动者在法定休假日和婚丧假期间以及依法参加社会活动期间，用人单位应当依法支付工资。在我国，企业、机关（包括社会团体）、事业单位实行不同的基本工资制度。企业基本工资制度主要有等级工资制、岗位技能工资制、岗位工资制、结构工资制、经营者年薪制等。

（2）最低工资保障制度

《劳动法》规定，国家实行最低工资保障制度。最低工资的具体标准由省、自治区、直辖市人民政府规定，报国务院备案。用人单位支付劳动者的工资不得低于当地最低工资标准。根据劳动和社会保障部《最低工资规定》，在劳动者提供正常劳动的情况下，用人单位应支付给劳动者的工资在剔除下列各项以后，不得低于当地最低工资标准：

1）延长工作时间工资；

2）中班、夜班、高温、低温、井下、有毒有害等特殊工作环境、条件下的津贴；

3）法律、法规和国家规定的劳动者福利待遇等。实行计件工资或提成工资等工资形式的用人单位，在科学合理的劳动定额基础上，其支付劳动者的工资不得低于相应的最低工资标准。

6.1.3 女职工和未成年工的劳动保护

1. 女职工的特殊保护

为维护女职工的合法权益，减少和解决女职工在劳动和工作中因生理特点造成的特殊困难，保护其健康，国务院于2012年4月18日，第200次常务会议通过《女职工劳动保护特别规定》，并于2012年4月28日中华人民共和国国务院令第619号公布。其主要内容如下：

（1）禁止安排女职工从事矿山井下、国家规定的第4级体力劳动强度的劳动和其他禁忌从事的劳动。不得安排女职工在经期从事高处、低温、冷水作业和国家规定的第3级体力劳动强度的劳动。不得安排女职工在怀孕期间从事国家规定的第3级体力劳动强度的劳动和孕期禁忌从事的活动。对怀孕7个月以上的女职工，不得安排其延长工作时间和夜班劳动。不得安排女职工在哺乳未满1周岁的婴儿期间从事国家规定的第3级体力劳动强度的劳动和哺乳期禁忌从事的其他劳动，不得安排其延长工作时间和夜班劳动。关于女职工禁忌从事的劳动范围具体如下：

1）女职工禁忌从事的劳动范围：

① 矿山井下作业；

② 体力劳动强度分级标准中规定的第四级体力劳动强度的作业；

③ 每小时负重 6 次以上、每次负重超过 20kg 的作业，或者间断负重、每次负重超过 25kg 的作业。

2) 女职工在经期禁忌从事的劳动范围：

① 冷水作业分级标准中规定的第二级、第三级、第四级冷水作业；

② 低温作业分级标准中规定的第二级、第三级、第四级低温作业；

③ 体力劳动强度分级标准中规定的第三级、第四级体力劳动强度的作业；

④ 高处作业分级标准中规定的第三级、第四级高处作业。

3) 女职工在孕期禁忌从事的劳动范围：

① 作业场所空气中铅及其化合物、汞及其化合物、苯、镉、铍、砷、氰化物、氮氧化物、一氧化碳、二硫化碳、氯、己内酰胺、氯丁二烯、氯乙烯、环氧乙烷、苯胺、甲醛等有毒物质浓度超过国家职业卫生标准的作业；

② 从事抗癌药物、己烯雌酚生产，接触麻醉剂气体等的作业；

③ 非密封源放射性物质的操作，核事故与放射事故的应急处置；

④ 高处作业分级标准中规定的高处作业；

⑤ 冷水作业分级标准中规定的冷水作业；

⑥ 低温作业分级标准中规定的低温作业；

⑦ 高温作业分级标准中规定的第三级、第四级的作业；

⑧ 噪声作业分级标准中规定的第三级、第四级的作业；

⑨ 体力劳动强度分级标准中规定的第三级、第四级体力劳动强度的作业；

⑩ 在密闭空间、高压室作业或者潜水作业，伴有强烈振动的作业，或者需要频繁弯腰、攀高、下蹲的作业。

4) 女职工在哺乳期禁忌从事的劳动范围：

① 作业场所空气中铅及其化合物、汞及其化合物、苯、镉、铍、砷、氰化物、氮氧化物、一氧化碳、二硫化碳、氯、己内酰胺、氯丁二烯、氯乙烯、环氧乙烷、苯胺、甲醛等有毒物质浓度超过国家职业卫生标准的作业；

② 非密封源放射性物质的操作，核事故与放射事故的应急处置；

③ 体力劳动强度分级标准中规定的第三级、第四级体力劳动强度的作业；

④ 作业场所空气中锰、氟、溴、甲醇、有机磷化合物、有机氯化合物等有毒物质浓度超过国家职业卫生标准的作业。

(2) 凡适合妇女从事劳动的单位，不得拒绝招收女职工。

(3) 用人单位不得因女职工怀孕、生育、哺乳，降低其工资、予以辞退、与其解除劳动或者聘用合同。

(4) 女职工在孕期不能适应原劳动的，用人单位应当根据医疗机构的证明，予以减轻劳动量或者安排其他能够适应的劳动。怀孕女职工在劳动时间内进行产前检查，所需时间计入劳动时间。

(5) 女职工生育享受 98 天产假，其中产前可以休假 15 天；难产的，增加产假 15 天；生育多胞胎的，每多生育 1 个婴儿，增加产假 15 天。女职工怀孕未满 4 个月流产的，享受 15 天产假；怀孕满 4 个月流产的，享受 42 天产假。

（6）女职工产假期间的生育津贴，对已经参加生育保险的，按照用人单位上年度职工月平均工资的标准由生育保险基金支付；对未参加生育保险的，按照女职工产假前工资的标准由用人单位支付。

女职工生育或者流产的医疗费用，按照生育保险规定的项目和标准，对已经参加生育保险的，由生育保险基金支付；对未参加生育保险的，由用人单位支付。

（7）女职工比较多的用人单位应当根据女职工的需要，建立女职工卫生室、孕妇休息室、哺乳室等设施，妥善解决女职工在生理卫生、哺乳方面的困难。

（8）在劳动场所，用人单位应当预防和制止对女职工的性骚扰。

（9）县级以上人民政府人力资源社会保障行政部门、安全生产监督管理部门按照各自职责负责对用人单位遵守本规定的情况进行监督检查。工会、妇女组织依法对用人单位遵守本规定的情况进行监督。

（10）女职工劳动保护的权益受到侵害时，有权向所在单位的主管部门或者当地劳动部门提出申诉。受理申诉的部门应当自收到申诉书之日起30日内作出处理决定；女职工对处理决定不服的，可以在收到处理决定书之日起15日内向人民法院起诉。

2. 未成年工的劳动保护

未成年工的特殊保护是针对未成年工处于生长发育期的特点，以及接受义务教育的需要，采取的特殊劳动保护措施。未成年工是指年满16周岁未满18周岁的劳动者。《劳动法》规定，禁止用人单位招用未满16周岁的未成年人。

我国对未成年工的劳动保护主要依据《劳动法》和《未成年工特殊保护规定》，具体规定如下：

（1）用人单位不得安排未成年工从事以下禁忌劳动，具体范围如下：

1）《生产性粉尘作业危害程度分级》国家标准中第一级以上的接尘作业；

2）《有毒作业分级》国家标准中第一级以上的有毒作业；

3）《高处作业分级》国家标准中第二级以上的高处作业；

4）《冷水作业分级》国家标准中第二级以上的冷水作业；

5）《高温作业分级》国家标准中第三级以上的高温作业；

6）《低温作业分级》国家标准中第三级以上的低温作业；

7）《体力劳动强度分级》国家标准中第四级体力劳动强度的作业；

8）矿山井下及矿山地面采石作业；

9）森林业中的伐木、流放及守林作业；

10）工作场所接触放射性物质的作业；

11）有易燃易爆、化学性烧伤和热烧伤等危险性大的作业；

12）地质勘探和资源勘探的野外作业；

13）潜水、涵洞、涵道作业和海拔三千米以上的高原作业（不包括世居高原者）；

14）连续负重每小时在六次以上并每次超过20kg，间断负重每次超过25kg的作业；

15）使用凿岩机、捣固机、气镐、气铲、铆钉机、电锤的作业；

16）工作中需要长时间保持低头、弯腰、上举、下蹲等强迫体位和动作频率每分钟大于五十次的流水线作业；

17）锅炉司炉。

(2) 未成年工患有某种疾病或具有某些生理缺陷（非残疾型）时，用人单位不得安排其从事以下范围的劳动：

1)《高处作业分级》国家标准中第一级以上的高处作业；

2)《低温作业分级》国家标准中第二级以上的低温作业；

3)《高温作业分级》国家标准中第二级以上的高温作业；

4)《体力劳动强度分级》国家标准中第三级以上体力劳动强度的作业；

5) 接触铅、苯、汞、甲醛、二硫化碳等易引起过敏反应的作业。

患有某种疾病或具有某些生理缺陷（非残疾型）的未成年工，是指有以下一种或一种以上情况者：

1) 心血管系统：先天性心脏病、克山病、收缩期或舒张期二级以上心脏杂音。

2) 呼吸系统：中度以上气管炎或支气管哮喘、呼吸音明显减弱、各类结核病、体弱儿，呼吸道反复感染者。

3) 消化系统：各类肝炎、肝、脾肿大、胃、十二指肠溃疡、各种消化道疝。

4) 泌尿系统：急、慢性肾炎、泌尿系感染。

5) 内分泌系统：甲状腺功能亢进、中度以上糖尿病。

6) 精神神经系统：智力明显低下、精神忧郁或狂暴。

7) 肌肉、骨骼运动系统：身高和体重低于同龄人标准、一个及一个以上肢体存在明显功能障碍、躯干四分之一以上部位活动受限，包括强直或不能旋转。

8) 其他：结核性胸膜炎、各类重度关节炎、血吸虫病、严重贫血，其血色素每升低于 95g（＜9.5g/dL）。

(3) 用人单位应按下列要求对未成年工定期进行健康检查：

1) 安排工作岗位之前；

2) 工作满一年；

3) 年满十八周岁，距前一次的体检时间已超过半年。

(4) 用人单位应根据未成年工的健康检查结果安排其从事适合的劳动，对不能胜任原劳动岗位的，应根据医务部门的证明，予以减轻劳动量或安排其他劳动。

(5) 对未成年工的管理

对未成年工的使用和特殊保护实行登记制度，有关要求如下：

1) 用人单位招收使用未成年工，除符合一般用工要求外，还须向所在地的县级以上劳动行政部门办理登记。劳动行政部门根据《未成年工健康检查表》、《未成年工登记表》，核发《未成年工登记证》。

2) 各级劳动行政部门须按《未成年工特殊保护规定》有关规定，审核体检情况和拟安排的劳动范围。

3) 未成年工须持《未成年工登记证》上岗。

(6) 未成年工上岗前用人单位应对其进行有关的职业安全卫生教育、培训；未成年工体检和登记，由用人单位统一办理和承担费用。

(7) 县级以上劳动行政部门对用人单位执行本规定的情况进行监督检查，对违犯本规定的行为依照有关法规进行处罚。各级工会组织对本规定的执行情况进行监督。

6.2 劳动保护措施及费用的相关规定

6.2.1 不同作业环境下的劳动保护措施

1. 粉尘作业环境

产生粉尘的行业与工种很多，如金属矿与非金属矿的采掘和采石业；基础建设方面的筑路、开掘隧道和地质勘探；玻璃制造业、耐火及建筑材料加工业、铸造业等的破碎、磨粉、筛分、落砂、包装、运输及石料加工成型等。

粉尘对人体的危害程度取决于进入人体的粉尘量、侵入途径、沉着部位和粉尘的物理、化学性质等因素。粉尘侵入人体的途径主要有：呼吸系统、眼睛、皮肤等，其中以呼吸系统为主要途径。

劳动者在有尘作业环境下长时间吸入粉尘，能引起肺部组织纤维化病变、硬化，丧失正常的呼吸功能，导致尘肺病。此外，部分粉尘还可以引发其他疾病，如造成刺激性疾病（沥青烟尘、石灰、皮毛引起的皮炎）、急性中毒（如铅烟、锰尘等）、致癌率增高（如石棉、放射性物质粉尘）。

(1) 防尘技术措施

1) 工艺措施

① 改革工艺设备和工艺操作方法，采用新技术。

② 避免选用危害较大的原材料或生产工艺路线，是消除和减少粉尘危害的根本途径。

③ 工艺设备和生产流程的布局应使主要工作地点和操作人员多的工段位于车间内通风良好和空气较为清洁的地方，有严重粉尘污染的工段应放在常年主导风向的下风侧。

2) 湿式作业

这是一种简便、经济有效的防尘措施，在生产和工艺条件许可的情况下，应首先考虑采用。如将物料的干法破碎、研磨、筛分、混合改为湿法操作，在物料的装卸、转运过程中往物料上加水，可以减少粉尘的产生和飞扬，在车间内用水冲洗地面、墙壁、设备外罩、建筑构件，能有效防止二次扬尘。

3) 建筑措施

建筑的合理设计，不但能减少防尘投资，而使防尘效果显著增加。它主要包括厂房的位置、朝向、平面形式和剖面设计等。

4) 密闭措施

密闭尘源，使生产过程管道化、机械化、自动化，是防止粉尘外逸的有效措施，还可以大大改善劳动条件，减轻劳动强度，避免粉尘与人体直接接触，达到防尘目的。

5) 通风除尘

这是一种应用广泛、效果较好的技术措施。随着近年来技术水平的提高，各行业通风除尘设备的改进更新，通风除尘系统的应用也越来越广泛。

6) 个体防护措施

从事粉尘作业的人员按规定佩戴符合技术要求的防尘口罩、防尘面具、防尘头盔、防护服等防护用品，这也是防止粉尘进入人体的最后一道防线。

（2）劳动保护管理

粉尘作业环境下的劳动保护管理应采取以下三级防护原则：

一级预防，包括：①综合防尘：改革生产工艺、生产设备，尽量将手工操作变为机械化、密闭化、自动化和遥控化操作；尽可能采用不含或含游离二氧化硅低的材料代替含游离二氧化硅高的材料；在工艺要求许可的条件下，尽可能采用湿法作业；使用个人防尘用品，做好个人防护。②定期检测作业环境的粉尘浓度，使作业环境的粉尘浓度达到国家标准规定的允许范围之内。③根据国家有关规定对工人进行就业前的健康体检，对患有职业禁忌症、未成年工、女职工不得安排其从事禁忌范围的工作。④加强宣传教育，普及防尘的基本知识。⑤加强对除尘系统的维护和管理，使除尘系统处于完好、有效状态。

二级预防：建立专人负责的防尘机构，制定防尘规划和各项规章制度。对新从事粉尘作业的职工，必须进行健康检查。对在职的从事粉尘作业的职工必须定期进行健康检查，发现不宜从事接尘工作的职工，要及时调离。

三级预防：对已确诊为尘肺病的职工应及时调离原工作岗位，安排合理的治疗或疗养，患者的社会保险待遇，按国家有关规定办理。

2. 有毒作业环境

在生产过程中使用或产生的毒物称为生产性毒物。在生产劳动中生产性毒物对人体可造成职业中毒或职业性肿瘤、职业性皮肤病等职业病。

接触生产性毒物的行业和工种很多，例如：化工、农药、制药、油漆、颜料、塑料、合成橡胶、合成纤维等行业；有色金属矿及化工矿的开采、熔炼；冶金、蓄电池、印刷业的熔铸铅；仪表、温度计、制镜行业使用的汞；喷漆等作业接触的苯和烯料等。

生产性毒物在生产过程中以气体、蒸汽、雾、烟和粉尘五种形态污染车间空气，对人体的危害程度与毒物本身的理化特性及毒物的剂量、浓度、作用时间有关，还与机体的健康状况、中毒环境、劳动强度有关。

毒物侵入人体的途径有三条：呼吸系统、皮肤吸收、消化系统。

预防职业中毒同样必须遵循三级预防原则，采取综合性防护措施：

（1）控制与消除有毒物质，用无毒或低毒物质代替有毒或高毒物质；改革生产工艺、生产设备，尽量将手工操作变为机械化、密闭化、自动化和遥控化操作。

（2）降低生产性毒物的浓度，避免有毒物质与人体接触；对生产过程中无法避免的有毒物质，通过安装合理的通风、排毒设备，使毒物得到有效控制。

（3）根据毒物的特性，选择有效的个人防护用品。

（4）根据国家有关标准结合职工数量和工作性质建立合理的卫生设施，设置盥洗设备。教育职工养成良好卫生习惯。

（5）对从事有毒作业的职工进行定期体检，定期监测作业环境中的有毒有害物质浓度，保证有毒有害物质浓度在国家允许范围内。

（6）严格遵守安全操作规程，避免中毒事件的发生。

3. 物理因素危害环境

生产环境中的物理因素包括：气象条件，如气温、气湿、气流及气压；电磁辐射，如X-射线、γ-射线、紫外线、可见光、红外线、激光、射频和微波辐射；噪声和振动等。

物理因素对人体的作用，在正常条件下（如强度低、剂量小或作用时间短）对人体无害，有些还是维持人体器官生理功能所必须的条件；当强度、剂量超过一定限度或接触时间过长，则会对人体产生不良影响，甚至引起病损。在一般情况下多为功能性损害，脱离接触后可恢复，但严重时可产生永久性的不可恢复的损害。

(1) 高温作业环境

气温等于或高于35℃称为高温，如果连续5天气温高于35℃称之为持续高温。

高温作业是指：指工作地点有生产性热源，其气温等于或高于本地区夏季通风室外设计计算温度2℃的作业，或气温高于35℃的室外露天作业。

高温作业按气象情况可分为高温、强热辐射作业、高温高湿作业、夏天露天作业。

高温作业对人体健康的影响很大，可使作业人员感到热、头晕、心慌、烦、渴、无力、疲倦等。

高温环境下发生的急性疾病是中暑，在《防暑降温措施暂行办法》中将中暑分为如下三种：

1) 先兆中暑。在高温作业过程中出现头晕、头痛、眼花、耳鸣、心悸、恶心、四肢无力、注意力不集中、动作不协调等症状，体温正常或略有升高，但尚能坚持工作。

2) 轻症中暑。具有前述症状，而一度被迫停止工作，但经短时休息，症状消失，并能恢复工作。

3) 重症中暑。具有前述中暑症状，被迫停止工作，或在工作中突然晕倒，皮肤干燥无汗，体温在40℃以上或发生热痉挛。

为了防止在高温作业中发生中暑，必须采取综合性防暑降温措施：

1) 车间温、湿度应符合《工业企业设计卫生标准》，由于工艺要求湿度较高的车间，也应满足相关标准。

2) 进行合理的劳动组织管理，合理安排工作时间与休息时间。

3) 加强宣传教育，认真遵守高温作业的各项管理制度。

4) 改革工艺过程，改进生产设备和作业方法，改善高温作业条件，合理布置热源，尽量隔绝热源。加强通风，降低车间温度。

5) 对高温作业工人做好就业前、入暑前的体检工作，对患有职业禁忌症的工人，不得安排其从事高温作业。

6) 夏季供给合理的饮料和营养，合理使用个人防护用品。

7) 做好中暑患者的治疗工作。

(2) 低温作业环境

工作地点平均气温等于或低于5℃的作业称为低温作业。在低温环境下工作时间过长，超过人体适应能力，体温调节机能发生障碍，则体温下降，从而影响机体功能，可能出现神经兴奋与传导能力减弱，出现痛觉迟钝和嗜睡状态。长时间低温作业可导致循环血量、白细胞和血小板减少，而引起凝血时间延长，并出现协调性降低。低温作业还可引起人体全身和局部过冷。全身过冷常出现皮肤苍白、脉搏呼吸减弱、血压下降；局部过冷最常见的是手、足、耳及面颊等外露部位发生冻伤，严重的可导致肢体坏死。

低温作业环境下的劳动保护措施包括以下几点：

1) 车间温、湿度应符合《工业企业设计卫生标准》，冬季要有防寒、采暖设施，露天作业要有防风棚、取暖棚。

2）保持车间、个人衣着干燥，进行耐寒锻炼，提供高热饮食，采取多种防寒措施。

3）进行合理的劳动组织管理，合理安排工作时间与休息时间。

4）加强个体防护，使用个体防寒用品。

（3）噪声作业环境的劳动保护管理

人们在强噪声环境中暴露一段时间，会引起听力下降，离开噪声环境后，听力可以恢复，此现象称为听觉疲劳。在强噪声环境中如不采取保护措施，听觉疲劳继续发展，可导致听力下降或永久性听力损失。噪声除影响听觉系统外，还影响神经系统、心血管系统和消化系统等，造成神经衰弱、血压不稳、肠胃功能紊乱等。

噪声污染是一种物理污染，按产生的机制作业环境中的噪声可分为：①机械噪声：由机械的撞击、摩擦、传动而引起的，如纺织机、电锯、冲床、破碎机等发出的噪声；②空气动力噪声：由空气压力变动引起的，如鼓风机、空气压缩机、汽轮机等发出的噪声；③电磁性噪声：由电磁的空隙交变力相互作用而产生的噪声，如发动机、变压器发出的噪声。

目前影响工人健康，严重污染环境的10大噪声源是：风机、空压机、电机、柴油机、纺织机、冲床、木工圆锯、球磨机、高压放空排气和凿岩机。这些设备产生的噪声可高达120～130dBA。

对噪声作业环境的管理措施主要有：

1）研制和选择低噪声设备，提高机械设备的加工精度和安装技术，从而降低发声体的辐射声功率。

2）改进生产工艺和操作方法，如用无声焊接代替高噪声的铆接。

3）设立隔声间，使工人与噪声环境隔离。

4）缩短个人在高噪声环境中的暴露时间，合理安排作业与休息时间。对接噪工人实行工种轮换制。

5）采用合理的个人防护用品。

6）制定并实施工厂听力保护计划。

（4）振动作业环境

振动对人体的危害分为全身振动危害和局部振动危害。

全身振动是由振动源（振动机械、车辆、活动的工作平台）通过身体的支持部分（足部和臀部），将振动沿下肢或躯干传布全身引起接振动为主，局部振动是振动通过振动工具、振动机械或振动工件传向操作者的手和前臂。

1）全身振动对人体的不良影响

接触强烈的全身振动可能导致内脏器官的损伤或位移，周围神经和血管功能的改变，可造成各种类型的、组织的、生物化学的改变，导致组织营养不良，如足部疼痛、下肢疲劳、足背脉搏动减弱、皮肤温度降低；女工可发生子宫下垂、自然流产及异常分娩率增加。一般人可发生性机能下降、气体代谢增加。振动加速度还可使人出现前庭功能障碍，导致内耳调节平衡功能失调，出现脸色苍白、恶心、呕吐、出冷汗、头疼头晕、呼吸浅表、心率和血压降低等症状。晕车晕船即属全身振动性疾病。全身振动还可造成腰椎损伤等运动系统影响。

2）局部振动对人体的不良影响

局部接触强烈振动主要以手接触振动工具的方式为主，由于工作状态的不同，振动可传给一侧或双侧手臂，有时可传到肩部。长期持续使用振动工具能引起末梢循环、末神经和骨关节肌肉运动系统的障碍，严重时可引起国家法定职业病-局部振动病。局部振动病也称职业性雷诺现象、振动性血管神经病或振动性白指病等。主要是由于人体长期受低频率、大振幅的振动，使自主神经功能紊乱，引起皮肤振动感受器及外周血管循环机能改变，久而久之，可出现一系列病理改变。早期可出现肢端感觉异常、振动感觉减退。主诉手部症状为手麻、手疼、手胀、手凉、手掌多汗、手疼多在夜间发生；其次为手僵、手颤、手无力（多在工作后发生），手指遇冷即出现缺血发白，严重时血管痉挛明显。X 片可见骨及关节改变。

在很多情况下，振动是不能全部消除或避免的，对振动的防护主要是减少和避免振动对作业人员的损害。采取的主要措施有：

① 改进作业工具，对工具的重量、振动频率、振动幅度进行改进和限制；
② 采取自动化、半自动化控制装置，减少接振；
③ 作业人员轮流作业；
④ 采用合理的防护用品，如采用防振垫等，减少对作业人员的损害；
⑤ 定期体检，做好振动病的早期防治工作。

6.2.2 劳动防护用品的管理规定

为加强用人单位劳动防护用品的管理，保护劳动者的生命安全和职业健康，国家安全监管总局依照《安全生产法》、《职业病防治法》等法律、行政法规和规章，制定了《用人单位劳动防护用品管理规范》。该规范为企业劳动防护用品选用提供了全覆盖式指导，涵盖了用人单位劳动防护用品的选择、配备、采购、验收、保管、发放、培训、使用、维护、更换、报废等内容，明确了用人单位在劳动防护用品管理工作中做什么、怎么做的问题。主要内容如下：

1. 劳动防护用品概念

劳动防护用品，是指由用人单位为劳动者配备的，使其在劳动过程中免遭或者减轻事故伤害及职业病危害的个体防护装备。

劳动防护用品是安全生产工作的一个重要组成部分。当在一些危险、危害因素达不到国家标准和有关规定，技术措施也尚不能消除生产过程中的危险、危害因素，或在进行应急抢险、救灾作业时，佩戴劳动防护用品就成为既能完成生产任务又能保证从业者的安全与健康的重要手段，是确保安全生产、预防重特大事故发生的重要基础保障。

必须指出的是，劳动防护用品是在无法消除各种危险、有害因素的情况下，为保障劳动者的安全与健康所设置的最后一道防线，是保障劳动者安全与健康的辅助性、预防性措施。用人单位不得以劳动防护用品替代工程防护设施和其他技术、管理措施。职业病危害的预防，最有效的做法依然是源头控制，比如使用无毒或低毒的原材料，或者采用先进技术、工艺和设备，从源头上消除和控制职业病危害。只有在充分采取工程技术措施和管理措施后，工作场所仍然存在比较严重职业病危害的，才能使用配备劳动防护用品这一补救性措施。

2. 劳动防护用品的选择

(1) 劳动防护用品的分类

劳动者在劳动过程中为防御物理、化学、生物等各种危险、危害因素伤害人体而穿戴和配备的各种装备，就其危险、危害因素范畴而言，概括起来分为三类：

第一类是化学性因素，较多表现在化工行业和有关从事化学品生产、储存、使用，如有毒气体、有毒液体、有毒性粉尘与气溶胶、腐蚀性气体、腐蚀性液体；

第二类是物理性因素，特别是在制造业和建筑业，诸如物体打击、机械伤害、高处坠落、触电、电离辐射、非电离辐射、静电、噪声、振动、高温气体、高温液体、明火、恶劣气候作业环境（高温、低温、高湿）、粉尘与气溶胶、气压过高、气压过低；

第三类是生物性因素，如细菌、病毒、传染病媒介物等。对从业者而言，稍有不慎或未采取防护措施，其身体健康将会受到损害，严重的甚至危及生命。

劳动防护用品按其性质和防护部位可分为以下 10 类：

1）防御物理、化学和生物危险、有害因素对头部伤害的头部防护用品。头部防护用品主要有塑料安全帽、V 形安全帽、竹编安全帽、矿工安全帽。

2）防御缺氧空气和空气污染物进入呼吸道的呼吸防护用品。呼吸防护用品是预防尘肺和职业病的重要护品。按用途分为防尘、防毒、供养三类，按作用原理分为过滤式、隔绝式两类。主要有防毒口罩、防毒面具、防尘口罩、氧（空）气呼吸器等。

3）防御物理和化学危险、有害因素对眼面部伤害的眼面部防护用品。眼面部防护用品主要有防尘眼镜、防酸眼镜、防飞溅眼镜、防紫外线眼镜、头戴式电焊面罩、防酸有机类面罩、防高温面罩。

4）防噪声危害及防水、防寒等的听力防护用品。听力防护用品主要有防噪音耳塞、护耳罩、噪声阻抗器。

5）防御物理、化学和生物危险、有害因素对手部伤害的手部防护用品。手部防护用品主要有绝缘手套、耐酸碱手套、耐油手套、医用手套、皮手套、浸塑手套、帆布手套、棉纱手套、防静电手套、耐高温手套、防割手套。

6）防御物理和化学危险、有害因素对足部伤害的足部防护用品。足部防护用品主要有工矿靴、绝缘靴、耐酸碱靴、安全皮鞋、防砸皮鞋、耐油鞋。

7）防御物理、化学和生物危险、有害因素对躯干伤害的躯干防护用品。躯干防护用品主要有耐酸围裙、防尘围裙、工作服、雨衣、太阳伞。

8）防御物理、化学和生物危险、有害因素损伤皮肤或引起皮肤疾病的护肤用品。护肤用品主要指防护手和前臂皮肤污染的手套和膏膜。

① 手套：防护手套必须足够结实，确保在工作过程中不破损或开裂。皮革或缝制的工作手套不适合处理化学品时使用。在戴、脱手套时，确保工人裸手不接触污染手套的外面。

② 防护油膏：在戴手套感到妨碍操作的情况下，常用膏膜防护皮肤污染。干酪素防护膏可对有机溶剂、油漆和染料等有良好的防护作用。对酸碱等水溶液可用由聚甲基丙烯酸丁酯制成的胶状膜液，涂布后即形成防护膜，唯洗脱时可用乙酸乙酯等溶剂。防护膏膜不适于有较强摩擦力的操作。

9）防止高处作业劳动者坠落或者高处落物伤害的坠落防护用品。坠落防护用品主要有高空悬挂安全带、电工安全带、安全绳、踩板、密目网。

10）其他防御危险、有害因素的劳动防护用品。

劳动防护用品按其工伤事故和预防职业病可分为：

① 用于防止伤亡事故，称为安全劳动防护用品，如防火隔热、防坠落劳动防护用品（安全网、安全带、安全绳）、防冲击劳动防护用品（安全帽、防冲击眼护具）、绝缘防静电用品、防机械外伤劳动防护用品（防刺、割、绞、磨损的服装、鞋、手套等）、防酸碱劳动防护用品等。

② 用于预防职业病，称劳动卫生护具，如防尘用品（防尘、防微粒口罩等）、防毒用品（防毒面具、防毒衣等）、防放射性用品、防辐射用品、防噪声用品等。

还有一些防护用品兼有防止工伤事故和预防职业病的双重功能。

(2) 劳动防护用品选择

用人单位应按照识别、评价、选择的程序（如图 6-1），结合劳动者作业方式和工作条件，并考虑其个人特点及劳动强度，选择防护功能和效果适用的劳动防护用品。根据不同的作业环境，对劳动防护用品应按照以下进行选择：

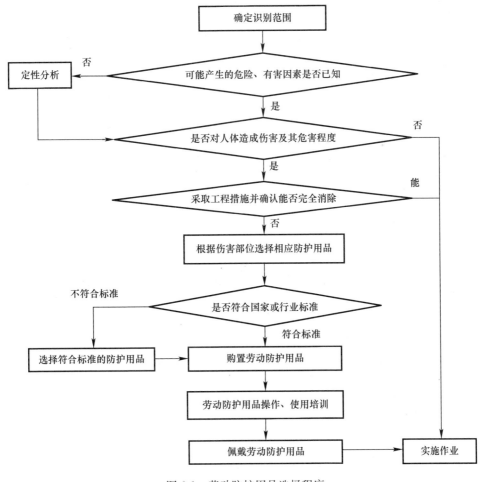

图 6-1 劳动防护用品选择程序

1)接触粉尘、有毒、有害物质的劳动者应当根据不同粉尘种类、粉尘浓度及游离二氧化硅含量和毒物的种类及浓度配备相应的呼吸器(如表 6-1)、防护服、防护手套和防护鞋等。具体可参照《呼吸防护用品——自吸过滤式防颗粒物呼吸器》GB 2626、《呼吸防护用品的选择、使用及维护》GB/T 18664、《防护服装 化学防护服的选择、使用和维护》GB/T 24536、《手部防护 防护手套的选择、使用和维护指南》GB/T 29512 和《个体防护装备 足部防护鞋(靴)的选择、使用和维护指南》GB/T 28409 等标准。

呼吸器和护听器的选用 表 6-1

危害因素	分类	要求
颗粒物	一般粉尘,如煤尘、水泥尘、木粉尘、云母尘、滑石尘及其他粉尘。	过滤效率至少满足《呼吸防护用品——自吸过滤式防颗粒物呼吸器》GB 2626 规定的 KN90 级别的防颗粒物呼吸器
	石棉	可更换式防颗粒物半面罩或全面罩,过滤效率至少满足 GB 2626 规定的 KN95 级别的防颗粒物呼吸器
	矽尘、金属粉尘(如铅尘、镉尘)、砷尘、烟(如焊接烟、铸造烟)	过滤效率至少满足 GB 2626 规定的 KN95 级别的防颗粒物呼吸器
	放射性颗粒物	过滤效率至少满足 GB 2626 规定的 KN100 级别的防颗粒物呼吸器
	致癌性油性颗粒物(如焦炉烟、沥青烟等)	过滤效率至少满足 GB 2626 规定的 KP95 级别的防颗粒物呼吸器
化学物质	窒息气体	隔绝式正压呼吸器
	无机气体、有机蒸气	防毒面具 面罩类型: 工作场所毒物浓度超标不大于 10 倍,使用送风或自吸过滤半面罩;工作场所毒物浓度超标不大于 100 倍,使用送风或自吸过滤全面罩;工作场所毒物浓度超标大于 100 倍,使用隔绝式或送风过滤式全面罩
	酸、碱性溶液、蒸气	防酸碱面罩、防酸碱手套、防酸碱服、防酸碱鞋
噪声	劳动者暴露于工作场所 80dB≤$L_{EX,8h}$<85dB 的	用人单位应根据劳动者需求为其配备适用的护听器
	劳动者暴露于工作场所 $L_{EX,8h}$≥85dB 的	用人单位应为劳动者配备适用的护听器,并指导劳动者正确佩戴和使用。劳动者暴露于工作场所 $L_{EX,8h}$ 为 85~95dB 的应选用护听器 SNR 为 17~34dB 的耳塞或耳罩;劳动者暴露于工作场所 $L_{EX,8h}$≥95dB 的应选用护听器 SNR≥34dB 的耳塞、耳罩或者同时佩戴耳塞和耳罩,耳塞和耳罩组合使用时的声衰减值,可按二者中较高的声衰减值增加 5dB 估算

工作场所存在高毒物品目录中的确定有致癌物质(如表 6-2),当浓度达到其 1/2 职业接触限值(PC-TWA 或 MAC)时,用人单位应为劳动者配备相应的劳动防护用品,并指导劳动者正确佩戴和使用。

高毒物品目录中确定人类致癌物质 表 6-2

序号	毒物名称	英文名称	MAC(mg/m³)	PC-TWA(mg/m³)
1	苯	benzene	—	6
2	甲醛	formaldehyde	0.5	—

续表

序号	毒物名称	英文名称	MAC（mg/m³）	PC-TWA（mg/m³）
3	铬及其化合物（三氧化铬、铬酸盐、重铬酸盐）	chromic and compounds（chromium trioxide, chromate, dichromate）	—	0.05
4	氯乙烯	vinyl chloride	—	10
5	焦炉逸散物	coke oven emissions	—	0.1
6	镍与难溶性镍化合物	nickel and insoluble compounds	—	1
7	可溶性镍化合物	soluble nickel compounds	—	0.5
8	铍及其化合物	beryllium and compounds	—	0.0005
9	砷及其无机化合物	arsenic and inorganic compounds	—	0.01
10	砷化（三）氢；胂	arsine	0.03	—
11	（四）羰基镍	nickelcarbonyli	0.002	—
12	氯甲基甲醚	chloromethyl methyl ether	0.005	—
13	镉及其化合物	cadmium and compounds	—	0.01
14	石棉总尘/纤维	asbestos	—	0.8f/mL

注：根据最新发布的《高毒物品目录》和确定人类致癌物质随时调整。

2）接触噪声的劳动者，当暴露于 $80dB \leqslant L_{EX,8h} < 85dB$ 的工作场所时，用人单位应当根据劳动者需求为其配备适用的护听器；当暴露于 $L_{EX,8h} \geqslant 85dB$ 的工作场所时，用人单位必须为劳动者配备适用的护听器，并指导劳动者正确佩戴和使用。具体可参照《护听器的选择指南》GB/T 23466。

3）工作场所中存在电离辐射危害的，经危害评价确认劳动者需佩戴劳动防护用品的，用人单位可参照电离辐射的相关标准及《个体防护装备配备基本要求》GB/T 29510 为劳动者配备劳动防护用品，并指导劳动者正确佩戴和使用。

4）从事存在物体坠落、碎屑飞溅、转动机械和锋利器具等作业的劳动者，用人单位还可参照《个体防护装备选用规范》GB/T 11651、《头部防护 安全帽选用规范》GB/T 30041 和《坠落防护装备安全使用规范》GB/T 23468 等标准，为劳动者配备适用的劳动防护用品。

在同一工作地点存在不同种类的危险、有害因素的，应当为劳动者同时提供防御各类危害的劳动防护用品。需要同时配备的劳动防护用品，还应考虑其可兼容性。

劳动者在不同地点工作，并接触不同的危险、有害因素，或接触不同的危害程度的有害因素，为其选配的劳动防护用品应满足不同工作地点的防护需求。

劳动防护用品的选择还应当考虑其佩戴的合适性和基本舒适性，根据个人特点和需求选择适合号型、式样。

3. 劳动防护用品采购、发放、培训及使用

用人单位应当根据劳动者工作场所中存在的危险、有害因素种类及危害程度、劳动环境条件、劳动防护用品有效使用时间制定适合本单位的劳动防护用品配备标准。

用人单位根据劳动防护用品配备标准制定采购计划，购买符合标准的合格产品。购买时应当查验劳动防护用品检验报告等质量证明文件的原件，购买后应当将劳动防护用品检验报告等质量证明文件的原件或复印件保存。

用人单位应当确保劳动防护用品的存储条件，并保证存储的劳动防护用品在有效期内。

用人单位按照本单位制定的配备标准发放劳动防护用品时应并作好登记。同时，用人单位有义务对劳动者进行劳动防护用品的使用、维护等专业知识的培训。

用人单位应当定期对劳动防护用品的使用情况进行检查，确保劳动者正确使用。同时有义务督促劳动者在使用劳动防护用品前，对劳动防护用品进行检查，确保外观完好、部件齐全、功能正常。

4. 劳动防护用品维护、更换及报废的规定

（1）劳动防护用品应当按照要求妥善保存，及时更换。

公用的劳动防护用品应当由车间或班组统一保管，定期维护。

（2）用人单位应当对应急劳动防护用品进行经常性的维护、检修，定期检测劳动防护用品的性能和效果，保证其完好有效。

（3）用人单位应当按照劳动防护用品发放周期定期发放，对工作过程中损坏的，用人单位应及时更换。

（4）安全帽、呼吸器、绝缘手套等安全性能要求高、易损耗的劳动防护用品，应当按照有效防护功能最低指标和有效使用期，到期强制报废。

5. 用人单位职责

《用人单位劳动防护用品管理规范》中对用人单进行了以下规定：

（1）劳动防护用品是由用人单位提供的，保障劳动者安全与健康的辅助性、预防性措施，不得以劳动防护用品替代工程防护设施和其他技术、管理措施。

（2）用人单位应当安排专项经费用于配备劳动防护用品，不得以货币或者其他物品替代。

（3）用人单位应当为劳动者提供符合国家标准或者行业标准的劳动防护用品。使用进口的劳动防护用品，其防护性能不得低于我国相关标准。

（4）用人单位应当在可能发生急性职业损伤的有毒、有害工作场所配备应急劳动防护用品，放置于现场临近位置并有醒目标识。用人单位应当为巡检等流动性作业的劳动者配备随身携带的个人应急防护用品。

（5）用人单位使用的劳务派遣工、接纳的实习学生应当纳入本单位人员统一管理，并配备相应的劳动防护用品。对处于作业地点的其他外来人员，必须按照与进行作业的劳动者相同的标准，正确佩戴和使用劳动防护用品。

（6）用人单位应当健全管理制度，加强劳动防护用品配备、发放、使用等管理工作。

6. 劳动者职责

劳动者在作业过程中，应当按照规章制度和劳动防护用品使用规则，正确佩戴和使用劳动防护用品。

6.2.3 劳动保护费用的规定

劳动保护费是指确因工作需要为雇员配备或提供工作服、手套、安全保护用品等所发生支出费用。

1. 劳动保护费的范围

劳动保护费的范围包括：工作服、手套、洗衣粉等劳保用品，解毒剂等安全保护用品，清凉饮料等防暑降温用品，以及按照原劳动部等部门规定的范围对接触有毒物质、矽尘作业、放射线作业和潜水、沉箱作业、高温作业5类工种所享受的由劳动保护费开支的保健食品待遇。这些都是企业、事业单位免费发给职工使用，全部需要实物发放，不能折发现金。

2. 企事业单位和职工关于劳动保护费的税收政策

（1）企事业单位

根据《国家税务总局关于印发〈企业所得税税前扣除办法〉的通知》（国税发〔2000〕084号）第十五条和第五十四条有关规定：纳税人实际发生的合理的劳动保护支出，可以扣除。劳动保护支出是指确因工作需要为雇员配备或提供工作服、手套、安全保护用品、防暑降温用品等所发生的支出。税法没有规定具体的列支标准，只要是企业发生的合理性的劳保支出可据实列支。

因此，企事业单位发放给职工个人的劳动保护用品是保护劳动者安全健康的一种预防性辅助措施，不是生活福利待遇，按照相关的标准报税时可以申报扣除。

按国家税收规定，企事业单位发生的合理的劳动保护支出，准予税前扣除。也就是说，企业只有实际发生的费用支出，才准许税前扣除，没有实际发生的，不能预提列支。同时，还必须是"合理"的劳动保护支出，所谓"合理"，有一定的前置条件，即：

一是的确因工作需要，若不是出于工作需要，则该项支出不得扣除；

二是为职工配备或提供，而不是给其他与其没有任何劳动关系的人配备或提供，发放给其他没有劳动关系人员的劳保费不能在税前扣除；

三是限于工作服、手套、安全保护用品、防暑降温品等。

判断劳动保护费是否能够税前扣除的关键是：

1）劳动保护费是物品而不是现金；

2）劳动保护用品是因工作需要而配备的，而不是生活用品；

3）从数量上看，能满足工作需要即可，超过工作需要的量而发放的具有劳动保护性质的用品就是福利用品了，应在应付福利费中开支，而不是在管理费用中开支。

（2）职工

职工取得的劳保用品原则上不缴个税。

根据《个人所得税法》规定，个人因任职或者受雇而取得的工资、薪金、奖金、年终加薪、劳动分红、津贴、补贴以及与任职或者受雇有关的其他所得，无论表现为实物还是有价证券，都应该并入当月工资、薪金缴纳个人所得税，并由发放实物的公司代扣代缴。而职工取得的工作服等劳动保护用品主要是劳动保护的需要，是进行工作的必备条件，其不属于与任职或者受雇有关的所得，只是进行工作的必需用品，所以无需缴纳个人所得税。

3. 劳动保护费与福利费的区别

劳动保护用费的发放是为了工伤事故和职业病而采取的一种保护措施，是可以在税前扣除的，与企业职工福利费不同。但在实际工作中，经常遇到需要区分劳动保护费与福利费，如按规定发放的清凉饮料费，在工作现场发放的冷饮，定期发放的毛巾、肥皂、淋浴露等用品应是劳动保护费呢，还是福利费？同时上述费用是否属于个人所得税的征收范围？

我国福利费是企业按照工资总额的14%提取，主要用于以下几个方面：

（1）职工困难补助费；

（2）职工及其供养的直系亲属的医药费，本单位医疗部门的全体医务工作人员工资和医务经费，职工因工负伤就医路费等；

（3）本单位职工食堂、浴室工作人员的工资和食堂炊事用具的购买、修理费用等；

（4）本单位托儿所、幼儿园工作人员的工资、费用，以及托儿所、幼儿园设备的购置和修理等费用；

（5）职工个人福利补贴；职工个人福利补贴是指为解决职工某些带有特殊性的生活困难，由企业以货币形式提供给个人的一种补充收入。一般有职工探亲假、职工生活困难补助、职工上下班交通费补贴、职工冬季宿舍取暖补贴以及其他一些补贴；

（6）企业为职工向商业机构购买的补充养老保险、补充医疗保险、人身意外伤害保险等；

（7）企业自办农副业生产的开办费和亏损补贴；

（8）按照国家规定由职工福利基金开支的其他支出；

（9）结余的职工福利费还可用于职工宿舍（包括集体宿舍和家属宿舍）及文化娱乐设施的购置及维修。

而劳动保护费是指确因工作需要为雇员配备或提供工作服、手套、安全保护用品、防暑降温用品等所发生的支出。与福利费区别在于，劳动保护费是因生产经营管理必须提供上述用品，一般发生在特定岗位上，而福利费是带有普遍性质的福利支出。用现金形式发放的劳动保险费不允许税前扣除。

因此，判定一项费用如工作现场发放的冷饮、定期发放的毛巾、肥皂等费用，属于劳动保护费还是职工福利费用，就看此项费用是否属于上述规定的职工福利费扣除范围，属于此扣除范围就列入职工福利费，否则列入劳动保护费。

4. 劳动保护费中服装费的问题

劳动保护费中的支出的服装费是工作服而非所有服装。企业购买高档品牌服装，在劳动保护费中列支，既不合情又不合理，这种钻税收政策空子的做法很难通过税务机关的审核认定。

《企业所得税法实施条例》第四十八条规定，企业发生合理的劳动保护支出准予扣除。《国家税务总局关于企业所得税若干问题的公告》（国家税务总局公告2011年第34号）对企业员工服饰费用支出扣除问题予以明确，即企业根据其工作性质和特点，由企业统一制作并要求员工工作时统一着装所发生的工作服饰费用，根据《企业所得税法实施条例》第二十七条的规定，可以作为企业合理的支出给予税前扣除。

对于企业员工的服饰费用，如果属于劳保用品的，准予直接在税前扣除。不属于劳保用品范围的服饰费用，如一些服务性行业的职业装，可以直接作为经营管理费用在税前扣除，但要符合如下条件：

（1）要符合合理性原则，必须是符合企业的工作性质和特点。对工作中不需要的服装相关费用不能扣除，如某金融企业发放给员工工作时穿的西服、领带、羽绒背心等费用可以扣除，如果发放登山服，不能直接在税前扣除。另外，合理性原则还有金额上的要求。

对属于职工劳动保护费范围的服装费支出，在税前列支的标准为：在职允许着装工人每年最高扣除额1000元（含）以内按实列支。

（2）要符合统一制作的要求。这里的统一制作并不要求企业购买材料自己制作，统一订制也符合要求。统一的标准应该是同类型人员标准统一，服装形式统一，而个性化明显的服饰就不符合上述要求。对于不是统一制作，而是发放现金给员工自己购买，应计入工资、薪金所得，扣缴个人所得税。

（3）要求员工工作时统一着装。对员工工作时没有必要统一着装，仅是为提高福利待遇而发放的服饰，不能直接在税前扣除。

5. 案例

税务人员在对甲公司的检查中，发现该公司"管理费用——劳动保护费"科目金额较上年有异常增长，且幅度很大。在进一步抽查会计凭证中发现，该公司当年度服装费支出很高，公司职工50人，服装费支出达15万元。对此，该公司财务负责人解释为分批次为单位员工购买的工作服。该负责人认为，虽然金额偏高，但也不算违反规定。

税务人员不认可该公司的做法，并根据会计凭证及原始发票的记录，对该公司服装费一项作了进一步的剖析，最终结论为：

（1）企业超范围列支劳动保护费。劳动保护费的服装限于工作服而非所有服装。该公司发票显示供货商为高档商厦中的知名品牌，且采购数量有限，金额较高，动辄几千元的套装按照劳动保护费列支，显然既不合情又不合理。

（2）劳动保护支出税前扣除需要满足以下条件：一是的确因工作需要。若非出于工作需要，则该项支出不得扣除。二是为职工配备或提供，而不是给其他与其没有任何劳动关系的人配备或提供。三是限于工作服、手套、安全保护用品、防暑降温品等。该公司在节假日前后列支的服装费，除少数公司领导外，不能提供完整的领取手册，既然非公司职工使用，则不能按照劳动保护费列支。

（3）企业为职工发放非劳保必需品无可厚非，例如高层、中层的形象塑造支出，也是公司形象宣传的需要。即使采购服装在发票上注明类别为劳保用品，也不能按照劳动保护费进行税前扣除，其实质属于企业为获得职工提供的服务而给予的一种非货币性福利。根据《国家税务总局关于企业工资薪金及职工福利费扣除问题的通知》（国税函〔2009〕3号）的规定，此种非货币性福利不计入职工福利费扣除，应计入工资、薪金总额。计入工资、薪金总额显然可以全额扣除，但企业计入劳动保护费就可能少计应代扣代缴职工的个人所得税。

（4）企业用于非本单位职工的非劳保必需品，若与生产经营有关，实质属于企业的交际应酬支出，按照业务招待费规定扣除。如果与生产经营无关，则属于企业的赞助性支出，应全额纳税调整。

6.3 劳动争议与法律责任

6.3.1 劳动争议的类型和解决方式

1. 劳动争议概况

（1）劳动争议的概念

劳动争议指劳动关系当事人之间因劳动的权利与义务发生分歧而引起的争议，又称劳动纠纷。其中有的属于既定权利的争议，即因适用劳动法和劳动合同、集体合同的既定内容而发生的争议；有的属于要求新的权利而出现的争议，是因制定或变更劳动条件而发生的争议。

（2）劳动争议解决的途径

根据《劳动法》第七十七条的规定：用人单位与劳动者发生劳动争议，当事人可以依法申请调解、仲裁、提起诉讼，也可以协商解决。

（3）劳动争议的受理范围

并不是所有的劳动争议都属于劳动仲裁的受案范围，根据《中华人民共和国劳动争议调解仲裁法》第二条规定，中华人民共和国境内的用人单位与劳动者发生的下列劳动争议，适用该法：

1）因确认劳动关系发生的争议；

2）因订立、履行、变更、解除和终止劳动合同发生的争议；

3）因除名、辞退和辞职、离职发生的争议；

4）因工作时间、休息休假、社会保险、福利、培训以及劳动保护发生的争议；

5）因劳动报酬、工伤医疗费、经济补偿或者赔偿金等发生的争议；

6）法律、法规规定的其他劳动争议。

在我国法律上，除上述几种一般情况属于劳动争议受案范围以外，还有几项特殊的规定也属于劳动争议的受案范围：

1）《劳动争议仲裁调解法》规定，事业单位实行聘用制的工作人员与本单位发生劳动争议的，除法律、行政法规或者国务院另有规定的以外，也依照该法规定执行。

2）签订集体合同过程中发生的争议，通过协商解决，当事人可以申请当地劳动行政部门协调处理，或者后者主动介入协调处理。因履行集体合同发生的争议，先进行协商，协商不成的可以申请仲裁。

3）违反《就业促进法》的规定，实施就业歧视的，劳动者可以向法院起诉。

此外，最高人民法院《关于审理劳动争议案件适用法律若干问题的解释（三）》还有如下规定：

1）劳动者以用人单位未为其办理社会保险手续，且社会保险经办机构不能补办导致其无法享受社会保险待遇为由，要求用人单位赔偿损失而发生争议的，人民法院应予受理。

2）因企业自主进行改制引发的争议，人民法院应予受理。

3）劳动者依据《劳动合同法》第八十五条规定，向人民法院提起诉讼，要求用人单位支付加付赔偿金的，人民法院应予受理。

4）企业停薪留职人员、未达到法定退休年龄的内退人员、下岗待岗人员以及企业经营性停产放长假人员，因与新的用人单位发生用工争议，依法向人民法院提起诉讼的，人民法院应当按劳动关系处理。

除以上争议外，还有一些争议不属于劳动争议仲裁和诉讼的受理范围，如：

1）劳动者请求社会保险经办机构发放社会保险金的纠纷。

2）劳动者与用人单位因住房制度改革产生的公有住房转让纠纷。

3）劳动者对劳动能力鉴定委员会的伤残等级鉴定结论或者对职业病诊断鉴定委员会的职业病诊断鉴定结论的异议纠纷。

4）家庭或者个人与家政服务人员之间的纠纷。

5）个体工匠与帮工、学徒之间的纠纷。

6）农村承包经营户与受雇人之间的纠纷。

（4）劳动争议的类型

劳动争议按照不同的标准，可划分为以下几种：

1）按照劳动争议当事人人数多少的不同，可分为个人劳动争议和集体劳动争议。

个人劳动争议是劳动者个人与用人单位发生的劳动争议；集体劳动争议是指劳动者一方当事人在3人以上，有共同理由的劳动争议。

2）按照劳动争议的内容，可分为：因履行劳动合同发生的争议；因履行集体合同发生的争议；因企业开除、除名、辞退职工和职工辞职、自动离职发生的争议；因执行国家有关工作时间和休息休假、工资、保险、福利、培训、劳动保护的规定发生的争议等。

3）按照当事人国籍的不同，可分为国内劳动争议与涉外劳动争议。国内劳动争议是指中国的用人单位与具有中国国籍的劳动者之间发生的劳动争议；涉外劳动争议是指具有涉外因素的劳动争议，包括中国在国（境）外设立的机构与中国派往该机构工作的人员之间发生的劳动争议、外商投资企业的用人单位与劳动者之间发生的劳动争议。

4）按照劳动争议的客体来划分，可分为履行劳动合同争议、开除争议、辞退争议、辞职争议、工资争议、保险争议、福利争议、培训争议等等。

（5）劳动争议处理原则

1）在查清的基础上，依法处理劳动争议原则。

2）当事人在法律上一律平等原则。

3）着重调解劳动争议原则。

4）及时处理劳动争议的原则。

（6）劳动争议处理机构

我国目前处理劳动争议的机构为：劳动争议调解委员会、地方劳动争议仲裁委员会和地方人民法院。

2. 劳动争议解决的程序

根据《劳动法》规定解决劳动争议途径有协商、调解、仲裁和诉讼。

（1）协商

通过协商方式自行和解，是双方当事人应首先选择解决劳动争议的途径。同时也是在解决争议过程中可以随时采用的。

发生劳动争议时，一方当事人可以通过与另一方当事人约见、面谈等方式协商解决，也可要求所在企业工会参与或者协助其与企业进行协商，劳动者可以委托其他组织或者个人作为其代表进行协商。工会可以主动参与劳动争议的协商处理，维护劳动者合法权益。

发生劳动争议一方当事人提出协商要求后，另一方当事人应当积极做出口头或者书面回应。5日内不做出回应的，视为不愿协商。协商的期限由当事人书面约定，在约定的期限内没有达成一致的，视为协商不成。当事人也可以书面约定延长期限。

协商达成一致，应当签订书面和解协议。和解协议对双方当事人具有约束力，当事人应当履行。

经仲裁庭审查，和解协议程序和内容合法有效的，仲裁庭可以将其作为证据使用。但是，当事人为达成和解的目的作出妥协和对所涉及的对争议事实的认可，不得在其后的仲裁中作为对其不利的证据。

协商解决是以双方当事人自愿为基础的，不愿协商或者经协商不能达成一致，当事人可以选择其他方式。

（2）调解

调解是指劳动纠纷的一方当事人就已经发生的劳动纠纷向劳动争议调解委员会申请调解。根据《劳动法》规定：在用人单位内，可以设立劳动争议调解委员会负责调解本单位的劳动争议。除因签订、履行集体劳动合同发生的争议外均可由本企业劳动争议调解委员会调解。

1) 调解委员会

调解委员会由劳动者代表和企业代表组成，人数由双方协商确定，双方人数应当对等。劳动者代表由工会委员会成员担任或者由全体劳动者推举产生，企业代表由企业负责人指定。调解委员会主任由工会委员会成员或者双方推举的人员担任。

调解委员会应履行下列职责：

① 宣传劳动保障法律、法规和政策；

② 对本企业发生的劳动争议进行调解；

③ 监督和解协议、调解协议的履行；

④ 聘任、解聘和管理调解员；

⑤ 参与协调履行劳动合同、集体合同、执行企业劳动规章制度等方面出现的问题；

⑥ 参与研究涉及劳动者切身利益的重大方案；

⑦ 协助企业建立劳动争议预防预警机制。

2) 调解员

调解委员会的调解员应当公道正派、联系群众、热心调解工作，具有一定劳动保障法律政策知识和沟通协调能力。调解员由调解委员会聘任的本企业工作人员担任，调解委员会成员均为调解员。一般具有法律知识、政策水平和实际工作能力，又了解本单位具体情况，有利于解决纠纷。

调解员的聘期至少为1年，可以续聘。调解员不能履行调解职责时，调解委员会应当及时调整。调解员依法履行调解职责，需要占用生产或者工作时间的，企业应当予以支持，并按照正常出勤对待。

调解员应履行下列职责：

① 关注本企业劳动关系状况，及时向调解委员会报告；

② 接受调解委员会指派，调解劳动争议案件；

③ 监督和解协议、调解协议的履行；

④ 完成调解委员会交办的其他工作。

3) 调解程序

① 调解申请

a. 发生劳动争议，当事人可以口头或者书面形式向调解委员会提出调解申请。

申请内容应当包括申请人基本情况、调解请求、事实与理由。如果是口头申请的，调解委员会应当当场记录。

发生劳动争议,当事人没有提出调解申请,调解委员会可以在征得双方当事人同意后主动调解。

b. 调解委员会接到调解申请后,对属于劳动争议受理范围且双方当事人同意调解的,应当在3个工作日内受理。对不属于劳动争议受理范围或者一方当事人不同意调解的,应当做好记录,并书面通知申请人。

② 调解过程

a. 调解委员会根据案件情况指定调解员或者调解小组进行调解,在征得当事人同意后,也可以邀请有关单位和个人协助调解。

b. 调解员应当全面听取双方当事人的陈述,采取灵活多样的方式方法,开展耐心、细致的说服疏导工作,帮助当事人自愿达成调解协议。

调解委员会调解劳动争议一般不公开进行。但是,双方当事人要求公开调解的除外。

c. 经调解达成调解协议的,由调解委员会制作调解协议书。调解协议书应当写明双方当事人基本情况、调解请求事项、调解的结果和协议履行期限、履行方式等。调解协议书由双方当事人签名或者盖章,经调解员签名并加盖调解委员会印章后生效。调解协议书一式三份,双方当事人和调解委员会各执一份。

d. 生效的调解协议对双方当事人具有约束力,当事人应当履行。双方当事人可以自调解协议生效之日起15日内共同向仲裁委员会提出仲裁审查申请。

双方当事人未按规定提出仲裁审查申请,一方当事人在约定的期限内不履行调解协议的,另一方当事人可以依法申请仲裁。

仲裁委员会受理仲裁申请后,应当对调解协议进行审查,调解协议合法有效且不损害公共利益或者第三人合法利益的,在没有新证据出现的情况下,仲裁委员会可以依据调解协议作出仲裁裁决。

调解委员会调解劳动争议,应当自受理调解申请之日起15日内结束。但是,双方当事人同意延期的可以延长。在规定期限内未达成调解协议的,视为调解不成。

当事人不愿调解、调解不成或者达成调解协议后,一方当事人在约定的期限内不履行调解协议的,调解委员会应当做好记录,由双方当事人签名或者盖章,并书面告知当事人可以向仲裁委员会申请仲裁。

调解与协商程序一样,调解程序也由当事人自愿选择,且调解协议也不具有强制执行力。

(3) 仲裁

发生劳动争议,当事人不愿协商、协商不成或者达成和解协议后不履行的,可以向调解组织申请调解;不愿调解、调解不成或者达成调解协议后不履行的,可以向劳动争议仲裁委员会申请仲裁。

仲裁是劳动纠纷的一方当事人将纠纷提交劳动争议仲裁委员会进行处理。仲裁既具有劳动争议调解灵活、快捷的特点,又具有强制执行的效力,是解决劳动纠纷的重要手段。

申请劳动仲裁是解决劳动争议的选择程序之一,也是提起诉讼的前置程序,即如果想提起诉讼打劳动官司,必须要经过仲裁程序,不能直接向人民法院起诉。

劳动仲裁一般分为四个步骤:当事人申请、审查受理、仲裁前的准备、仲裁审理。

1) 劳动争议仲裁委员会

劳动争议仲裁委员会是国家授权、依法独立处理劳动争议案件的专门机构。省、自治区人民政府可以决定在市、县设立；直辖市人民政府可以决定在区、县设立。直辖市、设区的市也可以设立一个或者若干个劳动争议仲裁委员会。劳动争议仲裁委员会不按行政区划层层设立。国务院劳动行政部门依照有关规定制定仲裁规则。省、自治区、直辖市人民政府劳动行政部门对本行政区域的劳动争议仲裁工作进行指导。

劳动争议仲裁委员会由劳动行政部门代表、工会代表和企业方面代表组成。劳动争议仲裁委员会组成人员应当是单数。

劳动争议仲裁委员会应当设仲裁员名册。仲裁员应当公道正派并符合下列条件之一：

① 曾任审判员的；

② 从事法律研究、教学工作并具有中级以上职称的；

③ 具有法律知识、从事人力资源管理或者工会等专业工作满五年的；

④ 律师执业满三年的。

2) 劳动争议仲裁管辖

劳动争议仲裁委员会负责管辖本区域内发生的劳动争议。劳动争议由劳动合同履行地或者用人单位所在地的劳动争议仲裁委员会管辖，双方当事人分别向劳动合同履行地和用人单位所在地的劳动争议仲裁委员会申请仲裁的，由劳动合同履行地的劳动争议仲裁委员会管辖。具体劳动争议仲裁管辖可分为以下几种：

① 地域管辖

地域管辖又称地区管辖，以行政区域作为确定劳动仲裁管辖范围的标准。地域管辖又分为三种：

a. 一般地域管辖。指按照发生劳动争议的行政区域确定案件的管辖，这是最常见的方式。

b. 特殊地域管辖。指法律法规特别规定当事人之间的劳动争议由某地的劳动争议仲裁委员会管辖，如发生劳动争议的企业与职工不在同一个仲裁委员会管辖地区的，由工资关系所在地的仲裁委员会管辖。

c. 专属管辖。指法律法规规定某类劳动争议只能由特定的劳动仲裁委员会管辖，如在中国境内履行国（境）外劳动合同发生的劳动争议，只能由合同履行地仲裁委员会管辖；又如，一些地方规定外商投资企业由设区的市一级劳动仲裁委员会管辖。

② 级别管辖

指各级劳动仲裁委员会受理劳动争议的分工和权限。一般分为：区（县）一级劳动仲裁委员会管辖本区内普通劳动争议；市一级劳动仲裁委员会管辖外商投资企业或本市重大劳动争议。

③ 移送管辖

指劳动仲裁委员会件受理的自己无管辖权的或不便于管辖的劳动争议案件，移送有权或便于审理此案的劳动委员会。如《劳动争议仲裁委员会办案规则》规定，区（县）级劳动仲裁委员会认为有必要的，可以将集体劳动争议案件报送上一级劳动仲裁委员会处理。

④ 指定管辖

指两个劳动仲裁委员会对案件的管辖发生争议，由双方协商，协商不成报送共同的上级劳动行政主管部门，由上级部门指定管辖。

⑤ 涉外管辖

《中华人民共和国民事诉讼法》第243条规定，因合同纠纷或者其他财产权益纠纷，对在中华人民共和国领域内没有住所的被告提起诉讼，如果合同在中华人民共和国领域内签订或者履行，可以由合同签订地、合同履行地人民法院管辖。据此，中国公民与国（境）外企业签订的劳动（工作）合同，如果劳动（工作）合同的履行地在中国领域内，因履行劳动（工作）合同发生劳动争议，可按照《中华人民共和国企业劳动争议处理条例》第2条第四款规定精神，由劳动（工作）合同履行地的劳动争议仲裁委员会受理。

3）劳动争议申请仲裁的时效

劳动争议申请仲裁的时效期间为一年。仲裁时效期间从当事人知道或者应当知道其权利被侵害之日起计算。

仲裁时效的中断，因当事人一方向对方当事人主张权利，或者向有关部门请求权利救济，或者对方当事人同意履行义务而中断。从中断时起，仲裁时效期间重新计算。

仲裁时效的中止，在仲裁时效进行中的某一阶段，因不可抗力或者有其他正当理由，当事人不能在法律规定的仲裁时效期间申请仲裁的，仲裁时效中止。从中止时效的原因消除之日起，仲裁时效期间继续计算。

劳动关系存续期间因拖欠劳动报酬发生争议的，劳动者申请仲裁不受1年仲裁时效期间的限制；但是，劳动关系终止的，应当自劳动关系终止之日起1年内提出。

4）仲裁的受理和裁决

申请人申请仲裁应当提交书面仲裁申请，并按照被申请人人数提交副本。

仲裁申请书应当载明下列事项：

① 劳动者的姓名、性别、年龄、职业、工作单位和住所，用人单位的名称、住所和法定代表人或者主要负责人的姓名、职务；

② 仲裁请求和所根据的事实、理由；

③ 证据和证据来源、证人姓名和住所。

书写仲裁申请确有困难的，可以口头申请，由劳动争议仲裁委员会记入笔录，并告知对方当事人。

劳动争议仲裁委员会收到仲裁申请之日起五日内，认为符合受理条件的，应当受理，并通知申请人；认为不符合受理条件的，应当书面通知申请人不予受理，并说明理由。对劳动争议仲裁委员会不予受理或者逾期未作出决定的，申请人可以就该劳动争议事项向人民法院提起诉讼。

劳动争议仲裁委员会受理仲裁申请后，应当在五日内将仲裁申请书副本送达被申请人。被申请人收到仲裁申请书副本后，应当在十日内向劳动争议仲裁委员会提交答辩书。劳动争议仲裁委员会收到答辩书后，应当在五日内将答辩书副本送达申请人。被申请人未提交答辩书的，不影响仲裁程序的进行。

劳动争议仲裁委员会裁决劳动争议案件实行仲裁庭制。仲裁庭由三名仲裁员组成，设首席仲裁员。简单劳动争议案件可以由一名仲裁员独任仲裁。仲裁庭应当在开庭五日前，将开庭日期、地点书面通知双方当事人。当事人有正当理由的，可以在开庭三日前请求延期开庭。是否延期，由劳动争议仲裁委员会决定。

申请人收到书面通知，无正当理由拒不到庭或者未经仲裁庭同意中途退庭的，可以视为撤回仲裁申请。被申请人收到书面通知，无正当理由拒不到庭或者未经仲裁庭同意中途退庭的，可以缺席裁决。

当事人在仲裁过程中有权进行质证和辩论。质证和辩论终结时，首席仲裁员或者独任仲裁员应当征询当事人的最后意见。当事人提供的证据经查证属实的，仲裁庭应当将其作为认定事实的根据。劳动者无法提供由用人单位掌握管理的与仲裁请求有关的证据，仲裁庭可以要求用人单位在指定期限内提供。用人单位在指定期限内不提供的，应当承担不利后果。

仲裁庭应当将开庭情况记入笔录。当事人和其他仲裁参加人认为对自己陈述的记录有遗漏或者差错的，有权申请补正。如果不予补正，应当记录该申请。笔录由仲裁员、记录人员、当事人和其他仲裁参加人签名或者盖章。

当事人申请劳动争议仲裁后，可以自行和解。达成和解协议的，可以撤回仲裁申请。仲裁庭在作出裁决前，应当先行调解。调解达成协议的，仲裁庭应当制作调解书。调解书应当写明仲裁请求和当事人协议的结果。调解书由仲裁员签名，加盖劳动争议仲裁委员会印章，送达双方当事人。调解书经双方当事人签收后，发生法律效力。调解不成或者调解书送达前，一方当事人反悔的，仲裁庭应当及时作出裁决。

仲裁庭裁决劳动争议案件，应当自劳动争议仲裁委员会受理仲裁申请之日起四十五日内结束。案情复杂需要延期的，经劳动争议仲裁委员会主任批准，可以延期并书面通知当事人，但是延长期限不得超过十五日。逾期未作出仲裁裁决的，当事人可以就该劳动争议事项向人民法院提起诉讼。

仲裁庭裁决劳动争议案件时，其中一部分事实已经清楚，可以就该部分先行裁决。仲裁庭对追索劳动报酬、工伤医疗费、经济补偿或者赔偿金的案件，根据当事人的申请，可以裁决先予执行，移送人民法院执行。

仲裁庭裁决先予执行的，应当符合下列条件：
① 当事人之间权利义务关系明确的；
② 不先予执行将严重影响申请人的生活。

劳动者申请先予执行的，可以不提供担保。

裁决书应当载明仲裁请求、争议事实、裁决理由、裁决结果和裁决日期。裁决书由仲裁员签名，加盖劳动争议仲裁委员会印章。对裁决持不同意见的仲裁员，可以签名，也可以不签名。

如涉及以下劳动争议，除另有规定的外，仲裁裁决为终局裁决，裁决书自作出之日起发生法律效力：
① 追索劳动报酬、工伤医疗费、经济补偿或者赔偿金，不超过当地月最低工资标准十二个月金额的争议；
② 因执行国家的劳动标准在工作时间、休息休假、社会保险等方面发生的争议。

劳动者对以上终局裁决不服的，可以自收到仲裁裁决书之日起十五日内向人民法院提起诉讼。

用人单位有证据证明以上终局裁决有下列情形之一，可以自收到仲裁裁决书之日起三十日内向劳动争议仲裁委员会所在地的中级人民法院申请撤销裁决：
① 适用法律、法规确有错误的；

② 劳动争议仲裁委员会无管辖权的；
③ 违反法定程序的；
④ 裁决所根据的证据是伪造的；
⑤ 对方当事人隐瞒了足以影响公正裁决的证据的；
⑥ 仲裁员在仲裁该案时有索贿受贿、徇私舞弊、枉法裁决行为的。

人民法院经组成合议庭审查核实裁决有以上情形之一的，应当裁定撤销。

仲裁裁决被人民法院裁定撤销的，当事人可以自收到裁定书之日起十五日内就该劳动争议事项向人民法院提起诉讼。

当事人对以上涉及终局裁决外的其他劳动争议案件的仲裁裁决不服的，可以自收到仲裁裁决书之日起十五日内向人民法院提起诉讼；期满不起诉的，裁决书发生法律效力。

当事人对发生法律效力的调解书、裁决书，应当依照规定的期限履行。一方当事人逾期不履行的，另一方当事人可以依照民事诉讼法的有关规定向人民法院申请执行。受理申请的人民法院应当依法执行。

劳动争议仲裁不收费。劳动争议仲裁委员会的经费由财政予以保障。

5) 仲裁申请人的权利义务

① 当事人在仲裁活动中享有以下权利：

a. 有申请、答辩、变更、撤回仲裁申请的权利；

b. 有委托代理人代为参加仲裁活动的权利；

c. 有申请有关人员回避的权利；

d. 有请求传唤证人，请求鉴定和勘验的权利；

e. 对未发生法律效力的裁决，有向人民法院提起诉讼的权利；

f. 对已发生法律效力的调解书、裁决书，对方当事人不履行的，有请求人民法院强制执行的权利。

② 当事人在仲裁活动中应履行以下义务：

a. 有遵守劳动仲裁程序和仲裁纪律的义务；

b. 有提供证人、证据的义务；

c. 有如实陈述案情，回答仲裁员询问的义务；

d. 有承担履行生效的裁决书、调解书的义务。

(4) 诉讼

劳动争议当事人对仲裁裁决不服的，可以自收到仲裁裁决书之日起 15 日内向人民法院提起诉讼。一方当事人在法定期限内不起诉，又不履行仲裁裁决的，另一方当事人可以申请人民法院强制执行。诉讼程序具有较强的法律性、程序性，作出的判决也具有强制执行力。仲裁程序是劳动争议案件的前置程序，未经仲裁，案件不能进入诉讼程序。劳动争议的诉讼，是解决劳动争议的最终程序。

劳动争议案件由用人单位所在地或者劳动合同履行地的基层人民法院管辖，劳动合同履行不明确的，由用人单位所在地的基层人民法院管辖。

法院审理劳动争议案件的必须满足以下条件：

① 起诉人必须是劳动争议的当事人。当事人因故不能亲自起诉的，可以直接委托代

理人起诉，其他未经委托无权起诉。

② 必须是不服劳动争议仲裁委员会仲裁而向法院起诉，未经仲裁程序不得直接向法院起诉。

③ 必须有明确的被告、具体的诉讼请求和事实根据。不得将仲裁委员会作为被告向法院起诉。

④ 起诉的时间，必须是劳动法律规定的时效内，否则不予受理。

⑤ 起诉必须向有管辖权的法院提出，一般应向仲裁委员会所在地人民法院起诉。

1）劳动纠纷诉讼时效

劳动纠纷诉讼时效又有普通时效和特殊时效之分，普通时效为两年。特殊时效方面，符合《中华人民共和国民法通则》第136条规定情形的，诉讼时效为1年。因涉外货物买卖合同争议提起诉讼或仲裁的期限为4年。我国法律所规定的最长诉讼时效为20年。以下为详细解释，劳动纠纷诉讼时效参考民事诉讼时效内容：

向人民法院请求保护民事权利的诉讼时效期间为二年，法律另有规定的除外。

下列的诉讼时效期间为一年：

① 身体受到伤害要求赔偿的；

② 出售质量不合格的商品未声明的；

③ 延付或者拒付租金的；

④ 寄存财物被丢失或者损毁的。

2）诉讼时效计算

诉讼时效期间从知道或者应当知道权利被侵害时起计算。但是，从权利被侵害之日起超过二十年的，人民法院不予保护。有特殊情况的，人民法院可以延长诉讼时效期间。

超过诉讼时效期间，当事人自愿履行的，不受诉讼时效限制。

在诉讼时效期间的最后六个月内，因不可抗力或者其他障碍不能行使请求权的，诉讼时效中止。从中止时效的原因消除之日起，诉讼时效期间继续计算。

诉讼时效因提起诉讼、当事人一方提出要求或者同意履行义务而中断。从中断时起，诉讼时效期间重新计算。

规定按照小时计算期间的，从规定时开始计算。规定按照日、月、年计算期间的，开始的当天不算入，从下一天开始计算。

期间的最后一天是星期日或者其他法定休假日的，以休假日的次日为期间的最后一天。期间的最后一天的截止时间为二十四点。有业务时间的，到停止业务活动的时间截止。

3）诉讼程序

人民法院处理劳动争议案件和处理一般民事纠纷一样，适用《民事诉讼法》的规定。其主要程序有一审程序、二审程序、审判监督程序等。

一审程序分如下4个阶段进行：

① 起诉和受理。人民法院收到起诉状或者口头起诉后，进行审查认为符合起诉条件的，应当在7日内立案，并通知当事人；认为不符合起诉条件的，应当在7日内裁定不予受理；原告对裁定不服的，可以提起上诉。

② 审理前的准备。正式审理之前人民法院还要做一些准备工作，比如向被告发送起

诉状副本，组成合议庭，开展调查或委托调查，通知当事人参加诉讼等。

③ 开庭审理。法庭调查时，按当事人陈述、证人作证、出示证言书证等证据、宣读鉴定结论和勘验笔录的顺序进行。进入法庭辩论后，先由原告及其诉讼代理人发言，然后由被告及其诉讼代理人答辩，再由各方相互辩论。辩论之后由审判长按照原告、被告、第三人的先后顺序征询各方最后意见。

④ 依法做出判决。判决前能够调解的，还可以进行调解，调解不成的，应当及时判决。

二审程序。当事人不服一审判决的，可依法提起二审程序。但须在一审判决书送达之日起15日内向上一级人民法院提起上诉。上诉状应当写明当事人的姓名、法人名称及法定代表人的姓名，原审人民法院名称、案件编号和案由，上诉的请求和理由。上诉状应通过原审人民法院提交，并按对方当事人或代表人的人数提交副本。二审人民法院做出的判决为终审判决。

审判监督程序是当人民法院对已经发生法律效力的判决和裁定发现确有错误而需要再审时所进行的程序。当事人也可以申请再审，但须在判决发生法律效力后两年内提出。

6.3.2 用人单位的法律责任

违反劳动法的法律责任，是指企业、个体经济组织、国家机关、事业组织和社会团体等单位或职工因违反劳动法律法规，造成或可能造成一定损失，对此应承担的法律责任。

根据《劳动法》的规定，违反劳动法的责任包括行政责任、民事责任和刑事责任。

① 行政责任。是指企业、个体经济组织、国家机关、事业组织、社会团体等单位的领导或职工违反劳动法、企业内部劳动规章而引起的在行政上应承担的法律后果。

② 民事责任。是指劳动关系当事人一方违反了劳动法的规定或双方的约定，而导致其应承担的民事法律责任。根据《劳动法》第11条的规定，违反劳动法的民事责任可分为两种：一种是违反劳动合同所应承担的民事责任；另一种是侵害劳动者或用人单位权利所应承担的民事责任。如用人单位违法解除劳动合同给劳动者造成损害的，要承担赔偿责任；劳动者违反劳动合同中约定的保密事项给用人单位造成损失的，要承担赔偿责任等。

③ 刑事责任。是指行为违反了刑法规定，构成犯罪所应承担的法律责任。对情节和后果严重，已构成犯罪的人员要依法追究刑事责任。凡是违反劳动法情节严重，触犯刑律构成犯罪的行为，应当追究刑事责任。

用人单位违反劳动法律规定，应承担的法律责任主要包括以下方面：

（1）用人单位制定的劳动规章制度违反法律、法规规定的，由劳动行政部门给予警告，责令改正；对劳动者造成损害的，应当承担赔偿责任。

（2）用人单位违反劳动法规定，延长劳动者工作时间的，由劳动行政部门给予警告。责令改正，并可以处以罚款。

用人单位违反劳动保障法律、法规或者规章延长劳动者工作时间的，由劳动保障行政部门给予警告，责令限期改正，并可以按照受侵害的劳动者每人100元以上500元以下的标准计算，处以罚款。

（3）有下列侵害劳动者合法权益情形之一的，由劳动行政部门责令支付劳动者的工资报酬、并可以责令用人单位按应付金额百分之五十以上百分之一百以下的标准向劳动者加付赔偿金：
    1）克扣或者无故拖欠劳动者工资的；
    2）拒不支付劳动者延长工作时间工资报酬的；
    3）低于当地最低工资标准支付劳动者工资的；
    4）解除劳动合同后，未依照本法规定给予劳动者经济补偿的。

    如果用人单位实施上述规定的前三项侵权行为之一的，劳动行政部门应责令用人单位支付劳动者的工资报酬和经济补偿，并可以责令支付赔偿金。如果用人单位实施了上述规定的第四项侵权行为，即解除劳动合同后未依法给予劳动者经济补偿的，因不存在支付工资报酬的问题，故劳动行政部门只责令用人单位支付劳动者经济补偿。

    按《违反和解除劳动合同的经济补偿办法》规定，用人单位支付劳动者经济补偿金的根据以下条款执行：

    ① 用人单位克扣或者无故拖欠劳动者工资的，以及拒不支付劳动者延长工作时间工资报酬的，除在规定的时间内全额支付劳动者工资报酬外，还需加发相当于工资报酬百分之二十五的经济补偿金。

    ② 用人单位支付劳动者的工资报酬低于当地最低工资标准的，要在补足低于标准部分的同时，另外支付相当于低于部分百分之二十五的经济补偿金。

    ③ 经劳动合同当事人协商一致，由用人单位解除劳动合同的，用人单位应根据劳动者在本单位工作年限，每满一年发给相当于一个月工资的经济补偿金，最多不超过十二个月。工作时间不满一年的按一年的标准发给经济补偿金。

    ④ 劳动者患病或者非因工负伤，经劳动鉴定委员会确认不能从事原工作，也不能从事用人单位另行安排的工作而解除劳动合同的，用人单位应按其在本单位的工作年限，每满一年发给相当于一个月工资的经济补偿金，同时还应发给不低于六个月工资的医疗补助费。患重病和绝症的还应增加医疗补助费，患重病的增加部分不低于医疗补助费的百分之五十，患绝症的增加部分不低于医疗补助费的百分之百。

    ⑤ 劳动者不胜任工作，经过培训或者调整工作岗位仍不能胜任工作，由用人单位解除劳动合同的，用人单位应按其在本单位工作的年限，工作时间每满一年，发给相当于一个月工资的经济补偿金，最多不超过十二个月。

    ⑥ 劳动合同订立时所依据的客观情况发生重大变化，致使原劳动合同无法履行，经当事人协商不能就变更劳动合同达成协议，由用人单位解除劳动合同的，用人单位按劳动者在本单位工作的年限，工作时间每满一年发给相当于一个月工资的经济补偿金。

    ⑦ 用人单位濒临破产进行法定整顿期间或者生产经营状况发生严重困难，必须裁减人员的，用人单位按被裁减人员在本单位工作的年限支付经济补偿金。在本单位工作的时间每满一年，发给相当于一个月工资的经济补偿金。

    ⑧ 用人单位解除劳动合同后，未按规定给予劳动者经济补偿的，除全额发给经济补偿金外，还须按该经济补偿金数额的百分之五十支付额外经济补偿金。

    以上的经济补偿金的工资计算标准是指企业正常生产情况下劳动者解除合同前十二个月的月平均工资。

    用人单位依据上述第4条、第6条、第7条解除劳动合同时，劳动者的月平均工资低于企业月平均工资的，按企业月平均工资的标准支付。

(4) 劳动安全设施和劳动卫生条件不符合国家规定或者未向劳动者提供必要的劳动防护用品和劳动保护设施的，由劳动行政部门责令改正，可以处以罚款；情节严重的，提请县级以上人民政府决定责令停产整顿；对事故隐患不采取措施，致使发生重大事故，造成劳动者生命和财产损失的，对责任人员依照刑法有关规定追究刑事责任。

1) 用人单位的劳动安全设施不符合国家规定，经有关部门提出后，对事故隐患仍不采取措施，因而发生重大犯罪的，应当承担的刑事责任：

《中华人民共和国刑法》第一百三十五条：工厂、矿山、林场、建筑企业或者其他企业、事业单位的劳动安全设施不符合国家规定，经有关部门或者单位职工提出后，对事故隐患仍不采取措施，因而发生重大伤亡事故或者造成其他严重后果的，对直接责任人员，处三年以下有期徒刑或者拘役；情节特别恶劣的，处三年以上七年以下有期徒刑。

2) 用人单位的劳动安全设施和劳动卫生条件不符合国家规定或者未向劳动者提供必要的劳动防护用品和劳动保护设施的，劳动行政部门对其施以行政处罚的具体标准：

① 《违反〈中华人民共和国劳动法〉行政处罚办法》第七条：用人单位劳动安全设施和劳动卫生条件不符合国家规定的，应责令限期改正；逾期不改的，可处以五万元以下罚款。

② 用人单位违反规定造成职工急性中毒事故，或伤亡事故的，应责令制定整改措施，并可按每中毒或重伤或死亡一名劳动者罚款一万元以下的标准处罚；情节严重的，提请同级人民政府决定停产整顿。

③ 用人单位对发生的急性中毒或伤亡事故隐瞒、拖延不报或谎报的，以及故意破坏或伪造事故现场的，应责令改正，并可处以二万元以下罚款。

④ 用人单位新建、改建、扩建和技术改造项目的劳动安全卫生设施未能与主体工程同时设计、同时施工、同时投入生产和使用，安全卫生设施不符合国家规定标准的，应责令改正，并可处以五万元以下罚款。

⑤ 用人单位未向劳动者提供必要的劳动防护用品和劳动保护设施，或未对从事有职业危害作业的劳动者定期检查身体的，应责令改正，并可处以五千元以下罚款。

⑥ 用人单位锅炉压力容器无使用证而运行的，或不进行定期检验的，应责令停止运行或查封设备，并可处以一万元以下罚款。

用人单位锅炉压力容器有事故隐患的，应责令限期改正；对逾期不改的应责令停止运行，收回使用证件，并可处以一万元以下罚款。

⑦ 用人单位压力管道，起重机械、电梯、客运架空索道、厂内机动车辆等特种设备未进行定期检验或安全认证的，应责令改正，并可处以一万元以下罚款。

(5) 强令劳动者违章冒险作业，发生重大伤亡事故，造成严重后果的，对责任人员依法追究刑事责任。

工厂、矿山、林场、建筑企业或者其他企业、事业单位的职工，由于不服管理、违反规章制度，或者强令工人违章冒险作业，因而发生重大伤亡事故或者造成其他严重后果的，处三年以下有期徒刑或者拘役；情节特别恶劣的，处三年以上七年以下有期徒刑。

以下是我国相关法律、法规对用人单位发生重大伤亡事故的规定和处罚：

1) 最高人民检察院、公安部《关于公安机关管辖的刑事案件立案追诉标准的规定（一）》

第八条 [重大责任事故案（刑法第一百三十四条第一款）] 在生产、作业中违反有关安全管理的规定，涉嫌下列情形之一的，应予立案追诉：

（一）造成死亡一人以上，或者重伤三人以上；

（二）造成直接经济损失五十万元以上的；

（三）发生矿山生产安全事故，造成直接经济损失一百万元以上的；

（四）其他造成严重后果的情形。

第九条　［强令违章冒险作业案（刑法第一百三十四条第二款）］强令他人违章冒险作业，涉嫌下列情形之一的，应予立案追诉：

（一）造成死亡一人以上，或者重伤三人以上；

（二）造成直接经济损失五十万元以上的；

（三）发生矿山生产安全事故，造成直接经济损失一百万元以上的；

（四）其他造成严重后果的情形。

2)《中华人民共和国劳动法》

第九十三条　用人单位强令劳动者违章冒险作业，发生重大伤亡事故，造成严重后果的，对责任人员依法追究刑事责任。

3)《中华人民共和国建筑法》

第四十四条　建筑施工企业必须依法加强对建筑安全生产的管理，执行安全生产责任制度，采取有效措施，防止伤亡和其他安全生产事故的发生。

建筑施工企业的法定代表人对本企业的安全生产负责。

第四十五条　施工现场安全由建筑施工企业负责。实行施工总承包的，由总承包单位负责。分包单位向总承包单位负责，服从总承包单位对施工现场的安全生产管理。

第五十条　房屋拆除应当由具备保证安全条件的建筑施工单位承担，由建筑施工单位负责人对安全负责。

第五十一条　施工中发生事故时，建筑施工企业应当采取紧急措施减少人员伤亡和事故损失，并按照国家有关规定及时向有关部门报告。

第七十一条　建筑施工企业违反本法规定，对建筑安全事故隐患不采取措施予以消除的，责令改正，可以处以罚款；情节严重的，责令停业整顿，降低资质等级或者吊销资质证书；构成犯罪的，依法追究刑事责任。

建筑施工企业的管理人员违章指挥、强令职工冒险作业，因而发生重大伤亡事故或者造成其他严重后果的，依法追究刑事责任。

4)《中华人民共和国安全生产法》

第八十条　生产经营单位的决策机构、主要负责人、个人经营的投资人不依照本法规定保证安全生产所必需的资金投入，致使生产经营单位不具备安全生产条件的，责令限期改正，提供必需的资金；逾期未改正的，责令生产经营单位停产停业整顿。

有前款违法行为，导致发生生产安全事故，构成犯罪的，依照刑法有关规定追究刑事责任；尚不够刑事处罚的，对生产经营单位的主要负责人给予撤职处分，对个人经营的投资人处二万元以上二十万元以下的罚款。

第八十一条　生产经营单位的主要负责人未履行本法规定的安全生产管理职责的，责令限期改正；逾期未改正的，责令生产经营单位停产停业整顿。

生产经营单位的主要负责人有前款违法行为，导致发生生产安全事故，构成犯罪的，依照刑法有关规定追究刑事责任；尚不够刑事处罚的，给予撤职处分或者处二万元以上二十万元以下的罚款。

生产经营单位的主要负责人依照前款规定受刑事处罚或者撤职处分的，自刑罚执行完毕或者受处分之日起，五年内不得担任任何生产经营单位的主要负责人。

第八十三条 生产经营单位有下列行为之一的，责令限期改正；逾期未改正的，责令停止建设或者停产停业整顿，可以并处五万元以下的罚款；造成严重后果，构成犯罪的，依照刑法有关规定追究刑事责任：

（一）矿山建设项目或者用于生产、储存危险物品的建设项目没有安全设施设计或者安全设施设计未按照规定报经有关部门审查同意的；

（二）矿山建设项目或者用于生产、储存危险物品的建设项目的施工单位未按照批准的安全设施设计施工的；

（三）矿山建设项目或者用于生产、储存危险物品的建设项目竣工投入生产或者使用前，安全设施未经验收合格的；

（四）未在有较大危险因素的生产经营场所和有关设施、设备上设置明显的安全警示标志的；

（五）安全设备的安装、使用、检测、改造和报废不符合国家标准或者行业标准的；

（六）未对安全设备进行经常性维护、保养和定期检测的；

（七）未为从业人员提供符合国家标准或者行业标准的劳动防护用品的；

（八）特种设备以及危险物品的容器、运输工具未经取得专业资质的机构检测、检验合格，取得安全使用证或者安全标志，投入使用的；

（九）使用国家明令淘汰、禁止使用的危及生产安全的工艺、设备的。

第八十四条 未经依法批准，擅自生产、经营、储存危险物品的，责令停止违法行为或者予以关闭，没收违法所得，违法所得十万元以上的，并处违法所得一倍以上五倍以下的罚款，没有违法所得或者违法所得不足十万元的，单处或者并处二万元以上十万元以下的罚款；造成严重后果，构成犯罪的，依照刑法有关规定追究刑事责任。

第八十五条 生产经营单位有下列行为之一的，责令限期改正；逾期未改正的，责令停产停业整顿，可以并处二万元以上十万元以下的罚款；造成严重后果，构成犯罪的，依照刑法有关规定追究刑事责任：

（一）生产、经营、储存、使用危险物品，未建立专门安全管理制度、未采取可靠的安全措施或者不接受有关主管部门依法实施的监督管理的；

（二）对重大危险源未登记建档，或者未进行评估、监控，或者未制定应急预案的；

（三）进行爆破、吊装等危险作业，未安排专门管理人员进行现场安全管理的。

第八十八条 生产经营单位有下列行为之一的，责令限期改正；逾期未改正的，责令停产停业整顿；造成严重后果，构成犯罪的，依照刑法有关规定追究刑事责任：

（一）生产、经营、储存、使用危险物品的车间、商店、仓库与员工宿舍在同一座建筑内，或者与员工宿舍的距离不符合安全要求的；

（二）生产经营场所和员工宿舍未设有符合紧急疏散需要、标志明显、保持畅通的出口，或者封闭、堵塞生产经营场所或者员工宿舍出口的。

5)《使用有毒物品作业场所劳动保护条例》

第六十条 用人单位违反本条例的规定,有下列情形之一的,由卫生行政部门给予警告,责令限期改正,处5万元以上30万元以下的罚款;逾期不改正的,提请有关人民政府按照国务院规定的权限予以关闭;造成严重职业中毒危害或者导致职业中毒事故发生的,对负有责任的主管人员和其他直接责任人员依照刑法关于重大责任事故罪、重大劳动安全事故罪或者其他罪的规定,依法追究刑事责任:

(一) 使用有毒物品作业场所未设置有效通风装置的,或者可能突然泄漏大量有毒物品或者易造成急性中毒的作业场所未设置自动报警装置或者事故通风设施的;

(二) 职业卫生防护设备、应急救援设施、通信报警装置处于不正常状态而不停止作业,或者擅自拆除或者停止运行职业卫生防护设备、应急救援设施、通信报警装置的。

第六十一条 从事使用高毒物品作业的用人单位违反本条例的规定,有下列行为之一的,由卫生行政部门给予警告,责令限期改正,处5万元以上20万元以下的罚款;逾期不改正的,提请有关人民政府按照国务院规定的权限予以关闭;造成严重职业中毒危害或者导致职业中毒事故发生的,对负有责任的主管人员和其他直接责任人员依照刑法关于重大责任事故罪或者其他罪的规定,依法追究刑事责任:

(一) 作业场所职业中毒危害因素不符合国家职业卫生标准和卫生要求而不立即停止高毒作业并采取相应的治理措施的,或者职业中毒危害因素治理不符合国家职业卫生标准和卫生要求重新作业的;

(二) 未依照本条例的规定维护、检修存在高毒物品的生产装置的;

(三) 未采取本条例规定的措施,安排劳动者进入存在高毒物品的设备、容器或者狭窄封闭场所作业的。

第六十二条 在作业场所使用国家明令禁止使用的有毒物品或者使用不符合国家标准的有毒物品的,由卫生行政部门责令立即停止使用,处5万元以上30万元以下的罚款;情节严重的,责令停止使用有毒物品作业,或者提请有关人民政府按照国务院规定的权限予以关闭;造成严重职业中毒危害或者导致职业中毒事故发生的,对负有责任的主管人员和其他直接责任人员依照刑法关于危险物品肇事罪、重大责任事故罪或者其他罪的规定,依法追究刑事责任。

第六十三条 用人单位违反本条例的规定,有下列行为之一的,由卫生行政部门给予警告,责令限期改正;逾期不改正的,处5万元以上30万元以下的罚款;造成严重职业中毒危害或者导致职业中毒事故发生的,对负有责任的主管人员和其他直接责任人员依照刑法关于重大责任事故罪或者其他罪的规定,依法追究刑事责任:

(一) 使用未经培训考核合格的劳动者从事高毒作业的;

(二) 安排有职业禁忌的劳动者从事所禁忌的作业的;

(三) 发现有职业禁忌或者有与所从事职业相关的健康损害的劳动者,未及时调离原工作岗位,并妥善安置的;

(四) 安排未成年人或者孕期、哺乳期的女职工从事使用有毒物品作业的;

(五) 使用童工的。

6)《特种设备安全监察条例》

第六十一条 有下列情形之一的,为特别重大事故:

(一) 特种设备事故造成30人以上死亡,或者100人以上重伤(包括急性工业中毒,下同），或者 1 亿元以上直接经济损失的；

（二）600 兆瓦以上锅炉爆炸的；

（三）压力容器、压力管道有毒介质泄漏，造成 15 万人以上转移的；

（四）客运索道、大型游乐设施高空滞留 100 人以上并且时间在 48 小时以上的。

第六十二条　有下列情形之一的，为重大事故：

（一）特种设备事故造成 10 人以上 30 人以下死亡，或者 50 人以上 100 人以下重伤，或者 5000 万元以上 1 亿元以下直接经济损失的；

（二）600 兆瓦以上锅炉因安全故障中断运行 240 小时以上的；

（三）压力容器、压力管道有毒介质泄漏，造成 5 万人以上 15 万人以下转移的；

（四）客运索道、大型游乐设施高空滞留 100 人以上并且时间在 24 小时以上 48 小时以下的。

第六十三条　有下列情形之一的，为较大事故：

（一）特种设备事故造成 3 人以上 10 人以下死亡，或者 10 人以上 50 人以下重伤，或者 1000 万元以上 5000 万元以下直接经济损失的；

（二）锅炉、压力容器、压力管道爆炸的；

（三）压力容器、压力管道有毒介质泄漏，造成 1 万人以上 5 万人以下转移的；

（四）起重机械整体倾覆的；

（五）客运索道、大型游乐设施高空滞留人员 12 小时以上的。

第六十四条　有下列情形之一的，为一般事故：

（一）特种设备事故造成 3 人以下死亡，或者 10 人以下重伤，或者 1 万元以上 1000 万元以下直接经济损失的；

（二）压力容器、压力管道有毒介质泄漏，造成 500 人以上 1 万人以下转移的；

（三）电梯轿厢滞留人员 2 小时以上的；

（四）起重机械主要受力结构件折断或者起升机构坠落的；

（五）客运索道高空滞留人员 3.5 小时以上 12 小时以下的；

（六）大型游乐设施高空滞留人员 1 小时以上 12 小时以下的。

除前款规定外，国务院特种设备安全监督管理部门可以对一般事故的其他情形做出补充规定。

第八十七条　发生特种设备事故，有下列情形之一的，对单位，由特种设备安全监督管理部门处 5 万元以上 20 万元以下罚款；对主要负责人，由特种设备安全监督管理部门处 4000 元以上 2 万元以下罚款；属于国家工作人员的，依法给予处分；触犯刑律的，依照刑法关于重大责任事故罪或者其他罪的规定，依法追究刑事责任：

（一）特种设备使用单位的主要负责人在本单位发生特种设备事故时，不立即组织抢救或者在事故调查处理期间擅离职守或者逃匿的；

（二）特种设备使用单位的主要负责人对特种设备事故隐瞒不报、谎报或者拖延不报的。

7)《安全生产事故报告和调查处理条例》

第三条　根据生产安全事故（以下简称事故）造成的人员伤亡或者直接经济损失，事故一般分为以下等级：

(一) 特别重大事故，是指造成 30 人以上死亡，或者 100 人以上重伤（包括急性工业中毒，下同），或者 1 亿元以上直接经济损失的事故；

(二) 重大事故，是指造成 10 人以上 30 人以下死亡，或者 50 人以上 100 人以下重伤，或者 5000 万元以上 1 亿元以下直接经济损失的事故；

(三) 较大事故，是指造成 3 人以上 10 人以下死亡，或者 10 人以上 50 人以下重伤，或者 1000 万元以上 5000 万元以下直接经济损失的事故；

(四) 一般事故，是指造成 3 人以下死亡，或者 10 人以下重伤，或者 1000 万元以下直接经济损失的事故。

国务院安全生产监督管理部门可以会同国务院有关部门，制定事故等级划分的补充性规定。

上述所称的"以上"包括本数，所称的"以下"不包括本数。

(6) 非法招用未满十六周岁的未成年人的，由劳动行政部门责令改正，处以罚款；情节严重的，由工商行政管理部门吊销营业执照。

1) 相关法律对用人单位非法招用未满 16 周岁的未成年人的处罚规定：

①《中华人民共和国劳动法》规定："用人单位非法招用未满十六周岁的未成年人的，由劳动行政部门责令改正，处以罚款；情节严重的，由工商行政管理部门吊销营业执照。"

②《违反〈中华人民共和国劳动法〉行政处罚办法》规定："用人单位非法招用未满十六周岁的未成年人的，应责令改正，并按国家有关规定处以罚款。"

③《中华人民共和国未成年人保护法》规定："企业事业组织、个体工商户非法招用未满十六周岁的未成年人的，由劳动部门责令改正，处以罚款；情节严重的，由工商行政管理部门吊销营业执照。"

④《禁止使用童工规定》规定："单位或者个人为不满 16 周岁的未成年人介绍就业的，由劳动保障行政部门按照每介绍一人处 5000 元罚款的标准给予处罚；职业中介机构为不满 16 周岁的未成年人介绍就业的，并由劳动保障行政部门吊销其职业介绍许可证。"

具体罚款标准如下：

a. 对单位使用童工的，根据国务院《禁止使用童工规定》的规定，由各省、自治区、直辖市规定具体罚款标准。

b. 职业介绍机构以及其他单位为未满十六周岁的少年、儿童介绍职业的，每介绍一名童工，罚款 1500～3000 元。

c. 为未满十六周岁的少年、儿童做童工出具假证明的，罚款 1500～3000 元。

有下列行为之一的，在原罚款标准基础上再加重罚款三倍：

a. 数次（两次及其以上，下同）使用童工的。

b. 长期（三个月及其以上）使用或者使用多名（三名及其以上，下同）童工的。

c. 数次介绍或者一次介绍多名童工的。

d. 数次为童工出具假证明的。

2) 用人单位非法招用未满 16 周岁的未成年人从事超阶级强度体力劳动的，或者在危险环境下从事劳动构成犯罪的，直接责任人员应当承担的刑事责任。

根据《中华人民共和国刑法》规定：用人单位违反劳动管理法规，雇用未满 16 周岁的未成年人从事超强度体力劳动的，或者从事高空、堤作业的，或者在爆炸性、毒害性等危险环境下从事劳动，情节严重的，对直接责任人员，处 3 年以下有期徒刑或者拘役，并处罚金；情节特别有用意严重的，处 3 年以上 7 年以下有期徒刑，并处罚金。造成事故，又构成其他犯罪的，依照数罪并罚的规定处罚。

（7）违反劳动法对女职工和未成年的保护规定，侵害其合法权益，由劳动行政部门责令改正，处以罚款；对女职工或者未成年工造成损害的，应当承担赔偿责任。

根据《劳动保障监察条例》规定，用人单位有下列行为之一的，由劳动保障行政部门责令改正，按照受侵害的劳动者每人 1000 元以上 5000 元以下的标准计算，处以罚款：

1) 安排女职工从事矿山井下劳动、国家规定的第四级体力劳动强度的劳动或者其他禁忌从事的劳动的；

2) 安排女职工在经期从事高处、低温、冷水作业或者国家规定的第三级体力劳动强度的劳动的；

3) 安排女职工在怀孕期间从事国家规定的第三级体力劳动强度的劳动或者孕期禁忌从事的劳动的；

4) 安排怀孕 7 个月以上的女职工夜班劳动或者延长其工作时间的；

5) 女职工生育享受产假少于 90 天的；

6) 安排女职工在哺乳未满 1 周岁的婴儿期间从事国家规定的第三级体力劳动强度的劳动或者哺乳期禁忌从事的其他劳动，以及延长其工作时间或者安排其夜班劳动的；

7) 安排未成年工从事矿山井下、有毒有害、国家规定的第四级体力劳动强度的劳动或者其他禁忌从事的劳动的；

8) 未对未成年工定期进行健康检查的。

（8）用人单位由下列行为之一，由公安机关对责任人员处以十五日以下拘留、罚款或者警告；构成犯罪的，对责任人员依法追究刑事责任：

1) 以暴力、威胁或者非法限制人身自由的手段强迫劳动的；

2) 侮辱、体罚、殴打、非法搜查和拘禁劳动者的。

（9）由于用人单位的原因订立的无效合同，对劳动者损害的，应当承担赔偿责任。

根据《劳动法》第九十七条之规定，由于用人单位的原因订立的无效合同，给劳动者造成损害的，应当比照违反和解除劳动合同经济补偿金的支付标准，赔偿劳动者因合同无效所造成的经济损失。

（10）用人单位违反劳动法规定的条件解除劳动合同或者故意拖延不订立劳动合同的，由劳动行政部门责令改正；对劳动者造成损害的，应当承担赔偿责任。

用人单位有下列情形之一，对劳动者造成损害的，应赔偿劳动者损失：

1) 用人单位故意拖延不订立劳动合同，即招用后故意不按规定订立劳动合同以及劳动合同到期后故意不及时续订劳动合同的；

2) 由于用人单位的原因订立无效劳动合同，或订立部分无效劳动合同的；

3) 用人单位违反规定或劳动合同的约定侵害女职工或未成年工合法权益的；

4) 用人单位违反规定或劳动合同的约定解除劳动合同的。

以上涉及的赔偿，按下列规定执行：

1) 造成劳动者工资收入损失的，按劳动者本人应得工资收入支付给劳动者，并加付应得工资收入 25% 的赔偿费用；

2) 造成劳动者劳动保护待遇损失的，应按国家规定补足劳动者的劳动保护津贴和用品；

3) 造成劳动者工伤、医疗待遇损失的，除按国家规定为劳动者提供工伤、医疗待遇外，还应支付劳动者相当于医疗费用25%的赔偿费用；

4) 造成女职工和未成年工身体健康损害的，除按国家规提供治疗期间的医疗待遇外，还应支付相当于其医疗费用25%的赔偿费用；

5) 劳动合同约定的其他赔偿费用。

(11) 招用尚未解除劳动合同的劳动者，对原用人单位造成经济损失的，该用人单位应当依法承担连带赔偿责任。

用人单位招用尚未解除劳动合同的劳动者，对原用人单位造成经济损失的，除该劳动者承担直接赔偿责任外，该用人单位应当承担连带赔偿责任。其连带赔偿的份额应不低于对原用人单位造成经济损失总额的70%。向原用人单位赔偿下列损失：

1) 对生产、经营和工作造成的直接经济损失；

2) 因获取商业秘密给原用人单位造成的经济损失。赔偿的经济损失按《反不正当竞争法》第二十条的规定执行。

(12) 用人单位无故不缴纳社会保险费的，由劳动行政部门责令其限期缴纳；逾期不缴的，可以加收滞纳金。

1) 用人单位未按规定缴纳和代扣代缴社会保险费的，由劳动保险行政部门或者税务机关责令限期缴纳；逾期仍不缴纳的，除补缴欠缴数额外，从欠缴之日起，按日加收千分之二的滞纳金。滞纳金并入社会保险基金。

2) 用人单位逾期拒不缴纳社会保险费、滞纳金的，由劳动保障行政部门或者税务机关申请人民法院依法强制征缴。

3) 用人单位向社会保险经办机构申报应缴纳的社会保险费数额时，瞒报工资总额或者职工人数的，由劳动保障行政部门责令改正，并处瞒报工资数额1倍以上3倍以下的罚款。骗取社会保险待遇或者骗取社会保险基金支出的，由劳动保障行政部门责令退还，并处骗取金额1倍以上3倍以下的罚款；构成犯罪的，依法追究刑事责任。

(13) 无理阻挠劳动行政部门、有关部门及其工作人员行使监督检查权，打击报复举报人员的，由劳动行政部门或者有关部门处以罚款；构成犯罪的，对责任人员依法追究刑事责任。

1) 用人单位实施下列行为之一的，应认定"无理阻挠"行为：

① 阻止劳动监督检查人员进入用人单位内（包括进入劳动现场）进行监督检查的；

② 隐瞒事实真相，出具伪证，或者隐匿、毁灭证据的；

③ 拒绝提供有关资料的；

④ 拒绝在规定的时间和地点就劳动行政部门所提问题做出解释和说明的；

⑤ 法律、法规和规章规定的其他情况。

2) 用人单位无理阻挠劳动行政部门及其劳动监察人员行使监督检查权，或者打击报复举报人员的，处以一万元以下罚款。

第 7 章 流动人口管理的相关规定

7.1 流动人口的合法权益

7.1.1 我国流动人口情况

流动人口,是指离开户籍所在地的县、市或者市辖区,以工作、生活为目的异地居住的成年育龄人员。人口流动主要是由农村流向城市,由经济欠发达地区流向经济发达地区,这支劳动大军虽已完全脱离或半脱离传统农业生产经营活动,主要从事非农产业,以劳务工资收入为主要生活来源,但因其中很大一部分户口仍在农村,故有时也被习惯称之为"农民工"。

20 世纪 50 年代后期至 80 年代初期,由于实行严格的计划经济管理,加上严格的户籍管理,当时的流动人口为数很少。据估计不超过 200 万人。

20 世纪 80 年代中期以后,我国的流动人口经历了一个迅速增长的过程。1984 年,国家在一定程度上放松了对农村人口进入中小城镇的控制,当年流动人口就猛增到 2000 多万。

进入 21 世纪以后,流动人口增加更快,人口流动的流向也逐渐突破小城镇而大量进入大城市。根据 2000 年人口普查数据,全国离开户口登记地半年以上的流动人口数量达到 1 亿人以上。2013 年末,全国流动人口达 2.45 亿,超过总人口的 1/6,相当于每 6 个人中就有一个是流动人口。至 2014 年末,这一数字又增长至 2.53 亿。

流动人口大多数由于知识文化水平不高,只能在城市里做最底层的工作,主要分布在建筑、服务等以体力劳动为主的行业,他们长期在恶劣的条件下劳动,不仅缺乏最基本的社会保障,还时常遭受不法侵害,被隔离在社会安全网之外,权益得不到保障。

7.1.2 流动人口享有的权益

为切实做好流动人口服务和管理工作,真正树立以人为本的科学发展观,走现代民主法治道路,中共中央办公厅、国务院办公厅转发了《中央社会治安综合治理委员会关于进一步加强流动人口服务和管理工作的意见》(厅字【2007】11 号)。要求各地加快建成与流动人口服务和管理工作相适应的组织网络、制度体系、工作机制和保障机制;全面提升流动人口服务和管理工作的法制化、规范化、信息化、社会化建设水平;不断健全惠及流动人口的城乡公共服务体系和流动人口维权机制,保障作为弱势群体的流动人口劳动者的合法权益,促进劳资关系的长期和谐稳定,促进社会主义和谐社会建设。

各地区结合实际,就进一步加强流动人口服务和管理工作制定了各自的实施意见,强调要大力推进农村富余劳动力有序转移,着力改善对流动人口的公共服务,实现流动人口管理的 5 个转变：

(1) 更新思想观念，实现对流动人口由控制管理型向服务管理型的转变；

(2) 改革管理办法，实现由单纯的"以证管人"向"以房管人"和运用信息化手段管理的转变；

(3) 调整工作思路，实现由政府部门管理服务向社会化服务管理的转变；

(4) 改进治安管理，实现由突击性的清理整治向日常化有序管理的转变；

(5) 改革管理制度，实现人口流动由不稳定到相对稳定的转变。

结合中央社会治安综合治理委员会《意见》的精神和各地区实施的相应政策内容来看，流动人口享有的权益主要体现在以下几个方面：

(1) 享有就业、生活和居住的城镇公共服务的权益；

(2) 享有在流入地就业的权益；

(3) 享有子女平等接受义务教育的权益；

(4) 享有改善居住条件的权益；

(5) 享有医疗保障的权益；

(6) 享有计划生育服务的权益；

(7) 享有就业服务和培训的权益；

(8) 享有社会保障的权益；

(9) 享有参与政治活动的权益。

7.1.3 流动人口权益的保障

流动人口社会保障，目前还没有严格的概念界定，一般而言，是指流动人口所在地，对外来流动人口提供的社会保障。从更宽泛的角度看，需要考虑户籍所在地对外出流动人员提供的社会保障。实际上，就是社会保障应当具有流动性、流通性及可携带性。

经过多年改革，我国已初步形成了以城镇人口为基础的，包括了社会救助、社会保险、社会福利、优抚安置以及住房保障等多层次的社会保障体系框架。但以流动人口为对象的社会保障仍然处于初步探索阶段，由于户籍管制、人口流动配套制度未健全等原因，还存在社保的不可流动性、子女教育等诸多限制人口流动的障碍。健全相关的制度安排，破除体制机制障碍，健全管理和服务，不断满足人口流动的诉求并增进整个社会的福祉，应是政府部门应对人口流动现象的合理选择，而流动人口社会保障制度的建立与健全是其中不可回避的内容，是社会和谐不可或缺的因素。

由于流动人口具有高的流动性，从现实和可操作性的角度出发，流动人口权益保障体系的构建不可能一步到位，应根据目前流动人口最紧迫的社会保障需求，保证流动人口与城市户籍人口一样，能享受公平的社会保障待遇，遵循分类指导、稳步推进的原则，建立工伤、医疗、失业、养老以及相关方面在内的内容多元化的社会保险体系，真正解除流动人口的后顾之忧，逐步完善适合流动人口特点的社会保障制度。

1. 工伤保险

工伤保险是劳动者在工作中或在规定的特殊情况下，遭受意外伤害或患职业病导致暂时或永久丧失劳动能力以及死亡时，劳动者或其遗属从国家和社会获得物质帮助的一种社会保险制度。

为了维护农民工的工伤保险权益，改善农民工的就业环境，根据我国《工伤保险条例》规定所有用人单位的全体职工都有享受工伤保险权益的待遇，劳动和社会保障部从农民工的实际情况出发，颁布了《关于农民工参加工伤保险有关问题的通知》（劳社部发[2004]18号），在立法上提出农民工强制工伤保险的要求。该通知第2条规定，农民工参加工伤保险，依法享受工伤保险待遇是《工伤保险条例》赋予包括农民工在内的各类用人单位职工的基本权益。要求各地要将农民工参加工伤保险，作为工伤保险扩面的重要工作，明确任务，抓好落实。凡是与用人单位建立劳动关系的农民工，用人单位必须及时为他们办理参加工伤保险的手续。即用人单位必须以投办保险的方式或兼用投办保险和直接支付的方式承担对工伤职工的全部赔偿责任，并且承担全部保险费的缴纳义务。

用人单位注册地与经营地不在同一统筹地区的，原则上在注册地参加工伤保险。未在注册地参加工伤保险的，在生产经营地参加工伤保险。农民工受到事故伤害或患职业病后，在参保地进行工伤认定、劳动能力鉴定，并按参保地的规定依法享受工伤保险待遇。用人单位在注册地和生产经营地均未参加工伤保险的，农民工受到事故伤害或患职业病后，在生产经营地进行工伤认定、劳动能力鉴定，并按生产经营地的规定依法由用人单位支付工伤保险待遇。对跨省流动的农民工，即户籍不在参加工伤保险统筹地区（生产经营地）所在省（自治区、直辖市）的农民工，1～4级伤残长期待遇的支付，可试行一次性支付和长期支付两种方式，供农民工选择，具体办法和标准由省（自治区、直辖市）劳动保障行政部门制定，报省（自治区、直辖市）人民政府批准。各级劳动保障部门要加大对农民工参加工伤保险的宣传和督促检查力度，积极为农民工提供咨询服务，促进农民工参加工伤保险，重点推进在工伤风险较大、职业危害较重的行业领域中的农民工参加工伤保险。

针对建筑业是农民工集中的产业，工伤风险较大的特点，有的省市更是在本省建筑行业中强制推行农民工工伤保险。规定所有用人单位必须按规定参加工伤保险，为本单位使用的所有农民工及时足额缴纳工伤保险费。并特别指出如果农民工同时在两个或两个以上用人单位就业的，每个用人单位应分别为其办理工伤保险参保手续，缴纳工伤保险费。企业到省外从事建设项目施工的，应当为在省外使用的所有农民工在省内注册地缴纳工伤保险费。外省建筑施工企业在省内从事建设项目施工，应当在项目施工地参加工伤保险。工伤保险费按照本单位职工工资总额乘以单位缴费费率之积缴纳，职工个人不缴纳工伤保险费。在为职工缴纳工伤保险费后，企业根据其风险承担能力，自主确定是否另行再为职工办理意外伤害险。鼓励为灵活就业的农民工建立专项救助基金，或采取参加商业保险等办法，解决农民工受意外伤害后的接济救助问题。如果企业不为该单位所有民工参保，就拿不到社会保险经办机构提供的证明，建筑主管部门将向该企业拒发安全生产许可证。未参加工伤保险的用人单位，其招用的农民工发生工伤的，所有待遇均由用人单位按国家《工伤保险条例》和当地相关规定的标准支付。

2. 医疗保险

医疗保险是为补偿疾病所带来的医疗费用的一种保险。职工因疾病、负伤、生育时，由社会或企业提供必要的医疗服务或物质帮助的社会保险。

职工基本医疗保险，一般都与就业挂钩。政策规定，城镇（当然已经不局限于城镇）所有用人单位及其职工、乡镇企业及其职工、城镇个体经济组织业主及其从业人员都要参加基本医疗保险。基本医疗保险费由用人单位和职工双方共同负担，基本医疗保险基金实行社会统筹和个人账户相结合。对于已就业的流动人口而言，参加城镇职工基本医疗保险并不存在任何障碍，目前需要做的是督促用人单位提高签订劳动合同率，依法给包括农民工在内的流动就业人口缴纳各类医疗保险。由于涉及面广，政策性强，在操作上有一定的难度。但为改变流动人口基本医疗保险严重滞后的局面，劳动和社会保障部发布了《关于开展农民工参加医疗保险专项扩面行动的通知》，要求各地按照"低费率、保大病、保当期、以用人单位缴费为主"的原则，制定和完善农民工参加医疗保险的办法。争取将全部农民工纳入医疗保险基金统一管理。

在中央政策的引导下，各地就建立农民工医疗保险制度进行了积极的探索，逐步将农民工纳入政府投资公共卫生和基本医疗服务的对象，在职业病防治、传染病防治、儿童计划免疫、妇幼保健等方面，使缴费满一定年限的农民工能够享受与城镇职工同等的医疗保险待遇，从而逐步改变农民工医疗保险滞后的局面。江苏省劳动和社会保障厅《关于认真做好农民工参加医疗保险有关问题的意见》，从参保方式、缴费办法、保障水平等方面作出了原则性规定。一是那些已经与用人单位建立稳定劳动关系的农民工，用人单位应按当地城镇职工基本医疗保险的办法参保，即参加统筹基金和个人账户相结合的基本医疗保险，医疗保险费由用人单位和个人共同缴纳。同时应该参加大额医疗救助。二是参加统账结合的基本医疗保险有困难的农民工，应按"低费率、保当期、保大病、不建个人账户"的原则，参加大病医疗保险或住院医疗保险。住院医疗保险的缴费标准可按当地参加基本医疗保险单位缴费划入统筹基金的比例确定，大病医疗保险的缴费标准可按统筹地区上年职工平均工资的2%左右确定。参加住院医疗保险或大病医疗保险的费用由用人单位缴纳，农民工个人不缴费。三是在城镇从事个体经营等灵活就业的农民工，可以按照灵活就业人员的参保办法，参加就业所在地不同保障层次的城镇职工基本医疗保险，参保费用按当地规定全部由农民工个人缴纳；没有参加城镇职工基本医疗保险的应参加户籍所在地新型农村合作医疗。《意见》还明确，参加统账结合基本医疗保险的农民工，在终止或者解除劳动合同后，医疗保险经办机构应当根据本人意愿，给予保留医疗保险关系，或者随同转移个人账户、接续医疗保险关系；对无法转移、接续医疗保险关系的农民工，可以将个人账户余额一次性支付给本人。

3. 失业保险

失业保险是指国家通过立法强制实行的，由社会集中建立基金，对因失业而暂时中断生活来源的劳动者提供物质帮助的制度。它是社会保障体系的重要组成部分。

因为目前我国流动人口主要是进城务工的农民，他们既是一个经济社会发展过程中越来越具有举足轻重作用的大数量群体，同时又是权益最得不到保障、最容易大面积遭受失业灾害侵袭的弱势群体。因此必须充分考虑到农民工所具有的高度流动性，建立健全流动人口失业保险体系，以切实有效地解决农民工劳动权利和基本生活的保障问题，稳定社会秩序。

我国现行的《失业保险条例》规定，城镇企业事业单位招用的农民合同制工人应该参加失业保险，用工单位按个人工资总额的2%的规定为农民工缴纳社会保险费，农民合同制工人本人不缴纳失业保险费，农民工失业后能同等享受城镇劳动力的失业保险待遇。单位招用的农民合同制工人连续工作满1年，本单位并已缴纳失业保险费，劳动合同期满未续订或者提前解除劳动合同的，由社会保险经办机构根据其工作时间长短，对其支付一次性生活补助。补助的办法和标准由省、自治区、直辖市人民政府规定。

2011年7月1日起施行的《江苏省失业保险规定》中规定：取消失业保险的户籍限定，无论农村还是城镇户籍职工，都一样缴纳失业保险费，享受同样的失业保险待遇。用人单位的缴费比例仍为参保职工工资总额的2%，个人为本人工资的1%。失业人员失业金的计算办法为缴费不满10年的，按照失业人员失业前12个月月平均缴费基数的40%确定；缴费满10年不满20年的，按照失业人员失业前12个月月平均缴费基数的45%确定；缴费20年以上的，按照失业人员失业前12个月月平均缴费基数的50%确定。同时，为保障失业人员的基本生活，缓解因物价上涨给失业人员带来的生活困难，还建立了消费物价指数上涨动态补贴机制。符合享受失业保险待遇条件的失业人员，失业前所在单位与本人户籍不在同一统筹地区的，可自主选择在参保地或是在户籍所在地享受失业保险待遇；失业人员在领取失业保险金期间跨统筹地区迁移户籍的，可自主选择在迁出地或是在迁入地享受失业保险待遇。

4. 养老保险

对于流动人口而言，在不同时期、不同地点、不同就业状态等差别下，对不同养老保险制度的需求并不相同。

流动人口如果就业的，用人单位应当根据《社会保险法》、《劳动合同法》等规定为职工办理养老保险，由用人单位和职工共同缴纳基本养老保险费。缴费基数按基本养老保险有关规定确定。单位缴费比例为12%，个人缴费比例为4%至8%，全部计入其本人基本养老保险个人账户。

如果就业后再次流动的，应当能保障已缴纳费用的保值和异地就业后的保险延续，原则上不"退保"。由当地社会保险经办机构为其开具参保缴费凭证。跨统筹地区就业并继续参保的，向新就业地社保机构出示参保缴费凭证，由两地社保机构负责为其办理基本养老保险关系转移接续手续，其养老保险权益累计计算；未能继续参保的，由原就业地社保机构保留基本养老保险关系，暂时封存其权益记录和个人账户，封存期间其个人账户继续按国家规定计息。

对于未就业的流动人口，制度上允许个人缴纳费用参加基本养老保险。对于农民工等流动人口而言，可以参加新型农村社会养老保险，称为"新农保"，新农保采取个人缴费、集体补助和政府补贴相结合的模式，其参保对象为年满16周岁、不是在校学生、未参加城镇职工基本养老保险的农村居民。参加新型农村社会养老保险能够获取一定的政府和集体补助，如果未签订劳动合同并缴纳基本养老保险（如非正式就业、小生意、打零工等），那么参加新农保也有一定的积极性。

待遇计发：参加基本养老保险缴费年限累计满15年以上（含15年），符合待遇领取条件后，由本人向基本养老保险关系所在地社保机构提出领取申请，社保机构按基本养老保险有关规定核定、发放基本养老金，包括基础养老金和个人账户养老金。达到待遇领取年龄而缴费年限累计不满15年，参加了新型农村社会养老保险的，由社保机构将其基本养老保险权益记录和资金转入户籍地新型农村社会养老保险，享受相关待遇；没有参加新型农村社会养老保险的，比照城镇同类人员，一次性支付其个人账户养老金。

7.2 流动人口的从业管理

7.2.1 流动人口从事生产经营活动相关证件的办理

流动人口迁移经过20多年的发展变化，不仅在规模上不断增加，代际更替也在悄然发生，中青年流动人口已成为流动人口的主体。与老一代流动人口相比，受教育程度有所提高，他们少有务农经历，不满足于进城打工来改善生活，希望寻求更好的发展机会；同时随着中国改革开放的不断深化，城镇化进程的加快，一系列体制障碍被打破，2003年十届全国人大常委会通过了《中华人民共和国行政许可法》，明确了地方立法不得限制其他地区的个人或者企业到本地区从事生产经营和提供服务，这些因素都为流动人口经商提供了现实的可能性。

流动人员经商大都以个体经营者为主，其中大部分经营规模不是很大，也有一些有经济实力和营销能力的流动人口开办合伙企业和有限责任公司。其从事生产经营活动必须按照《城乡个体工商户管理暂行条例》、《合伙企业法》、《公司法》关于开办城乡个体工商户、合伙企业和有限责任公司的主体资格要求办理相关证件。

根据国务院《无照经营查处取缔办法》，任何单位和个人不得违反法律、法规的规定，从事无照经营。

对于依照法律、法规规定，须经许可审批的涉及人体健康、公共安全、安全生产、环境保护、自然资源开发利用等的经营活动，许可审批部门必须严格依照法律、法规规定的条件和程序进行许可审批。工商行政管理部门必须凭许可审批部门颁发的许可证或者其他批准文件办理注册登记手续，核发营业执照。

对流动人口经商的管理没有全国统一使用的法律法规，各地方政府可根据流动人口的社会特征、行为特征和社会管理特征，结合自身情况制定政策法规，规范外来经商者的营销行为。

7.2.2 流动人口就业上岗的规定

（1）《劳动法》、《就业促进法》、《就业服务与就业管理规定》等法律法规对劳动者依法享有平等就业和自主择业的权利的保护和管理，不因地域、民族、种族、性别、宗教信仰等不同而受歧视。

（2）为满足劳动者跨地区享受相关就业扶持政策的需要，从2011年1月1日起，实行全国统一样式的《就业失业登记证》。《就业失业登记证》是记载劳动者就业与失业状况、享受相关就业扶持政策、接受公共就业人才服务等情况的基本载体，是劳动者按规定享受相关就业扶持政策的重要凭证。《就业失业登记证》中的记载信息在全国范围内有效，劳动者可凭《就业失业登记证》跨地区享受国家统一规定的相关就业扶持政策。《就业失业登记证》的证书编号实行一人一号，补发或换发证书的，证书编号保持不变。公共就业人才服务机构在发放《就业失业登记证》时，应根据情况向发放对象告知相关就业扶持政策和公共就业人才服务项目的内容和申请程序。登记失业人员凭《就业失业登记证》申请享受登记失业人员相关就业扶持政策；就业援助对象凭《就业失业登记证》及其"就业援助卡"中标注的内容申请享受相关就业援助政策；符合税收优惠政策条件的个体经营人员凭《就业失业登记证》申请享受个体经营税收优惠政策；符合条件的用人单位凭所招用人员的《就业失业登记证》申请享受企业吸纳税收优惠政策。

7.3 地方政府部门对流动人口管理的职责

流动人口管理工作直接关系到国家发展和社会稳定，因此各级政府部门都予以了高度重视，《中央社会治安综合治理委员会关于进一步加强流动人口服务和管理工作的意见》提出了切实加强流动人口管理工作的目标任务和职责分工。

7.3.1 流动人口管理工作的主要任务

加强流动人口管理工作的主要任务是：进一步统一思想认识，各有关地区和部门树立全国一盘棋的观念，加强合作，齐抓共管，采取更加有力的措施，对流动人口问题进行综合治理。在工作中必须紧紧依靠基层组织和人民群众，大力加强对流动人口特别是离开农村常住户口所在地跨地区务工经商人员的户籍管理、治安管理、流动就业管理和计划生育、民政、卫生、兵役等各项管理工作，并把管理与对流动人口的疏导、服务、教育等各有关工作紧密衔接。建立科学有效的工作机制，逐步把这项工作制度化、法律化，纳入依法管理的轨道。特别是人口流出和流入多的地方，要加强对口交流，密切配合，共同解决好工作中的突出问题。要通过加强对流动人口的各项管理工作，切实掌握人口流动情况，控制流动规模，引导有序流动，充分发挥人口流动的积极作用，保护流动人口的合法权益，预防和依法打击其中极少数人的违法犯罪活动，维护社会治安和各种管理秩序，以更好地为改革开放、经济发展和社会稳定服务。

7.3.2 流动人口管理的责任分工

（1）公安机关：负责对流动人口的户籍管理和治安管理。
1）办理暂住户口登记，签发和查验"暂住证"。
2）对流动人口中三年内有犯罪记录的和有违法犯罪嫌疑的人员进行重点控制。
3）对出租房屋、施工工地、路边店、集贸市场、文化娱乐场所等流动人口的落脚点和活动场所进行治安整顿和治安管理。
4）依法严厉打击流窜犯罪活动，建立健全社会治安防范网络。
5）协助民政部门开展收容遣送工作。
6）与有关部门一起疏导"民工潮"。
（2）劳动部门：负责对流动就业人员的劳动管理与就业服务。
1）为流动就业人员提供就业信息和职业介绍、就业训练、社会保险等服务。
2）对单位招用外地人员、个人流动就业进行调控和管理。
3）办理"外出就业登记卡"和"外来人员就业证"。
4）对用人单位和职业介绍机构遵守有关法规的情况进行劳动监察，维护劳动力市场秩序。
5）依法处理用人单位与外来务工经商人员有关的劳动争议，保护双方的合法权益。

6）负责疏导"民工潮"。

（3）工商行政管理部门：负责对外来人员从事个体经营活动的管理。

1）在核发营业执照时，核查"暂住证"、"外来人员就业证"等有关证件。

2）对集贸市场中的务工经商人员进行管理，配合有关部门落实流动人口管理的各项措施。

3）对外来个体从业人员进行职业道德和遵纪守法等教育。

（4）民政部门：

1）负责收容遣送工作。

2）主管流浪儿童保护教育中心的管理工作。

3）管理流动人口婚姻登记。

（5）司法行政部门：负责对流动人口的法制宣传教育、法律服务和纠纷调解工作。

（6）计划生育部门：

1）负责流动人口计划生育证明的发放和查验工作。

2）为流动人口提供避孕药具和有关服务。

3）开展计划生育宣传教育。

（7）卫生部门：负责对流动人口的健康检查、卫生防疫工作。为流动人口提供节育技术服务。

（8）建设部门：①负责对成建制施工队伍和工地的管理以及流动人口聚集地的规划管理，协助有关部门落实流动人口管理的各项措施。②负责小城镇的开发建设，促进农村剩余劳动力的就地就近转移。③负责对房屋出租的管理和市容、环境卫生监察。

（9）农业部门：负责对农村剩余劳动力进行疏导。

（10）铁道部门：

1）与有关部门一起疏导"民工潮"。

2）配合有关部门清理铁路沿线的盲流人员。

3）打击火车站及列车上的违法犯罪活动。

（11）交通部门：

1）与有关部门一起疏导"民工潮"。

2）打击车站、码头、汽车、轮船上的违法犯罪活动。

（12）军事机关：负责流动人口中民兵预备役人员和应征公民的管理、征集工作。

（13）党、团组织：负责对流动党、团员的管理。①原所在党、团组织负责掌握外出党、团员的去向、从业、外出时间等情况，确定联系方式，在集体外出、暂住地点相对集中的党、团员中，按规定建立党、团组织。②暂住所在地党、团组织负责把外来党、团员编入相应的组织，安排参加组织生活，分配做适当工作。③原所在党、团组织和暂住所在地党、团组织要加强联系，密切配合。

7.3.3 流动人口管理的行政处罚事项

1. 违反户籍管理规定的行为和处罚依据

（1）《暂住证申领办法》第十四条第1项规定：对不按规定申报暂住户口登记、申领暂住证，经公安机关通知拒不改正的，处五十元以下罚款或者警告。

(2)《中华人民共和国治安管理处罚条例》第二十九条第 1 项规定：对不按规定申报户口或者申领居民身份证，经公安机关通知拒不改正的，处五十元以下罚款或者警告。

2. 违反户籍管理规定的行为和处罚依据

(1)《暂住证申领办法》第十四条第 3 项规定：对雇佣无暂住人员的法定代表人或者直接责任人，处以一千元以下罚款或者警告。

(2)《中华人民共和国治安管理处罚条例》第二十九条第 5 项规定：对出租房屋或者床铺供人住宿的，不按规定申报登记住宿人户口，处一百元以下罚款或者警告。

(3)《租赁房屋治安管理规定》第九条第 2 项规定：对将房屋出租给无合法有效证件承租人的，处以警告、月租金三倍以下的罚款。

3. 违反计划生育的行为和处罚依据

(1)《流动人口计划生育工作条例规定》第二十条规定：流动人口户籍所在地的乡（镇）人民政府或者街道办事处在流动人口计划生育工作中有下列情形之一的，分别由乡（镇）人民政府的上级人民政府或者设立街道办事处的人民政府责令改正，通报批评；情节严重的，对主要负责人、直接负责的主管人员和其他直接责任人员依法给予处分：

1) 未依照本条例规定为流动人口出具计划生育证明材料，出具虚假计划生育证明材料，或者出具计划生育证明材料收取费用的；

2) 违反本条例规定，要求已婚育龄妇女返回户籍所在地进行避孕节育情况检查的；

3) 未依法落实流动人口计划生育奖励、优待的；

4) 未依照本条例规定向流动人口现居住地的乡（镇）人民政府、街道办事处反馈流动人口计划生育信息的；

5) 违反本条例规定的其他情形。

(2)《流动人口计划生育工作条例规定》第二十一条规定：流动人口现居住地的乡（镇）人民政府或者街道办事处在流动人口计划生育工作中有下列情形之一的，分别由乡（镇）人民政府的上级人民政府或者设立街道办事处的人民政府责令改正，通报批评；情节严重的，对主要负责人、直接负责的主管人员和其他直接责任人员依法给予处分：

1) 未依照本条例规定向育龄夫妻免费提供国家规定的基本项目的计划生育技术服务，或者未依法落实流动人口计划生育奖励、优待的；

2) 未依照本条例规定查验婚育证明的；

3) 未依照本条例规定为育龄夫妻办理生育服务登记，或者出具虚假计划生育证明材料，或者出具计划生育证明材料收取费用的；

4) 未依照本条例规定向流动人口户籍所在地的乡（镇）人民政府、街道办事处通报流动人口计划生育信息的；

5) 违反本条例规定的其他情形。

(3)《流动人口计划生育工作条例规定》第二十二条规定：流动人口现居住地的县级人民政府公安、民政、人力资源社会保障、卫生等部门和县级工商行政管理部门违反本条例第九条规定的，由本级人民政府或者上级人民政府主管部门责令改正，通报批评。

(4)《流动人口计划生育工作条例规定》第二十三条规定：流动人口未依照本条例规定办理婚育证明的，现居住地的乡（镇）人民政府或者街道办事处应当通知其在 3 个月内补办；逾期仍不补办或者拒不提交婚育证明的，由流动人口现居住地的乡（镇）人民政府或者街道办事处予以批评教育。

（5）《流动人口计划生育工作条例规定》第二十四条规定：用人单位违反本条例第十五条规定的，由所在地县级人民政府人口和计划生育部门责令改正，通报批评。房屋租赁中介机构、房屋的出租（借）人和物业服务企业等有关组织或者个人未依照本条例规定如实提供流动人口信息的，由所在地的乡（镇）人民政府或者街道办事处责令改正，予以批评教育。

第8章 信访工作的基本知识

8.1 信访工作组织与责任

8.1.1 信访工作机构、制度、机制

1. 信访和信访制度的产生

信访，是指公民、法人或者其他组织采用书信、电子邮件、传真、电话、走访等形式，向各级人民政府、县级以上人民政府工作部门反映情况，提出建议、意见或者投诉请求，依法由有关行政机关处理的活动。采用前款规定的形式，反映情况，提出建议、意见或投诉请求的公民、法人或者其他组织，称信访人。

中国《宪法》第二十七条规定："一切国家机关和国家工作人员必须依靠人民的支持，经常保持同人民的密切联系，倾听人民的意见和建议，接受人民的监督，努力为人民服务。"第四十一条规定："中华人民共和国公民对于任何国家机关和国家工作人员，有提出批评和建议的权利；对于任何国家机关和国家工作人员的违法失职行为，有向有关国家机关提出申诉、控告或者检举的权利，但是不得捏造或者歪曲事实进行诬告陷害。"这些规定，可以看作是信访产生的宪法依据。

为了保持各级人民政府同人民群众的密切联系，保护信访人的合法权益，规范信访工作和信访行为，维护信访秩序，密切国家机关同人民群众的联系，构建和谐社会，将有关的宪法依据具体转化成制度逻辑，早在1995年国务院就制定了《中华人民共和国信访条例》，2005年又颁布了条例和内容更为规范的新《信访条例》。2006年，在新的国务院信访条例公布施行后，根据国务院信访条例的原则，结合江苏实际进行细化和补充形成了《江苏省信访条例》。

2. 信访工作原则

国家《信访条例》第一章第四条：信访工作应当在各级人民政府领导下，坚持属地管理、分级负责，谁主管、谁负责，依法、及时、就地解决问题与疏导教育相结合的原则。

《江苏省信访条例》规定处理信访事项应当遵循下列原则：

(1) 依照宪法、法律、法规、规章和政策办事；
(2) 属地管理、分级负责，谁主管、谁负责；
(3) 方便信访人，注重工作效能；
(4) 实事求是，重证据，重调查研究；
(5) 处理实际问题与疏导教育相结合。

3. 信访工作机构

县级以上人民政府应当设立信访工作机构；县级以上人民政府工作部门及乡、镇人民

政府应当按照有利工作、方便信访人的原则,确定负责信访工作的机构(以下简称信访工作机构)或者人员,具体负责信访工作。

4. 信访工作机构的职责

信访工作机构的主要职责是:

(1) 受理、交办、转送信访人提出的信访事项;

(2) 承办上级和本级人民政府交由处理的信访事项;

(3) 协调处理重要信访事项;

(4) 督促检查信访事项的处理;

(5) 研究、分析信访情况,开展调查研究,及时向本级人民政府提出完善政策和改进工作的建议;

(6) 对本级人民政府其他工作部门和下级人民政府信访工作机构的信访工作进行指导。

江苏省还规定了信访工作机构有为信访人提供有关法律、法规和政策咨询等职责。

各级政府信访机构在具体工作中要做好以下几方面工作:

① 依法履行信访工作机构职责。信访部门和机构要严格按照《信访条例》规定,转送、交办信访事项,协调处理重要信访事项,督查信访工作处理。对群众反映的热点、难点问题和有关政策性问题,及时向领导汇报,适时开展调查研究,及时提出完善政策、解决问题的建议。各级信访局要加强信访事项转送、交办、办理情况的相互通报,对本辖区内的所有信访事项都要做到底数清、情况明。

② 加大双向规范信访秩序力度。一要加快信访法制化建设步伐。把信访工作纳入法制化的轨道,进一步明确信访受理范围界定法规,"该司法解决的一律不受理,该信访处理的也一定不推诿",做到"开门办公、依法办访"。二要规范信访行为,切实依法维护正常信访秩序。通过各种方式加强对信访群众的教育,引导群众合法理性的到指定接待场所,依法有序地逐级反映问题。严格按照《信访条例》和《社会治安管理法》和有关规定,对各类扰乱信访秩序和社会公共秩序的信访人以及处理政策已到位或反映问题无理并走完信访程序仍到处上访、闹事的信访人,进行依法打击,以规范信访秩序,保障人民群众合法权益。

③ 加强信访法规宣传,切实营造合法有序的信访环境。加强《信访条例》的宣传力度,把信访法规宣传作为经常性工作来抓,充分利用现代传媒,通过群众喜闻乐见的形式和手段,向广大干部群众进行生动、直观、深入的宣传,确保群众上访的合法有序,改变群众中存在的群体上访、越级上访"有用"的错误观念。

④ 强化信访程序和时限。一是对本辖区内的所有信访事项都要依法明确并落实管辖单位,督促每一件信访事项都依法依规按照程序和时限来解决。对每一件信访事项都要逐件分清性质,按照地域管辖、职能管辖、级别管辖的原则,在15日内确定管辖单位。在明确管辖单位的基础上,做好告知、转送、交办、督促落实等工作,使每一件信访事项都依法按程序解决。

⑤ 依法打击违法行为。一是对扰乱社会秩序的信访违法行为需要查处的,要向有管辖权的公安机关移交书面材料。二是对在信访工作中失职、渎职的单位和个人,依法依规需要追究责任的,信访部门要及时向有管辖权的纪检监察机关移交有关书面材料。

5. 信访工作机制

信访工作机制主要包括信访接待受理、信访处理回复及信访工作回访等过程。

(1) 信访接待受理

1) 实行专人接待受理信访事项

信访机构要设置专人负责接待工作，认真做好当天的接待工作，不能因为工作程序问题或其他问题引发群众信访。对来信访、投诉的群众要认真接待，并在《来访群众登记簿》上做好登记，同时积极开展查办工作。在办理中出现困难，及时向领导汇报，由主管领导牵头开展办理工作。

2) 实行信访工作一把手负责制

信访机构一把手是信访工作的第一责任人，一方面对直接到本单位信访的案件负主责，另一方面对上级机关和领导交办的信访案件负主责。对每一件信访案件落实责任，抓好查办，尤其要抓好初信初访的查办工作，做到件件有落实，事事有回音，切实减少上访案件。对办理困难的案件，及时向政府主管部门领导报告。

3) 对信访人的来信及上级部门和相关单位转来的信访件，应统一编号，按规定进行登记，做到不漏登、不错登。

4) 对随信寄来的领导批示或其他物件，应登记注册，并保持信封和邮票的完整，以便核证投信时间和地址。

5) 对信访人的来访，应热情接待，耐心询问，认真作好记录，并请来访人阅看记录确认后签名，对来访问题能当面答复的要当面答复，不能当面答复的应在规定时间内答复。

(2) 信访处理回复

1) 实行每日报告制度

信访机构接待工作人员要每天向部门领导回报信访事项，由部门领导安排对信访事项进行处理，对于有可能引发上访的问题部门领导要上报信访机构领导进行处理。

2) 每周报告制度

有信访机构部门领导负责对一周信访工作进行梳理和小结，对有可能引发上访的问题及工作措施形成书面材料报机构领导进行处理。

3) 对受理信访人的来信来访除匿名信、重复信和含糊不清的信件外，在调查处理结束后，原则上都要把调查情况和处理意见给来信来访人复信或直接回访。

4) 复信、回访要掌握政策，讲究策略，保守机密，有针对性地做好疏通、引导和解释工作。

5) 对来信来访反映的问题已作恰当处理，而信访人员思想不通的，应作重点回访对象。

(3) 重大情况和重大异常上访案件及时报告制度

在工作中发现重大情况和重大异常上访案件，信访工作人员要及时上报信访机构领导，并按照领导指示，制定措施，及时开展工作。

(4) 信访查办、督办

1) 信访承办人员在办理信访件时，应做到件件有着落，事事有结果。信访件办理完毕，要及时报送处理结果，附有关材料说明。对不能及时办理的，应书面说明情况。

2) 对上级部门和同级党委、政府领导批交办的重大信访件，应指定人员办理。

3）承办信访件，必须做到及时受理、调查充分、处理恰当、手续完备。

4）对不属本部门职责范围内处理解决的信访件，应做好解释工作，根据"谁主管，谁负责"的原则，与有关部门联系，移送有关材料，由有关部门办理。

5）对交给下一级办理的信访件，要求在规定时间内办理完毕，并加强督促检查

（5）信访工作回访

对已经处理的案件，要对信访人实行回访制度，听取意见，防止矛盾反复。对正在办理的疑难案件，要定期走访上访人员，通报工作情况，做耐心细致的工作，尽可能息诉息访。

6. 信访工作准则

（1）各级人民政府、县级以上人民政府工作部门应当做好信访工作，认真处理来信、接待来访，倾听人民群众的意见、建议和要求，接受人民群众的监督，努力为人民群众服务。

（2）各级人民政府、县级以上人民政府工作部门应当畅通信访渠道，为信访人采用本条例规定的形式反映情况，提出建议、意见或者投诉请求提供便利条件。任何组织和个人不得打击报复信访人。

（3）信访工作应当在各级人民政府领导下，坚持属地管理、分级负责，谁主管、谁负责，依法、及时、就地解决问题与疏导教育相结合的原则。

（4）各级人民政府、县级以上人民政府工作部门应当科学、民主决策，依法履行职责，从源头上预防导致信访事项的矛盾和纠纷。

（5）县级以上人民政府应当建立统一领导、部门协调，统筹兼顾、标本兼治，各负其责、齐抓共管的信访工作格局，通过联席会议、建立排查调处机制、建立信访督查工作制度等方式，及时化解矛盾和纠纷。

（6）各级人民政府、县级以上人民政府各工作部门的负责人应当阅批重要来信、接待重要来访、听取信访工作汇报，研究解决信访工作中的突出问题。

（7）各级人民政府应当建立健全信访工作责任制，对信访工作中的失职、渎职行为，严格依照有关法律、行政法规和本条例的规定，追究有关责任人员的责任，并在一定范围内予以通报。

（8）各级人民政府应当将信访工作绩效纳入公务员考核体系。

（9）信访人反映的情况，提出的建议、意见，对国民经济和社会发展或者对改进国家机关工作以及保护社会公共利益有贡献的，由有关行政机关或者单位给予奖励。

（10）对在信访工作中做出优异成绩的单位或者个人，由有关行政机关给予奖励。

7. 信访工作的首办责任制

（1）首办责任人

负责受理或者办理信访事项的首个机关为首办责任单位，其中按岗位职责或者单位指定受理、办理信访事项的首位工作人员为首办责任人。

（2）首办责任的基本内容

1）首办责任人在接待信访人来访时，要热情有礼、语言文明；在办理信访人来信来邮时，要认真审阅、及时处理；在接听信访人来电时，要耐心倾听、周到回答。

2）有关信访程序、办理期限及要求、所需材料等，要一次性告知信访人。

3) 对信访人反映的事项，属于本单位职责范围的，按规定及时受理、办理、答复；不属于本单位职责范围的，耐心做好解释、引导工作，告知信访人有关反映情况的途径。

4) 实事求是，依法依政策处理信访事项。

5) 对信访人查询办理情况的，应公开信访事项办理的进展及结果。

(3) 各级信访工作机构及其工作人员的首办职责

1) 首办责任人收到信访事项后，应及时登记并区分情况处理。

2) 对依照法定职责属于本级政府或其工作部门处理决定的信访事项，应在15日内转送或交办有权处理的部门；情况重大、紧急的，应当及时提出建议，报请本级政府决定。

3) 信访事项涉及下级机关及其工作人员的来信、来邮，按照"属地管理、分级负责，谁主管、谁负责"的原则，直接转送下级机关处理；信访事项涉及下级机关及其工作人员的来访、来电，引导信访人依法、逐级、有序反映问题，并登记在案。

4) 对转送或交办的信访事项，应及时向处理单位督促、检查，并将督促、检查情况登记在案，保证"事事有回音、件件有着落"。

8.1.2 信访工作人员的法律责任

1. 信访事项的引发责任及其构成要件

信访事项的引发责任是指特定行政工作人员应某些违法行为严重侵害相对人或信访人的合法权益，且未能通过行政复议、行政诉讼、行政赔偿等常规救济渠道予以纠正而导致信访事项发生，或者不执行支持信访请求的行政意见导致信访事项再次发生而应承担的法律责任。其构成要件是：

(1) 存在特定违法行为。

(2) 导致信访事项发生并造成严重后果。

可能构成信访事项引发责任的事项有：

(1) 超越或者滥用职权，侵害信访人合法权益的。

(2) 行政机关应作为而不作为，侵害信访人合法权益的。

(3) 适用法律、法规错误或者违反法定程序，侵害信访人合法权益的。

(4) 拒不执行有权处理的行政机关做出的支持信访请求意见的。

2. 信访事项的受理责任

信访事项的受理责任是指在信访事项受理过程中，县级以上各级人民政府信访工作机构和受理信访事项的行政机关违反《中华人民共和国信访条例》（以下简称《信访条例》）规定，不履行或者不适当履行职责而应当承担的行政责任。

负有受理信访事项职责的信访机构和行政机关在受理信访事项过程中违反《信访条例》的规定，有下列情形之一的，由其上级行政机关责令改正不正当的行政行为；造成严重后果的，对直接负责的主管人员和其他直接责任人员依法给予行政处分。

(1) 对收到的信访事项不按规定登记的；

(2) 对属于其法定职权范围的信访事项不予受理的；

(3) 行政机关未在规定期限内书面告知信访人是否受理信访事项的。

在行政组织承担行政责任之后，再对直接负责的主管人员和其他直接责任人员给予相应的行政处分，责任形式有警告、记过、记大过、降级、撤职、开除六种以及内部通报批评。

3. 信访事项的办理责任

(1)《信访条例》规定要承担的责任

信访事项的办理责任主要是针对有权处理信访事项的行政机关及其相关工作人员在办理信访事项过程中，推诿、敷衍、拖延信访事项办理或者未在法定期限内办结信访事项的；对信访事实清楚，符合法律规定的投诉请求未予支持的。

对于信访事项的受理责任，由其上级行政机关责令改正；造成严重后果的，对直接负责的主管人员和其他直接责任人员依法给予行政处分或通报批评。

(2) 对实行首办责任制的，违反首办责任制规定应承担的责任

首办责任单位和首办责任人对信访工作失职、渎职，有下列情形之一的，由任免机关或者监察机关根据情节轻重和损失程度，依照管理权限对首办责任单位给予通报批评、书面检查、责令整改或者取消有关评奖资格等组织处理；对首办责任人进行批评教育、责令改正，对造成严重后果的，给予党纪、政纪处分；对负有领导责任者，除给予党纪、政纪处分外，可同时建议有关机关给予组织处理；对涉嫌犯罪的，移交司法机关依法追究刑事责任。

1) 对信访人工作态度生硬，工作作风粗暴，或者有意刁难信访人，导致矛盾激化的；

2) 对收到的信访事项不按规定登记，或者对属于法定职权范围的信访事项不予受理的；

3) 对信访事项应当转送、交办而未按规定转送、交办，或者应当履行督办职责而未履行的；

4) 对信访事项压着不办，未在规定期限内书面告知信访人是否受理信访事项，或者未在规定期限内将信访事项处理结果局面答复信访人的；

5) 推诿、敷衍、拖延信访事项办理，导致在法定期限内未能办结信访事项的；

6) 自己不能处理，又不向领导或上级请示报告，或者对可能造成社会影响的重大、紧急信访信息瞒报、谎报、缓报，贻误处置时机的；

7) 不依照有关法律、法规和政策规定办理信访事项，引发信访突出问题的；

8) 其他失职、渎职行为。

4. 行政机关工作人员的相关法律责任

(1) 行政机关工作人员将信访人的检举、揭发材料或者有关情况透露、转给被检举、揭发的人员或者单位的，依法给予行政处分。

(2) 行政机关工作人员在处理信访事项过程中，作风粗暴，激化矛盾并造成严重后果的，依法给予行政处分。

(3) 政机关工作人员违反《信访条例》规定，对可能造成社会影响的重大、紧急信访事项和信访信息，隐瞒、谎报、缓报，或者授意他人隐瞒、谎报、缓报，造成严重后果的，对直接负责的主管人员和其他直接责任人员依法给予行政处分；构成犯罪的，依法追究刑事责任。

(4) 行政机关工作人员打击报复信访人，构成犯罪的，依法追究刑事责任；尚不构成犯罪的，依法给予行政处分或者纪律处分。

5. 信访工作责任追究制度

(1) 责任追究范围

1) 值班人员上班时间不在岗和上班时间手机关机造成无人接听电话的。

2) 值班人员接听电话后，不向值班领导报告或不安排服务的。

3) 信访工作人员对所接手信访件不认真处置，造成情况恶化的。

4) 信访责任人不听从信访领导小组指挥安排的。

(2) 责任追究内容

1) 发生上述情况原因。

2) 值班领导应承担的责任。

3) 相关责任人、责任单位应承担的责任。

(3) 责任追究办法

1) 值班人员不按时到岗或电话无人接听造成严重后果的，按党纪、政纪处分。

2) 信访工作人员对所接事项不报告值班指挥或不安排服务造成严重后果的，依照规定追究值班领导和值班人员的相关责任。

3) 信访工作人员不服从值班指挥调度或不认真处置所接信访件不及时且造成严重后果的，依照规定追究相关责任。

4) 相关单位不听从信访领导小组安排造成后果的，依照规定追究相关责任。

(4) 信访工作领导责任追究形式

对不重视信访工作，工作被动，造成群众越级上访、集体上访和重复上访的，追究单位及领导责任。追究形式分为通报批评、责令做出检查、诫勉谈话和党纪、政纪处分。

1) 有下列情形之一的，对责任单位的党政责任人给予通报批评：

① 对群众反映的重大问题事先不知情，缺乏工作预案和应对措施，致使群众越级到县、乡或省、市集体上访的。

② 群众越级到县、乡或省、市上访，责任单位领导接到劝返接领通知后行动不迅速，造成上访人员长时间滞留上级党政机关，缠访、闹访，造成不良影响的；将群众接回后，不及时认真处理，不按期给群众答复，导致群众再次越级上访的。

③ 对应当由党政领导或责任人包案处理的重大信访案件，不明确包案领导或不及时认真处理，导致群众越级上访的。

④ 对本单位老上访户的稳定、控制措施不落实，致使上访人长期到县、乡或省、市缠访、闹访的。

2) 有下列情形之一的，责令责任单位党政主要领导做出检查：

① 对群众反映的符合法规、政策应当解决的问题，因工作失误，处置不当，导致50人以上重复到县、乡上访，30人以上越级到市上访，或10人以上越级赴省上访，或5人以上越级进京上访，发生冲击、围堵党政机关，长期滞留，拦截车辆，堵塞交通等影响正常工作秩序的。

② 群众发生越级上访后，责任单位党政领导不按规定时限赶赴现场工作，或派出的工作人员不负责任，致使上访群众冲击、围堵党政机关，长期滞留，拦截车辆，堵塞交通等影响正常工作秩序的。

③ 对群众反映的问题不按政策规定给予解释，而是上交矛盾，引发群众到县、乡集

体上访的。

④ 对本单位发生的重大信访问题，不及时上报信息，不及时妥善处理，造成重大影响的。

⑤ 对群众的无理要求或过高要求，乱开口子，乱表态，作无原则让步，造成工作被动或引发连锁反应的。

⑥ 不顾大局，以单位和个人利益为目的，不顾群众的根本利益，引发矛盾纠纷，造成群众越级到县、乡或省、市上访的。

3) 有下列情形之一的，对责任单位主要领导实行诫勉谈话：

① 信访工作领导责任制落实不到位，无序越级上访较为突出的；

② 对群众反映的问题无动于衷、敷衍塞责、处理不妥，导致矛盾激化，发生严重的异常信访行为或群体性事件，造成恶劣影响的；

③ 群众集体上访后，对党委政府的处理意见不落实，造成群众重复上访的；

④ 对本单位重大、异常信访问题或老上访户工作不力或处置不当，引发群众越级上访，造成恶劣影响的。

4) 有下列情形之一的，对负有主要责任的直接责任人和主要领导责任的党政领导给予党纪、政纪处分；涉嫌犯罪的，由司法机关依法处理。

① 对群众反映强烈的问题，应当受理而不受理、应当解决而且有条件解决而不解决，造成严重后果和不良影响的。

② 对上级领导批示交办的重点信访案件，拒不查处，编报虚假材料欺骗上级领导机关的。

③ 拒不执行省、市、县、乡对重点信访问题处理决定的。

④ 利用职权徇私舞弊，收受信访人或被控告人、被检举人贿赂的。

⑤ 扣压、篡改信访材料，或将控告材料内容泄露给被控告、检举单位或个人的。

⑥ 打击报复或迫害信访人的。

⑦ 有其他违纪违法行为的。

8.2 信访渠道与事项的提出与受理

8.2.1 信访渠道与信访人的法律责任

1. 信访渠道

信访渠道是指便利公民、法人或其他组织反映情况，提出意见、建议或者投诉请求的信访救济途径。

(1) 信访渠道的相关制度保障

根据《信访条例》规定，各级人民政府、县级以上人民政府工作部门应当向社会公布信访工作机构的通信地址、电子邮箱、投诉电话、信访接待的时间和地点、查询信访事项处理进展及结果的方式等相关事项。

各级人民政府、县级以上人民政府工作部门应当在其信访接待场所或者网站公布与信访工作有关的法律、法规、规章，信访事项的处理程序，以及其他为信访人提供便利的相关事项。

设区的市、县两级人民政府可以根据信访工作的实际需要，建立政府主导、社会参与、有利于迅速解决纠纷的工作机制。信访工作机构应当组织相关社会团体、法律援助机构、相关专业人员、社会志愿者等共同参与，运用咨询、教育、协商、调解、听证等方法，依法、及时、合理处理信访人的投诉请求。

各级人民政府要通过开通信访绿色邮政、专线电话、网上信访等多种渠道，引导群众更多地以书信、传真、电子邮件等书面形式表达诉求，确保民情、民意、民智顺畅上达。建立全国信访信息系统，设立国家投诉受理中心，为群众反映问题、提出意见建议、查询办理情况提供便利条件，为督查信访工作提供工作平台，确保群众诉求得到及时反映和有效处理。

各级人民政府要建立健全人民建议征集制度，切实保障公民的知情权、参与权、表达权、监督权，引导人民群众对党和政府的工作积极献计献策，鼓励和支持人民群众以各种方式参与国家事务管理。要对人民建议进行认真汇集和分析研究，对重要的意见和建议进行深入调研和论证，对正确合理的意见充分肯定和采纳，及时发现问题，改进工作，完善政策，接受监督。

国家信访工作机构充分利用现有政务信息网络资源，建立全国信访信息系统，为信访人在当地提出信访事项、查询信访事项办理情况提供便利。县级以上地方人民政府应当充分利用现有政务信息网络资源，建立或者确定本行政区域的信访信息系统，并与上级人民政府、政府有关部门、下级人民政府的信访信息系统实现互联互通。县级以上各级人民政府的信访工作机构或者有关工作部门应当及时将信访人的投诉请求输入信访信息系统。上访人可通过手机、电脑，登录网上信访公众服务平台、人民政府网站、信访局网站等网上信访投诉信箱，向网上信访信息系统进行信访投诉。可以不再采取走访或写信投诉，避免出现信息传递不及时，重要信访事件超期等情况。

建立健全信访信息汇集分析机制。要健全和完善多层次、全方位的信息报送网络，确保信息传递渠道畅通。要及时、准确、全面、有效地报送信访信息，特别是对涉及可能引发大规模集体上访和群体性事件的苗头性、倾向性问题的信息，必须按规定及时报告并超前做好工作，不得迟报、漏报和瞒报。要综合开发利用信息资源，进一步提高分析研判水平，增强工作的预见性和针对性，牢牢把握工作主动权。

（2）信访接待日制度和下访制度

信访接待日制度即领导接待日制度，是指信访人可以在公布的接待日和接待地点向有关行政机关负责人当面反映信访事项。

设区的市级、县级人民政府及其工作部门，乡、镇人民政府应当建立行政机关负责人信访接待日制度，由行政机关负责人协调处理信访事项。

大力推行领导干部接待群众来访制度。要认真坚持党政领导干部阅批群众来信、定期接待群众来访、带案下访和包案处理信访问题等制度。完善党政领导干部和党代会代表、人大代表、政协委员联系信访群众制度，拓宽社情民意表达渠道。

下访制度是指县级以上人民政府及其工作部门负责人或者其指定的人员，可以就信访人反映突出的问题到信访人居住地与信访人面谈。

各级领导干部要坚持经常深入基层、深入群众，开展调查研究，倾听群众意见，了解群众愿望，关心群众疾苦，及时为群众排忧解难。

提高基层化解矛盾的能力。绝大多数信访问题发生在基层，信访工作的重心也应放在基层。要牢固树立固本强基的思想，做到重心下移、关口前移，及时化解矛盾，就地解决信访问题。要着力加强基层党组织和基层政权建设，下大气力抓好基层领导班子和干部队伍建设，增强基层组织解决矛盾的能力。

（3）信访人如何查询投诉请求的办理情况

信访人可以持行政机关出具的投诉请求受理凭证到当地人民政府的信访工作机构或者有关工作部门的接待场所查询其所提出的投诉请求的办理情况。查询内容包括申请查询其所提出的投诉请求的办理进度和办理结果。

信访人不能或不宜到指定场所提出查询申请的，可以委托其他人代为提出查询申请。但特殊情况的除外。委托他人代为提出查询申请，应当持《受理告知单》、查询委托书、委托人的身份证明到受理机关接待场所提出查询申请。查询委托书应当包括信访人姓名（名称）、联系方式、身份证明复印件，委托人姓名、联系方式、委托事项、信访人签名或盖章等。接受查询的有关机关在接受委托查询时，应当核对《受理告知单》、委托人身份证，收下查询委托书，并与信访人取得联系，确认委托情况。

对符合规定的查询申请，接受查询的有关机关应当指派工作人员当场予以登记。查询申请登记后，可以当场反馈的，应当给予当场反馈。不能当场反馈的，应当在15日内告知办理进度或结果。

接受查询的有关机关可以采用信函、电话、电子邮件、当面反馈等形式反馈查询结果，并予登记。查询人要求给予书面答复的，应当给予书面答复。

信访事项在办理过程中，信访人可以申请查询该信访事项的办理进度，但申请查询的间隔时间应当不少于30天；信访办理、复查、复核程序终结的，信访人可以查询该信访事项的办理结果，但有关机关已将办理结果答复信访人的，不再受理重复查询申请。

有下列情形之一的，有关机关可以不提供查询：

① 匿名信访事项；
② 涉及国家秘密的信访事项；
③ 涉及商业秘密的信访事项；
④ 涉及个人隐私的信访事项；
⑤ 信访人在信访事项中明确要求保密，而未能提供本人身份证明的；
⑥ 已受理查询申请，反馈了信访事项办理结果，并告知不再重复受理的；
⑦ 法律、法规和规章另有规定的其他情形。

2. 信访人的法律责任

信访人的法律责任是指信访人违反我国《信访条例》规定，扰乱信访工作秩序，诬告陷害他人而应负的法律责任。具体来说，对于信访人的违法责任，即违反、《信访条例》中相关规定的，有关国家机关工作人员应当对信访人进行劝阻、批评或者教育。经劝阻、批评和教育无效的，由公安机关予以警告、训诫或者制止；违反集会游行示威的法律、行政法规，或者构成违反治安管理行为的，由公安机关依法采取必要的现场处置措施、给予治安管理处罚；构成犯罪的，依法追究刑事责任。

对于诬告陷害责任，即信访人捏造歪曲事实、诬告陷害他人的，但是不足以使司法机关介入的，公安机关应当按照治安管理处罚条例中的相关规定，对违法信访人给予行政处罚。

如果信访人意图引起司法机关刑事追究，情节严重的，则构成诬告陷害罪。根据我国《刑法》规定，犯诬告陷害罪的，处以三年以下有期徒刑、拘役或者管制；造成严重后果的，处三年以上十年以下有期徒刑；国家机关工作人员犯本罪的，从重处罚。

8.2.2 信访事项提出的类型与形式

1. 信访事项提出的类型

信访人可以提出信访事项的情形：

信访人对下列组织、人员的职务行为反映情况，提出建议、意见，或者不服下列组织、人员的职务行为，可以向有关行政机关提出信访事项：

（1）行政机关及其工作人员；

（2）法律、法规授权的具有管理公共事务职能的组织及其工作人员；

（3）提供公共服务的企业、事业单位及其工作人员；

（4）社会团体或者其他企业、事业单位中由国家行政机关任命、派出的人员；

（5）村民委员会、居民委员会及其成员。

对依法应当通过诉讼、仲裁、行政复议等法定途径解决的投诉请求，信访人应当依照有关法律、行政法规规定的程序向有关机关提出。

信访人对各级人民代表大会以及县级以上各级人民代表大会常务委员会、人民法院、人民检察院职权范围内的信访事项，应当分别向有关的人民代表大会及其常务委员会、人民法院、人民检察院提出，并遵守《信访条例》的相关规定。

2. 信访事项提出的形式

信访人提出信访事项，一般应当采用书信、电子邮件、传真等书面形式；信访人提出投诉请求的，还应当载明信访人的姓名（名称）、住址和请求、事实、理由。

有关机关对采用口头形式提出的投诉请求，应当记录信访人的姓名（名称）、住址和请求、事实、理由。

（1）属于各级人民代表大会以及县级以上各级人民代表大会常务委员会职权范围内的信访事项

① 人民代表大会及其常务委员会颁布的法律法规，通过的决议、决定的意见和建议；

② 对人民法院、人民检察院违法失职行为的申诉、控告或者检举；

③ 对人民代表大会代表、人民代表大会常务委员会组成人员以及人民代表大会常务委员会工作人员的建议、批评、意见和违法失职行为的申诉、控告或者检举；

④ 对人民法院、人民检察院的生效判决、裁定、调解和决定不服的申诉；

⑤ 对人民政府及其工作部门制定的规范性文件的意见和建议；

⑥ 对本级人民代表大会及其常务委员会选举、决定任命、批准任命的国家机关工作人员违法失职行为的申诉、控告或者检举；

⑦ 属于全国人民大会及其常务委员会职权范围内的其他事项。

其中，以上第⑤、⑥项也在行政机关职权范围内。

（2）属于各级人民政府职权范围内的信访事项

① 对本辖区内的经济、文化和社会事业的建议和意见；

② 对本级人民政府或者下级人民政府规章、决定、命令等规范性文件的建议和意见；

③ 对本级人民政府及其工作部门的工作人员或者下级人民政府工作人员的违纪、违法行为的检举和控告；

④ 对本级人民政府及其工作部门或者下级人民政府所作出的具体行政行为不服的意见；

⑤ 对本级人民政府和工作部门及其工作人员或者下级人民政府违法行使职权，侵犯他人合法权益的赔偿的请求；

⑥ 对本级人民政府及其工作部门职权范围内应予解决的合法、正当的要求的申请；

⑦ 依法应当由人民政府及其工作部门受理的其他信访事项。

(3) 属于各级人民法院职权范围内的信访事项

① 对人民法院工作的建议、批评和意见；

② 对人民法院工作人员的违法失职行为的报案、申诉、控告或者检举；

③ 对人民法院生效判决、裁定、调解和决定不服的申诉；

④ 依法应当由人民法院处理的其他事项。

(4) 属于各级人民检察院范围内的信访事项

① 对人民检察院工作的建议、批评和意见；

② 对人民察院工作人员的违法失职行为的申诉、控告或者检举；

③ 对人民检察院生效决定不服的申诉；

④ 对人民法院审判活动中的违法行为的控告或者检举；

⑤ 对公安机关不予立案决定不服的申诉；

⑥ 对公安机关侦查活动中的违法行为的控告或者检举；

⑦ 对国家机关工作人员职务犯罪行为的控告或者检举；

⑧ 依法应当由人民检察院处理的其他事项。

其中，上述第⑤、⑦两项，行政机关有义务行使内部监督权，对涉及的行政机关及其工作人员进行责任追究。

(5) 信访人采用走访形式提出信访事项应当注意的问题

根据《信访条例》第十六条、十八条规定，信访人采用走访形式提出信访事项，应当向依法有权处理的本级或者上一级机关提出，并且应当到有关机关设立或者指定的接待场所提出并提供本人有效身份证明；多人采用走访形式提出共同信访事项的，应当推选代表，人数不超过5人；信访人应当逐级提出信访事项，即应当向依法有权处理的本级或上一级机关提出。在法定受理期限内避免信访事项重复提出。

信访事项已经受理或者正在办理的，信访人在规定期限内向受理、办理机关的上级机关再提出同一信访事项的，该上级机关不予受理。

精神病患者、传染病患者以及生活不能自理的人需要走访的，应当由其监护人或者委托代理人代为提出。

对依法应当通过诉讼、仲裁、行政复议等法定途径解决的投诉请求，信访人应当依照法定程序向有关机关提出。

已经省（自治区、直辖市）人民政府复查复核机构审核认定办结，或已经复核终结备案并录入全国信访信息系统的信访事项，来访人仍然以同一事实和理由提出投诉请求的，各级人民政府信访工作机构和其他行政机关不再受理。

（6）信访人在信访过程中被禁止的行为

信访人提出信访事项，应当客观真实，对其所提供材料内容的真实性负责，不得捏造、歪曲事实，不得诬告、陷害他人。

信访人在信访过程中应当遵守法律、法规，不得损害国家、社会、集体的利益和其他公民的合法权利，自觉维护社会公共秩序和信访秩序，不得有下列行为：

① 在国家机关办公场所周围、公共场所非法聚集、游行、示威、围堵、冲击国家机关，拦截公务车辆，或者堵塞、阻断交通的；强行冲闯公安机关设置的警戒带、警戒区，阻碍国家机关工作人员依法执行公务，妨碍国家机关正常活动；

② 携带危险物品、管制器具的；以及其他可能损害他人生命、财产安全的物品，投寄、投放不明物质，制造恐怖气氛或者以自杀、自残、传染疾病等相要挟；

③ 侮辱、殴打、威胁国家机关工作人员，或者非法限制他人人身自由的；

④ 在信访接待场所滞留、滋事，或者将生活不能自理的人弃留在信访接待场所的；

⑤ 煽动、串联、胁迫、以财物诱使、幕后操纵他人信访或者以信访为名借机敛财的；

⑥ 扰乱公共秩序、妨害国家和公共安全的其他行为；

⑦ 伪造文件，造谣惑众，或者诬告陷害他人；

⑧ 其他违法行为。

8.2.3 信访事项的受理方式及相关规定

1. 信访事项的受理方式

（1）信访人向各级人民政府信访工作机构提起的信访事项受理

县级以上人民政府信访工作机构收到信访事项，应当予以登记，并区分情况，在15日内分别按下列方式处理：

① 信访人对各级人民代表大会以及县级以上各级人民代表大会常务委员会、人民法院、人民检察院职权范围内的信访事项，应当告知信访人分别向有关的人民代表大会及其常务委员会、人民法院、人民检察院提出。对已经或者依法应当通过诉讼、仲裁、行政复议等法定途径解决的，不予受理，但应当告知信访人依照有关法律、行政法规规定程序向有关机关提出。

② 对依照法定职责属于本级人民政府或者其工作部门处理决定的信访事项，应当转送有权处理的行政机关；情况重大、紧急的，应当及时提出建议，报请本级人民政府决定。

③ 信访事项涉及下级行政机关或者其工作人员的，按照"属地管理、分级负责，谁主管、谁负责"的原则，直接转送有权处理的行政机关，并抄送下一级人民政府信访工作机构。

县级以上人民政府信访工作机构要定期向下一级人民政府信访工作机构通报转送情，下级人民政府信访工作机构要定期向上一级人民政府信访工作机构报告转送信访事项办理情况。

④ 对转送信访事项中的重要情况需要反馈办理结果的，可以直接交由有权处理的行政机关办理，要求其在指定办理期限内反馈结果，提交办结报告。

按照前款第①项至第④项规定，有关行政机关应当自收到转送、交办的信访事项之日

15日内决定是否受理并书面告知信访人,并按要求通报信访工作机构。

各级人民政府信访工作机构有权受理以下信访事项:

① 对本级、下级人民政府及其工作部门职权范围内的工作提出的建设性建议;

② 信访事项的处理需要本级人民政府协调的;

③ 要求改变或者撤销本级人民政府所属工作部门不适当的措施、指示和下级人民政府不适当的措施、决定;

④ 对本级对下级信访工作机构工作人员履行职务的行为不满的;

⑤ 其他需要由本级人民政府信访工作机构受理的事项。

(2) 信访人向各级人民政府信访工作机构以外的行政机关提出的信访事项受理

信访人按照《信访条例》规定直接向各级人民政府信访工作机构以外的行政机关提出的信访事项,有关行政机关应当予以登记;对符合本条例第十四条第一款规定并属于本机关职权范围的信访事项,应当受理,不得推诿、敷衍、拖延;对不属于本机关职权范围信访事项,应当告知信访人向有权的机关提出。

有关行政机关收到信访事项后,能够当场答复是否受理的,应当当场书面答复;不能当场答复的,应当自收到信访事项之日起15日内书面告知信访人。但是信访人的姓名(名称)、住址不清的除外。

有关行政机关应当相互通报信访事项的受理情况。

(3) 信访事项的受理程序

信访事项的受理程序一般分为登记、初步审查、作出决定、受理四个步骤。

1) 登记。即人民政府信访机构或行政机关在收到信访事项后,不论其来源,也不论是否属于其受理范围,一律要求予以登记。

信访人按照《信访条例》规定直接向各级人民政府信访工作机构以外的行政机关提出的信访事项,有关行政机关应当予以登记,行政机关在收到信访事项后,不论其来源,也不问是否属于其受理范围,一律予以登记。

登记内容:

① 信访人的基本情况。包括姓名、住址、邮政编码、工作单位、联系方式等。

② 基本事实。信访人反映的主要事实情况。

③ 具体要求。信访人提出信访事项的目的是什么,要解决什么问题。

④ 相应理由和依据。

⑤ 信访事项的来源。信访事项是信访人直接提出还是上级信访工作机构抄送。

⑥ 对该信访事项的处理方式。信访工作机构对属于受理范围事项的受理以及不属于受理范围事项告知信访人向有关机关提出等。

⑦ 对采用口头形式提出的投诉请求,应当记录信访人的姓名(名称)、住址和请求、事实、理由。

2) 初步审查。对该信访事项的管辖权及是否重复受理等情况进行审查。

审查内容:

① 是否属于不予受理的信访事项;

② 是否属于本级有权受理的信访事项;

③ 是否属于本地区有权受理的信访事项;

④ 是否已经过终局性的信访工作程序；
⑤ 是否有实质性的内容和具体要求；
⑥ 是否已经受理、正在办理。

审查的结果：

① 信访事项属于对具体行政行为不服，但已经或者依法应当通过行政复议、行政诉讼等法定途径解决的投诉请求，不予受理；各级政府工作部门对于收到的信访事项，发现属于本行政机关行政复议范围的，不予受理，但应该积极引导其申请行政复议。

② 对信访事项已经受理或者正在办理的，信访人在法定期限内以走访形式向受理、办理机关的上级行政机关再提出同一信访事项的，该上级行政机关不予受理。

审查的期限：

① 一般审查期限。《信访条例》规定"自收到信访事项之日起15日内"必须书面告知信访人。对于以信件形式提出的信访事项，参照日期为邮件到达之日的邮戳和行政机关接收登记邮件的日期为收到日期。对于以走访形式提出的，应以信访人到行政机关设立的接待场所提出信访事项之日为准。一般的信访事项，根据反映内容复杂程度不同，行政机关做出判断需要经过的期限也不同，但最长不得超过15日。

② 特别受理期限。《信访条例》规定"能够当场答复的，应当当场答复"，主要是考虑到以走访形式提出信访事项的，事实较清楚、所涉事项职权管辖较明确，行政机关可以当场判断出是否属于其受理范围的，应当场决定。

3）作出决定。即对符合信访事项提出条件，且属于其法定职权范围的信访事项，决定予以受理；对不符合信访事项提出条件，或不属于其法定职权范围的信访事项，决定不予受理。

受理决定作出后：

① 要进行告知。

告知的内容一般应包括：做出行政行为的时间、主体、依据的事实和法律，信访人依法享有的权利等。行政机关在初步审查后，一般会得出两种结论：对于符合信访事项提出条件，且属于其法定职权范围的信访事项，决定受理；对于不符合信访事项提出条件或不属于其法定职权范围的信访事项，决定不予受理。行政机关要在法定的期限内作出"受理"或"不予受理"的决定，并书面告知信访人。特别是对"不予受理"的，还要依照有关法律、法规的规定说明不予受理的原因和理由。对信访事项尽管不属于本行政机关职权范围，但知道受理该信访事项的行政机关的，应当告诉信访人向相应的有权处理的行政机关提出信访事项。

② 可不予告知。

不予告知的情形：一是《信访条例》第二十二条第二款规定行政机关告知义务的同时，以"但是"的形式排除了"信访人的姓名（名称）、住址不清的"予以告知的义务；二是《信访条例》第十七条规定，"信访人提出投诉请求的，还应当载明信访人的姓名（名称）、住址和请求事实、理由"，信访人没有履行法律上的义务就应当承担法律上的不利后果，即不能要求行政机关履行告知义务。

4）受理。信访机构或政府工作部门在决定对信访事项予以受理后，就进入受理程序。

① 信访工作机构（含政府工作部门信访工作机构或信访工作人员，下同）受理。

信访工作机构决定受理后，按照《信访条例》第二十一条规定的程序，区分具体情况，将信访事项转送、交办至有权处理的行政机关或者报请本级人民政府决定。

受理后的程序如下：

转送。转送是指各级人民政府信访工作机构对于决定受理的信访事项，根据政府工作部门的职责权限和级别管辖，将信访事项转到有权对信访事项的实体内容进行调查、核实并作出处理决定的部门。转送的程序包括：一是明确有权处理的行政机关。二是直接转送至有权处理的行政机关。三是抄送下一级人民政府信访工作机构。依据《信访条例》第二十一条第一款第（二）、（三）项规定，转送适用于"对依照法定职责属于本级人民政府或者其工作部门处理决定的信访事项"和"信访事项涉及下级行政机关或者其工作人员的"两种情形。

交办。交办是指各级人民政府信访工作机构对于转送的信访事项中有比较重要的情况需要反馈办理结果的，要求有权处理的行政机关在指定办理期限内反馈结果并提交办结报告。交办的程序包括：一是判断转送的信访事项中是否有比较重要的情况；二是信访工作机构应当形成正式的交办函件，向有权处理的行政机关交办，并附信访事项；三是在履行一定手续后交由有权处理的行政机关办理。按照《信访条例》第二十一条的规定，对于有权处理的行政机关属于本级人民政府工作部门或者下级人民政府及其工作部门的，都适用交办。

② 政府工作部门受理。

指除各级人民政府信访工作机构以外的其他政府工作部门，对本级或上级人民政府信访工作机构及其主管部门转送、交办的信访事项和信访人提出的信访事项进行初步审查，认为符合《信访条例》规定的受理条件决定受理的行政行为。

行政机关受理信访事项的范围：

《信访条例》第二十二条规定，"信访人按照本条例规定直接向各级人民政府信访工作机构以外的行政机关提出的信访事项，有关行政机关应当予以登记；对符合本条例第十四条第一款规定并属于本机关法定职权范围的信访事项，应当受理，不得推诿、敷衍、拖延；对不属于本机关职权范围的信访事项，应当告知信访人向有权的机关提出。"

行政机关不予受理信访事项的范围：

一是超越法定行政事务管辖权的信访事项。二是超越法定行政级别管辖权的信访事项。三是超越法定地域管辖权的信访事项以及"对已经或者依法应当通过诉讼、仲裁、行政复议等法定途径解决的，不予受理，但应当告知信访人依照有关法律、行政法规规定程序向有关机关提出。"

自2014年5月1日起施行的国家信访局颁发的《关于进一步规范信访事项受理办理程序引导来访人依法逐级走访的办法》，该《办法》规定了有关行政机关不予受理或不再受理的6种情况。

① 应诉讼解决。对属于各级人民代表大会以及县级以上各级人民代表大会常务委员会、人民法院、人民检察院职权范围内的来访事项，以及已经或者依法应当通过诉讼、仲裁、行政复议等法定途径解决的，各级人民政府信访工作机构及其他行政机关不予受理。

② 越级信访。对跨越本级和上一级机关提出的来访事项，上级机关不予受理。

③ 重复信访。来访事项已经受理或者正在办理，来访人在规定期限内向受理或办理

机关的上级机关再提出同一来访事项的,该上级机关不予受理。

④ 不服但不请求复查。来访人对来访事项处理(复查)意见不服,未提出复查(复核)请求而到上级机关再次走访的,各级人民政府信访工作机构和其他行政机关不予受理。

⑤ 不服但超规定期限。来访人对来访事项处理(复查)意见不服,无正当理由超过规定期限未请求复查(复核)的,不再受理。

⑥ 已办结且事项不变。已经省(自治区、直辖市)人民政府复查复核机构审核认定办结或已经复查复核终结备案,并录入全国信访信息系统的来访事项,来访人仍然以同一事实和理由提出投诉请求的,不再受理。

2. 信访事项受理的相关规定

(1) 涉及两个或者两个以上行政机关的信访事项

涉及两个或者两个以上行政机关的信访事项,由所涉及的行政机关协商处理,受理有争议的,由其共同的上一级行政机关决定受理机关。

(2) 涉及原受理机关分立、合并、撤销的情形

受理信访事项的行政机关分立、合并、撤销等情形的信访事项的由继续行驶其职权的行政机关受理;职责不清的,由本级人民政府或者其指定的机关受理。

8.3 信访事项的办理

8.3.1 信访事项的办理方式及时间规定

1. 信访事项的办理方式

(1) 信访事项办理的分类

信访事项的办理主要有以下几大类:

① 对信访人反映的情况,提出的建议、意见类信访事项的办理:该类信访事项的办理一般不适用强制性程序,不一定启动信访调查等,主要是由相关行政机关在本机关自由裁量权范围内予以办理。

② 对投诉请求类信访事项的办理:我国《信访条例》对投诉请求类信访事项的办理有着严格的程序和责任规定,要求必须经过信访调查、提出办理意见、书面答复信访人等步骤,同时,信访人对办理意见不服的,还可以寻求复查、复核等申请救济。

③ 对揭发控告类信访事项,按照纪检监察工作相关规定和干部管理权限,报送有关负责同志,也可直接或通过下级信访工作机构转送纪检监察机关、组织部门办理。

(2) 信访调查

1) 信访调查的概念

信访调查是指信访事项的办理机关在依法受理信访事项后,办理决定作出之前,为了查明信访事项所涉及的基本事实,依据职权所进行的材料收集、证据调取的活动。

信访调查一方使信访事项的办理成为一个开放的系统和公开、透明的过程,有利于督促信访办理机关负责任地查清事实,维护信访人的合法权益;另一方面因为明确了对信访事项相关的第三人的调查权及听证等调查方式,强化了办理信访事项的手段,增强了通过

信访工作解决矛盾纠纷的有效性。

信访调查遵循主动调查、全面调查、信访人参与调查的原则，主要采取听取信访人的陈述、要求信访当事人说明情况、向第三人调查、举行听证等调查方式；信访调查按照事前通知、表明身份、说明理由、实施调查、制作笔录的步骤实施；信访调查的时限必须以不影响在法定或指定的期限内作出办理决定为基本要求。

2）信访调查的步骤

① 事前通知。信访调查前，相关机关和人员需要以适当的形式通知当事人，以便其能做好信访调查的准备工作。

② 表明身份。在进行信访调查时，相关工作人员应当表明自己的身份，并且，对于一般的信访调查，信访调查人员不得少于2人。

③ 说明理由。信访调查人员应当向调查对象说明进行该项信访调查的理由、依据，同时告知对方在信访调查过程中所享有的权利和需要履行的义务。

④ 实施调查。即调查的过程，如询问当事人、调取资料等。

⑤ 制作笔录。调查人员应当对信访调查的全程作出相应的笔录并由调查对象核对后签字确认。一般调查笔录可以按照下面的格式进行，见表8-1。

信访事项调查笔录　　　（第　次）共　页　　表8-1

调查时间　　年　月　日　时　分至　时　分
地点：
事由：
调查人：　　　　　记录人：
被调查人：　　　性别：　　出生　年　月　日　　民族：
文化程度：　　　政治面貌：　　工作单位（或住址）：
职务（或职业）电话：
调查内容：   　　　　　　　　　　　　　　　　以上笔录我看过，与我讲的一样。 　　　　　　　　　　　　　　　　×××（签名）　　　年　月　日

对于比较复杂的信访事项，办理机关还应当制作调查报告，基本内容的参照标准：

一是调查的事项和问题；

二是信访人陈述的事实和理由；

三是信访当事人、第三人所作的其他说明和提供的材料；

四是办理机关经查核认定的事实、意见以及予以采纳的事实、意见，并说明理由；

五是对信访事项的初步处理意见及依据。

3）信访事项的办理

对信访事项有权处理的行政机关办理信访事项，应当听取信访人陈述事实和理由；必要时可以要求信访人、有关组织和人员说明情况；需要进一步核实有关情况的，可以向其他组织和人员调查。

对重大、复杂、疑难的信访事项，可以举行听证。听证应当公开举行，通过质询、辩论、评议、合议等方式，查明事实，分清责任。听证范围、主持人、参加人、程序等，由省、自治区、直辖市人民政府规定。

① 办理信访事项应当遵守的规定

a. 不得打击报复信访人。对于公民的申诉、控告或者检举，有关国家机关必须查清事实，负责处理。任何人不得压制和打击报复；要完善信访制度，及时办理信访事项，切实保障信访人、举报人的权利和人身安全。任何行政机关和个人不得以任何理由或者借口压制、限制人民群众信访和举报，不得打击报复信访和举报人员。

b. 遵守保密制度。不得泄露工作秘密，不得泄露信访人的隐私和信访人依法要求保密的其他内容，不得将信访人的检举、揭发材料及有关情况透露或者转给被检举、揭发的人员或者单位。

c. "恪尽职守、秉公办事，查明事实、分清责任，宣传法制、教育疏导，及时妥善处理，不得推诿、敷衍、拖延"。

d. 按要求回避。行政机关工作人员与信访事项或者信访人有直接利害关系的，应当回避。

e. 在规定的期限内办结信访事项，并将办理决定书面答复信访人。

f. 互通信访信息。

g. 接受信访人的查寻。办理机关除国家秘密、商业秘密、个人隐私的事项外，应当如实答复信访人的查寻，不得拒绝。

h. 妥善保管信访材料和档案，不得丢失、隐匿或者擅自销毁。

② 反映情况、建议、意见类信访事项的办理

a. 从受理的建议、意见类信访事项中筛选出对改进行政机关工作和促进经济、社会发展有参考价值的内容。

b. 认真研究论证并积极采纳。

c. 信访人反映的情况，提出的建议、意见，对国民经济和社会发展或者改进国家机关工作以及保护社会公共利益有贡献的，予以奖励。

③ 投诉请求类信访事项的办理

a. 开展信访调查。信访调查遵循主动调查、全面调查、信访人参与调查的原则，主要采取听取信访人的陈述、要求信访当事人说明情况、向第三人调查、举行听证等调查方式；信访调查按照事前通知、表明身份、说明理由、实施调查、制作笔录的步骤实施；信访调查的时限必须以不影响在法定或指定的期限内作出办理决定为基本要求。

b. 提出办理意见。信访调查结束后，要以信访调查认定的事实为基础，依据有关法律、法规、规章及其他有关规定作出办理决定并书面答复信访人。

作出办理意见的依据和标准是：请求事实清楚，符合法律、法规、规章及其他有关规定的，予以支持；请求事由合理但缺乏法律依据的，应当对信访人做好解释工作；请求缺乏事实根据或者不符合法律、法规、规章或者其他有关规定的，不予支持。办理意见要求经调查后并以书面方式作出。信访事项办理答复意见书格式参照表8-2。

信访事项办理答复意见书格式 表 8-2

关于张××信访事项的答复意见

张××：

　　你于×年×月×日向××××××写信（或到××××××部门上访）反映的信访事项，根据属地管理、分级负责和谁主管谁负责的原则，已于×年×月×日交由我局（单位）调查处理。根据你信访反映的问题和上级交办意见，我局（单位）受理的信访事项有：

　　1.⋯⋯⋯⋯

　　2.⋯⋯⋯⋯

　　3.⋯⋯⋯⋯

（以上部分写明受理的信访事项）

　　我局（单位）对你提出的信访事项十分重视，经调查研究，确定了处理意见，现答复如下：

　　1.关于反映××××××的问题，经查，你反映的情况属实，符合××××××文件规定，我局（单位）同意××××××。你可于×年×月×日到我局（单位）××××××（部门）办理相关手续。

　　2.关于××××××问题，根据××市××部门《关于××××××的规定》你本人不属于文件规定可以享受××××××待遇的对象，你提出的××××××要求不予以支持。

（以上1、2部分写对信访事项的事实认定情况、处理结论及作出处理结论所依据的法律、法规和政策）

　　如对本答复意见不服，你可自收到本答复意见书之日起30日内向××市××（政府）申请复查。

（办理单位盖章）

×年×月×日

办理意见书中必须包含：

a. 办理理由说明。一是办理意见的事实依据，即通过信访调查所认定事实的情况；二是办理意见的法律依据，即适用的法律、法规、规章及包括政策在内的其他规定，以及适用的理由；三是办理意见的裁量依据，如公共利益、惯例公理等。

b. 说服解释内容。《信访条例》第三十二条第二款第二项规定："请求事由合理但缺乏法律依据的，应当对信访人做好解释工作"。一般来说，行政机关作出支持信访请求的办理意见的，重点是履行督促执行义务；明确作出不予支持信访请求意见的，则应当履行说明理由、说服解释及告知救济等义务。

c. 告知救济内容。信访事项办理意见作出后，办理机关应当在给信访人的书面答复中明确告知不服办理意见的救济途径与期限。没有救济就没有权利，办理机关"要严格遵循法定程序，依法保障行政管理相对人、利害关系人的知情权、参与权和救济权"。并且应当在书面答复中准确地告知信访人不服办理意见时可以寻求救济的机关、方式、期限等，以确保信访人救济权的实现，不宜在办理意见中简单地附上一句"依法申请信访复查或者行政复议、提起行政诉讼"就应付了事。

④《江苏省信访条例》信访事项办理的有关规定

a. 各级国家机关及其工作人员办理信访事项，应当恪尽职守、秉公办事，查明事实、分清责任，宣传法制、教育疏导，及时妥善处理，不得推诿、敷衍、拖延。

b. 各级国家机关调查处理信访事项，应当听取信访人陈述事实和理由；必要时可以要求信访人说明情况，提供有关证明材料；需要进一步核实有关情况的，可以依法向有关组织和人员调查、取证。

对重大、复杂、疑难信访事项，必要时可以举行听证。听证应当公开举行，通过质询、辩论、评议、合议等方式查明事实，分清责任。信访人和有关国家机关应当出席听证会，陈述意见，出示证据。

c. 对地方国家权力机关交办的信访事项，有关机关应当认真办理，并按照规定期限反馈办理结果。国家权力机关可以对办理情况进行督办，促进有关机关解决人民群众合理的信访请求。

d. 县级以上各级国家机关信访工作机构可以依法对转送、交办的有关信访事项的办理情况进行督查。督查可以采取阅卷审查、听取汇报或者直接调查等方法进行。各级国家监察机关依法对有关机关重要信访事项的办理情况进行监察。

e. 县级以上各级国家机关信访工作机构应当定期向下一级机关信访工作机构通报信访事项的转送、交办、督办的情况；下一级机关信访工作机构应当定期向上一级机关信访工作机构报告转送、交办、督办信访事项的处理情况。

2. 信访事项办理的时间规定

作出办理意见的期限：一般期限为60日，即信访事项自受理之日起60日内办结；最长期限为90日，即60日的一般办理期限不够用时，加上最长为30日的延长办理期限。

《信访条例》第三十三条信访事项应当自受理之日起60日内办结；情况复杂的，经本行政机关负责人批准，可以适当延长办理期限，但最长期限不得超过30日，并告知信访人延期理由。法律、行政法规另有规定的，从其规定。

常规信访事项办理时间要求：

（1）对咨询有关劳动保障法律、法规及有关政策规定的信访事项，按规定直接给予答复；对现行规定不明确或不清楚的，可研究或请示后予以答复；

（2）对劳动保障工作提出意见、建议和批评的信访，送交部门领导和相关工作机构研究；

（3）对符合劳动保障举报投诉条件的信访事项，转劳动保障监察机构立案查处（处理时效为自立案日之起，60个工作日结案。情况特殊的，可延长30个工作日）；

（4）对属于劳动争议的信访事项，建议向劳动争议调解委员会申请调解（调解时效为自申请调解之日起30日内结束）。如调解不成的，建议在规定期限内向劳动争议仲裁委员会申请仲裁（仲裁时效为自接收申请之日起60日内结束。情况特殊的，可延长30日）；

（5）对检举、揭发劳动保障部门工作人员不按规定办案或存在违法、违纪和失职、渎职行为的信访事项，转人事或纪检部门立案查处（处理时效为自立案日之起，60个工作日结案。情况特殊的，可延长30个工作日）；

（6）对反映紧急重大问题的信访事项，依法采取措施，果断处理，并立即向领导报告；

（7）对不属于本部门信访受理范围的信访事项，及时转送有关镇区或部门办理。

8.3.2 信访事项办理的答复

1. 信访事项的办结

对信访事项有权处理的行政机关经调查核实，应当依照有关法律、法规、规章及其他有关规定，分别作出以下处理，并书面答复信访人：

（1）请求事实清楚，符合法律、法规、规章或者其他有关规定的，予以支持；

（2）请求事由合理但缺乏法律依据的，应当对信访人做好解释工作；

（3）请求缺乏事实根据或者不符合法律、法规、规章或者其他有关规定的，不予支持。

信访事项办理完毕，做出信访处理意见，以书面形式及时通知信访人，并督促相关行政机关和单位执行信访处理事项。

《信访条例》虽未对如何送达作出明确规定，但从信访工作实际来看，主要是办理机关将要送达的办理意见书通过邮局挂号寄给信访人。此外，也可采用直接送达、留置送达、公告送达等方式进行送达。

《信访条例》第三十二条第一款规定了办理机关对请求事实清楚，法律依据充分，已作出支持信访请求意见的，"应当督促有关机关或者单位执行"。信访人的请求得到支持的，办理意见作出之日起即可执行。同时，负有执行义务的单位或者当事人应当履行自己的义务，以保证行政管理的稳定性与连续性。

2. 信访程序的终结

（1）如果做出处理意见的行政机关是国务院，则该决定为终局裁决，依照法律规定，不但信访程序终结，而且也不能被提起行政诉讼或者行政复议。

（2）如果办理（复查）意见是应当被申请复议或诉讼的，那么信访人就不能申请信访复查（复核），该意见就是信访终结意见，无论信访人是否申请了复议或诉讼，信访程序均告终结。

（3）如果办理（复查）意见是不能被申请复议或诉讼的，而信访人在收到办理（复查）意见，并被告知相应救济途径之日起 30 日内未向相关机关的上一级行政机关申请复查或者复核的，办理复查意见为信访终结意见，信访程序终结。

（4）复核意见是当然的信访终结意见，无论信访人是否应当或已经申请复议或诉讼，信访程序均告终结。如果公民、法人和其他组织因同一事实和理由继续向行政机关反映情况，但这种行为已不是"有效信访"，不具备激活信访程序的效力，不再受《信访条例》的保护，行政机关可以不予受理。但行政机关应当做好说服解释工作，化解矛盾，维护稳定。

3. 信访人对信访事项处理意见不服的情形

信访人对行政机关作出的信访事项处理意见不服的，可以自收到书面答复之日起 30 日内请求原办理行政机关的上一级行政机关复查。收到复查请求的行政机关应当自收到复查请求之日起 30 日内提出复查意见，并予以书面答复。

4. 复查的程序

复查的程序分为申请、审查和做出复查意见三步：

（1）申请

提出复查申请必须满足以下几个条件：

1）必须由不服办理意见的信访人提出。

2）有具体的复查请求和事实依据。

3）属于信访复查的范围。

4）属于该接受申请机关的职权范围。

5）该复查请求必须自收到办理机关的书面答复之日起 30 日内提出。超过该时限，信访程序终结,信访人再申请复查、复核,或者以同一事实和理由提出投诉请求的,各级人民政府信访工作机构和其他行政机关不再受理。

申请复查的形式:信访人一般应当采用书面申请复查,并载明申请人的姓名、住址和办理机关的主要答复意见,申请复查的主要事实、理由、时间;信访人书面申请复查有困难的,也可以口头申请,接收申请的行政机关工作人员应当当场记录以上内容,并要求复查申请人采用签字等方式予以确认。

(2) 审查

分为形式审查和实质审查两个方面。

形式审查主要对条件和法定申请期限进行审查,如果不符合则不予审查,同时告知信访人相关理由;信访人要求出具不予复查书面说明的,应当出具。对符合复查条件的,接受复查申请;申请事由部分不清楚的,可以要求申请人在合理的期限内补正。

实质审查主要是审查关于信访事项的事实认定是否准确,办理意见是否合法与适当。

(3) 做出复查意见

复查机关对信访人提出的有效申请进行审查后,按照下列规定作出复查意见:办理意见事实清楚、依据充分、处理恰当的,维护原处理意见;办理意见事实不清楚、证据不充分或者处理意见不当的,依照职权直接变更原办理意见或者责令办理机关重新办理。复查机关责令办理机关重新办理的,办理机关不得以同一事实或理由作出与原办理意见相同或基本相同的意见。复查意见应当自收到复查申请之日起30日内作出,并向信访人作出复查的书面答复。书面答复中应载明信访人申请复查的事项和要求,经复查核实的情况,复查意见及依据,不服复查意见的救济渠道等。

5. 信访人对复查、复核意见不服的情形

复核是指因信访人不服复查机关的信访复查意见而提出申请,依法由复查机关的上一级行政机关对信访事项的办理、复查意见和有关情况进行审查并作出信访终局意见的行为。

《信访条例》第三十五条对信访复核作了明确规定:"信访人对复查意见不服的,可以自收到书面答复之日起30日内向复查机关的上一级行政机关请求复核。收到复核请求的行政机关应当自收到复核请求之日起30日内提出复核意见。复核机关认为有必要的,可以按照《信访条例》第三十一条第二款的规定举行听证,经过听证的复核意见可以向社会公示。听证所需时间不计算在前款规定的期限内。信访人对复核意见不服,仍然以同一事实和理由提出投诉请求的,各级人民政府信访工作机构和其他行政机关不再受理"。

复核机关。复核机关是"复查机关的上一级行政机关"。复核机关与信访复查机关一样,根据不同情况,复核机关可能是上级主管部门,也可能是一级人民政府。复核机关的职责:依法接受复核申请;审查被申请复核的办理、复查意见是否合法(含政策规定)与适当;必要时开展信访调查,召开听证会;作出信访终局意见等。

复核程序:

(1) 复核申请。申请复核的条件:不服复查意见的信访人,不服办理意见的只能先申请复查,不能越级直接申请复核;有具体的复核请求和事实依据;属于信访复核的范围,并且无法通过行政复议、行政诉讼等其他法定途径得到救济的;属于该接收申请机关的职权范围。申请的方式和期限:信访人可以书面或口头的方式申请复核,具体要求比照复查的申请；信访人申请复核必须在自收到复查机关的书面答复之日起 30 日内提出。

（2）审查。形式审查：对不符合复核申请条件和法定申请期限的，收到复核申请的机关不予复核，同时告知信访人相关理由。信访人要求出具不予复核书面说明的，应当出具；对符合复核申请条件的，接受复核申请；申请事由部分不清的，可以要求申请人在合理的期限内补正。实质审查：审查办理机关、复查机关适用法律法规和政策依据是否准确，办理意见、复查意见是否合法与适当。复核机关原则上主要采取书面审查的办法，不一定开展调查，但是复核机关认为有必要时，同样可以根据《信访条例》第三十一条的规定，享有和办理机关相同的信访调查权，向有关组织和人员调查情况，听取信访人、办理机关、复查机关的意见。由于复核是当然的信访终结程序，其对信访人的权利义务具有终局性的影响，复核意见应慎重作出。必要时，复核机关可以按照《信访条例》第三十一条第二款的规定举行听证。

（3）作出复核意见与公示。复核机关对信访人提出的申请进行审查后，按照下列规定作出复核意见：事实清楚、依据充分、处理恰当的，决定维持；复查意见事实不清、依据不足或者处理不恰当的，直接变更有关处理意见或者责令有关机关重新办理。复核机关责令有关机关重新办理的，该机关不得以同一事实或理由作出与原办理意见、复查意见相同的意见。复核意见应自收到复核申请之日起 30 日内作出。如果复核期间举行了听证的，听证所需时间不计算在内。

复核意见作出后，复核机关应当根据信访人的申请，书面答复其经核实认定的情况、复核意见及依据和理由，并告知信访人此为信访终局意见。如果该意见是可复议、诉讼的，还应当告知信访人相关救济渠道。同时，将信访终局意见抄告同级政府信访工作机构或者输入本级信访信息系统，防止政府信访工作机构和其他行政机关对已经终结的信访事项，因信息不互通又重新受理、交办，导致同一信访事项周而复始无法终结。

向社会公示经听证的复核意见。《信访条例》第三十五条第二款规定："经过听证的复核意见可以依法向社会公示"。一是可以监督行政机关依法行使职权，为作出公证的复核意见提供程序保障。二是信访人可以通过听证与公示发表意见、陈述情况、当面质证，维护自己合法权益。三是有利于提高信访人的法律意识，将极少数人利用信访无理缠闹的情形公之于众，让社会和群众作出客观评价，起到教育疏导作用。

信访人对复核意见不服，仍然以同一事实和理由提出投诉请求的，各级人民政府信访工作机构和其他行政机关不再受理。

6. 行政机关对信访处理意见的主动纠错

依救济程序的启动不同，对信访处理意见的救济可以分为两类：一类是依信访人申请启动的，即我们前面所说的复查复核等，另一类就是行政机关自己发现处理错误后启动的主动纠错。

第一：行政机关发现本机关对信访事项的处理、复查确有错误的，应当重新处理，主动进行纠错。

第二：上级行政机关发现下级行政机关对信访事项的处理、复查确有错误的，有权直接处理或者责成下级行政机关重新处理。其理由：一是《中华人民共和国宪法》对此有明确规定；二是有错必纠是现代法治的基本精神；三是"权为民所用"原则的具体体现。

7. 政府信访机构督办

《信访条例》规定，县级以上人民政府信访工作机构发现有关行政机关有下列情形之一的，应当及时督办，并提出改进建议：

（1）无正当理由未按规定的办理期限办结信访事项的；
（2）未按规定反馈信访事项办理结果的；
（3）未按规定程序办理信访事项的；
（4）办理信访事项推诿、敷衍、拖延的；
（5）不执行信访处理意见的；
（6）其他需要督办的情形。

收到改进建议的行政机关应当在30日内书面反馈情况；未采纳改进建议的，应当说明理由。

督办的主体专指县级以上人民政府信访工作机构；督办的对象是同级人民政府工作部门和下级行政机关，既包括了对信访事项有权作出处理意见的行政机关，也包括了信访处理意见的执行机关，还包括了下级人民政府信访工作机构；督办的内容是信访事项的处理（包括执行）情况，包括对信访事项个案的督办和对信访事项总体处理情况的督办；督办的方式包括电话督办、书面督办、实地督办、联合督办。

督办程序的参照标准：

（1）跟进督促。信访事项交办后，人民政府信访工作机构应当主动对有关办理和执行情况进行一般性的跟进督促，或者要求下级人民政府信访工作机构代为跟进督促直至办结；如果发现行政机关在处理信访事项的过程中有轻微不当的行为，要及时通过电话或函件形式予以提醒和督促纠正，以使信访事项得到妥善处理。

（2）专门立项。人民政府信访工作机构在对信访事项处理情况进行跟进督促的过程中，如果发现有关行政机关有《信访条例》第36条所列6种严重不当的情形，要予以专门立项，及时督导。立项时要明确督办的理由、内容、目的、对象，并提前将有关材料汇集整理，提出初步意见。必要时，可以将专门立项的决定通知被督办的行政机关，要求其准备配合督办工作。

（3）调查协调。对已立项的督办事项，人民政府信访工作机构应当针对其情形进行调查，分清缘由，了解办理、执行的真实情况和效果；情况复杂、有关行政机关处理信访事项有困难的，可以予以协调帮助。

（4）提出建议。人民政府信访工作机构对专门立项督办的信访事项进行调查了解，掌握实际情况后，应当针对信访事项处理过程中存在的问题及时向有关行政机关提出建议。一是提出改进建议。比如，办理机关未按期答复信访人办理结果的，应当建议依法书面答复；对关键事实认定不清的，应当建议重新调查核实等。同时，《信访条例》规定：收到改进建议的行政机关应当在30日内书面反馈情况；未采纳改进建议的，应当说明理由。二是提出责任追究建议。《信访条例》规定，县级以上人民政府信访工作机构对在信访工作中推诿、敷衍、拖延、弄虚作假造成严重后果的行政机关工作人员，可以向有关行政机关提出给予行政处分的建议。

（5）审核结案。对信访事项有权处理的行政机关认为信访事项处理完毕的，应当向交办、督办机关（人民政府信访工作机构）反馈结果，提交办结报告。交办、督办机关对办结报告进行严格的审核，并依据有关规定决定是否结案。

审核结案程序的参照标准：

首先，办理机关按规定向交办、督办机关提交办结报告。《信访条例》第二十一条第4款明确规定："对转送的信访事项中有比较重要的情况需要反馈办理结果的，可以直接交由有权处理的行政机关办理，要求其在指定办理期限内反馈结果，提交办结报告。"因此，信访事项处理完毕，办理机关应当及时向交办、督办机关提交办结报告。

其次，人民政府信访工作机构收到办结报告后，应当对交办事项所反映的事实情况、处理程序、处理意见等内容进行审核。审核的参照标准：一是事实清楚，即信访事项发生的时间、地点、涉及问题的前因后果清楚，调查全面充分，证据材料确凿；二是依据充分，即办理意见依据的事实和有关法律、法规、规章和政策充分；三是处理适当，即办理意见要考虑到信访事项的特定情节或特殊情况，实事求是、宽严适度；四是意见落实到位，即办理机关在报送办理结果时，应当注明办理意见是否落实或落实的计划与期限。

最后，作出结案决定。如果需要向上级机关或领导同志反馈信访事项办理结果的，人民政府信访工作机构应当按照有关规定及时报告反馈，然后再作出结案决定。

8. 信访事项结束立卷归档

信访事项结案后，应当组成案卷归档，有条件的，应当输入信息系统，以备查索。

立卷范围的参照标准：

（1）信访工作大事记领导批示；

（2）重要会议材料；

（3）信访事项所有登记记录；

（4）信访数据统计；

（5）信访工作定期总结报告；

（6）信访信息、专报、交流；

（7）信访事项交办、通报函件；

（8）信访事项结案报告；

（9）经签发的所有文件。

信访档案立卷归档之后，应当建立相应的保管制度、措施，防止损毁档案的各种因素发生，保护档案的完整和安全。

首先，应当有适合档案存放的固定场所，应当有科学的管理和存放方法，做到即查即用。

其次，应当建立信访档案保密制度，防止泄露国家秘密和泄露需要为信访人保密事项的情形发生。

第9章 人力资源开发及管理的基本知识

9.1 人力资源开发与管理的基本原理

9.1.1 人力资源的含义

广义的人力资源是指以人的生命为载体的社会资源，凡是智力正常的人都是人力资源。狭义的人力资源是指智力和体力劳动能力的总称，即能够促进社会、经济、文化发展的劳动者的全部潜能的总和，是为社会创造物质文化财富的人。

具体到企业而言，人力资源是指一定时期内，能够被企业所用，且对价值创造起贡献作用的教育、能力、技能、经验、体力等的总称，包括数量和质量两个方面。人力资源是与物力资源、财力资源、信息资源、时间资源等相对应的概念，是一切资源中最宝贵的资源，是企业第一资源。人力资源的存在和有效利用能够充分激活其他物化资源，因此必须创造各种有利条件以保证其作用的充分发挥，从而实现企业的目标：财富的不断增加，经济的不断发展和企业的不断壮大。

9.1.2 我国建筑业人力资源情况

1. 建筑业人力资源总量

近年来，随着房地产行业及政府大量的固定投资拉动，作为国民经济支柱产业的建筑业迅速发展，行业队伍不断壮大，我国建筑业企业和人力资源总量呈现逐年增长的态势。据国家、行业有关数据资料统计，截至2015年底，全国有施工活动的建筑业企业80911个，完成总产值180757.47亿元；从业人数5003.4万人，相比于1978年的854万人（中国统计年鉴2005），建筑队伍的数量增长了近6倍；占全社会就业人员比例也由1978年的2.13%发展到2015年的6.46%，上升了4.33个百分点。实现增加值46456亿元，占国内生产总值比重为6.87%。

综合分析我国建筑业人力资源30多年的发展历程，可以划分为3个阶段：

第一阶段（1978~1996年）：迅速增长阶段。人力资源总量增长率最高达到近50%，从一个侧面反映了近20年间建筑业的发展及其对劳动力的需求。

第二阶段（1997~2000年）：负增长阶段。人力资源总量与增长率都有所下降，反映了我国建筑业用工制度改革的成果。建筑业逐步对单一固定工制度进行改革，积极推行劳动合同制。形成了以固定工为技术、管理骨干，以乡镇建设队伍为主体，以临时工为补充的弹性用工制度。固定工的比例逐年下降。

第三阶段（2001~2012年）：稳步增长阶段。进入21世纪后我国建筑业面临的社会环境发生了巨大变化，国家经济建设保持多年高速增长、科技迅速发展、经济全球化。尤其是我国加入WTO后，使建筑企业能面向更大的国际国内市场，人力资源的开发与管理日趋受到重视，人力资源总量保持稳步增长。

2. 建筑业人力资源结构

（1）专业结构

按照建筑业从业人员所从事工作的性质不同，分为建筑施工、设备安装、市政工程施工、建筑装饰、构配件生产、建筑机械制造等行业。在这些专业中，过去的人员比例依次是：建筑施工、设备安装、市政工程。但随着全国工业建设与城市基础设施项目和技术改造项目的增多，建设中相应的技术设备的增多，建筑业内部产业结构的技术含量在逐步提高，行业分布结构得到了改善，使建筑施工的从业人员逐年减少，市政工程、装饰工程等其他行业的人员在逐年增多。

（2）职业结构

根据从业人员在建筑业生产管理中完成的职能，可分为技术工人、普通工人、技术人员、管理人员、服务人员和其他人员等。

自建筑业实行管理层和作业层分离的体制后，在各类从业人员中，技术人员所占比例逐年增长。

3. 建筑业人力资源质量

（1）管理层

建筑业实行"两层分离"体制后，总承包企业向智力密集型和管理密集型发展，专业人才比重不断提高：工程技术人员30%左右，管理人员40%左右，管理和技术岗位的人才学历层次和职称层次均较高，能够达到国家相关职称、建筑业资质和专业人才资质的要求和标准持证上岗。但在集体企业和劳务企业中，工程技术及管理人员占员工比重仅为10%左右，人才学历层次和职称层次均较低。

（2）操作层

建筑企业作业层中务工人员的主要来源有：

1) 乡镇劳务企业职工。劳务企业经过工商登记，向国家交纳税费，管理相对比较正规，劳务企业的农民工是与企业签订劳动合同、相对固定的人员。

2) 成建制包工队农民工。通常由私人（包工队长）按总承包企业分包工程的施工工期和工种要求，临时招收人员组织为施工作业队或作业班组，实行私人承包管理而不属于企业。人员流动性大，管理不规范。

3) 零散工。企业从社会上直接招收到工地务工的个人或少数人。

建筑业"门槛"相对较低，属于劳务密集型企业，一线操作人员主要由大量农村转移的劳动力构成，进城务工的农民中大部分从事建筑业，占到建筑业从业人员的80%。这些劳务人员普遍素质低、技能差、流动性强、管理困难、岗位持证率不高。

4. 建筑业人力资源效率

（1）人均产值

建筑业产值是以货币形式表现的建筑业企业在一定时期内生产的建筑业产品和提供服务的总和。包括建筑工程产值、安装工程产值、房屋构筑物修理产值、非标准设备制造产值、总包企业向分包企业收取的管理费以及不能明确划分的施工活动所完成的产值。建筑业人均产值是按国家或地区的建筑业总产值除以同一时期全部从业人员的平均人数来计算的。

(2) 人均利润

利润总额是建筑企业在营业收入中扣除成本消耗及营业税后的剩余。人均利润是将利润总额分配到建筑业人力资源数量中，反映了建筑业人力资源对建筑业利润总额的影响程度，最直接地反映了个体对于利润的贡献程度。

(3) 劳动生产率

建筑业劳动生产率是根据建筑业产品的价值量指标计算的平均每一个从业人员在单位时间内的产品生产量。目前我国建筑业劳动生产率是指劳动者在一定时期内创造的劳动成果与其相适应的劳动消耗量的比值。

建筑业劳动生产率是考核建筑企业经营活动的重要指标，是企业生产技术水平、经营管理水平、职工技术熟练程度和劳动积极性的综合体现。

统计数据表明，从1991年到2012年的二十年间我国建筑业劳动生产率年平均增长率达到15%左右，2012年按建筑业总产值计算的劳动生产率为267860元/人。这对于以劳务人员为主要工作对象的劳动密集型产业是很大进步，说明在社会化大生产的条件下，建筑业人力资源的平均熟练程度有所提高，生产过程中劳动者的分工、协作和劳动组合以及与此相适应的工艺规程、管理方式、客观环境正在不断演进和改善。但与世界发达国家相比，我国建筑业劳动生产率的差距仍然较大。

5. 建筑劳务企业用工情况

随着我国建筑业的快速发展，建筑劳务用工的数量也飞速上升。如何规范建筑劳务用工问题，实现建筑劳务向专业化发展成为迫切需要解决的问题。2005年建设部推出了在全国建立基本规范的劳务分包制度的政策，要求企业进行劳务分包，必须使用有相应资质的劳务企业，鼓励建筑劳务企业的建立和发展，建筑劳务企业就是在这一时期迅速增长，农民工基本被劳务分包企业或其他用工企业直接吸纳。劳务分包政策的贯彻实施，确立了建筑业劳务用工问题的根本解决思路和办法，规范了农民工就业问题和承包企业的用工行为，提高了建筑业务工人员的组织化程度。

在"十二五"期间，建筑业主要以成建制用工形式为主，在较长时期内总承包企业以自有工人为主体尚不具备条件，因此目前仍然是总承包企业与劳务企业长期稳定合作的用工模式。总承包企业的每个施工公司，甚至每个项目部都有自己的一批劳务作业"主打队伍"进行配套施工，并从技术工人力量、业绩、信誉度等方面加强对劳务分包企业的考核和评价，使企业的施工能力、操作能力、管理能力能够保持长期稳定的水平。

9.1.3 人力资源管理的理论基础

1. 人力资源管理的概念

人力资源管理，是指根据企业发展战略的要求，运用现代管理方法，围绕着充分开发人力资源效能的目标，对人力资源的取得、开发、保持和利用等方面所进行的计划、组织、指挥、控制和协调等一系列管理过程，以调动员工的积极性，发挥员工的潜能，使人尽其才，最终达到实现企业发展目标的一种管理行为。

具体可以从两个方面来理解人力资源管理，即：

(1) 对人力资源外在要素——量的管理。对人力资源进行量的管理，就是根据人力和物力及其变化,对人力进行恰当的培训、组织和协调,使二者经常保持最佳比例和有机的结合,做到人事相宜,使人和物都充分发挥出最佳效应。

(2) 对人力资源内在要素——质的管理。主要是指采用现代化的科学方法,对人的思想、心理和行为进行有效的管理(包括对个体和群体的思想、心理和行为的协调、控制和管理),充分发挥人的主观能动性,以达到组织目标。

通俗点说,现代人力资源管理就是一个求才、用才、育才、激才、留才的工作过程。

2. 人力资源管理的任务

(1) 通过计划、组织、调配、招聘等方式,保证一定数量和质量的劳动力和专业人才,满足企业发展的需要。

(2) 通过各种方式和途径,有计划地加强对现有员工的培训,不断提高他们的劳动技能和业务水平。

(3) 结合每个员工的职业生涯发展目标,对员工进行选拔、使用、考核和奖惩,尽量发挥每个人的作用。

(4) 协调劳动关系。运用各种手段,对管理者与被管理者、员工与雇主、员工与员工之间的关系进行协调,避免不必要的冲突和矛盾。同时,要考虑到员工的利益,保障员工的个人权益不受侵犯,保证劳动法的合理实施。

(5) 对员工的劳动给予报酬。通过工作分析和制定岗位说明书,明确每个岗位的功能和职责,对承担这些职责的人的工作及时给予评价和报酬。

(6) 管理人员的成长。管理人员的培训和开发是现代人力资源管理的重要内容之一,要保证任何部门、任何位置随时都有胜任的人来接任。

3. 人力资源管理的主要活动

根据人力资源管理的基本任务——为组织发展提供人力资源上的保证,人力资源管理就是企业的一系列人力资源政策以及相应的管理活动,这些活动囊括六大模块、五项功能、三个层次。

(1) 六大模块

1) 人力资源规划。把企业人力资源战略转化为中长期目标、计划和政策措施,包括对人力资源现状分析、未来人员供需预测与平衡,确保企业在需要时能获得所需要的人力资源。

2) 招聘与选拔。根据人力资源规划和工作分析的要求,为企业招聘、选拔所需要的人力资源并录用安排到一定岗位上。

3) 培训与开发。通过培训提高员工个人、群体和整个企业的知识、能力、工作态度和工作绩效,进一步开发员工的智力潜能,实现人力资源的贡献率最大化。

4) 绩效考评。对员工在一定时间内对企业的贡献和工作中取得的绩效进行考核和评价,及时做出反馈,以便提高和改善员工的工作绩效,并为员工培训、晋升、计酬等人事决策提供依据。

5) 薪酬福利。包括对基本薪酬、绩效薪酬、奖金、津贴以及福利等薪酬结构的设计与管理。

6) 劳动关系。协调改善企业与员工之间的劳动关系,营造和谐的劳动关系和良好的工作氛围。

（2）五项功能

1）获取。根据企业目标确定的所需员工条件，通过规划、招聘、考评、选拔获取企业所需人员。

2）整合。通过企业文化、信息和人际的沟通、心态行动的调整等有效整合，使企业内部的个体、群众的目标、行为、态度趋向企业的要求和理念，使之形成高度的合作与协调，发挥团队优势，提高企业的生产力和效益。

3）保持。通过薪酬、考核，晋升等管理活动，保持员工的积极性、主动性、创造性，维护劳动者的合法权益，保证员工在工作场所的安全、健康、舒适的工作环境，以增进员工工作满意度。

4）评价。对员工工作成果、劳动态度、技能水平以及其他方面作出全面考核、鉴定和评价，为作出相应的奖惩、升降、去留等决策提供依据。

5）发展。通过员工培训、工作丰富化、职业生涯规划与开发，促进员工知识、技巧和其他方面素质提高，使其劳动能力得到增强和发挥，最大限度地实现其个人价值和对企业的贡献率，达到员工个人和企业共同发展的目的。

（3）三个层次

1）基础层次：人力资源规划、职务分析和职务说明书。

2）操作层次：招聘与选拔、培训管理、绩效考评、薪酬体系、劳动保障。

3）组织层次：群体激励、企业文化、管理。

4. 人力资源管理的5个基本原理

人力资源管理是管理学的一个分支，要做到科学化、效率化，必须遵循相应的管理原理：

（1）投资增值原理：是指对人力资源在物质和精神层面的投资可以使人力资源增值。特别是后者的投资尤为重要。通过人力资源素质的提高和人力资源存量的增大这两个人力资源指标的增值，使企业的员工提高生产效率和生产能力。

（2）互补合力原理：人各有所长也各有所短，以己之长补他人之短，这是互补合力原理的基础。现代人力资源管理采用协调优化的办法，调节群体内部关系，使之密切配合，从而形成合力，完成组织目标。互补的内容包括：

1）知识互补，使知识结构变得更加全面。

2）性别互补，充分发挥不同性别的人的长处和特征。

3）能级互补，凝合不同的能力形成整体优势。

4）年龄互补，不同年龄层次的人互补结合，促进团队有效运行。

5）气质互补，有助于使工作事务处理得更加完善。

6）关系互补，整合每个人特殊的社会关系，增强对外的适应性。

（3）激励强化原理：指通过对员工的需求欲望给予满足的各种管理手段，充分调动工作者的主观因素，激发积极性和创造性，使其所拥有的能力和发挥的能力达到一致，提高人力资源的利用率。激励的措施途径有：物质激励和精神激励，个体激励和群体激励，外激励和内激励，正激励和负激励，更多的是将各种激励交叉重叠运用，为员工努力工作提供系统动力。

（4）个体差异原理：个体差异简单地说就是每个员工由于受到身体、环境、受教育程度、实践经历等因素的影响而在能力或者特点上各有不同。但是换言之，没有无用的员工，只有没有用好的员工，因此在人力资源管理中必须"用人之长，避人之短"，按照不同的职位，选用适合的员工，做到大材大用，小材小用，各展所能，人尽其才。

（5）动态适应原理：动态适应包括两个方面：一是指随着企业的不断调整和发展，整体的人力资源的数量和质量、供给和需求也必须随之不断变化，以求得与企业目标的匹配和适应；二是指人力资源个体在工作过程中也不会是静态的，也必须在动态中管好人，用好人。

5. 人力资源管理的经典理论

关于人力资源管理的理论很多，在此，对部分比较经典的理论做简要介绍：

（1）人性假设理论

人性理论研究较著名的有美国行为科学家麦格雷戈提出的"X 理论-Y 理论"和美国行为科学家沙因归纳的"四种人性假设理论"。

1）经济人假设（X 理论）

经济人假设就相当于 X 理论，认为人类本性懒惰，逃避工作，力图以最小的投入，尽可能少的付出，获得最大限度的收获，工作目的只是为了获得经济报酬。对这种以完全追求物质利益为目的而进行经济活动的主体，组织必须实行强制手段，进行严格的操纵、激励和控制。

2）社会人假设

人类工作的主要动机是社会需要，而不是经济需要。人们要求有一个良好的工作气氛，要求与同事之间建立良好的人际关系。人们最强烈期望于领导者的是能承认并满足他们的社会需要。

3）自我实现人假设（Y 理论）

这种假设相当于 Y 理论，与 X 理论是根本对立的。Y 理论认为人都是勤奋的，工作是人的本能，并且能够从工作中获得情感上的满足，实现自治和独立。根据 Y 理论，组织则应从满足人们的成就感、自尊感和自我实现感等需求出发改变管理措施。

4）复杂人假设（超 Y 理论）

沙因认为经济人假设、社会人假设和自我实现人假设并不是绝对的，人的动机、需要都是复杂的，不能简单地归结为一种，而且变动性很大，同一个人也因时而异，因地而异，应该针对不同的情况，选择或交替使用 X、Y 理论，这就是超 Y 理论。

（2）需要层次理论

美国心理学家马斯洛将人的需要从低到高划分为五个层次，即生理的需要、安全的需要、社交的需要、尊重的需要和自我实现的需要。

马斯洛的需要层次理论有两个基本论点。一是人是有需要的动物，其需要取决于他已经得到了什么，还缺少什么，只有尚未满足的需要才能够影响行为，已经得到满足的需要不再起激励作用。二是人的需要都有轻重层次之分，某一层次需要得到满足之后，另一层次需要才出现。

（3）双因素理论

双因素理论，又称"激励保健理论"，是美国心理学家赫兹伯格就组织中个人与工作的关系问题而提出的。赫兹伯格认为影响人们行为的因素主要有两种：保健因素和激励因素。保健因素是与人们的不满情绪有关的因素，只能消除人们的不满，起到保持人的积极性，维持工作现状的作用，但不会带来满意感。激励因素是指那些与人们的满意情绪有关的因素，能够激发员工的积极性，提高生产率，能够给人们带来满意感。双因素理论对于人力资源管理有指导意义，管理者在激励员工时必须认清激励因素和保健因素，采取有效措施，将保健因素尽可能转化为激励因素。

(4) 期望理论

美国心理学家弗鲁姆在20世纪60年代提出，这个理论可以公式表示为：激发力量＝期望值×效价，即某一活动对某人的激发力量取决于他所能得到的成果的全部预期价值与他认为达到该成果的期望概率的乘积。激发力量指调动个人积极性，激发人内部潜力的强度；期望值是根据个人的经验判断达到目标的把握程度；效价则是所能达到的目标对满足个人需要的价值。

(5) 公平理论

美国心理学家亚当斯提出的公平理论的基本观点是，当一个人做出了成绩并取得报酬后，他不仅关心所得报酬的绝对量，而且关心自己所得报酬的相对量。因此，他会通过横向和纵向，即将"其他人"和"自我"，将自己的现况和过去，进行比较来衡量自己所获是否合理，其结果将影响今后工作的积极性。

9.1.4 人力资源规划

1. 人力资源规划的定义

人力资源规划是指根据企业的发展战略和经营计划，评估诊断企业的人力资源现状，收集和分析、预测企业未来在内外环境变化中人力资源供给与需求方面的信息资料和发展趋势，科学地制订人力资源招聘、调配、培训、开发及发展计划等政策和措施，确保企业在需要的时候和需要的岗位上得到各种所需要的人力资源的过程。

其宗旨就是将组织对员工数量和质量的需求与人力资源的有效供给相匹配，以达到企业人力资源的供需平衡。需求源于公司运作的现状与预测，供给方面则涉及内部与外部的有效人力资源量。

2. 人力资源规划的原则

(1) 充分考虑内部、外部环境的变化

人力资源计划只有充分地考虑了内外环境的变化，才能适应需要，真正地做到为企业发展目标服务。内部变化主要指销售的变化、开发的变化，或者说企业发展战略的变化，还有公司员工的流动变化等；外部变化指社会消费市场的变化、政府有关人力资源政策的变化、人才市场的变化等。为了更好地适应这些变化，在人力资源计划中应该对可能出现的情况做出预测和风险变化，最好能有面对风险的应对策略。

(2) 确保企业的人力资源保障

企业的人力资源保障问题是人力资源计划中应解决的核心问题。它包括人员的流入预测、流出预测、人员的内部流动预测、社会人力资源供给状况分析、人员流动的损益分析等。只有有效地保证了对企业的人力资源供给，才可能去进行更深层次的人力资源管理与开发。

(3) 使企业和员工都得到长期的利益

人力资源计划不仅是面向企业的计划，也是面向员工的计划。企业的发展和员工的发展是互相依托、互相促进的关系。如果只考虑企业的发展需要，而忽视了员工的发展，则会有损企业发展目标的达成。优秀的人力资源计划，一定是能够使企业和员工达到长期利益的计划，一定是能够使企业和员工共同发展的计划。

3. 人力资源规划的内容

人力资源规划包括两个层次，即总体规划及各项业务计划。

（1）总体规划。人力资源的总体规划是有关计划期内人力资源开发利用的总目标、总政策、实施步骤及总的预算安排。包括五个方面的内容：

1）战略规划：是根据企业总体发展战略的目标，对企业人力资源开发和利用的方针，政策和策略的规定，是各种人力资源具体计划的核心，是事关全局的关键性计划。

2）组织规划：组织规划是对企业整体框架的设计，主要包括组织信息的采集，处理和应用，组织结构图的绘制，组织调查，诊断和评价，组织设计与调整，以及组织机构的设置等等。

3）制度规划：制度规划是人力资源总规划目标实现的重要保证，包括人力资源管理制度体系建设的程序，制度化管理等内容。

4）人员规划：人员规划是对企业人员总量，构成，流动的整体规划，包括人力资源现状分析，企业定员，人员需求和供给预测和人员供需平衡等等。

5）费用规划：费用规划是对企业人工成本，人力资源管理费用的整体规划，包括人力资源费用的预算、核算、结算以及人力资源费用控制。

（2）业务计划。业务计划是总体规划的展开和具体化，其结果应能保证人力资源总体规划目标的实现。包括以下各项内容：

1）配备计划。人员配置计划陈述企业中、长期内不同职务、部门和工作类型的人员分布、职务变动、空缺数量等。

2）离职计划。因退休解聘辞职等各种原因离职的人员情况及其所在岗位情况。

3）补充计划。需补充人员的岗位、数量和对人员的要求。提供补充的方式、补充的途径和实施计划等。

4）使用计划。人员晋升政策、晋升时间、轮换工作的岗位情况、人员情况和轮换时间。

5）培训开发计划。包括教育培训需求、培训内容、培训形式、培训考核等内容。

6）职业计划。骨干人员的培养和使用方案。

7）绩效与薪酬福利计划。部门和个人的绩效标准、衡量方法、薪酬结构、工资总额、福利项目以及绩效与薪酬的对应关系等。

8）劳动关系计划。减少和预防劳动争议，改进劳动关系的目标和措施。

4. 人力资源规划的关键要素

（1）岗位分析

人力资源规划成功的关键在于岗位分析。岗位分析是对企业各类岗位的性质、任务、职责、劳动条件和环境，以及员工承担本岗位任务应具备的资格条件所进行的系统分析与研究，并由此制订岗位规范、工作说明书等人力资源管理文件的过程。因此岗位分析同时也是整个人力资源管理工作的基础和核心。因为无论是进行选拔、培训，还是确定薪金，我们都需要了解某个岗位在需要的知识、素质、经验和技能上有何具体要求，需完成哪些任务，以及这个岗位需处理的问题所涉及的范围和复杂程度。这些都必须在对岗位做好分析界定后，才能对此作出要求。

岗位分析主要应提供 6 个方面的信息，简称 5W1H：
1）工作的内容是什么，即做什么（what）？
2）由谁来做（who）？
3）什么时候做（when）？
4）在哪里做（where）？
5）怎么做（how）？
6）为什么要做（why）？

（2）岗位说明书

岗位分析的直接目的是编写岗位说明书，即通过岗位分析，经过面谈、问卷、深入现场调查等方法，收集与岗位相关的信息，在汇总、处理后，整理成书面形式的文件。岗位说明书由岗位描述和岗位规范两部分构成。

1）岗位描述指与工作内容有关的信息，是对包括职务概况、工作目标、工作特点、工作内容、工作条件或工作环境等工作自身特性和工作关联等方面的书面描述。

2）岗位规范写明了岗位的任职资格，例如，胜任该岗位的人员应该具有的学历、相关工作经验，所具备的专业知识和技能是什么，是工作对人的知识、能力、品格、经历等的要求的描述。

岗位说明书使员工明确了工作的职责，向管理人员提供了岗位的书面信息，便于管理者对工作进度、工作目标的情况有一个对比参照的模本。

岗位说明书的宗旨就是：人人有事干，事事有人干。

9.2 人员招聘与动态管理

人员招聘即企业获取人力资源的活动。它是企业根据自身发展的需要，依照市场规则和本企业人力资源规划的要求，通过各种可行的手段向目标公众发布招聘信息，并按照一定的标准来招募、聘用企业所需人力资源的全过程。作为人力资源管理中的重要环节，人员招聘涉及计划、途径、组织和实施等许多方面。它是人力资源管理的第一环节。

9.2.1 招聘的程序、原则和渠道

1. 确定招聘需求，制定招聘计划

确定招聘需求是整个招聘活动的起点。要根据本企业的人力资源分布情况及未来一定时期内企业目标的变化，分析从何时起将会出现人力资源的缺口，这些缺口分布是哪些部门，数量分布如何，层次分布怎样，是数量短缺还是层次提升，以此确定招聘需求的数量（空缺职位）和质量（所需要具备的任职资格与胜任素质等）。然后根据这些数据和预测来制定一个完整的招聘计划，拟定招聘的时间、地点，欲招聘人员的类型、数量、条件，具体职位的具体要求、任务，以及录用后的职务标准和薪资等。

2. 确立招聘渠道，发布招聘信息

根据欲招聘人员的类别、层次以及数量，确定相应的招聘渠道。

（1）内部调整

企业在进行招聘录用时，内部调整应先于外部招聘。企业可以通过公布职位空缺，鼓励现有员工以自我推荐的方式来竞争上岗。内部调整有两个：

1）内部提升。当企业中有高级职位或重要职位需要招聘人员时，让企业内部符合条件的员工，从一个较低级的职位晋升到一个较高级的职位的过程。

2）职位转换。将现有员工职位调到同一层次的企业空缺的职位上去，即平调的过程。

在企业内部进行人员调整，可以最大限度发挥企业现有人力资源的潜力。内部招聘具有如下优势和不足：

① 有利于员工的职业发展，能够促进企业中现有人员的工作积极性；

② 可以利用已有人事资料简化招聘、录用程序，节约招聘成本；

③ 内部员工对企业熟悉，对新岗位、新职务的适应期更短；

④ 可以控制人力成本，减少培训期和相应的费用；

⑤ 因处理不公、方法不当或员工个人原因可能会在组织中造成一些矛盾，产生不良影响，降低工作绩效；

⑥ 容易抑制创新，缺少活力。

（2）外部选聘

如果没有适宜的内部应聘者，或者内部人力不能满足招聘需求，就需由外部招聘。一般在下列情况下，更适合采用外部招聘：①补充初级岗位；②获取现有员工不具备的技术；③获得能够提供新思想的员工。外部选聘的来源大致可以分为以下几种：

1）现场招聘

现场招聘是企业和人才通过第三方提供的场地，进行直接面对面交流，现场完成招聘面试的一种方式。现场招聘的方式不仅可以节省企业初次筛选简历的时间成本，同时简历的有效性也较高，所需的费用较少。但是现场招聘也存在着地域局限性，一般只能吸引到所在城市和周边地区的应聘者，以及组织单位的宣传力度、组织形式的影响。

2）校园招聘

校园招聘是许多企业常用的一种重要的招聘渠道。即到学校张贴海报，组织招聘宣讲会，吸引即将毕业的学生前来应聘。校园招聘的优势在于应聘目标群明确，背景真实，人员素质较高，可塑性较强。其不足在于招聘时间固定，不能临时录用；学生没有实际工作经验，需要进行一定的培训才能真正开始工作；且不少人对自己的职业定位还不够清晰，流动性可能较大。

3）网络招聘

网络招聘是指利用计算机及网络技术支持全部的招聘过程。借助互联网将申请、发布信息、招聘筛选、录用等全过程有机融合，形成一个全新的网络招聘系统，使企业能够更好、更快、更低成本招聘到更多需要的人才。存在的问题是会有许多虚假信息和无用信息随之而来，因此网络招聘对简历筛选的要求比较高。

4）传媒广告

企业可以通过电视、报纸、杂志、电台或其他印刷品等媒介上刊登、播放招聘信息。这种渠道具有传播范围广，接受人群多，收效快，过程简单，可以同时进行企业宣传等优点。但效果也会受到广告载体的时效性、影响力、覆盖面的影响。

5）人才介绍机构

这种机构一般有两种：针对中低端人才的职业介绍机构和人才交流中心，以及针对高端人才的猎头公司。这种招聘方式最为便捷，企业只要提交招聘需求，人才介绍机构就会根据自身掌握的资源和信息寻找和考核，将合适的人员推荐给企业，但费用较高，特别是猎头公司，一般会收取人才年薪的30%作为猎头费用。

3. 甄选录用及原则

甄选是招聘录用中最关键的一个环节，甄选质量的高低直接决定选出来的应聘者能否达到企业的要求。一般的甄选录用过程是：按照招聘要求，审核应聘者的有关材料，根据从应聘材料中获得的初步信息安排各种测试，笔试、面试、心理测试、行为模拟等多种方法，最后经高级主管面试合格，办理录用手续。

招聘甄选录用的原则：

（1）客观公正原则。在人员招聘中，对待所有的应聘者必须一视同仁，不能人为地制造不平等，也不能仅凭个人目测或好恶印象进行选拔，要以客观的考核程序和录用标准去甄选人员，做到不偏不倚、客观公正。

（2）德才兼备原则。甄选考核应兼顾德、才、能等诸方面因素，做到以德为先、德才兼备。因为一个人的素质不仅取决于他的智力水平、专业技能，还与他的人格、思想等密切相关。

（3）用人所长原则。人各有优缺点与长短处。在招聘过程中，要克服求全责备的盲目思想，从招聘岗位的实际需求出发，认真考虑人才的专长，量才录用，量职录用，因为招聘的最终目的是每一个岗位上的用人都是最合适、最经济、并能达到组织整体效益最优化。

4. 招聘效果评估

整个招聘过程的最后一个步骤就是评估招聘的效果。人员招聘进来以后，应对整个招聘和录用情况进行检查、评估，评估结果要形成文字材料，这样可以帮助企业发现招聘过程中存在的问题，以进一步完善招聘计划、招聘方法和来源，为下次的工作积累经验，提高以后招聘的效果。

9.2.2 人员的内部流动管理及流出管理

前述人员招聘过程是一个人力资源从外到内的流入管理，对企业来说，人员招聘到位后，也基本不会是永远一成不变的。随着企业因发展目标、组织结构、管理方式等的变化以及个人因职业环境、人际关系、薪酬高低等的变动，这两方面的因素都必然会导致人力资源的继续流动：内部流动和流出。

1. 人员内部流动管理

员工内部流动是指员工在企业内部的工作调整和岗位变换，有横向流动和纵向流动。

（1）横向流动：主要指内部调动和岗位轮换

1）内部调动：即平级调动，在不改变薪资和职位等级的情况下变换工作。由企业提出的调动主要基于以下4个因素：

① 适应组织结构调整的需要。组织因为自身发展等实际需要，或者为了应对外部环境的变化，会对组织机构进行不断调整，相应地，需要对有关的员工进行适当的调剂。

② 激励影响更多员工，给员工提供学习多方面技能的机会。

③ 使晋升渠道保持畅通。由于晋升渠道有限，对于一些工作表现出色但又因为某些其他原因失去晋升机会的员工，可以通过调动来使其他员工的晋升渠道保持通畅，得到职业发展。

④ 有效缓解劳动关系冲突，通过调职来解决工作关系密切的员工之间可能因人际矛盾而对工作产生的负面影响。

内部调职无论是对组织或者个人，都会有一定的成本付出，因此必须仔细分析、谨慎安排，尽可能兼顾二者的利益，应制定好明确的调动申请、审批的政策和程序，以及工作交接的方式和要求。

2）岗位轮换：员工在组织的各个部门或岗位之间进行一定时间段的流动，从而达到使企业能够全面考查员工的各种能力和不足，根据员工对岗位的适应性，扬长避短的开发使用人力资源；同时使员工能够系统了解企业的工作程序和业务内容等，丰富自己的工作经验，更好地规划职业发展生涯。但是由于受时间限制，员工在每一个岗位上停留的时间较短，易造成其业务水平、工作责任感不高，工作关系经常产生变化，影响部门或者条线的工作效率和工作效果。

（2）纵向流动：主要指晋升或降职

晋升和降职是相对的，根据企业工作的需要和员工业绩情况，使员工由原有职位向更高等级上升或者更低职位移动。晋升或降职都是一种对员工工作业绩最直接的激励手段，因此必须秉持正规、透明和平等的原则，对员工的各项指标进行综合评价，使这种激励不但能提高当事员工的不断进取，发挥更大的管理才能和业务水平，而且激发调动其他更多员工的积极性，促进企业整体效益的提高。

在做出晋升或者降职的决策时的注意事项：第一，应该建立健全一套明确、具体的晋升或降职政策，规定晋升或降职的程序和方法，特别是在晋升时，必须保证有公平竞争的机制。第二在晋升选拔时，要严格依据标准化的可信的资料来筛选候选人；做出降职决策前也要先取得充分的有理有据的事实材料，千万不能凭领导的个人好恶或者主观印象来决定员工的晋升或者降职。第三晋升决策前，应该与有关的候选人进行充分沟通，了解他们的职业发展规划、对晋升的态度以及晋升后的工作想法等等；同理在降职决策前，也应该先向被降职人员进行通报，告知被降职原因和意图等，并允许其提出不同意见。第四如有多位晋升候选人，还应在晋升决定公布后，与其他未获晋升人员及时沟通，争取他们的理解和合作，消除可能带来的负面影响。第五在降职决定公布后，应考虑照顾到被降职员工可能有的情绪反应，必要时对其劝导说服，去除消极悲观思想。

2. 人员流出管理

员工流出主要分为自愿流出、非自愿流出和自然流出三种情况。

（1）自愿流出：主要指由员工个人主动提出的辞职。员工主动要求脱离现任岗位，与组织解除劳动合同，流出组织。这又称为员工流失。

一般来说，每年一定量的员工流出是正常的，所谓有"出"才有"进"，只要员工流出和流入能够处于均衡状态，即人员进出相当，来去相抵，就是一种正常的现象，对于维持员工队伍的新陈代谢，保持组织的效率与活力也是有积极作用的。但是如果一个组织中有很多精英员工、核心员工要离职，这种人才流失会给组织带来严重的损失：第一使组织人力成本增加；第二破坏组织的稳定团结；第三降低组织的技术优势、市场优势、核心竞争力。对于这种企业不希望出现的员工自愿流出，必须针对影响员工流出的因素采取管理和控制手段。

影响员工流动的因素包括：外部宏观因素如社会经济状况；组织因素如工作内容、薪酬水平、工作挑战性和自主权、工作保障和职业发展机会、组织文化、管理模式等；个人因素如员工工作满足度、满意度、职业生涯抱负和预期、工作压力等。

导致人才离开组织可能只有上述其中一种或某几种因素，但留住人才却是组织各方面的吸引力综合作用的结果。必须要不断地更新用人观念、改进留人措施，通过强调以人为本的思想，改善激励和选拔制度，加大人力资源的投入等组织管理方法、机制和用人策略方面进行管理，有效地将人才的流失率控制在合理的范围之内。对于"去意已决"的员工，组织应该考虑如何把流失后的破坏程度降至最低。美国学者卡茨提出了一种妥善处理员工离职问题的"沟通-体谅-协调-完善"四段式方法：

沟通指的是领导者在收到下属的辞呈之后，应同下属进行沟通，了解辞职的真正原因及动机；

体谅指的是无论离职原因，均能对员工予以体谅；

协调指的是协调员工离职原因，尽可能地挽留员工；

完善指的是对那些无论如何都要离开的员工做好善后事宜。

（2）非自愿流出：由组织一方先提出，中断组织与员工的关系，让员工离开。包括解雇、开除、提前退休等。

1）解雇、开除：因为组织劳动力规模的减少，或者由于员工个人方面的原因引起组织提出的解聘决定。

由于是非自愿流出，所以解聘或开除行动有可能会带来某些风险。首先，可能会引起被解聘或开除员工的控告和起诉。其次，被解聘或开除员工可能会受到来自各方面的压力而对组织的相关管理人员进行人身伤害。因此，企业在作出解聘或开除决定时应格外慎重，并要遵循以下原则以尽量避免不良后果的出现。一是要保证公平原则，公平包括三种：结果公平、程序公平和人际公平；二是要建立健全相关制度，规范解聘或者开除的工作程序和工作行为；三是要采取缓解措施，一旦员工被解聘，组织要尽力提供一些再就业的咨询等，以此来减轻不良后果的程度。

2）提前退休：提前退休是指员工没有达到国家规定的法定退休年龄或服务期限之前就退休。一般是许多企业在面临市场激烈竞争时，为精减人员，缓解可能大量裁员的压力而采用的替代方案，或使自身重现活力，提高企业效率而采取的一种方法。目前我国现行法规不允许提前退休，但是企业可以在与国家法律不冲突的条件或框架内，实行"企业内部退养"。

（3）自然流出：自然流出的形式有退休、死亡等。

9.2.3 人力资源动态管理：人力资源优化配置

人员的流出、流入和在组织内所发生的变动，形成了人力资源的流动，它影响到一个组织人力资源的有效配置。打造合理的人才流动市场，优化人力资源配置，可以使每个职位获得适合的人选，实现有效的人才组合，并形成竞争、激励机制，保持员工队伍的生机和活力,是完善人员内部流动管理机制的必要条件,而且是避免企业人才外流和吸引外部人员的重要手段。

1. 人力资源配置计划

人力资源配置就是把符合组织要求的各类人力资源科学合理地安排在所需的岗位上,使之与其他资源相结合,人适其岗,岗得其人。

人力资源配置计划是阐述人力资源应在何时,以何种方式加入或者离开组织。人员计划可能是正式的,也可能是非正式的,可以十分详细,也可以是框架概括型的。

(1) 人力资源配置计划的程序

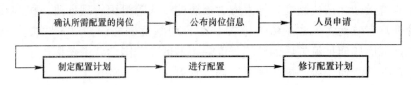

(2) 人力资源配置计划的内容

1) 根据类型和生产过程特点,提出制定工作时间、工作制度等方案。
2) 确定各类人员应具备的劳动技能和文化素质。
3) 根据精简、高效的原则和劳动定额,提出配备各岗位所需人员的数量。
4) 研究测算劳动生产率。
5) 研究测算职工工资和福利费用。
6) 提出员工选聘的方案,特别是高层次管理人员和技术人员的来源和选聘方案。

(3) 人力资源配置计划的编制方法

要对人力资源进行有效配置,首先要明确建筑企业职工的构成。建筑企业的职工按工作性质和劳动岗位主要分为管理人员、专业技术人员、生产人员、服务人员等。

1) 管理人员。指在企业各职能部门从事行政、生产、经济管理工作等的人员。
2) 专业技术人员。指从事与生产、经营活动有关的技术活动及管理工作的专业人员。
3) 生产人员。指参加与建筑施工及相关活动的物质生产者。
4) 服务人员。指服务于职工生活或间接服务于生产的人员。

对员工进行科学分类,是做好人力资源配置的重要基础。人力资源配置计划的编制方法主要有:

1) 按劳动定额定员。根据工作量或生产任务量,按劳动定额计算生产定员人数。劳动定额是现场制定劳动力计划,合理组织劳动力的重要依据。
2) 按岗位计算定员。根据每个岗位需要的人数计算生产定员人数。这种方法适用于无法按劳动定额定员的某些辅助人员等。
3) 按设备计算定员。根据机器设备的数量、工人操作设备定额和生产班次等计算生产定员人数。这种方法适用于以机械设备操作为主的工种。
4) 按比例计算定员。按服务人数占职工总数或者生产人员数量的比例计算所需服务人员的数量。这种方法可用于非直接生产人员,如服务人员。
5) 按劳动效率计算定额。根据生产任务和生产人员的劳动效率计算生产定员人数。主要适用于能够确定劳动定额的岗位或工种。

6) 按组织机构职责范围、业务分工计算管理人员的人数。这种方法主要适用于企业管理人员和专业技术人员。其步骤是先定组织机构，定职能科室，明确各项业务分工及职责范围以后，根据各项业务量的大小、复杂程度，结合管理人员或专业技术人员的工作能力、技术水平确定人力资源的配备。

2. 人力资源的优化配置

人力资源优化配置的目的是为保证生产计划或施工项目进度计划的实现，在考虑相关因素变化的基础上，合理配置劳动力资源，使劳动者之间、劳动者与生产资料和生产环境之间，达到最佳的组合，使人尽其才、物尽其用、时尽其效，不断地提高劳动生产率，降低工程成本。

（1）人力资源优化配置的原则

1）合理使用原则：组织应根据每个员工的能力、特点，合理配置使用人力资源，使人力资源的投入得到充分的开发和运用，以达到人力资源供需的大体平衡，从而实现最大经济效益。

2）唯才是举原则：人力资源优化配置过程，就是选才、举才的过程。坚持任人唯贤，举贤任能，唯才是举，才尽其用，关系着优化配置的成败。

3）良性结构原则：优化人力资源结构，科学安排人力资源在组织内的分配，从而建立起更为精简、更为高效的组织结构，提高企业人力资源的投入产出率。

4）提高效益原则：提高人力资源的利用效率，争取"高效劳动"，降低"低效劳动"，避免"无效劳动"。"高效劳动"是组织需要的一种理想状态，是实现人员潜能的有效开发，使人力资源的价值能得到充分实现。

（2）人员优化配置的依据

企业人力资源配置的依据是人力资源需求计划，人力资源需求计划是根据企业的生产任务与劳动生产率水平计算的。就施工项目而言，人力资源的配置依据是施工进度计划。此外还要考虑生产力的发展、市场需求、技术进步、市场竞争、职工年龄结构、知识结构、技能结构等因素的变化。

（3）人员优化配置的要求

1）结构合理。结构合理指在劳动力组织中的知识结构、技能结构、年龄结构、体能结构、工种结构等方面，与所承担生产经营任务的需要相适应，能满足施工和管理的需求。

2）数量合适。根据工作量或者工程量的大小确定劳动者的数量，要做到在工作时间内能够实现满负荷工作。

3）协调一致。指管理者与被管理者、劳动者之间相互支持、相互协作、相互尊重、相互学习，从而成为具有很强的凝聚力的工作劳动团队。

4）素质匹配。员工的文化程度、业务知识、劳动技能、熟练程度和身体素质等能胜任所担负的生产和管理工作，其素质结构能与所对应的物质资源相适应，相匹配。

5）效益提高。这是衡量人力资源优化配置的最终目标。一个优化的组织不仅能在工作上实现满负荷、高效率，更重要的是能够提高经济效益。

（4）人员优化配置的方法

1）应在人力资源需求计划的基础上再具体化，防止漏配、错配，必要时要根据实际情况对人力资源配置计划进行调整。

2) 如果人力资源在专业技术或其他素质上不能满足要求，应提前进行培训，再上岗作业。施工项目部人员配置时应贯彻节约原则，如果现有劳动力不能满足要求，应向企业申请加配，或在授权范围内自行进行招聘，也可以把任务转包出去。

3) 配置时要注意让人员有超额完成的可能，以获得奖励，从而激发出他们的工作和劳动热情。

4) 尽量使作业层正在使用的劳动力和劳务组织保持稳定，防止频繁调动。当现有劳务组织不能适应施工任务要求时，应对劳务组织加以调整优化。

5) 尽量使人员均衡配置便于管理，使人力资源强度适当达到节约，使各岗位、工种、组合比例必须适当、配套，保证工作内容的需要。

9.2.4 劳务人员的动态管理

劳务人员的动态管理指的是根据生产任务和施工条件的变化对劳动力进行跟踪平衡、协调，以解决劳务失衡、劳务与生产要求脱节的动态过程。其目的是实现劳动力动态的优化组合。

1. 劳务人员动态管理的内容

（1）企业劳务管理部门

由于企业劳务管理部门对劳动力进行集中管理，故在动态管理中起着主导作用。应做好以下几方面的工作：

1) 根据施工任务的需要和变化，从社会劳务市场中按合同招募和遣返（辞退）劳动力。

2) 根据项目经理部所提出的劳动力需要量计划与《项目管理目标责任书》向招募的劳务人员下达任务，派遣队伍。

3) 对劳动力进行企业范围内的平衡、调度和统一管理。施工项目中的任务完成后收回作业人员，重新进行平衡、派遣。

4) 负责对企业劳务人员的工资奖金管理，实现按劳分配，兑现合同中的经济利益条款，进行符合规章制度及合同约定的奖罚。

（2）项目经理部

项目经理部是项目施工范围内劳务人员动态管理的直接责任者，其责任是：

1) 按计划要求向企业劳务管理部门申请派遣劳务人员，并签订劳动合同；

2) 按计划在项目中分配劳务人员，并下达施工任务书；

3) 在施工中不断进行劳动力平衡、调整，解决施工要求与劳动力数量、工种、技术能力、相互配合中存在的矛盾。在此过程中与企业劳务部门保持信息沟通、人员使用和管理的协调；

4) 按合同支付劳务报酬，任务完成后，劳务人员遣归企业。

2. 劳动力动态管理的原则

（1）动态管理以进度计划与劳务合同为依据；

（2）动态管理应始终以劳动力市场为依托，允许劳动力在市场内作充分的流动；

（3）动态管理应以动态平衡和日常调度为手段；

（4）动态管理应以达到劳动力优化组合和作业人员的积极性充分调动为目的；

3. 对劳务人员的考核

对劳务人员的考核应以劳务分包合同等为依据，由项目经理部对进场的劳务队伍进行评价。在施工过程中，项目经理部的管理人员应加强对劳务分包队伍的管理，重点考核其是否按照企业有关规定进行施工，是否严格执行合同条款，是否符合质量标准和技术规范操作要求。工程结束后，由项目经理部对分包队伍进行评价，并将评价结果报企业有关管理部门。

9.3 人员培训

培训是指组织在将组织发展目标和员工个人发展目标相结合的基础上，有计划、有系统地组织员工从事学习和训练，提高员工的知识技能，提高员工的工作技能，改善员工的工作态度，激发员工的创新意识，最大限度地使员工的个人综合素质与工作需求相匹配，使员工能胜任目前以及将来所要承担的工作与任务的人力资源管理活动。因此培训要立足于两个方面：

针对现在：为了达到岗位对员工技能的要求而对员工实施的在职的学习过程；

针对未来：对现在的人力资源在未来的岗位上所需要的技能的培养。

9.3.1 培训的类型和内容

1. 按培训的对象来划分

（1）管理人员的培训。应该涉及德、才、智、勤诸多方面。包括：一是针对本岗位的特定管理知识的培训，如决策管理的培训、创新思维的培训。二是相关的新知识技能的培训。三是开发潜力，提高能力和素质的培训。为培养优秀的管理人员打下良好的基础。

（2）专业技术人员培训。在企业中，各类专业技术人员通常都需要定期的培训。尤其要重视培养他们解决实际问题的能力和人际关系处理能力。帮助专业技术人员将知识运用于生产与经营过程，并且善于在组织中与同事互助协作，多出成果。

（3）工人培训

1）班组长培训。即按照国家建设行政主管部门制定的班组长岗位规范，对班组长进行培训，最终达到班组长100%持证上岗。

2）技术工人等级培训。按照建设部颁发的《工人技术等级标准》和劳动部颁发的有关工人技师评聘条例，开展中高级工人应知应会的培训考评和工人技术的评聘。

3）特种作业人员的培训。根据国家有关特种作业人员必须单独培训、持证上岗的规定，对企业从事电工、塔式起重机驾驶员等工种的特种作业人员进行培训，保证100%持证上岗。

2. 从培训的目的来划分

（1）入职培训，即上岗前培训。这是对刚刚进入企业的新员工所进行的专门培训。是向员工介绍企业的基本情况、规章制度，传授岗位操作的基本知识和技能，帮助他们了解岗位的性质、特点和要求，让新员工能够较顺利地正式上岗。

（2）强化培训，也可称作是员工上岗后的适应性培训。通过培训使员工掌握本岗位的新的知识和技能及新的观念和方法,同时还有一些相关领域的辅助性知识技能,提升员工素质,更好地适应职位和岗位的要求。

(3) 转岗培训,是对那部分需要转换工作岗位的人员所进行的专门培训。员工转岗培训通常有两种:

1) 员工在岗位应企业需要而发生转换时,对员工进行的关于新岗位所要求的知识和技能方面的培训。

2) 员工职位晋升时,为了使晋升者具备晋升职位所需要的素质,而进行的能力提升方面的各种培训。如管理能力、人际沟通能力、洞察力等。

(4) 学历培训,主要指在职员工的学历提升教育。企业有计划、有针对性的选派管理人员、技术骨干到高等院校脱产深造或函授学习,培养企业高层次专门管理人才和技术人才,提升员工自身综合素质和增强企业竞争力。

3. 从培训的内容来划分

(1) 知识培训,包括理论知识和业务知识。员工要了解企业的发展战略、经营方针、规章制度、企业文化、市场前景及竞争等;明确岗位职责,具备完成本职工作的基础知识和技能,学会如何节约和控制成本以提高企业的效益;懂得如何去处理工作中发生的一切问题;掌握一定的管理知识,如计划、组织、协调、控制等。

(2) 技能培训。技能是指为满足工作需要必备的能力。不同岗位、不同层次的员工所需的技能各有偏重。企业高层管理人员应具备的技能是战略目标的制定与实施,领导力方面的训练,中层管理人员应具备的技能是目标管理、时间管理、有效沟通、团队合作、品质管理、营销管理等,执行力方面的训练;基层员工是按计划、按流程、按标准等操作实施能力方面的训练。

(3) 态度培训。态度决定一切,员工的态度决定其敬业精神、团队合作、人际关系和个人职业生涯发展,决定其能不能建立正确的人生观和价值观是影响工作绩效的重要因素。因此态度培训尤其重要。

9.3.2 培训的原则

1. 理论联系实际、学以致用的原则

培训不同于基础教育,要有明确的针对性和实践性,以工作的实际需要为出发点,与职位的特点紧密结合,与培训对象的年龄、知识结构紧密结合。

2. 专业技能和企业文化兼顾的原则

培训的内容除了安排文化知识、专业知识、专业技能外,还应安排与企业文化、企业精神、企业愿景、企业制度等相一致的理念、信仰、价值观等方面的培训内容。

3. 全员培训与重点提高的原则

全员培训就是有计划有步骤地对在职的各级各类人员都进行培训,提高全员素质。但同时,仍然要有重点,即重点培训一批技术骨干、管理骨干,特别是对中高层管理人员。

4. 因材施教的原则

要针对每个人员的实际技能、岗位和个人发展意愿等开展员工培训工作,培训方式和方法要切合个人的性格特点和学习能力。

5. 考核和激励的原则

培训工作与其他工作一样，严格考核是不可缺少的管理环节。严格考核是保证培训质量的必要措施，也是检验培训效果的重要手段。同时要根据考核成绩，将培训与人员任职、晋升、奖惩、工资福利等结合起来，让受训者受到某种程度的鼓励，调动其培训积极性。

9.3.3 培训的形式

企业培训的方式是多种多样的，不同的形式适用于不同的个人、不同的问题。产生的效果、花费的成本也各不相同。

选择培训方法的原则：成本最低，效果最好，记忆最深，满足目标。

选择培训方法的依据：根据受训人员的工作内容；根据受训人员的工作时间特点；根据受训人员的能力、素质特点；根据培训内容的特点；根据培训目标。

1. 培训从组织形式上划分

总体可以分为如下三种：企业组织的内部培训、参加外部机构举办的培训、自学。

（1）企业组织的内部培训

1）企业内部老师的内部培训

由企业内的管理人员作为培训人或人事培训部门设专职的内部培训师，作为主讲人对企业内部的员工进行培训。

2）企业外聘老师的内部培训

企业从外面聘请有实战经验的老师进行内部培训。"他山之石，可以攻玉"，外聘老师可以给企业带来解决问题的新思维、新方法。同时企业内训的形式可以讨论企业的保密性敏感问题、互动性强、训练强度高、技能提升快，目前越来越受到企业的欢迎。有的企业领导"借"外部讲师之口传达自己的敏感理念，会有不一样的效果。

（2）参加外部机构举办的培训

企业组织人员参加外部机构的培训。可以是正规学校或者外部企业、管理顾问公司、社会培训机构等推出的短训班、公开课，以提高参与人今后的工作能力，同时企业也可以为今后内训培养储备主讲人。参加这种培训形式的关键是企业要根据其需求选择好所需参加的课程项目。

（3）自我学习

由于成人学习具有偏重经验与理解的特性，让具有一定学习能力与自觉的学员自学是既经济又实用的方法，但此方法也存在监督性差的缺陷。较适合于一般理念性知识的学习。

2. 培训从授课方式上来划分

（1）集中培训

1）讲授式：属于传统的培训方式，优点是运用起来方便，便于培训者控制整个过程。缺点是单向信息传递，反馈效果差。常被用于一些理念性知识的培训。

2）视听技术式：通过现代视听技术（如投影仪、DVD、录像机等工具），对员工进行培训。优点是运用视觉与听觉的感知方式，直观鲜明。但学员的反馈与实践较差，且制作和购买的成本高，内容易过时。它多用于企业概况、传授技能等培训内容，也可用于概念性知识的培训。

3) 讨论式：又可分成一般小组讨论、研讨会、案例研讨会。研讨会多以专题演讲为主，中途或会后允许学员与演讲者进行讨论。案例研讨会通过向培训对象提供相关的背景资料，让其寻找合适的解决方法。这一方式费用低，反馈效果好。讨论法的特点是信息交流时方式为多向传递，学员的参与性高，反馈效果好，但研讨会的费用较高。多用于巩固知识，训练学员分析、解决问题的能力与人际交往的能力。

4) 体验式：又可分为角色扮演、敏感训练。在培训活动中让学员投入角色，亲身体验。其优点是信息传递多向化，反馈效果好，实践性强，费用低。多用于人际关系能力的训练。

5) 互动式：这是一种多种培训方式的综合运用。所谓互动，就是培训者和学员之间进行多向的交流和沟通，采用较多的有提问法、咨询法。通过相互之间不断的提问和咨询，引导学员发现问题、思考问题、分析问题、解决问题。互动式教学要求师资有较强的驾驭能力，要让学员围绕教学内容而互动，避免出现淡化主题的现象。

（2）一对一培训

因为一对一、面对面，拉近了学员与培训者之间的距离，培训内容可不受事先设定的范围限制。其优点在于能进行十分透彻的指导和训练，犹如学生请家教一般。这种培训的学员多为企业高层，由于聘请的培训者一般都是高水平的管理顾问，因此价格昂贵。

（3）机会教育

机会教育是利用一种情况发生的机会，趁机施行教育，这样的教育会给人留下很深刻的印象。机会教育可以帮助员工养成良好的工作习惯，树立正确的工作理念，展示正确的工作表现，培养和训练员工的工作技能。机会教育无处不在：师徒式的现场实习培训、操作示范；工作过程中的现场技术指导、工作交底过程；绩效考核后的面谈等等都是一种机会教育。在这种培训教育形式中，学员的参与性高，反馈效果好，成本最低。

（4）网络培训

一种新型的计算机网络信息培训方式，投入较大。但由于使用灵活，符合分散式学习的新趋势，节省学员集中培训的时间与费用。这种方式信息量大，新知识、新观念传递优势明显，更适合成人学习，是培训发展的一个必然趋势。

（5）户外培训

这是一种源于改善室内培训环境的培训方法。把人员集中在户外，让学员体会到在日常工作场景中体会不到的内容。比较适合于团队训练或者新理念的培训。

（6）建筑业工人职业技能等级考核鉴定

1) 职业技能等级的划分

2001年3月，劳动与社会保障部颁布了《持职业资格证书就业的职业目录》，规定了90个行业中，学历、学位证书不再是求职就业的唯一通行证，还要有相应的职业资格证书才行。

职业资格证书制度是劳动就业制度的一项重要内容，也是一种特殊形式的国家考试制度。它是指按照国家制定的职业技能标准或任职资格条件，通过政府认定的考核鉴定机构，对劳动者的技能水平或职业资格进行客观公正、科学规范的评价和鉴定，对合格者授予相应的国家职业资格证书。它表明劳动者具有从事某一职业所必备的学识和技能的证明，是劳动者求职、任职的资格凭证，是用人单位招聘、录用劳动者的主要依据，也是境外就业、对外劳务合作人员办理技能水平公证的有效证件。

职业资格证书分为五个等级，即初级（职业资格五级）、中级（职业资格四级）、高级（职业资格三级）、技师（职业资格二级）、高级技师（职业资格一级）。

2) 国家规定的建筑业就业准入职业

就业准入是指根据《劳动法》和《职业教育法》的有关规定，对从事技术复杂、通用性广、涉及国家财产、人民生命安全和消费者利益的职业（工种）的劳动者，必须经过培训，并取得职业资格证书后，方可就业上岗。实行就业准入的职业范围由国家主管部门确定并向社会发布实施。

目前建筑业企业从事国家规定实行就业准入控制的职业（工种），包括架子工、钢筋工、砌筑工、混凝土工、抹灰工、电气设备安装工、焊工、手工木工、起重工、塔式起重机驾驶员、中小型建筑机械操纵工、土工试验工、工程测量工、管工、涂装工、防水工、通风工等，其中架子工、电气设备安装工、起重工、塔式起重机驾驶员、焊工等属于建筑施工特种作业人员。

3) 建筑业工人职业技能等级的考核鉴定

① 职业技能鉴定的主要内容

职业技能鉴定的主要内容包括：职业知识、操作技能和职业道德三个方面。这些内容是依据国家职业（技能）标准、职业技能鉴定规范（即考试大纲）和相应教材来确定的，并通过编制试卷来进行鉴定考核。

② 职业技能鉴定的申报条件

不同级别鉴定的人员，其申报条件不尽相同。

a. 参加初级鉴定的人员必须是学徒期满的在职职工，或职业学校的毕业生。

b. 参加中级鉴定的人员必须是取得初级技能证书并连续工作5年以上，或是技工学校以及其他职业学校的毕业生。

c. 参加高级鉴定的人员必须是取得中级技能证书5年以上，连续从事生产作业的，或是经过正规高级技工培训并取得结业证书的人员。

d. 参加技师鉴定的人员必须取得高级技能证书，具有丰富的生产实践经验和操作技能特长，能解决本工种关键操作技术和生产工艺难题，具有传授技艺能力和培养中级技能人员能力者。

e. 参加高级技师鉴定的人员必须是任技师3年以上，具有高级精湛技艺和综合操作技能，能解决本工种专业高难度生产工艺问题，在技术改造、技术革新以及排除事故隐患等方面有显著成绩，而且具有培养高级技工和组织带领技师进行技术革新和技术攻关能力者。

③ 职业技能鉴定的申报方式

申请职业技能鉴定的人员，可向当地职业技能鉴定所（站）提出申请，填写职业技能鉴定申请表。报名时应出示本人身份证、培训毕（结）业证书、《技术等级证书》或工作单位劳资部门出具的工作年限证明等。申报技师、高级身份技师任职资格的人员，还须出具本人的技术成果和工作业绩证明，并提交本人的技术总结和论文资料等。

④ 职业技能鉴定的基本程序为：

a. 职业技能鉴定所（站）接受考生报名、审查申报资格；

b. 职业技能鉴定中心复核申报资格、确定考评组、提供鉴定试卷；
c. 职业技能鉴定所（站）具体实施知识、操作技能鉴定；
d. 职业技能鉴定所（站）将鉴定成绩报相应鉴定中心审核；
e. 职业技能鉴定中心编号制证，劳动保障部门验印核发证书。
⑤ 职业技能鉴定方式

职业技能鉴定分为知识要求考试和操作技能考核两部分。知识要求考试一般采用笔试，技能要求考核一般采用现场操作加工典型工件、生产作业项目、模拟操作等方式进行。

4）未持证上岗用工的处罚

选用无相应职业资格证书的劳务人员从事技术工种工作，违法了国家劳动与社会保障部《招用技术工种从业人员规定》；对用人单位予以警告，责令限期对有关人员进行相关培训，取得职业资格证书后再上岗，并可以处 1000 元以下罚款。

9.3.4 培训的过程管理

培训的过程，可通过图 9-1 来直观表现：

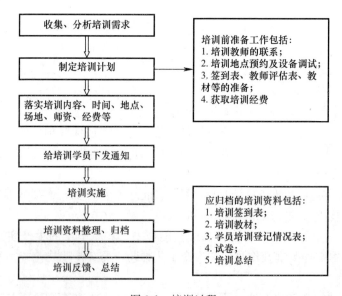

图 9-1 培训过程

1. 培训计划的编制

培训计划是从企业的发展战略出发，在全面、客观地分析培训需求的基础上制定的关于培训时间、培训地点、培训者、培训对象、培训方式和培训内容等的预先系统设定。

（1）培训需求分析

1）培训需求分析的含义及其重要性

培训需求分析就是判断是否需要培训及确定培训内容的一个过程。需求分析对培训过程至关重要，是使培训工作准确、及时的重要保证。需求分析具有很强的指导性，它既是确定培训目标、培训计划的前提，也是进行培训评估的基础。

2）培训需求分析的内容

① 组织需求和个人需求

组织需求主要确定组织层面的培训需求，保证培训计划符合组织的整体目标与战略要求，通过对组织的外部环境和内部情况来确定培训需求。

个人需求主要确定各个岗位的人员达到理想的工作业绩所必须掌握的技能和能力。通过对人员实际工作绩效与组织设定的业绩标准之间存在的差距来确定培训需求。

② 目前需求和未来需求

目前培训需求分析主要是分析组织现阶段的生产经营目标及其实现情况、未能完成的生产任务、运行和管理中出现的问题等，确认通过培训解决问题。

未来培训需求分析主要是为满足组织未来发展和管理的需要而预先提出的培训要求。

3）培训需求分析过程

① 前期准备：确定培训需求调查的内容、目标、方法等。调查内容不要过于宽泛，要有针对性。可采用一种或多种调查方法相结合，常用的如问卷调查法、会谈法等。

② 实施调查：由培训部门组织，请各相关人员根据组织的理想要求和现实情况，预测需求与现实需求的差距，调查、收集来源于不同组织和个人的各类需求信息，整理、汇总培训需求的目的和愿望。

③ 分析总结：对培训需求调查所得的全部信息进行归类、整理、分析、总结，以最终确定是否需要培训及培训内容。

(2) 培训计划的编制

1）培训计划的分类

① 年度计划

通过对上年度培训工作的总结，结合组织现阶段工作重点与需求，确定本年度培训的重点项目。在制定年度培训计划时需要着重考虑的两个要素是：可操作性和效果。

② 专项计划

专项培训计划即指针对每项不同科目、内容的培训活动或课程的具体计划。

2）编制培训计划的要求

① 要理论与实践相结合，充分调动学员的主动性和参与性，有计划、有步骤地切实提高员工的各种职业技能，在生产中解决具体的能力，从而提高组织的效益，达到培训的目的。

② 要思想和专业相结合，即在培训中应将思想素质的培养融入知识技能的学习中，缺一不可。

③ 要与组织战略、组织文化相结合。

3）培训计划的组成要素

编制培训计划应当包含以下几个方面的要素：培训目的、培训内容、培训对象、培训者（即师资）、培训时间、培训地点、培训方式、培训费用。

培训计划必须满足组织及员工两方面的需求，兼顾组织资源条件及员工素质基础，并充分考虑人才培养的超前性及培训结果的不确定性。

培训计划中必须明确培训应当达到的目标，即学员培训结束后应该掌握什么内容，具体地说就是完成培训后，员工应该做什么事情，以什么样的标准来做和应该达到什么样的标准。

2. 培训计划的实施

实施培训计划包括：落实培训师资、教材、场地、资金→通知相关培训人员→正式进行培训→培训情况登记、整理、归档。

（1）师资

培训教师的选择是培训实施的过程中一项重要内容，教师选择的恰当与否对整个培训活动的效果和质量都有着直接的影响，优秀的有针对性的教师往往可以使培训更加富有成效。

师资的选择途径一般来说有两个渠道：一个是外部渠道，另一个是内部渠道。从这两个渠道选择教师各有利弊。

1）外部渠道：比较专业，具有丰富的培训经验，可以带来新的观点和理念；但对组织和员工情况不太了解，培训的内容可能不实用，针对性不强，而且费用较高。

2）内部渠道：责任心强，对组织情况比较了解，培训具有针对性，可以与受训人员进行很好的交流；但受组织现有状况的影响比较大，思维有惯性；缺乏培训经验。

（2）教材

为了便于受训人员学习，应将培训的内容编辑成教材，一些基础性的培训可以使用公开出售的教材，而那些特殊性的培训则可由组织或培训教师提供专门的教材。

（3）场地

培训场地的选择要考虑培训的人数、培训的形式和培训的成本等因素。合适的地点有助于创造有利的培训条件，建立良好的培训氛围，增进培训的实效。

（4）经费

培训费用是指在培训过程中所发生的一切费用，包括培训之前的准备工作，培训的实施过程，以及培训结束后的效果评估等各项活动的各种费用，是进行培训的物质基础。必须做好充分的预算，并确保落实和合理地分配使用。

按照国家关于教育培训经费管理的有关规定，对从业人员开展教育培训工作采取分层次，多渠道分担办法。对广大农民工的普法教育培训、岗位培训主要由政府出资解决。对劳务企业经理、施工队长、专业管理人员的岗位资格培训和继续教育，主要由劳务企业或取得岗位资格证书的个人出资解决。对由省（市）建设主管部门委托行业协会开展的全行业统一培训，由行业协会采取合理有偿服务形式解决培训经费来源。

（5）资料

建立健全培训管理台账制度，对参加培训的人员建立个人的教育培训档案，将培训内容、学时、培训人、时间、地点以及考核成绩等登记在册。台账制度是做好培训管理的基础性工作。

3. 培训的评估和总结

（1）培训评估，是指对培训项目、培训过程和效果进行整体评价。完整的培训评估分为3个阶段：培训前评估、培训中和培训后评估。我们这里主要阐述的是培训后评估，就是本着结果为本的对培训的最终效果进行评价，是培训评估中最为重要的部分；目的在于了解培训项目选择的优劣，了解培训计划是否具有成效、培训是否达到预期目标，作为以后培训需求分析、制定培训计划的依据、和培训项目实施等提供有益的帮助，是提高培训质量的有效途径。

(2) 培训后评估的主要内容

反应评估即在课程刚结束的时候，了解学员对培训项目的主观感觉和满意程度。

学习评估主要是评价参加者通过培训对所学知识深度与广度的掌握程度。

行为评估主要是评估学员在工作中的行为方式有多大程度的改变。

结果评估着眼于由培训项目引起的业务工作结果的变化情况。

以上四层评估是按照时间推移而逐级递进的。

(3) 培训总结

培训总结是在培训评估的基础上，对培训全过程的科学合理地报告。培训总结的主要内容应包含：培训项目的概况、培训实施的过程、培训评估结果以及就此提出的意见和建议。

9.3.5　影响培训效果的原因

(1) 培训需求不明确。
(2) 培训目标不明确。
(3) 培训没有计划。
(4) 培训方法不当。
(5) 培训后的跟进措施、辅导措施不力。

9.3.6　培训成功的关键

(1) 学员必须愿意学习。
(2) 学员必须觉得需要学习。
(3) 必须采用合适的培训方式。

9.4　绩效与薪酬管理

9.4.1　绩效管理的概念

绩效管理是一种提高企业内员工绩效并开发团队、个体的潜能，使企业不断获得成功的管理思想和具有战略意义的、整合的管理方法。绩效管理强调组织目标和个人目标的一致性，强调组织和个人同步成长，形成"多赢"局面。绩效管理是人力资源管理中，甚至整个企业管理中非常重要的问题。

9.4.2　绩效管理的作用

(1) 帮助保证实现企业目标。
(2) 明确企业的战略和使命。
(3) 保证企业利润公平分享。
(4) 提供长期人力资源保证。
(5) 对员工工作业绩给予公正、客观的衡量。

(6) 给予员工成就感。

(7) 帮助员工发展自身技能。

9.4.3 绩效管理内容

完整意义上的绩效管理是一个过程，由绩效计划、绩效跟进、绩效考核、绩效反馈4个部分组成。绩效管理的过程通常被看作是一个PDCA的循环系统。绩效考核的结果可以在人力资源管理的各个方面得以推广。见图9-2。

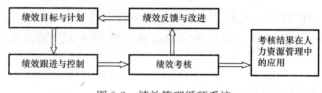

图 9-2 绩效管理循环系统

1. 绩效计划

绩效计划是绩效管理的基础环节，是整个绩效管理系统的起点。它是指在绩效周期开始时，根据企业战略和总体目标，由管理者与员工一起就员工在绩效考核周期内的绩效目标、绩效过程和手段等进行讨论并达成一致的过程。可以说绩效计划是指导员工行为，引导员工达到所设定目标的一份计划书。绩效计划并不是只在绩效周期开始时才会进行，它往往会随着绩效周期的推进不断作出相应的修改。

绩效计划应该包括的具体内容要视员工的情况和管理者的风格等因素而定。通常情况下，绩效计划至少应该涉及以下四个方面：

(1) 该完成什么工作？

(2) 按照什么样的程序完成工作？

(3) 何时完成工作？

(4) 花费多少？使用哪些资源？

2. 绩效跟进

绩效跟进是绩效管理的重要环节。它是指在整个绩效周期内，通过管理者和员工的沟通来预防或解决员工实现绩效时可能发生的各种问题，帮助员工克服障碍更好地完成绩效计划的过程。

绩效沟通可以是正式的，与员工定期就他们的绩效情况进行交流，以充分掌握员工的工作情况；也可以是非正式的，与员工在绩效管理周期内随时交流，从而使整个绩效管理过程得到管理者与员工双方的认同。

3. 绩效考核

绩效考核是绩效管理的核心环节。它是指通过科学的方法和客观地标准，对员工的思想、品德、工作态度、工作能力、业务水平、工作成绩等进行评价的过程。

它是企业管理员工的一个重要职能，通过考核可以全面、公正地了解职工的工作行为和工作结果，为员工的薪酬奖惩、培养选拔、职务升降等提供依据。使高绩效员工保持高绩效，令后进者向往和主动改善绩效。

（1）绩效考核的内容

考评的内容大致可以分为工作态度、工作能力、工作业绩三个方面。组织可根据不同的需要，考评时有不同的侧重。

工作态度，主要指员工的思想作风、职业道德、勤奋精神，反映在员工的日常工作表现上，是员工处理本职工作的方式，体现为事业心、积极性、创造性、责任感、出勤率等。对工作态度的考察不仅要有量的衡量，如出勤率，更要有质的评价，即是否以满腔的热情，积极、主动地投入到工作中去。态度决定了一个人的行为方向、行为的强弱、行为的方式。

工作能力主要指员工从事本岗位工作的专业技能，即分析和解决问题的能力以及独立工作的能力等。对于不同职位，其能力的要求也各有侧重，评价时应加以区别对待。具体地说，它主要包括学识水平、工作能力和身体能力等三个方面。

学识水平：它包括文化水平、专业知识水平、学历、工作经历等。

工作能力：它包括领导能力、管理能力、决策能力、计划能力、组织能力、监督能力、调控能力以及反应能力、适应能力、预见能力、创造能力、表达能力、谈判能力等。

身体能力：它主要是指年龄和健康状况两个因素。

工作业绩即员工的工作成绩，包括岗位上取得的成绩和岗位之外取得的成绩，还包括完成工作的数量和质量、经济效益、影响作用。对效益的考查是对员工绩效评价的核心。相同职位的员工应以同一个标准考核。

工作态度、工作能力和工作业绩是员工从事一定工作所表现出来的三个相互关联的要素，态度、能力是业绩的基础，业绩是工作成果的具体表现，而以业绩为考核中心，也可以说，业绩是态度、能力的综合体现。所以对于员工的考核必须从以上三个方面全面进行，缺一不可。

（2）绩效考核的方法

1）结果导向型绩效评估方法。主要依据是工作的绩效，即工作的结果，能否完成任务是第一要考虑的问题，也是评估的重点对象。有业绩评定表法、目标管理法、关键绩效指标法、平衡记分卡法。

业绩评定表法：又称为评分表法，是一种出现比较早，也比较常用的方法。它是通过一个等级表中规定的绩效因素，如完成工作的质量、数量等，把员工的工作业绩与表中的业绩标准进行逐一对比打分，并评出等级。业绩评定表受到欢迎的原因之一就是它的简单、迅速。

目标管理法：评估的对象是员工的工作业绩，即目标的完成情况而非行为，这样使员工能够向目标方向努力从而在一定程度上有利于保证目标的完成。

关键绩效指标法：关键绩效指标法把对绩效的评估简化为对几个关键指标的考核，将关键指标当作评估标准，把员工的绩效与关键指标作出比较的评估方法。关键指标必须符合具体（Specific）、衡量性（Measurable）、可达性（Attainable）、现实性（Realistic）、时限（Time-based）五项原则。

平衡记分卡法：平衡计分卡包括财务、客户、业务流程和学习创新等四大方面的指标，财务衡量指标是基本内容，它说明已采取的行动所产生的结果，同时还通过对顾客的满意度、组织内的业务流程和创新活动进行评估，来补充财务衡量指标，是一套能使组织快速而全面考查经营状态的评估指标。

2）行为导向型的绩效评估方法。以工作中的行为作为主要评估的依据，也就是说评估的对象主要是行为。有关键事件法、行为锚定评价法、行为观察比较法、360度绩效评估法。

关键事件法：其主要原则是认定员工与职务有关的行为，并选择其中最重要、最关键的部分来评定其结果。考核人在平时注意了解被考核人对于解决关键事件所需能力和素质，收集其会对部门的整体工作绩效产生积极或消极的重要影响的事件，对这些表现形成书面记录，根据这些书面记录进行整理和分析，最终形成考核结果。

行为锚定评价法：又称行为定位评分法，是基于关键事件法、结合传统业绩评定的一种量化评价方法。这种方法主要是建立一个行为性的评定量表，对每一个等级、每一个工作绩效要素，都将会运用一组关键事件来作为行为锚，进行行为描述，即将关于优良和劣等绩效的叙述加以等级化、量化。

行为观察比较法：是在行为锚定评价法和业绩评定表法的基础上不断发展和演变而来的，它主要是对员工某一个行为出现频率的考核，将观察到的员工的每一项工作行为同评价标准比较，给该行为出现的次数频率赋值，如从不（1分）、偶尔（2分）、有时（3分）、经常（4分）、总是（5分），然后将每一种行为上的得分相加，从而计算总分。

360度绩效评估法：它是一种从不同角度获取组织成员工作行为表现的观察资料，然后对获得的资料进行分析评估的方法，它包括来自上级、同事、下属及客户的评价，同时也包括被评者自己的评价。

3）其他绩效评估方法还有直接排序法、强制分布法、书面叙述法、要素评定法等。

直接排序法：一种相对比较的方法，主要是将员工按照某个评估因素上的表现从绩效最好的员工到绩效最差的员工进行排序。

强制分配法：该法是按事物"两头大、中间小"的正态分布规律，先确定好各等级在总数中所占的比例，然后按照每人绩效的相对优劣程序，强制列入其中的一定等级。

书面描述法：一种由评价者按照规范的格式写下员工的工作业绩、实际表现、优缺点、发展潜力等，然后提出改进建议的定性评价方法。

要素评定法：是把定性考核和定量考核结合起来的方法。

4. 绩效反馈

绩效反馈是绩效管理的关键环节，是在绩效考核之后所必须进行的一项管理活动。它是指通过一定的方式将员工的考评与评价结果向员工本人传达、沟通和说明，使员工客观地认识自我，找出存在的问题，制定改进措施，从而不断提高。

绩效结果除了要反馈给员工个人之外，还要将结果更多地应用在人力资源管理决策中。

（1）用于招聘决策。员工绩效考评结果在工作能力或态度上存在欠缺而又无法及时有效地解决时，企业可制订相应的招聘计划。

（2）用于人员调配。人力资源管理的一项重要任务就是将合适的人放在合适的岗位上，而员工绩效评价的结果就是人员调配的重要依据。

（3）用于人员的培训与开发决策。企业培训开发活动的确立主要有两个依据：一是工作分析的结果，即岗位说明书对工作活动所进行的描述；二是绩效考评结果，通过绩效考评会发现员工身上存在的不足之处,就能够对员工进行有针对性的培训。

9.4.4 薪酬管理

1. 薪酬的定义和作用

薪酬是指员工为企业提供劳动而得到的货币报酬与实物报酬的总和。可划分为基础薪酬(工资)、可变薪酬(奖金、津贴、提成工资、劳动分红)、间接薪酬(福利与服务)三大部分。

薪酬的作用主要体现在两个方面:

(1) 保健型因素

薪酬可以在一定程度上起到满足物质、精神和社会地位需求的作用。有保障的、稳定的报酬收入,能够满足员工的物质需求,满足员工的生活保障需求,从而还能满足员工的精神需求和其他方面的需求。可以使员工产生安全感和对预期风险的心理保障意识,从而增强对企业的信任感和归属感。

(2) 激励型因素

完善的薪酬体系对于员工来说还有一个核心的功能,就是激励功能,可以吸引和留住优秀的人才,也可以发挥员工的潜能,提高员工的工作绩效。进而按企业所希望的价值观、工作目标方向、能力发展方向、责任方向和行为标准方向等发展。

2. 薪酬管理的原则

(1) 对外具有竞争力——支付相关于或高于劳动力市场一般薪酬水平的薪酬。

(2) 对内具有公正性——支付相当于员工工作价值的薪酬。

(3) 对员工具有激励性——适当拉开员工之间的薪酬差距。

3. 薪酬管理的目标

薪酬要发挥应有的作用,薪酬管理应达到以下三个目标,效率、公平、合法。达到效率和公平目标,就能促使薪酬激励作用的实现,而合法性是薪酬基本要求,因为合法是公司存在和发展的基础。

(1) 效率目标

效率目标包括两个层面,第一个层面站在产出角度来看,薪酬能给组织绩效带来最大价值,第二个层面是站在投入角度来看,实现薪酬成本控制。薪酬效率目标的本质是用适当的薪酬成本给组织带来最大的价值。

(2) 公平目标

公平目标包括三个层次,分配公平、过程公平、机会公平。

1) 分配公平是指组织在进行人事决策、决定各种奖励措施时,应符合公平的要求。如果员工认为受到不公平对待,将会产生不满。

员工对于分配公平认知,来自于其对于工作的投入与所得进行主观比较而定,在这个过程中还会与过去的工作经验、同事、同行、朋友等进行对比。分配公平分为自我公平、内部公平、外部公平三个方面。自我公平,即员工获得的薪酬应与其付出成正比;内部公平,即同一企业中,不同职务的员工获得的薪酬应正比于其各自对企业做出的贡献;外部公平,即同一行业、同一地区或同等规模的不同企业中类似职务的薪酬应基本相同。

2) 过程公平是指在决定任何奖惩决策时,组织所依据的决策标准或方法符合公正性原则，程序公平一致、标准明确、过程公开等。

3）机会公平指组织赋予所有员工同样的发展机会，包括组织在决策前与员工互相沟通，组织决策考虑员工的意见，主管考虑员工的立场，建立员工申诉机制等。

(3) 合法目标

合法目标是企业薪酬管理的最基本前提，要求企业实施的薪酬制度符合国家、省区的法律法规、政策条例要求，如不能违反最低工资制度、法定保险福利、薪酬指导线制度等的要求规定。

4. 薪酬管理的目的

(1) 吸引和留住组织需要的优秀员工。

(2) 鼓励员工积极提高工作所需要的技能和能力。

(3) 鼓励员工高效率地工作。

(4) 创造组织所希望的文化氛围。

(5) 控制运营成本。

5. 薪酬管理的内容

薪酬管理，是在组织发展战略指导下，对员工薪酬支付原则、薪酬策略、薪酬水平、薪酬结构、薪酬构成进行确定、分配和调整的动态管理过程。薪酬管理的主要内容有以下五个方面：

(1) 薪酬的目标管理，即薪酬应该怎样支持企业的战略，又该如何满足员工的需要。

(2) 薪酬的水平管理，即薪酬要满足内部一致性和外部竞争性的要求，并根据员工绩效、能力特征和行为态度进行动态调整。

(3) 薪酬的体系管理，这不仅包括基础工资、绩效工资、期权期股的管理，还包括如何给员工提供个人成长、工作成就感、良好的职业预期和就业能力的管理。

(4) 薪酬的结构管理，即正确划分合理的薪级和薪等，正确确定合理的级差和等差，如何适应组织结构扁平化和员工岗位大规模轮换的需要，合理地确定工资宽带。

(5) 薪酬的制度管理，即薪酬决策应在多大程度上向所有员工公开和透明化，薪酬管理的预算、审计和控制体系又该如何建立和设计。

6. 薪酬的结构类型

薪酬的结构类型是指薪酬的构成及其组合。有 5 种基本薪酬模式：

(1) 基于岗位的薪酬模式

此种薪酬模式是在岗位价值基础上构建的支付薪酬的方法和依据，其设计思想是：员工处于什么样的职位就获取与该工作相符的薪酬。岗位的相对价值高，其工资也高，反之亦然。通俗讲就是：在什么岗，拿什么钱。

基于岗位的薪酬模式比较适合职能管理类岗位，是典型的依据岗位级别付酬的制度。在这种薪酬模式下，员工工资的增长主要依靠职位的晋升。因此，其导向的行为是：遵从等级秩序和严格的规章制度，千方百计获得晋升机会，注重人际网络关系的建设，为获得职位晋升采取政治性行为。

优点和不足：优点一是实现了真正意义上的同岗同酬；二是按照职位系列进行薪酬管理，操作比较简单易行。不足之处是由于薪酬和晋升直接挂钩，因此当员工晋升无望时，工作积极性会受挫，甚至出现消极怠工或离职的现象。

(2) 基于技能的薪酬模式

此种薪酬模式是以员工所具备的技能作为薪酬支付的根本基础。员工获得报酬的差异主要来自人本身能力水平的差异，而不必然与职位挂钩。

基于技能的薪酬模式适用于企业中的技术工人、技师、科技研发人员、专业管理者等。它的基本假设是：企业为员工的能力开发买单，激励其提高能力，员工自然就会更好地完成工作职责，创造优良绩效。

优点和不足：优点一是员工注重能力的提升，往往会偏向于合作，而不是过度的竞争；二是鼓励员工发展深度技能（在专业领域深入研究）和广度技能（跨职位发展）；三是员工能力的不断提升，使企业能够适应环境的多变。缺点一是员工着眼于提高自身技能，可能会忽视组织的整体需要和当前工作目标的完成；二是高技能的员工未必有高的产出。

(3) 基于绩效的薪酬模式

此种薪酬模式是以工作业绩或劳动效率为基础支付薪酬。其依据可以是企业、部门的整体绩效，也可以团队或者个人的绩效。

基于绩效的薪酬模式适用于生产工人、管理人员、销售人员等。绩效付酬导向的员工行为很直接，会围绕绩效目标开展工作，为实现目标会竭尽全能，力求创新，"有效"是员工行为的准则。

优点和不足：绩效工资制的优点一是员工的收入和工作目标的完成情况直接挂钩，激励效果明显；二是降低了管理成本，提高了产出。不足是绩效工资有时过于强调个人绩效，不利于团队合作。

(4) 基于市场的薪酬模式

此种薪酬模式是参照市场同等岗位的劳动力价格来确定企业的薪酬水平。人才资源的稀缺程度在很大程度上决定了薪酬的水平。基于市场的薪酬模式一般适用于企业的核心人员。

优点和不足：优点是该模式立足于人才市场的供需平衡原理，具有较强的市场竞争力和外部公平性，企业可以通过薪酬策略吸引和留住关键人才。不足一是市场导向的工资制度要求企业良好的发展能力和盈利水平，否则难以支付和市场接轨的工资水平；二是完全按市场付酬，企业内部薪酬差距会很大，会影响组织内部的公平性。

(5) 基于年功的薪酬模式

此种薪酬模式是一种简单而传统的薪酬支付制度。员工的工资与职位主要随年龄和工龄的增长而提高，往往与终生雇佣制相关联。中国国有企业过去的工资制度在很大程度上带有年功工资的色彩，虽然强调技能的作用，但在评定技能等级时，实际上也是论资排辈。

基于年功的薪酬模式的假设是随着员工在公司时间的延长，其人力资本存量，包括知识、技能、经验和人际关系方面的积累越多，员工对公司的价值贡献也越大。

优点和不足：优点是培养员工的忠诚度，强化员工的归属感，导向员工终身服务于企业。缺点是工资刚性太强，弹性太弱。

第 10 章　财务管理的基本知识

10.1　成本与费用

10.1.1　费用与成本的关系

1. 费用的概念及分类

费用是指企业在日常活动中发生的、会导致所有者权益减少的、与向所有者分配利润无关的经济利益的总流出。费用具有如下的几个基本特征：

（1）费用是企业日常活动中发生的经济利益的流出，而不是偶发的。不是日常活动发生的经济利益的流出则称为损失（营业外支出）。

（2）费用可能表现为资产的减少，或负债的增加，或者兼而有之。具体表现为企业现金或非现金支出，比如，支付工人工资、支付管理费用、消耗原材料等。也可以是预期的支出，比如，承担一项在未来期间履行的负债——应付材料款等。费用本质是一种企业资源的流出，是资产的耗费，其目的是取得收入。

（3）费用将引起所有者权益的减少，但与向企业所有者分配利润时的支出无关。向企业所有者分配利润只是表明所有者权益留在企业还是支付给企业所有者，而费用会导致企业所有者权益减少。

（4）费用只包括本企业经济利益的流出，而不包括为第三方或客户代付的款项及偿还债务支出，并且经济利益的流出能够可靠计量。

对费用进行恰当的分类，有利于合理地确认和计量费用，正确地计算产品成本。按不同的分类标准，可以有多种不同的费用分类方法。费用按经济内容进行分类，可分为劳动对象方面的费用、劳动手段方面的费用和活劳动方面的费用三大类。费用按经济用途可分为生产费用和期间费用两类。

（1）生产费用。生产费用是指构成产品实体、计入产品成本的那部分费用。施工企业的生产费用，就是指工程成本，是施工企业为生产产品、提供劳务而发生的各种施工生产费用。生产费用又可以分为直接费用和间接费用。施工企业的直接费用是指为完成工程所发生的、可以直接计入工程成本核算对象的各项费用支出。主要是施工过程中耗费的构成工程实体或有助于工程形成的各项支出，包括人工费、材料费、机械使用费和其他直接费。施工企业的间接费用是企业下属的施工单位或生产单位为组织和管理施工生产活动所发生的费用。间接费用往往应由几项工程共同负担，不能根据原始凭证直接计入某项工程成本，而应当采用适当的方法在各受益的工程成本核算对象之间进行分配的费用。如企业所属各施工单位为组织和管理施工活动而发生的管理人员工资及福利费、折旧费、办公费、水电费、差旅费、排污费等。但要注意，施工企业在签订建造（施工）合同时发生的差旅费、投标费等相关费用应在发生时直接确认为当期的期间费用,不计入工程成本。这是因为建造承包商与客户的谈判结果具有较大的不确定性,根据重要性的要求,为简化会计核算,直接作为期间费用处理。

(2) 期间费用。期间费用是指企业当期发生的,与具体产品或工程没有直接联系,必须从当期收入中得到补偿的费用。由于期间费用的发生仅与当期实现的收入相关,因而应当直接计入当期损益。期间费用主要包括管理费用、财务费用和营业费用。施工企业的期间费用则主要包括管理费用和财务费用。费用按经济用途进行分类,能够明确地反映出直接用于产品生产上的材料费用、工人工资以及耗用于组织和管理生产经营活动上各项支出,有助于企业了解费用计划、定额、预算等的执行情况,控制成本费用支出,加强成本管理和成本分析。期间费用有以下的特点:

1) 与产品生产的关系不同。期间费用的发生是为产品生产提供正常的条件和进行管理的需要,而与产品的生产本身并不直接相关;生产成本是指与产品生产直接相关的成本,它们应直接计入或分配计入有关的产品(成本)中去。

2) 与会计期间的关系不同。期间费用只与费用发生的当期有关,不影响或不分摊到其他会计期间;生产成本中当期完工部分当期转为产品成本,未完工部分则结转下一期继续加工,与前后会计期间都有联系。

3) 与会计报表的关系不同。期间费用直接列入当期损益表,扣除当期损益;生产成本完工部分转为产成品,已销售产成品的生产成本再转入损益表列作产品销售成本,而未售产品和未完工的产品都应作为存货列入资产负债表(注:包括损益表、资产负债表在内,有关会计报表都是在会计假设的基础上,在会计期末按期编制的)。因此也可把生产成本称为可盘存成本,把期间费用称为不可盘存成本。按照配比原则,当会计上确认某项营业收入时,对因产生该项营业收入的相关费用,要在同一会计期间确认。如产品生产过程中发生的直接材料、直接人工和制造费用等生产成本理应将其成本化,待产品销售时与销售收入相配比。期间费用由于它不能提供明确的未来收益,按照谨慎性原则,在这些费用发生时采用立即确认的办法处理。例如,企业支付的广告费,究竟在今后哪个会计期间将获得收益,难以确定。即使期间费用与将来的某些会计期间的收益确有联系,但却不可能预期未来收益的多少,并据此作为分摊期间费用的依据。因此为简化会计工作,将期间费用立即确认较为合理。此外,期间费用直接与当期营业收入配比,从长期来看,由于各期的发生额比较均匀,对损益的影响不大。

2. 成本的概念及分类

成本是指企业为生产产品、提供劳务而发生的各种耗费,它是一种现金流出,是为了达到某个生产经营目的而预先流出的资金。

(1) 经营成本

在工程经济分析中,为了计算方便,从总成本费用中分离出一种经营成本,经营成本是指项目总成本费用扣除固定资产折旧费、无形资产及递延资产摊销费和利息支出以后的全部费用。用公式表述为:

$$经营成本 = 总成本费用 - 折旧费 - 摊销费 - 利息支出$$

总成本费用中的折旧费是对固定资产的折旧,摊销费是对递延资产和无形资产的摊销,利息支出是指建设期投资贷款或借款在生产期发生的利息。在新的财务会计制度下,实行的是税后还贷，即借款的本金用税后利润和折旧来归还，而生产经营期间的利息可计入财务费用。在考察全部投资时，不分自有资金和借贷资金，把资金全部看作自有资金，这样还款就是还给自己，所以利息支出应算做收益，因而必须从总成本费用中扣除。

(2) 固定成本和变动成本

产品成本按照其与产量的关系可分为固定成本、可变成本和半可变成本。

固定成本是指在一定的生产规模内，不随产量变动而变动的成本。如生产单位固定资产的折旧费、修理费、管理人员工资及职工福利费、办公费和差旅费等。这些费用的总额不随产量的增加而增加，也不随产量的减少而减少。但当产量增加时，这些费用分摊到单位产品上的成本会减少；当产量减少时，分摊到单位产量上的成本会增加。因此，在生产规模内，应尽量增加产量，以减少单位产品的分摊成本。可变成本是指随着产量变动而成比例变动的成本。如产量增加一倍，成本增加一倍；产量减少一半，成本减少一半，但一定时期的单位产品成本是不变的。如产品生产中消耗的直接材料费用、直接人工费用、直接燃料动力费用、直接包装费用等。半可变成本，也叫半固定成本，是指产品成本中随产量变动而变动但不成比例变动的成本。如制造费用中的运输费用，随产量的增加而增加，但前期增加的幅度小于后期的增加幅度。因为后期不仅需要运输原材料，还要运输产成品，因此运输费用大。

(3) 沉没成本

沉没成本是指不因决策而变动的成本，它是在投资决策前就已经支出或者承诺将来必须支付的费用。例如，某企业现在有一个决策，是否接受一笔生产订单？那么在生产规模以内，原有的固定资产投资就是沉没成本，它不会因为是否接受生产订单而发生变化，它在建厂初期就已经发生了。沉没成本一旦形成就不可避免。因此，在决策过程中分清哪些是沉没成本非常重要。

(4) 机会成本

机会成本是指资源用于某种用途后放弃了其他用途而失去的最大收益。在投资经济学中，我们常常假设资源是稀缺的或者有限的，资源只能投资到一些项目或部分项目。资源的稀缺性和替代性也要求将资源优化配置，即将有限的资源投入到最有价值和获利最大的地方，或者说将有限的资源投入到投资者付出代价最小的地方。这样，投资者就必然要放弃将资源投入到其他项目中。这就出现了机会成本。机会成本是投资决策中经常采用的一种成本，尤其在项目的国民经济分析中经常采用。

3. 费用与成本的关系

费用和成本是两个并行使用的概念，两者之间既有联系也有区别。成本虽说也是一种耗费，但和费用不是一个概念。成本是针对一定的成本核算对象（如某工程）而言的；费用则是针对一定的期间而言的。

费用与成本都是企业为达到生产经营目的而发生的支出，体现为企业资产的减少或负债的增加，并需要由企业生产经营实现的收入来补偿。企业在一定会计期间内所发生的生产费用是构成产品成本的基础，成本是按一定对象所归集的费用，是对象化了的费用。产品成本是企业为生产一定种类和数量的产品所发生的生产费用的汇集，两者在经济内容上是一致的，并且在一定情况下费用和成本可以相互转化。成本和费用之间也是有区别的。企业一定期间内的费用构成完工产品生产成本的主要部分，但本期完工产品的生产成本包括以前期间发生而应由本期产品成本负担的费用,如待摊费用;也可能包括本期尚未发生、但应由本期产品成本负担的费用,如预提费用;本期完工产品的成本可能还包括部分期初结转的未完工产品的成本,即以前期间所发生的费用。企业本期发生的全部费用也不都形成本期完工产品的成本,它还包括一些应结转到下期的未完工产品上的支出,以及一些不由具体产品负担的期间费用。

10.1.2 工程成本的范围

工程成本是指施工企业在建筑安装工程施工过程中的实际耗费,包括物化劳动的能费和活劳动中必要劳动的耗货,前者是指工程耗用的各种生产资料的价值,后者是指支付给劳动者的报酬。工程成本是工程造价的重要组成部分,工程成本的高低,直接体现着企业工程价款中用于生产能费补偿数额的大小。工程成本还是反映施工企业工作质量的一个综合指标。

工程成本包括从建造合同签订开始至合同完成止所发生的、与执行合同有关的直接费用和间接费用。直接费用是指为完成合同所发生的、可以直接计入合同成本核算对象的各项费用支出。直接费用包括直接工程费和措施费,间接费用是企业下属的施工单位或生产单位为组织和管理施工生产活动所发生的费用。合同成本不包括应当计入当期损益的管理费用、销售费用和财务费用。因订立合同而发生的有关费用,应当直接计入当期损益。

1. 直接工程费的组成

直接工程费是指施工过程中耗费的构成工程实体的各项费用,包括人工费、材料费、施工机械使用费。

(1) 人工费

人工费是指直接从事建筑安装工程施工的生产工人开支的各项费用,包括以下内容。

1) 基本工资:是指发放给生产工人的基本工资。

2) 工资性补贴:是指按规定标准发放的物价补贴,煤、燃气补贴,交通补贴,住房补贴,流动施工津贴等。

3) 生产工人辅助工资:是指生产工人年有效施工天数以外非作业天数的工资,包括职工学习、培训期间的工资,调动工作、探亲、休假期间的工资,因气候影响的停工工资,女工哺乳时间的工资,病假在六个月以内的工资及产、婚、丧假期的工资。

4) 职工福利费:是指按规定标准计提的职工福利费。

5) 生产工人劳动保护费:是指按规定标准发放的劳动保护用品的购置费及修理费,徒工服装补贴、防暑降温费、在有碍身体健康环境中施工的保健费用等。

(2) 材料费

材料费是指施工过程中耗用的构成工程实体的原材料、辅助材料、构配件、零件、半成品的费用,包括以下内容。

1) 材料原价(或供应价格)。

2) 材料运杂费:是指材料自来源地运至工地仓库或指定堆放地点所发生的全部费用。

3) 运输损耗费:是指材料在运输装卸过程中不可避免的损耗费用。

4) 采购及保管费:是指为组织采购、供应和保管材料过程中所需要的各项费用;包括:采购费、仓储费、工地保管费、仓储损耗。

5) 检验试验费：是指对建筑材料、构件和建筑安装物进行一般鉴定、检查所发生的费用，包括自设试验室进行试验所耗用的材料和化学药品等费用。不包括新结构、新材料的试验费和建设单位对具有出厂合格证明的材料进行检验，对构件做破坏性试验及其他特殊要求检验试验的费用。

(3) 机械使用费

机械使用费包括施工过程中使用自有施工机械所发生的机械使用费和租用外单位施工机械的租赁费，以及施工机械安装、拆卸和进出场费等。

1) 折旧费：指施工机械在规定的使用年限内，陆续收回其原值的费用。

2) 大修理费：指施工机械按规定的大修理间隔台班进行必要的大修理，以恢复其正常功能所需的费用。

3) 经常修理费：指施工机械除大修理以外的各级保养和临时故障排除所需的费用。包括为保障机械正常运转所需替换设备与随机配备工具附具的摊销和维护费用，机械运转中日常保养所需润滑与擦拭的材料费用及机械停滞期间的维护和保养费用等。

4) 安拆费及场外运费：安拆费指施工机械在现场进行安装与拆卸所需的人工、材料、机械和试运转费用以及机械辅助设施的折旧、搭设、拆除等费用；场外运费指施工机械整体或分体自停放地点运至施工现场或由一施工地点运至另一施工地点的运输、装卸、辅助材料及架线等费用。

5) 人工费是指机上司机和其他操作人员的工作日人工费及上述人员在施工机械规定的年工作台班以外的人工费。

6) 燃料动力费：指施工机械在运转作业中所消耗的固体燃料（煤、木柴）、液体燃料（汽油、柴油）及水、电等。

7) 养路费及车船使用税：指施工机械按照国家规定和有关部门规定应缴纳的养路费、车船使用税、保险费及年检费等。

2. 措施费的组成

措施费是指为完成工程项目施工，发生于该工程施工前和施工过程中非工程实体项目的费用，一般包括下列项目。

(1) 环境保护费

环境保护费是指施工现场为达到环保部门要求所需要的各项费用。

(2) 文明施工费

文明施工费是指施工现场文明施工所需要的各项费用。

(3) 安全施工费

安全施工费是指施工现场安全施工所需要的各项费用。

(4) 临时设施费

临时设施费是指施工企业为进行建筑安装工程施工所必须搭设的生活和生产用的临时建筑物、构筑物和其他临时设施费用等；临时设施包括：临时宿舍、文化福利及公用事业房屋与构筑物，仓库、办公室、加工厂以及规定范围内道路、水、电、管线等临时设施和小型临时设施；临时设施费用包括：临时设施的搭设、维修、拆除费或摊销费。

(5) 夜间施工增加费

夜间施工增加费是指因夜间施工所发生的夜班补助费、夜间施工降效、夜间施工照明设备摊销及照明用电等费用。

（6）二次搬运费

二次搬运是指因施工场地狭小等特殊情况而发生的二次搬运费用。

（7）大型机械设备进出场及安拆费

大型机械设备进出场及安拆费是指机械主体或分体自停放场地运至施工现场或由一个施工地点运至另一个施工地点，所发生的机械进出场运输及转移费用及机械在施工现场进行安装、拆卸所需的人工费、材料费、机械费、试运转费和安装所需的辅助设施的费用。

（8）混凝土、钢筋混凝土模板及支架费

混凝土、钢筋混凝土模板及支架费是指混凝土施工过程中需要的各种钢模板、木模板、支架等的支、拆、运输费用，以及模板、支架的摊销（或租赁）费用。

（9）脚手架费

脚手架费是指施工需要的各种脚手架搭、拆、运输费用及脚手架的摊销（或租赁）费用。

（10）已完工程及设备保护费

已完工程及设备保护费是指竣工验收前，对已完工程及设备进行保护所需费用。

（11）施工排水降水费

施工排水降水费是指为确保工程在正常条件下施工，采取各种排水、降水措施所发生的各种费用。

3. 间接费的组成

间接费用是指为完成工程所发生的、不易直接归属于工程成本核算对象而应分配计入有关工程成本核算对象的各项费用支出。间接费包括规费和企业管理费。

（1）规费

规费是指政府和有关权力部门规定必须缴纳的费用（简称规费），包括以下内容。

1）工程排污费

工程排污费是指施工现场按规定缴纳的工程排污费。

2）工程定额测定费

工程定额测定费是指按规定支付工程造价（定额）管理部门的定额测定费。

3）社会保障费

社会保障费包括养老保险费、失业保险费、医疗保险费。其中，养老保险费是指企业按规定标准为职工缴纳的基本养老保险费；失业保险费是指企业按照国家规定标准为职工缴纳的失业保险费；医疗保险费是指企业按照规定标准为职工缴纳的基本医疗保险费。

4）住房公积金

住房公积金是指企业按规定标准为职工缴纳的住房公积金。

5）危险作业意外伤害保险

危险作业意外伤害保险是指按照建筑法规定，企业为从事危险作业的建筑安装施工人员支付的意外伤害保险费。

（2）企业管理费

企业管理费是指建筑安装企业组织施工生产和经营管理所需费用，包括以下内容。

1) 管理人员工资

管理人员工资是指管理人员的基本工资、工资性补贴、职工福利费、劳动保护费等。

2) 办公费

办公费是指企业管理办公用的文具、纸张、账表、印刷、邮电、书报、会议、水电、烧水和集体取暖（包括现场临时宿舍取暖）用煤等费用。

3) 差旅交通费

差旅交通费是指职工因公出差、调动工作的差旅费、住勤补助费，市内交通费和误餐补助费，职工探亲路费，劳动力招募费，职工离退休、退职一次性路费，工伤人员就医路费，工地转移费以及管理部门使用的交通工具的油料、燃料、养路费及牌照费。

4) 固定资产使用费

固定资产使用费是指管理和试验部门及附属生产单位使用的属于固定资产的房屋、设备仪器等的折旧、大修、维修或租赁费。

5) 工具用具使用费

工具用具使用费是指管理使用的不属于固定资产的生产工具、器具、家具、交通工具和检验、试验、测绘、消防用具等的购置、维修和摊销费。

6) 劳动保险费

劳动保险费是指由企业支付离退休职工的易地安家补助费、职工退职金、六个月以上的病假人员工资、职工死亡丧葬补助费、抚恤费、按规定支付给离休干部的各项经费。

7) 工会经费

工会经费是指企业按职工工资总额计提的费用。

8) 职工教育经费

职工教育经费是指企业为职工学习先进技术和提高文化水平，按职工工资总额计提的费用。

9) 财产保险费

财产保险费是指施工管理用财产、车辆保险费。

10) 财务费

财务费是指企业为筹集资金而发生的各种费用。

11) 税金

税金是指企业按规定缴纳的房产税、车船使用税、土地使用税、印花税等。

12) 其他

其他包括技术转让费、技术开发费、业务招待费、绿化费、广告费、公证费、法律顾问费、审计费、咨询费等。

10.1.3 期间费用的范围

期间费用是指企业当期发生的，与具体工程没有直接联系的，必须从当期收入中得到补偿的费用。期间费用不能直接归属于某个特定产品成本的费用，它是随着时间推移而发生的与当期产品的管理和产品销售直线相关。与产品的产量、产品的制造过程无直接关系，即容易确定其发生的期间，而难以判别其所应归属的产品，因此不能列入产品成本，而在发生当期从损益中扣除。期间费用主要包括管理费用、财务费用和营业费用。施工企业的期间费用则主要包括管理费用和财务费用。

1. 管理费用

管理费用是指企业行政管理部门为管理和组织生产经营活动而发生的各项费用，包括公司经费、工会经费、职工教育经费、劳动保险费、待业保险费、董事会费、咨询费、审计费、评估费、诉讼费、排污费、绿化费、税金、土地使用费、土地损失补偿费、技术转让费、技术开发费、无形资产摊销、递延资产摊销、业务招待费、坏账损失、存货盘亏、毁损和报废（减盘盈）以及其他管理费用。企业的管理费用具体包括以下内容。

（1）企业管理部门及职工方面的费用

公司经费包括总部管理人员工资、职工福利费、差旅费、办公费、折旧费、修理费、物料消耗、低值易耗品摊销以及其他公司费用。

工会经费是指按照职工工资总额2%计提交给工会的经费。

职工教育经费是指企业为职工学习先进技术和提高文化水平支付的费用，按照职工工资总额的1.5%计提。

劳动保险费是指企业支付离退休职工的退休金（包括按照规定交纳的离退休统筹金）、价格补贴、医药费（包括企业支付离退休人员参加医疗保险的费用）、职工退职金、六个月以上病假人员工资、职工死亡丧葬补助费、抚恤费，按照规定支付给离退休人员的各项经费。

待业保险费是指企业按照国家规定交纳的待业保险基金。

（2）企业直接管理之外的费用

董事会费是指企业董事会及其成员为执行职权而发生的各项费用，包括成员津贴、差旅费、会务费等。

开办费是指项目在筹建期间发生的费用，包括筹建期间人员工资、办公费、培训费、差旅费、印刷费、注册登记费以及不计入固定资产和无形资产购置等支出。

咨询费指企业向有关咨询机构进行生产技术经营管理咨询所支付的费用或企业经济顾问、法律顾问、技术顾问的费用。

聘请中介机构费是指企业聘请会计师事务所进行查账、验资、资产评估、清账等发生的费用。

审计费是指企业聘请中国注册会计师进行查账验资等发生的各项费用。

评估费是指企业聘请资产评估机构进行资产评估等发生的各项费用。

诉讼费是指企业起诉或者应诉而发生的各项费用。

税金是指企业按规定交纳的房产税、车船使用税、土地使用税、印花税等。

（3）提供生产技术条件的费用

排污费是指企业根据环保部门的规定交纳的排污费用。

绿化费是指企业区域内零星绿化费用。

技术转让费是指企业开发新产品、新技术而支付的费用。

研究与开发费是指企业开发新产品、新技术所发生的新产品设计费、工艺规程制定费、设备高度费、原材料和半成品的试验费、技术图书资料费、未纳入国家计划的中间试验费、研究人员的工资、研究设备的折旧、与新产品新技术研究有关的其他经费、委托其他单位进行的科研试制的费用以及试制失败损失等。

无形资产摊销是指企业分期摊销的无形资产价值。包括专利权、商标权、著作权、土地使用权和非专利技术等的摊销。

递延资产摊销是指开办费和以经营租赁方式租入的固定资产改良支出等。以经营租赁方式租入的固定资产改良支出，是指能增加以经营租赁方式租入固定资产的效能或延长使用寿命的改装、翻修、改建等支出。

（4）购销业务的应酬费

这方面的费用主要是业务招待费，是指企业为业务经营的合理需要而支付的费用，应据实列入管理费用。

（5）其他管理费用

其他管理费用是指不包括在以上各项内容之内又应列入管理费用的费用。

2. 财务费用

财务费用是指企业为筹集生产所需资金等而发生的费用，包括应当作为期间费用的利息支出（减利息收入）、汇兑损失（减汇兑收益）、相关的手续费以及企业发生的现金折扣或收到的现金折扣等内容。

（1）利息支出

利息支出主要包括企业短期借款利息、长期借款利息、应付票据利息、票据贴现利息、应付债券利息、长期应引进国外设备款利息等利息支出。这里的利息支出是指减去银行存款等的利息收入后的净额。

（2）汇兑损失

汇兑损失指的是企业向银行结售或购入外汇而产生的银行买入、卖出价与记账所采用的汇率之间的差额，以及月（季、年）度终了，各种外币账户的外向期末余额，按照期末规定汇率折合的记账人民币金额与原账面人民币金额之间的差额等。

（3）相关折扣

现金折扣，是企业为了尽快回笼资金、减少坏账损失、缩短收款时间而发生的理财费用。

（4）相关手续费

相关手续费指企业发行债券所需支付的手续费（需资本化的手续费除外）、开出汇票的银行手续费、调剂外汇手续费等，但不包括发行股票所支付的手续费等。

（5）其他财务费用

其他财务费用包括融资租入固定资产发生的融资租赁费用。融资租赁是指出租人根据承租人对租赁物件的特定要求和对供货人的选择，出资向供货人购买租赁物件，并租给承租人使用，承租人则分期向出租人支付租金，在租赁期内租赁物件的所有权属于出租人所有，承租人拥有租赁物件的使用权。租期届满，租金支付完毕并且承租人根据融资租赁合同的规定履行完全部义务后，对租赁物的归属没有约定的或者约定不明的，可以协议补充；不能达成补充协议的，按照合同有关条款或者交易习惯确定；仍然不能确定的，租赁物件所有权归出租人所有。它指实质上转移与资产所有权有关的全部或绝大部分风险和报酬的租赁。资产的所有权最终可以转移，也可以不转移。

3. 销售费用

销售费用是指企业在销售产品、自制半成品和提供劳务等过程中发生的各项费用以及专设销售机构的各项经费，包括应由企业负担的运输费、装卸费、包装费、保险费、委托代销手续费、广告费、展览费、租赁费（不含融资租赁费）、销售服务费用和销售部门人员工资、职工福利费、差旅费、办公费、折旧费、修理费、物料消耗、低值易耗品摊销等。

职工工资：指销售部门受雇人员全部工资。包括工资、加班费、奖金、津贴等。

职工福利费：指支付员工的保健、生活、住房、交通等各项补贴和非货币性福利，包括外地就医、冬季取暖费、防暑降温费、困难职工补助救济、职工食堂经费补贴以及丧葬补助、抚恤费、安家费、探亲路费。

职工教育经费：指实际支付的销售部门员工各项职业技能培训和继续教育培训费用，包括培训外出期间的差旅等各项费用。

工会经费：指按销售部门职工工资总额（扣除按规定标准发放的住房补贴，下同）的2%计提并拨交给工会使用的经费。

待业保险费：指销售部门职工个人按一定工资比例交纳的一种统筹待业保险费用。

养老保险费：指销售部门个人按一定工资比例交纳的统筹养老基金。

住房公积金：指销售部门个人按一定工资比例交纳的统筹住房基金。

医疗保险费：指销售部门个人按一定工资比例交纳的统筹疾病住院赔付保险金。

劳动保险费：指销售部门个人依据一定工资比例交纳的统筹意外伤害赔付保险金，包括（工伤保险、生育保险）。

折旧费：是指在销售部门固定资产使用寿命内，按照确定的会计方法对资产进行的价值分摊。

修理费：指本部门发生的除车辆之外的"固定资产"修理维护费。

物料消耗：指销售部门领用的不纳入"低值易耗品"核算，且除"办公费"核算范围外的其他领用或购买的物料消耗费用。如：购买硬盘、光盘、软盘等电脑用品，及为维修"低值易耗品"而发生的费用。

低值易耗品摊销：是指本部门不作为"固定资产"核算的各种用具物品，如工具、工装、管理用具、包装容器以及流通企业餐具用具、玻璃器皿、纺织用品等在使用中的耗费。

办公费：指销售部门发生的文具用品费、书报资料费、外联宣传费等，其中，外联宣传费指对外宣传所耗费的纸质、电子等宣传产品或企业资料费用和附带宣传标识或内容的小礼品费用。

差旅费：指销售部门职工因工作外出期间发生的住宿费、交通费等，包括：交通车费、交通机票、住宿费、伙食补贴、其他相关的费用。

业务招待费（交际应酬费）：指销售部门发生的与销售活动有关的业务招待费支出，具体包括：餐饮费、礼品费、其他相关的费用。

通信费：核算销售部门的办公"电话费"和按规定可报销的销售人员"手机费"。

车辆费：指营业部门使用车辆所发生的一切费用，包括：汽油费、过桥过路费、修理装饰费、车队用车费、其他相关的开支。其中"车队用车费"指集团内部或企业内部统一车辆核算而分摊的应由本部门承担的用车费用。

能源费：包括本部门应分摊或支付的水费、电费、蒸汽费、天然气费等。

运输费：指为销售货物而发生的产品运输费用。

保险费：指为直接销售货物而发生的产品保险费用。

租赁费：是指销售或营业部门租赁其他单位或个人的不动产而支付的资产租赁费用。

装卸费：是指销售部门为销售产品而直接发生的装卸搬运货物的费用。

包装费：是指为销售产品而直接发生的包装货物的费用。

通关费用：是指销售产品通过海关监管，经过申报、查验、放行、结关的手续产生的费用，包括：通关费、商检费、其他通关费用。

宣传展览费：是指销售部门为开展促销或宣传产品等举办展览、展销会所支出的各项具有公共性质的费用，包括：资料费、礼品费及其他相关的开支。

仓储费：为储存或持有销售货物而支付的临时储存费用，由于租赁仓库而发生的费用。

调试费：指为销售企业产品而发生的直接调试费用。

广告费：是指为宣传公司产品或品牌，而通过各种媒体所支付的费用。具体包括：电视广告费、平面广告费、其他类型广告的费用。其中"平面广告费"包括霓虹灯、户外灯箱、纸质报纸杂志广告费。

业务提成/佣金（销售服务费）：是指直接按销售额或生效合同额的一定比例支付给销售人员的业务包干酬金或支付销售人员的业务费用。

投标费：按照招标的要求和条件，在规定的时间内向招标人报价所发生的直接费用。包括资料印刷包装和邮寄等费用，职工由于投标而发生的差旅、招待等费用不在其列。

售后服务费：是指产品售出后，为履行合同约定的明确的售后条款内容应发生的一切费用。

其他经营费用：指的是企业发生的除上述二级科目之外的与销售业务有关的费用。

10.2 收入与利润

10.2.1 收入的分类及确认

1. 收入的概念与特点

收入有广义和狭义之分。广义的收入是指企业在生产经营活动与非生产经营活动中能够导致企业净资产增加的所得，包括营业收入、投资收入和营业外收入。其中营业收入是企业主要的收入来源，是反映工程项目真实收益的经济参数，也是工程经济分析中现金流入的一个重要内容。狭义的收入仅指企业在生产经营活动中所取得的营业收入。我国《企业会计制度》对收入的定义为：收入是指企业在销售商品、提供劳务及让渡资产使用权等日常活动中所形成的经济利益的总流入，包括主营业务收入和其他业务收入。经济利益是指直接或间接流入企业的现金或现金等价物。根据企业会计准则，按照收入的性质，收入可分为商品销售收入、劳务收入和提供他人使用以及正常情况下的以商品抵偿债务的交易等。这里的商品主要包括企业为销售而生产或购进的商品，企业销售的其他存货，如原材料、包装物等。劳务收入主要是指企业提供旅游、运输、广告、理发、饮食、咨询、代理、培训、产品安装等所取得的收入。其他使用业资产的收入是指企业让渡资产使用权所获得的收入，包括因他人使用的利息收入，因他人使用均取得的租金收入等。收入有以下几方面的特点。

(1) 收入从企业的日常活动中产生,而不是从偶发的交易或事项中产生。日常活动是指企业为了完成所有的经济目标而从事的一切活动。工业企业销售产品、商业企业销售商品、咨询公司提供咨询服务、软件开发企业为客户开发软件、安装公司提供安装服务、商业银行对外贷款、租赁公司出租资产等活动,均属于企业为完成其经营目标所从事的经常性活动,由此形成的经济利益的总流入构成收入。工业企业对外出售不需用的原材料、对外转让无形资产使用权、对外进行权益性投资(取得现金股利)或债权性投资(取得利息)等活动,虽不属于企业的经常性活动,但属于企业为完成其经营目标所从事的与经常性活动相关的活动,由此形成的经济利益的总流入也构成收入。收入形成于企业日常活动的特征使其与产生于非日常活动的利得相区分。企业所从事或发生的某些活动也能为企业带来经济利益,但不属于企业为完成其经营目标所从事的经常性活动,也不属于与经常性活动相关的活动。例如,工业企业处置固定资产、无形资产,因其他企业违约收取罚款等,这些活动形成的经济利益的总流入属于企业的利得而不是收入。利得通常不经过经营过程就能取得或属于企业不曾期望获得的收益。

(2) 收入可能表现为企业资产的增加,也可能表现为企业负债的减少,或二者兼而有之。收入通常表现为资产的增加,如在销售商品或提供劳务并取得收入的同时,银行存款增加;有时也表现为负债的减少,如预收款项的销售业务,在提供了商品或劳务并取得收入的同时,预收账款将得以抵偿。有时这种预收款业务在预收款得以抵偿后,仍有银行存款的增加,此时即表现为负债的减少和资产的增加兼而有之。

(3) 收入能导致企业所有者权益的增加,收入是与所有者投入无关的经济利益的总流入,这里的流入是总流入,而不是净流入。收入形成的经济利益总流入的形式多种多样,既可能表现为资产的增加,如增加银行存款、应收账款;也可能表现为负债的减少,如减少预收账款;还可能表现为两者的组合,如销售实现时,部分冲减预收账款,部分增加银行存款。收入形成的经济利益总流入能增加资产或减少负债或两者兼而有之,根据"资产-负债=所有者权益"的会计等式,收入一定能增加企业的所有者权益。这里所说的收入能增加所有者权益,仅指收入本身的影响,而收入扣除与之相配比的费用后的净额,既可能增加所有者权益,也可能减少所有者权益。企业为第三方或客户代收的款项,如企业代国家收取的增值税等,一方面增加企业的资产;另一方面增加企业的负债,并不增加企业的所有者权益,因此不构成本企业的收入。

(4) 收入只包括本企业经济利益的流入,不包括为第三方或客户代收的款项。如代国家收取的增值税,旅行社代客户收取门票、机票,还有企业代客户收取的运杂费等。因为代收的款项,一方面增加企业的资产,另一方面增加企业的负债,但它不增加企业的所有者权益,也不属于本企业的经济利益,不能作为本企业的收入。

2. 收入的分类

收入可以有不同的分类。按收入的性质,可以分为销售商品收入、提供劳务收入、让渡资产使用权收入和建造(施工)合同收入等。

(1) 销售商品收入是指企业通过销售产品或商品而取得的收入,如制造企业销售产成品、半成品取得的收入,商品流通企业销售商品取得的收入,房地产经营商销售自行开发的房地产取得的收入等。

（2）提供劳务收入是指企业通过提供劳务作业而取得的收入，如制造企业提供工业性劳务作业取得的收入，商品流通企业提供代购代销劳务取得的收入，交通运输企业提供运输劳务取得的收入，建筑安装企业提供建筑安装劳务取得的收入，服务性企业提供各类服务取得的收入等。

（3）让渡资产使用权收入是指企业通过让渡资产使用权而取得的收入，主要包括利息收入、使用费收入。另外，还包括出租资产收取的租金、进行债券投资取得的利息、进行股权投资取得的现金股利收入等，其账务处理参照有关租赁、金融工具确认和计量、长期股权投资等内容。

（4）建造（施工）合同收入是指企业通过签订建造（施工）合同并按合同要求为客户设计和建造房屋、道路、桥梁、水坝等建筑物以及船舶、飞机、大型机械设备等而取得的收入。其中，施工企业为设计和建造房屋、道路等建筑物签订的合同也叫作施工合同，按合同要求取得的收入称为施工合同收入。建造合同收入包括合同规定的初始收入；因合同变更、索赔、奖励等形成的收入。这部分收入是在执行合同过程中由于合同变更、索赔、奖励等原因而形成的收入，因而不能随便确认，只有在符合规定条件时才能构成合同的总收入。合同完成后处置残余物资取得的收益等与合同有关的零星收益，不能确认收入，而应冲减合同成本。

收入按企业营业的主次分类，可以分为主营业务收入和其他业务收入。主营业务收入也称基本业务收入，是指企业从事主要营业活动所取得的收入。可以根据企业营业执照上注明的主营业务范围来确定。比如，工业企业的主营业务收入主要包括销售商品、自制半成品、代制品、代修品，提供工业性劳务等实现的收入；商业企业的主营业务收入主要包括销售商品实现的收入；咨询公司的主营业务收入主要包括提供咨询服务实现的收入；安装公司的主营业务收入主要包括提供安装服务实现的收入。施工企业的主营业务收入主要是建造（施工）合同收入。主营业务收入一般占企业收入的比重较大，对企业的经济效益产生较大的影响。

其他业务收入也称附营业务收入，是指企业非经常性的、兼营的业务所产生的收入，比如，工业企业的其他业务收入主要包括对外销售材料、对外出租包装物、商品或固定资产，对外转让无形资产使用权、对外进行权益性投资（取得现金股利）或债权性投资（取得利息）、提供非工业性劳务等实现的收入；施工企业的其他业务收入主要包括材料销售收入、机械作业收入、无形资产出租收入、固定资产出租收入等。

3. 收入确认的原则

收入的确认是指某个项目作为收入要素记账，并在利润表上反映。对于不同性质的收入，其确认的原则也不尽相同。

（1）销售商品收入的确认

销售商品收入同时满足下列条件的，才能予以确认：①企业已将商品所有权上的主要风险和报酬转移给购货方；②企业既没有保留通常与所有权相联系的继续管理权，也没有对已售出的商品实施有效控制；③收入的金额能够可靠地计量；④相关的经济利益很可能流入企业；⑤相关的已发生或将发生的成本能够可靠地计量。

1）企业已将商品所有权上的主要风险和报酬转换给购货方

企业已将商品所有权上的主要风险和报酬转移给购货方，是指与商品所有权有关的主要风险和报酬同时转移给了购货方。其中,与商品所有权有关的风险,是指商品可能发生减值或毁损等形成的损失;与商品所有权有关的报酬,是指商品价值增值或通过使用商品等形成的经济利益。

判断企业是否已将商品所有权上的主要风险和报酬转移给购货方,应当关注交易的实质,并结合所有权凭证的转移进行判断。如果与商品所有权有关的任何损失均不需要销货方承担,与商品所有权有关的任何经济利益也不归销货方所有,就意味着商品所有权上的主要风险和报酬转移给了购货方。

① 通常情况下,转移商品所有权凭证并交付实物后,商品所有权上的所有风险和报酬随之转移,如大多数零售商品。

② 某些情况下,转移商品所有权凭证但未交付实物,商品所有权上的主要风险和报酬随之转移,企业只保留商品所有权上的次要风险和报酬,如交款提货方式销售商品。在这种情形下,应当视同商品所有权上的所有风险和报酬已经转移给购货方。

2) 企业既没有保留通常与所有权相联系的继续管理权,也没有对已售出的商品实施控制

通常情况下,企业售出商品后不再保留与商品所有权相联系的继续管理权,也不再对售出商品实施有效控制,商品所有权上的主要风险和报酬已经转移给购货方,通常应在发出商品时确认收入。对售出商品实施继续管理既可能源于仍拥有商品的所有权,也可能与商品的所有权没有关系。如果商品售出后,企业仍保留与商品所有权相联系的继续管理权,则说明此项销售交易没有完成,销售不能成立,不应确认销售商品收入。同样的道理,如果商品售出后,企业仍对商品可以实施有效控制,也说明销售不能成立,不应确认销售商品收入。

3) 收入的金额能够可靠地计量

收入的金额能够可靠地计量,是指收入的金额能够合理地估计。收入的金额不能够合理的估计就无法确认收入。企业在销售商品时,商品销售价格通常已经确定。但是,由于销售商品过程中某些不确定因素的影响,也有可能存在商品销售价格发生变动的情况。在这种情况下,新的商品销售价格未确定前通常不应确认销售商品收入。企业销售商品满足收入确认条件时,应当按照已收或应收的合同或协议价款的公允价值确定销售商品收入金额。从购货方已收或应收的合同或协议价款,通常为公允价值。某些情况下,合同或协议明确规定销售商品需要延期收取价款,如分期收款销售商品,实质上具有融资性质的,应当按照应收的合同或协议价款的公允价值确定收入金额;已收或应收的价款不公允的,企业应按公允的交易价格确定收入金额。

4) 与交易相关的经济利益很可能流入企业

相关的经济利益很可能流入企业,是指销售商品价款收回的可能性大于不能收回的可能性,即销售商品价款收回的可能性超过50%。企业在确定销售商品价款收回的可能性时,应当结合以前和买方交往的直接经验、政府有关政策、其他方面取得信息等因素进行分析。企业销售的商品符合合同或协议要求,已将发票账单交付买方,买方承诺付款,通常表明满足本确认条件(相关的经济利益很可能流入企业)。如果企业判断销售商品收入满足确认条件确认了一笔应收债权,以后由于购货方资金周转困难无法收回该债权时,不应调整原确认的收入,而应对该债权计提坏账准备、确认坏账损失。如果企业根

据以前与买方交往的直接经验判断买方信誉较差，或销售时得知买方在另一项交易中发生了巨额亏损，资金周转十分困难，或在出口商品时不能肯定进口企业所在国政府是否允许将款项汇出等，就可能会出现与销售商品相关的经济利益不能流入企业的情况，不应确认收入。

5）相关的已发生或将发生的成本能够可靠地计量

通常情况下，销售商品相关的已发生或将发生的成本能够合理地估计，如库存商品的成本、商品运输费用等。如果库存商品是本企业生产的，其生产成本能够可靠计量；如果是外购的，购买成本能够可靠计量。有时，销售商品相关的已发生或将发生的成本不能够合理地估计，此时企业不应确认收入，已收到的价款应确认为负债。

（2）提供劳务收入的确认

根据企业在资产负债表日劳务交易结果是否能够可靠的估计，劳务收入应分别采用不同的方式予以确认。

1）企业在资产负债表日提供劳务交易的结果能够可靠估计的劳务收入的确认

企业在资产负债表日提供劳务交易的结果能够可靠估计的，应当采用完工百分比法确认提供劳务收入。完工百分比法，是指按照提供劳务交易的完工进度确认收入与费用的方法。提供劳务交易的结果能否可靠估计，依据以下条件进行判断。如同时满足下列条件，则表明提供劳务交易的结果能够可靠地估计：

① 收入的金额能够可靠地计量。

② 相关的经济利益很可能流入企业。

③ 交易的完工进度能够可靠地确定。企业确定提供劳务交易的完成进度，通常可以选用下列方法：已完工作的测量、已经提供的劳务占应提供劳务总量的比例，以及已经发生的成本占估计总成本的比例。

④ 交易中已发生和将要发生的成本能够可靠地计量。

2）在资产负债表日，提供劳务交易的结果不能可靠估计

企业在资产负债表日提供劳务交易的结果不能够可靠估计的，应当分别下列情况处理：

① 已经发生的劳务成本预计全部能够得到补偿的，应按已经收或预计能够收回的金额确认提供劳务收入，并结转已经发生的劳务成本。

② 已经发生的劳务成本预计部分能够得到补偿的，应按能够得到补偿的劳务成本金额确认提供劳务收入，并结转已经发生的劳务成本。

③ 已经发生的劳务成本预计全部不能得到补偿的，应将已经发生的劳务成本计入当期损益，不确认提供劳务收入。

（3）让渡资产使用权收入的确认

让渡资产使用权而发生的收入包括利息收入和使用费收入。其中，利息收入主要是指企业存、贷款形成的利息收入及同业之间发生往来形成的利息收入等；使用费收入是指转让无形资产（如商标权、专利权、专营权、软件、版权）等资产的使用权而形成的使用费收入。利息收入和使用费收入的确认原则是：① 与交易相关的经济利益很可能流入企业；② 收入的确认能够可靠地计量。

10.2.2 工程合同收入的计算

1. 建造（施工）合同概述

根据《中华人民共和国合同法》，建设工程合同是承包人进行工程建设，发包人支付价款的合同，其中包括工程勘察、设计、施工合同。根据《企业会计准则第 15 号——建造合同》，建造合同是指为建造一项或数项在设计、技术、功能、最终用途等方面密切相关的资产而订立的合同。准则中使用的建造合同既包含了建设工程合同所指的内容，也包括合同法中承揽合同的内容，如船舶、飞机的定做。由于本部分内容是从会计的角度介绍合同收入。因此，采纳《企业会计准则》中建造合同的概念，从施工单位的角度可将其理解为施工合同。

（1）建造（施工）合同的特征

建造（施工）合同是指建造一项或数项在设计、技术、功能、最终用途等方面密切相关的资产而订立的合同。其中资产主要包括房屋、道路、桥梁、水坝等建筑物以及船舶、飞机、大型机械设备等。建造（施工）合同主要特征是：

1）先有买主（即客户），后有标的（即资产），建造资产的造价在合同签订时就已经确定；

2）资产的建设周期长，一般都要跨越一个会计年度，有的长达数年；

3）所建造资产的体积大、造价高；

4）建造（施工）合同一般为不可撤销合同。

（2）固定造价合同与成本加成合同

1）固定造价合同是指按照固定的合同价或固定单价确定工程价款的建造（施工）合同。所谓固定合同价是指总造价固定。比如一个承包商同客户签订建造一栋大楼的合同，合同规定建造大楼的总造价是 4000 万元，在工程实施过程中不论成本有什么变化，工程决算按 4000 万元结算，那么这个合同就叫固定造价合同；而固定单价是指单价是固定的，总造价由固定的单价与单位量来决定。如承包商同客户签订了一条建造道路的合同，这条道路总长为 80km，合同规定每公里建造单价为 500 万元，那么这也是一个固定造价合同。因为单价是固定的，当里程不变时，实际总造价也是固定的。

2）成本加成合同是指以合同约定或其他方式议定的成本为基础，加上该成本的一定比例或定额费用确定工程价款的建造（施工）合同。这种合同不确定最终决算的款项是多少，而是事先约定一个成本为基础，这种成本可能是实际成本为基础，或者是以某一个中间价款为基础，再在这个成本的基础上加一定比例，这个比例就是承包商在这项工程中所要得到的利润空间。这种合同没有标明将来决算所要付款的金额，而是以一个约定的数值来代表。例如，某一建造商同客户签订一份合同，该合同规定建造商为客户建造一台大型设备，双方约定该设备的基本成本是实际成本，价款由实际成本加成 10% 来确定，这个合同就是一个成本加成合同。

（3）固定造价合同与成本加成合同的区别

固定造价合同与成本加成合同的主要区别在于它们各自所含风险的承担者不同，固定造价合同的风险主要由建造承包商承担，因为在双方签订合同时价且在已经确定，在建造过程中不论材料价格上涨，还是出现什么情况，实际成本是多少，都和对方无关，最终所决算的价款就是合同中所确定的，所以建造承包商要承担合同项目的所有风险；而成本加成合同的风险主要由发包方承担。因为发包商承担了所有的实际成本，如果在建造过程中料、工、费都上涨，那么实际成本也上涨了，涨价的部分由发包商承担的，最后决统的价款是按实际成本加上一个百分比，而这个百分比是固定的。

2. 合同的分立与合并

企业通常应当按照单项建造合同进行会计处理。但是，在某些情况下，为了反映一项或一组合同的实质，需要将单项合同进行分立或将数项合同进行合并。

建造合同中有关合同分立与合同合并，实际是确定建造合同的会计核算对象，一组建造合同是合并为一项合同进行会计处理，还是分立为多项合同分别进行会计处理，对建造承包商的报告损益将产生重大影响。一般情况下，企业应以所订立的单项合同为对象，分别计算和确认各单项合同的收入、费用和利润。

（1）建造合同的分立

一项包括建造数项资产的建造合同，同时满足下列条件的，每项资产应当分立为单项合同：

1）每项资产均有独立的建造计划；

2）与客户就每项资产单独进行谈判，双方能够接受或拒绝与每项资产有关的合同条款；

3）每项资产的收入和成本可以单独辨认。

如果不同时具备上述三个条件，则不能将建造合同进行分立，而应将其作为一项合同进行会计处理。

（2）建造合同的合并

一组合同无论对应单个客户还是多个客户，同时满足下列条件的，应当合并为单项合同：

1）该组合同按一揽子交易签订；

2）该组合同密切相关，每项合同实际上已构成一项综合利润率工程的组成部分；

3）该组合同同时或依次履行。

如果不同时符合上述三个条件，则不能将该组合同进行合并，而应以各单项合同进行会计处理。

3. 合同收入的内容

建造合同的收入包括两部分内容：合同规定的初始收入和合同变更、索赔、奖励等形成的收入。

（1）合同规定的初始收入

合同规定的初始收入是指建造承包商与客户在双方签订的合同中最初商定的合同总金额，它构成了合同收入的基本内容。

（2）因合同变更、索赔、奖励等形成的收入

因合同变更、索赔、奖励等形成的收入，这部分收入不构成合同双方在签订合同时已在合同中商定的合同总金额，而是在执行合同过程中由于合同变更、索赔、奖励等原因而形成的收入。建造承包商不能随意确认这部分收入，只有在符合一定条件时才构成合同总收入。

1）合同变更是指客户为改变合同规定的作业内容而提出的调整。合同变更款应同时

满足下列条件，才能构成合同收入：

① 客户能够认可因变更而增加的收入；

② 该收入能够可靠地计量。

2）索赔款是指因客户或第三方的原因造成的、向客户或第三方收取的、用以补偿不包括在合同造价中成本的款项。索赔款应同时满足下列条件，才能构成合同收入：

① 根据谈判情况，预计对方能够同意该项索赔；

② 对方同意接受的金额能够可靠地计量。

3）奖励款是指工程达到或超过规定的标准，客户同意支付的额外款项。奖励款应同时满足下列条件，才能构成合同收入：

① 根据合同目前完成情况，足以判断工程进度和工程质量能够达到或超过规定的标准；

② 奖励金额能够可靠地计量。

4. 合同收入的确认

建筑业企业应当及时、准确地进行合同收入和合同费用的确认与计量，以便分析和考核建造（施工）合同损益的实现情况。要准确地进行合同收入的确认与计量，首先应判断建造合同的结果能否可靠地估计。如果建造合同的结果能够可靠地估计，应在资产负债表内根据完工百分比法确认当期的合同收入。如果建造合同的结果不能可靠地估计，就不能根据完工百分比法确认合同收入。因此，建筑业企业可以根据建造合同的结果能否可靠地估计，将合同收入的确认与计量分为以下两种类型处理。

（1）合同结果能够可靠估计时建造（施工）合同收入的确认

1）合同结果能够可靠估计的标准

建造合同分为固定造价合同和成本加成合同，不同类型的建造合同判断其能否可靠估计的条件也不相同。

① 固定造价合同结果能否可靠估计的标准

判断固定造价合同的结果能够可靠估计，需同时具备以下条件：

a. 合同总收入能够可靠地计量；

b. 与合同相关的经济利益很可能流入企业；

c. 实际发生的合同成本能够清楚地区分和可靠地计量；

d. 合同完工进度和为完成合同尚需发生的成本能够可靠地确定。

② 成本加成合同的结果能否可靠估计的标准

判断成本加成合同的结果能够可靠估计，需同时具备以下条件：

a. 与合同相关的经济利益很可能流入企业；

b. 实际发生的合同成本能够清楚地区分和可靠地计量。

对成本加成合同而言，合同成本的组成内容一般已在合同中作了相应的规定。合同成本是确定其合同造价的基础，也是确定其完工进度的重要依据，因此，要求其实际发生的合同成本能够清楚地区分并且能够可靠地计量。

2）完工百分比法

完工百分比法是指根据合同完工进度来确认合同收入的方法。完工百分比法的运用分两个步骤：第一步，确定建造合同的完工进度，计算出完工百分比；第二步，根据完工百分比确认和计量当期的合同收入。

确定建造（施工）合同完工进度有以下三种方法：
① 根据累计实际发生的合同成本占合同预计总成本的比例确定

该方法是一种投入衡量法，是确定合同完工进度常用的方法，其计算公式如下：

$$合同完工进度 = \frac{累计实际发生的合同成本}{合同预计总成本} \times 100\%$$

需要注意的是，累计实际发生的合同成本不包括施工中尚未安装或使用的材料成本等与合同未来活动相关的合同成本，也不包括在分包工程的工作量完成之前预付给分包单位的款项。

② 根据已经完成的合同工作量占合同预计总工作量的比例确定

该方法是一种产出衡量法，适用于合同工作量容易确定的建造（施工）合同，如道路工程、土石方工程等，其计算公式如下：

$$合同完工进度 = \frac{已经完成的合同工程量}{合同预计总工程量} \times 100\%$$

③ 根据已完成合同工作的技术测量确定

该方法是在上述两种方法无法确定合同完工进度时所采用的一种特殊的技术测量方法，适用于一些特殊的建造（施工）合同，如水下施工工程等。

例如，某建筑业企业与水利局签订一项水下施工建造合同。在资产负债表日，经专业技术人员现场测定后认定，已完成工作量占合同总工作量的80%。那么该建筑业企业可以此认定合同的完工进度为80%。

需要注意的是，这种技术测量应由专业人员现场进行科学测定，而不是由建筑业企业自行随意测定。

3）当期完成建造（施工）合同收入的确认

建造（施工）合同收入的确认分两种情况，一种是当期完成建造（施工）合同收入的确认，另一种是在资产负债表日建造（施工）合同收入的确认。

当期完成的建造（施工）合同应当按照实际合同总收入扣除以前会计期间累计已确认收入后的金额，确认为当期合同收入，即：

   当期确认的合同收入 = 实际合同总收入 - 以前会计期间累计已确认收入

4）资产负债表日建造（施工）合同收入的确认

当期不能完成的建造（施工）合同，在资产负债表日，应当按照合同总收入乘以完工进度扣除以前会计期间累计已确认收入后的金额，确认为当期合同收入。即：

   当期确认的合同收入 = 合同总收入 × 完工进度 - 以前会计期间累计已确认的收入

需要注意的是，公式中的完工进度是指累计完工进度。因此，建筑业企业在应用上述公式计算和确认当期合同收入时应区别以下四种情况进行处理：

① 当年开工当年未完工的建造合同。在这种情况下，以前会计年度累计已确认的合同收入为零。

② 以前年度开工本年未完工的建造合同。在这种情况下，企业可直接运用上述计算公式计量和确认当期合同收入。

③ 以前年度开工本年完工的建造合同。在这种情况下，当期计量确认的合同收入，为合同总收入扣除以前会计年度累计已确认的合同收入后的余额。

④ 当年开工当年完工的建造合同。在这种情况下,当期计量和确认的合同收入,等于该项合同的总收入。

(2) 合同结果不能可靠地估计时建造(施工)合同收入的确认

当建筑业企业不能可靠地估计建造(施工)合同的结果时,就不能采用完工百分比法来确认和计量当期的合同收入,应区别以下两种情况进行处理:

1) 合同成本能够回收的,合同收入根据能够收回的实际合同成本来确认,合同成本在其发生的当期确认为费用。

2) 合同成本不能回收的,应在发生时立即确认为费用,不确认收入。

建造合同的结果不能可靠估计的不确定因素不复存在的,应当按照资产负债表日建造(施工)合同收入的确认规定确认与建造合同有关的收入。合同预计总成本超过合同总收入的,应当将预计损失确认为当期费用。

10.2.3 利润的计算与分配

企业的利润,是企业在一定会计期间的经营成果,企业利润的表现形式有营业利润、利润总额和净利润。企业的利润总额集中反映了企业经济活动的效益,是衡量企业经营管理水平和经济效益的重要综合指标。净利润表现为企业净资产的增加,是反映企业经济效益的一个重要指标。企业作为独立的经济实体,应当以一定时期实现的各项收入抵补费用和支出后实现盈利。如果企业一定时期实现的各项收入不能抵补费用和支出等,就会发生亏损。因此,企业一定时期利润水平的高低在很大程度上反映了企业生产经营活动的经济效益以及企业为社会所作的贡献。所得税的核算在利润的核算中有重要的作用。企业净利润是利润总额与所得税之差。所得税反映的是企业对国家的贡献,而净利润则体现企业的最终经营成果。新《企业会计准则》对利润的核算及所得税的核算都作了较大的改革。更加充分体现了企业在市场经济中作为独立经济实体的价值。

1. 利润的概念

利润是企业在一定会计期间的经营活动所获得的各项收入抵减各项支出后的净额以及直接计入当期利润的利得和损失等。其中,直接计入当期利润的利得和损失,是指应当计入当期损益、会导致所有者权益发生增减变动的、与所有者投入资本或者向所有者分配利润无关的利得或损失。

利得和损失可分为两大类,一类是不计入当期损益,而直接计入所有者权益的利得和损失,如接受捐赠、变卖固定资产等,都可直接计入资本公积。另一类就是应当直接计入当期损益的利得和损失,如投资收益、投资损失等。这两类利得和损失都会导致所有者权益发生增减变动。

2. 利润的计算

(1) 营业利润

营业利润是企业利润的主要来源。营业利润按下列公式计算:

营业利润 = 营业收入 - 营业成本(或营业费用) - 营业税金及附加销售费用 - 管理费用 - 财务费用 - 资产减值损失 + 公允价值变动收益(损失为负) + 投资收益(损失为负)

式中,营业收入是指企业经营业务所确认的收入总额,包括主营业务收入和其他业务收入。其中，主营业务收入是指企业为完成其经营目标而从事的经常性活动所并实现的收入，如建筑业企业工程结算收入、工业企业产品销售收入、商业企业商品销售收入等。其他业务收入是指企业为完成其经营目标从事的与经常性活动相关的活动所实现的收入，指企业除主营业务收入以外的其他销售或其他业务的收入，如建筑业企业对外出售不需用的材料的收入、出租投资性房地产的收入、劳务作业收入、多种经营收入和其他收入（技术转让利润、联合承包节省投资分成收入、提前竣工投产利润分成收入等）。

营业成本是指企业经营业务所发生的实际成本总额，包括主营业务成本和其他业务成本。其中，主营业务成本是指企业经营主营业务发生的支出。其他业务成本是指企业除主营业务以外的其他销售或其他业务所发生的支出，包括销售材料、设备出租、出租投资性房地产等发生的相关成本、费用、相关税金及附加等。

营业税金及附加是指企业经营活动发生的营业税、消费税、城市维护建设税、资源税、教育费附加、地方教育附加投资性房地产相关的房产税和土地使用税等。

资产减值损失是指企业计提各项资产减值准备所形成的损失。

公允价值变动损益指在采用公允价值计量时，由于公允价值变化而产生的账面损失或收益。在利润表中，公允价值变动收益是指出于公允价值变化而产生的净收益，如果为负值则表示损失。我国会计准则将公允价值定义为，在公平交易中熟悉情况的交易双方自愿进行资产交换或债务清偿的金额。新会计准则体系在金融工具、投资性房地产、非共同控制下的企业合并、债务重组和非货币性交易等方面均采用了公允价值计量。

投资收益（或损失）是指企业以各种方式对外投资所取得的投资收益减去投资损失后的净额，即投资净收益。投资收益包括对外投资享有的利润、股利、债券利息、投资到期收回或中途转让取得高于账面价值的差额，以及按照权益法核算的股权投资在被投资单位增加的净资产中所拥有的数额等。投资损失包括对外投资分担的亏损、投资到期收回或者中途转让取得款项低于账面价值的差额，以及按照权益法核算的股权投资在被投资单位减少的资产中分担的数额等。如投资净收益为负值，即为投资损失。

（2）利润总额

利润总额指企业在生产经营过程中各种收入扣除各种耗费后的盈余，反映企业在报告期内实现的盈亏总额。

$$利润总额＝营业利润＋营业外收入－营业外支出$$

式中，营业外收入是指企业发生的与其生产经营活动无直接关系的各项收入和各项支出。其中，营业外收入包括处置固定资产净收益、处置无形资产净收益、罚款净收入等。营业外支出包括固定资产盘亏、处置固定资产净损失、处理无形资产净损失、债务重组损失、罚款支出、捐赠支出、非常损失等。

当利润总额为负时，企业一年经营下来，其收入还抵不上成本开支及应缴的营业税，这就是通常所说的企业发生亏损。

当利润总额为零时，企业一年的收入正好与支出相等，企业经营不亏不赚，这就是通常所说的盈亏平衡。

当利润总额大于零时，企业一年的收入大于支出，这就是通常所说的企业盈利。

（3）净利润

净利润（收益）是指在利润总额中按规定交纳了所得税后公司的利润留成，一般也称为税后利润或净利润。

$$净利润＝利润总额－所得税费用$$

式中，所得税费用是指企业应计入当期损益的所得税费用。

净利润是一个企业经营的最终成果，净利润多，企业的经营效益就好；净利润少，企业的经营效益就差，对于企业的投资者来说，净利润是获得投资回报大小的基本因素，对于企业管理者而言，净利润是进行经营管理决策的基础。同时，净利润也是评价企业盈利能力、管理绩效以至偿债能力的一个基本工具，是一个反映和分析企业多方面情况的综合指标。净利润的多寡取决于两个因素，一是利润总额，二是就是所得税费用。企业的所得税率都是法定的，所得税率愈高，净利润就愈少。我国现在有两种所得税率，一是一般企业25％的所得税率，即利润总额中的25％要作为税收上交国家财政；另外就是对三资企业和部分高科技企业采用的优惠税率，所得税率为15％。当企业的经营条件相当时，所得税率较低企业的经营效益就要好一些。

3. 利润的分配

利润分配是指企业按照国家的有关规定，对当年实现的净利润和以前年度未分配的利润所进行的分配。企业董事会或类似机构决议提请股东大会或类似机构批准的年度利润分配方案（除股票股利分配方案外），在股东大会或类似机构召开会议前，应当将其列入报告年度的利润分配表。股东大会或类似机构批准的利润分配方案，与董事会或类似机构提请批准的报告年度利润分配方案不一致时，其差额应当调整报告年度会计报表有关项目的年初数。

（1）税后利润的分配原则

公司税后利润的分配由于涉及股东、债权人、职工、社会等各个利益主体的切身利益，因此为维护社会秩序，充分发挥公司这一经济组织的优越性，平衡各方面的利益冲突，各国公司法均对其分配原则和分配顺序予以了严格规定。我国《公司法》规定的公司税后利润的分配原则可以概括为以下几个方面：

1）按法定顺序分配的原则。不同利益主体的利益要求，决定了公司税后利润的分配必须从全局出发，照顾各方利益关系。这既是公司税后利润分配的基本原则，也是公司税后利润分配的基本出发点。

2）非有盈余不得分配原则。这一原则强调的是公司向股东分配股利的前提条件。非有盈余不得分配原则的目的是为了维护公司的财产基础及其信用能力。股东会、股东大会或者董事会违反规定，在公司弥补亏损和提取法定公积金之前向股东分配利润的，股东必须将违反规定分配的利润退还公司。

3）同股同权、同股同利原则。同股同权、同股同利不仅是公开发行股份时应遵循的原则，也是公司向股东分配股利应遵守的原则之一。

4）公司持有的本公司股份不得分配利润。这是《公司法》修改之后新增的，这与前文提到的新法关于公司股份回购的修改相配合。

（2）税后利润的分配顺序

按照《公司法》，公司税后利润的分配顺序为：

1）弥补公司以前年度亏损。公司的法定公积金不足以弥补以前年度亏损的，在依照规定提取法定公积金之前，应当先用当年利润弥补亏损。

2）提取法定公积金。我国《公司法》规定的公积金有两种：法定公积金和任意公积金。法定公积金，又称强制公积金，是《公司法》规定必须从税后利润中提取的公积金。对于法定公积金，公司既不得以其章程或股东会决议予以取消，也不得削减其法定比例。因法定公积金的来源不同，其又分为法定盈余公积金和资本公积金。法定盈余公积金是按照法定比例从公司税后利润中提取的公积金。根据《公司法》第一百六十七条规定"公司分配当年税后利润时，应当提取利润的百分之十列入公司法定公积金。公司法定公积金累计额为公司注册资本的百分之五十以上的，可以不再提取"。而资本公积金是直接由资本或资产以及其他原因所形成的，是公司非营业活动所产生的收益。《公司法》第一百六十八条对资本公积金的构成作出了规定"股份有限公司以超过股票票面金额的发行价格发行股份所得的溢价款以及国务院财政部门规定列入资本公积金的其他收入，应当列为公司资本公积金"。一般说来，公司接受的赠予、公司资产增值所得的财产价额、处置公司资产所得的收入等均属于资本公积金的来源。法定公积金有专门的用途，一般包括以下三个方面的用途：

① 弥补亏损。公司出现亏损直接影响到公司资本的充实、公司的稳定发展以及公司股东、债权人权益的有效保障，因此，我国有关立法历来强调"亏损必弥补"。但是，根据《公司法》第一百六十九条的规定，资本公积金不得用于弥补公司的亏损。这是因为资本公积金不同于盈余公积金，其来源是公司股票发行的溢价款等，而非公司利润，因此从理论上讲不能用于弥补亏损是正确的。

② 扩大公司生产经营。公司要扩大生产经营规模，必须增加投资。在不可能增加注册资本的情况下，可用公积金追加投资。

③ 增加公司注册资本。用公积金增加公司注册资本，既壮大了公司的实力，又无需股东个人追加投资，于公司、于股东都有利。但如果将法定公积金全部转为资本，则有违公积金弥补亏损的效用，因此有必要限制其数额。《公司法》第一百六十九条第二款规定"法定公积金转为资本时，所留存的该项公积金不得少于转增前公司注册资本的百分之二十五。"

3）经股东会或者股东大会决议提取任意公积金。任意公积金是公司在法定公积金之外，经股东会或者股东大会决议而从税后利润中提取的公积金。任意公积金由于并非法律强制规定要求提取的，因此对其提取比例、用途等公司法均未做出规定，而是交由章程或者股东会决议做出明确规定。

4）向投资者分配的利润或股利。公司弥补亏损和提取公积金后所余税后利润，有限责任公司依照《公司法》第三十五条的规定分配；股份有限公司按照股东持有的股份比例分配，但股份有限公司章程规定不按持股比例分配的除外。

5）未分配利润

未分配利润是企业未作分配的利润。它在以后年度可继续进行分配，在未进行分配之前，属于所有者权益的组成部分。从数量上来看，未分配利润是期初未分配利润加上本期实现的净利润，减去提取的各种盈余公积和分出的利润后的余额。未分配利润是指企业实现的净利润经过弥补亏损、提取盈余公积和向投资者分配利润后留存在企业的、历年结存的利润。未分配利润有两层含义：一是留待以后年度处理的利润；二是未指明特定用途的利润。相对于所有者权益的其他部分来说，企业对于未分配利润的使用有较大的自主权。

进行未分配利润核算时,应注意以下几个问题:

① 未分配利润核算是通过"利润分配——未分配利润"账户进行的。

② 未分配利润核算一般是在年度终了时进行的,年终时,将本年实现的净利润结转到"利润分配——未分配利润"账户的贷方。同时将本年利润分配的数额结转到"利润分配——未分配利润"账户的借方。

③ 年末结转后的"利润分配——未分配利润"账户的贷方期末余额反映累计的未分配利润,借方期末余额反映累计的未弥补亏损。

第 11 章 劳务分包合同的相关知识

11.1 合同的基本知识

11.1.1 合同的定义和效力

《中华人民共和国合同法》（以下简称合同法）第 2 条明确规定："本法所称合同是平等主体的自然人、法人、其他组织之间设立、变更、终止民事权利义务关系的协议"。合同是商品交换在法律上的表现形式，依法成立的合同又称为契约、协议。

1. 合同的定义

(1) 合同是平等主体之间的民事法律关系

合同是平等主体之间的民事法律关系。这里的平等主体是指合同当事人的法律地位平等，没有领导和服从的关系，合同中的某一方不得以自身的社会地位、行政权力或经济实力等优势在合同中把自己的意志强加给另一方。

(2) 合同是当事人的法律行为的约定

合同是双方或多方当事人的法律行为的约定。签订合同的主体必须有两个或两个以上的自然人、法人或其他组织，合同的成立必须是各方当事人意思表示一致的结果。

(3) 合同各方表达的意思符合法律的规定

合同各方表达的意思必须符合法律的规定。意思表示应当是当事人自主、自由、自愿地表达的真实意志，在合同中所表达的意思没有损害国家、集体、第三人的利益以及社会公共利益，任何违反法律法规的合同不受法律的保护。

(4) 合同是从法律上明确当事人之间权利与义务关系的文件

合同是从法律上明确当事人之间特定权利与义务关系的文件。合同在当事人之间设立、变更、终止民事权利义务关系，以实现当事人特定民事权利的目的。

(5) 合同是具有相应法律效力的协议

合同是具有相应法律效力的协议。合同依法成立生效后，当事人的权利受国家法律的保护，同时对当事人在履行义务时同样有法律上的约束力。

2. 合同的效力

合同效力是法律赋予依法成立的合同对所有当事人所产生的约束力。合同的效力一般可以分为四大类，即有效合同，无效合同，可变更、可撤销合同和效力待定合同。

(1) 有效合同

简单地说，依法成立的合同就是有效合同。那么，什么样的合同才属于依法成立的合同呢，依法成立的有效合同必须具备四个条件：

1) 当事人具有相应的民事权利能力和民事行为能力。当事人必须能够独立表达自己的意思,并且能够清楚意识自己行为的性质和产生的后果。当事人除了具有相应民事权利以外,自然人还必须具有法律所认可的民事行为能力,法人和其他组织的民事行为能力与它们的经营和活动范围的民事权利能力相一致。

2)意思表示真实。合同条款能够真正反映当事人内心真实意愿的意思表示,符合当事人的意志和要求。合同是当事人意思表示一致的结果,意思表示真实是合同生效的重要构成要件,因此,当事人反映在合同上的意思表示必须真实。

3)不违反法律法规或社会公共利益。当事人签订的合同从目的到内容都不能违反我国现行法律以及行政法规的强制性规定,不能违背社会公德、扰乱社会公共秩序、损害社会公共利益和第三人利益。

4)符合法律法规所要求的形式。《合同法》第10条规定:"当事人订立合同,有书面形式、口头形式和其他形式。""法律,行政法规规定采用书面形式的,应该采用书面形式。当事人约定采用书面形式的,应当采用书面形式。"

已经成立的有效合同在整个履行过程中会产生出合同当事人期望的法律效果,此类合同能够受到法律的认可和保护。

(2) 无效合同

1)无效合同的概念。无效合同是指当事人违反了法律规定的条件而订立的合同,即合同虽然成立,但因其违反法律、行政法规、社会公共利益,国家不承认其效力,不给予法律保护。无效合同从订立之时起就不存在法律效力,不论该合同履行到什么阶段,合同一旦被确认为无效后,这种无效的确认要追溯到合同订立时。因此,无效合同的特征就是:自始无效、当然无效、绝对无效。

2)无效合同的类型。《合同法》第52条规定了以下五种情形之一的为无效合同:

① 一方以欺诈、胁迫的手段订立合同,损害国家利益的。所谓欺诈是指一方当事人在订立合同时故意编造虚假情况或者故意隐瞒真实情况,诱使对方当事人在不能了解真实情况下作出错误意思的表示。所谓胁迫包含了威胁和强迫两个意思,威胁是对对方当事人以将来实施的不法损害进行恐吓,使其陷入恐惧和害怕而作出不真实意思的表示;强迫则是采用直接的身体强制,迫使对方当事人无法反抗而签订合同。一方以欺诈、胁迫手段订立的合同履行的结果将使对方的利益遭受损害。

② 恶意串通、损害国家、集体或者第三人利益的。所谓恶意串通,是指合同当事人为了牟取非法利益或为实现某种目的,串通一气,相互勾结。所订立的合同以损害国家、集体或者第三人的利益而获得合同当事人的利益,具有一定的社会危害性。

③ 以合法形式掩盖非法目的。以合法形式掩盖非法目的,是指合同当事人采用形式上的合法行为来掩盖其真实的非法目的,或者实施的行为在形式上是合法的,但是在内容或目的上是非法的行为。

④ 损害社会公共利益的。《合同法》第7条规定:当事人订立、履行合同,应当遵守法律、行政法规,尊重社会公德,不得扰乱社会经济秩序,损害社会公共利益。所谓社会公共利益的内涵相当丰富,外延也十分广泛,是指大多数社会成员的利益,包括人们的社会公共秩序、社会公德、基本生活秩序、各地的公序良俗、不特定多数人的人身、财产利益等。

⑤ 违反法律、行政法规的强制性规定的。违反法律、行政法规的强制性规定的合同,

是指当事人在订立合同的目的、所签订合同的内容上都违反了法律和行政法规强制性的规定。此类合同，不管当事人在主观上是故意所为，还是过失所致，只要合同违反法律、行政法规的强制性规定，则就确认该合同无效。

3）合同无效的法律后果。由于无效合同具有不能履行性，因此不会产生当事人期望的法律效果。但是，合同无效并不是不产生任何法律后果，合同被确认无效或者被撤销后，当事人也要承担返还财产、折价补偿、赔偿损失的民事责任以及被追缴已获财产收归国库所有等。《合同法》第58条规定："合同无效或者被撤销后，因该合同取得的财产，应当予以返还；不能返还或者没有必要返还的，应当折价补偿。有过错的一方应当赔偿对方因此所受到的损失，双方都有过错的，应当各自承担相应的责任。"《合同法》第59条规定："当事人恶意串通，损害国家、集体或者第三人利益的，因此取得的财产收归国家所有或者返还集体、第三人"。

（3）可变更、可撤销合同

1）可变更、可撤销合同的概念。可变更、可撤销合同，是指合同已经成立，因为一定的原因当事人在合同上的意思表示不真实，法律允许撤销权的当事人申请变更或撤销，使已经生效的合同效力全部取消或使合同内容变更。

可变更、可撤销合同与无效合同有着明显的区别，可变更、可撤销合同在被撤销之前存在着法律效力，尤其对无撤销权的一方具有完全的约束力，并且，其效力还在于撤销权当事人是否向法院或者仲裁机构行使撤销权以及是否被支持。

2）形成可变更、可撤销合同的原因。《合同法》第54条规定，下列合同属于可变更、可撤销合同：

① 因重大误解订立的合同。所谓重大误解，是指误解当事人作出意思表示时，对合同主要内容产生误解且直接影响合同当事人实体权利义务的确定，对合同性质、标的物的质量、数量等合同相关因素产生错误认识，做出与内心意志不一致的表示。

② 在订立合同时显失公平的合同。所谓显失公平的合同，就是一方当事人利用地位、资金、技术等优势订立的；或在紧迫或者缺乏经验的情况下订立的，使当事人之间享有的权利和承担的义务明显违反平等公平、等价有偿原则的合同。

③ 一方以欺诈、胁迫的手段或者乘人之危，使对方在违背真实意思的情况下订立的合同。当事人一方以欺诈、胁迫手段订立的损害非国家利益的合同；或乘他人的危难处境或某种紧迫需要，强迫对方接受明显不公平的条件而订立违反真实意志的合同都属于此类型。

3）变更权、撤销权的行使和消灭

① 变更权、撤销权由合同中受到利益损害的当事人一方行使，行使的方法是向法院或者仲裁机构提起。

② 具有撤销权的当事人应当在知道或应当知道撤销事由之日起一年内行使撤销权，超过一年的，撤销权消灭。

③ 具有撤销权的当事人知道撤销事由后明确表示或者以自己的行为表示放弃撤销权的，撤销权消灭。

4）合同被变更、撤销的法律后果。在可变更、可撤销合同变更、撤销之前，该合同有效力。合同的变更，主要是在保持原合同关系的基础上，使合同内容发生变化。合同变更的实质是以变更后的合同条款代替了原合同条款，使当事人之间产生了新的权利义务关系。因此，在合同发生变更以后，当事人应当按照变更后的内容履行，任何一方违反变更后的合同内容都构成违约。合同的撤销，根据《合同法》第56条规定，在被撤销之后，该合同就不具有法律效力，即要溯及既往追溯到合同订立之时。

(4) 效力待定合同。

1) 效力待定合同概念。效力待定合同是指合同已经成立，但合同的效力比较复杂，不能直接判断合同有否生效，需要有追认权的当事人进行补正或有撤销权的当事人进行撤销，再视具体情况确定合同是否有效。处于此阶段中的合同，为效力待定的合同。

2) 效力待定合同的情形。效力待定合同有以下三种情形：

① 限制民事行为能力人签订的合同。《合同法》第47条规定："限制民事行为能力人订立的合同，经法定代理人追认后，该合同有效。"此类合同的相对人可以催告法定代理人在一个月内予以追认，法定代理人未作表示的，视为拒绝追认，该合同无效。"合同被追认之前，善意相对人有撤销的权利。撤销应当以通知的方式作出"。

② 无权代理人以被代理人名义签订的合同。《合同法》第49条规定："行为人没有代理权、超越代理权或者代理权终止后以被代理人名义订立合同，相对人有理由相信行为人有代理权的，该代理行为有效"。无权代理人订立的合同，相对人可以催告被代理人在一个月内予以追认，被代理人未作表示的，视为拒绝追认，该合同无效。行为人没有代理权、超越代理权或代理权终止后仍然以被代理人的名义与相对人订立合同，且未经代理人追认，为无效合同，行为人对此承担责任。

③ 无处分权的人处分他人财产签订的合同。《合同法》第51条规定："无处分权的人处分他人财产，经权利人追认或者无处分权的人订立合同后取得处分权的，该合同有效"。所有权人或法律授权的人才能对财产行使诸如转让、赠予等处分权，无处分权人只能对财产享有占有、使用权。无处分权人处分他人财产与相对人订立的合同，经权利人追认或合同订立后无处分权人获得处分权的，该合同有效。反之，合同未获追认或无处分权人未获处分权的，该合同无效。

11.1.2 合同订立的基本原则

签订合同是合同当事人对合同内容进行协商并达成一致的过程。

1. 合同当事人的概念

《合同法》第九条规定："当事人订立合同，应当具有相应的民事权利能力和民事行为能力"。民事权利能力是指法律赋予民事主体享有民事权利和承担民事义务的能力，也就是民事主体享有权利和承担义务的资格，是作为民事主体进行民事活动的前提条件。民事行为能力是指民事主体以自己的行为享有民事权利、承担民事义务的能力。也就是民事主体以自己的行为享有民事权利、承担民事义务的资格。因此，合同当事人就是指具有相应民事权利能力和民事行为能力的自然人、法人、其他单位或组织。

2. 签订合同的基本原则

合同是当事人各方为特定的交易对各方权利和义务的分配将自己内心意思的表示达成一致的协议，合同在协商、签订过程中必须坚持以下的原则。

(1) 平等原则。《合同法》第3条规定："合同当事人的法律地位平等，一方不得将自己的意志强加给另一方"。合同签订的当事人的主体地位平等了，才可以平等沟通和平等交流，当事人应该是地位平等。平等原则是指当事人无论具有什么身份，也无论其经济实力的强弱，在合同关系中相互之间的法律地位都是平等的，没有高低从属之分，没有管理者与被管理者，也没有因双方的经济实力不同而表现出优劣之分。任何一方都不得将自己的意志强加给另一方。

（2）自愿原则。《合同法》第4条规定："当事人依法享有自愿订立合同的权利，任何单位和个人不得非法干预"。自愿原则意味着合同当事人在市场交易活动中，根据自己了解掌握的知识，以及拥有的经验和判断能力去自主协商和选择所需要的合同内容。《合同法》关于自愿原则的具体体现有：

1) 是否订立合同自愿，即当事人可以按照自主意愿决定是否与他人订立合同。
2) 与谁签订合同自愿，即当事人可以自由选择对方当事人作为订立合同的对象。
3) 自愿约定合同内容。当事人在不违法的情况下可自愿拟定合同内容，《合同法》虽然规定了合同的一般条款，但并不要求当事人所订立的合同都必须具备这些内容。
4) 在合同履行过程中当事人可以协议补充、变更合同有关内容的自愿。
5) 解除合同自愿，即当事人在协商一致的情况下，可以解除合同。
6) 订立合同的方式自愿，即当事人可自愿协商选择合同法所规定的合同形式。
7) 当事人可以自愿约定违约责任，一旦发生争议，自愿选择解决争议的方法。当事人也可以约定免责条款以限制或免除其未来的责任。

（3）公平原则。《合同法》第5条规定："当事人应当遵循公平原则确定各方的权利和义务"。公平原则是社会公德的体现，也符合社会主义商业道德的要求。在合同条款商议、订立时当事人要全面兼顾各方的利益均衡；在合同履行过程中，当事人在享有权利的同时必须承担相应的义务，取得的利益与付出的代价相适应。

（4）诚实信用原则。《合同法》第6条规定："当事人行使权利、履行义务应当遵循诚实信用原则。"这是社会公德，也是市场经济活动中形成的道德规则，它要求人们在各类交易活动中讲究信用，恪守诺言，诚实不欺。诚实信用原则贯穿在整个合同的阶段：首先，在订立合同时，任何一方当事人都不得有欺诈或其他违背诚实信用的行为；其次，在履行合同义务时，当事人都应当遵循诚实信用原则，根据合同的性质、目的和交易习惯认真履行合同；在合同终止后，当事人也应当遵循诚实信用的原则，根据交易习惯履行通知、协助、保密等后契约义务。

（5）遵守法律法规和公序良俗原则。《合同法》第6条规定："当事人订立、履行合同，应当遵守法律、行政法规，尊重社会公德，不得扰乱社会经济秩序，损害社会公共利益"。这里有三层意思，一是守法原则，二是尊重社会公德保护公序良俗原则，三是遵守秩序不损害公共利益原则。

守法原则是要求合同当事人在订立和履行合同的过程中必须遵守法律和行政法规。虽然前面讲到当事人在合同订立过程中有很多自愿的权利，但是这种自愿必须是在法律允许的范围之内，不得超越法律法规的限制，甚至违反法律或行政法规的规定。也不得故意规避法律，订立以合法的形式达到非法目的的合同。

社会公德，就是社会公共生活准则，包括公共秩序和善良风俗，是人们在社会公共生活中应当遵守的基本准则。公序良俗原则要求当事人订立、履行合同时，不但应该遵守法律法规，还应该尊重社会公德和公序良俗。

当事人在订立和履行合同中，必须谨慎从事，所订立的合同不但不能扰乱社会经济秩序，更要有利于维护公共秩序，不得侵害社会公共利益。

11.1.3 合同的形式、类型和示范文本

1. 合同的形式

合同形式是当事人协商一致意见的外在表现形式，是合同内容的载体。《合同法》第10条第1款规定："当事人订立合同，有书面形式，口头形式和其他形式"。采用何种合同形式，取决于交易方式的不同，日常生活中的商店购物一般采用口头合同，而履行期限较长以及履行比较复杂的合同则宜采用书面形式。

（1）口头形式。口头形式是指当事人以语言的方式交流、协商达成一致意见的合同形式。口头形式可以是当事人当面交流协商，也可以通过电话等语音通信设备交谈。口头合同具有便捷、快速、利于交易等优点，非常广泛地应用于社会生活的各个领域，因为与人们的衣食住行密切相关，所以被人们普遍接受。此类合同的口头形式，无须当事人约定，凡当事人无约定或法律未规定特定形式的合同，均可以采取口头形式。但是，口头合同也有着它的不足之处，就是当事人一旦就合同产生纠纷便会产生举证困难的情况。因此在社会实践中，合同采取口头形式并不意味着不产生任何文字凭证，如人们在商店购物时会要求店主开具发票或其他购物凭证，但这类文字材料只能视为合同成立的证明，而不能作为合同成立条件。但反过来讲，只要有证据表明口头合同的成立，双方均应严格履行，不履行或不完全履行口头合同，同样要承担违约责任。

（2）书面形式。书面形式是当事人通过文字方式达成一致意见的合同形式。《合同法》第11条规定："书面形式是指合同书、信件和数据电文（包括电报、电传、传真、电子数据交换和电子邮件）等可以有形地表现所载内容的形式。"当事人双方对合同有关内容进行协商订立的并由双方签字（或者同时盖章）的合同文本，称为合同书或者书面合同。书面形式的实质是文字记录，有利于合同关系当事人权利义务的确定，发生争议后便于举证。

书面形式合同除了当事人当面文书签订也可以通过信件订立，即书信形式。书信有平信、挂号信、邮政快件、特快专递等。

书面形式还包括电报、电传、传真等多种形式。《合同法》第11条规定的书面形式还包括电子数据交换和电子邮件。电子数据交换，又称"电子资料通联"，是一种在公司、企业间传输订单、发票等商业文件进行贸易的电子化手段。它通过计算机通信网络，将贸易、运输、保险、银行和海关等行业信息，用一种国际公认的标准格式，完成各有关部门或者公司、企业之间的数据交换与处理，实现以贸易为中心的全部过程，是一种新颖的电子化贸易工具，是计算机、通信和现代管理技术相结合的产物。电子邮件（e-mail），又称电子信箱，电子邮件的传递是通过电子计算机系统来完成的。它要求发信人与收信人都有计算机终端，与计算机网络系统连接并登记注册，网络系统为每一个注册用户分配一个信箱，也就是在计算机的存储空间内划分出区域并确定相应的用户名及密码，用户可以随时随地通过计算机使用自己的用户名和密码开启信箱，进行写作和收发信件。电子信箱系统中传递的信件与传统的信件不同，它是电子信件，其内容可以是文本文件，数据文件以及

传真、语音和图像文件等。电子信箱是一种新型的快速、经济的信息交换方式，是实现办公自动化的重要手段，不仅可用于个人间、办公室间的通信，而且还可用于各种贸易活动。

法律对合同形式除了特别规定外，一般不作特殊要求，书面形式不是合同成立的必要条件，《合同法》第10条第2款规定："法律、行政法规规定采用书面形式的，应当采用书面形式。当事人约定采用书面形式的，应当采用书面形式。"另外，《合同法》第36条又规定："法律、行政法规规定或者当事人约定采用书面形式订立合同，当事人未采用书面形式但一方已经履行主要义务，对方接受的，该合同成立。"由此可见，合同的形式不是主要的，重要的在于当事人之间是否真正存在一个合同。如果合同已经得到履行，即使没有以规定或者约定的书面形式订立，合同也应当是成立的。

(3) 其他形式。其他形式是指根据当事人的行为或者特定情形推定成立的合同。最高人民法院关于适用《中华人民共和国合同法》若干问题的解释（二）第2条规定："当事人未以书面形式或者口头形式订立合同，但从双方从事的民事行为能够推定双方有订立合同意愿的，人民法院可以认定是以合同法第十条第一款中的'其他形式'订立的合同。但法律另有规定的除外"。此类形式实际上是当事人相互之间的一种默示意思的表示，默示的积极行为实际上较为准确地反映了当事人的内心意思，因为行为是受意思支配的，所以从当事人积极的行为可以推测出其行为背后的意思。如房屋租赁合同，租赁期满后，出租人未提出让承租人退房，承租人也未表示退房而是继续交房屋租金，出租人仍然接受租金。尽管当事人没有重新签订合同，但是可以依当事人的行为推定合同仍然有效，继续履行。

2. 合同的类型

凡是平等主体之间设立、变更、终止民事权利义务的协议，都属于合同，它的类型非常广泛。一般是根据不同标准对合同进行不同的分类。

(1) 有名合同与无名合同。有名合同又称为典型合同，是指在法律上已设有规范并赋予名称的合同。我国《合同法》分则规定的有名合同有15种，分别是：买卖合同，供用电、水、气、热力合同，赠与合同，借款合同，租赁合同，融资租赁合同，承揽合同，建设工程合同，运输合同，技术合同，保管合同，仓储合同，委托合同，行纪合同以及居间合同。无名合同又称非典型合同，是指在法律上尚未确立一定的名称和规则的合同。根据合同自由原则，当事人可以自由商定合同内容也可以自由订立无名合同。

(2) 双务合同与单务合同。所谓的双务合同和单务合同是根据当事人双方订立的合同中所反映的相互间权利和义务的分担方式而区分的。双务合同是指当事人双方相互享有权利、承担义务，在合同中双方的权利义务关系呈对应状态，即互为因果的合同。如买卖合同、承揽合同、建设工程合同等。单务合同，是指当事人一方只享有权利，另一方只承担义务，如赠与合同、无息借贷合同、无偿保管合同等。

(3) 有偿合同与无偿合同。有偿合同与无偿合同是根据当事人双方订立的合同中约定各自取得权利时是否偿付相应的对价而区分的。有偿合同，是指当事人一方享有合同约定的权益，也必须向对方付出相应代价的合同。社会经济活动中大多数都是有偿合同，比较常见的有偿合同有买卖合同、租赁合同、承揽合同等。因此，有偿合同是商品交换最典型的法律形式。无偿合同，是指当事人一方享有合同约定的权益，但不需要向对方偿付任何代价的合同。无偿合同不是典型的交易形式,实践中主要有赠予合同、无偿借用合同、无偿保管合同等。双务合同不一定就是有偿合同,在有偿合同中,双方的给付有对价关系;在双务合同中,双方的义务有对价关系。无偿合同也不一定就是单务合同。例如,在无偿合同中,一方当事人不支付对价,但也要承担义务,如无偿借用他人物品的负有正当使用和按期返还的义务。

(4)要式合同与不要式合同。根据合同法就合同的成立是否需要特定的形式,可以把合同分为要式合同和不要式合同。要式合同是指法律规定或合同当事人约定必须具备一定的形式的合同。如《合同法》第270条规定:"建设工程合同应当采用书面形式",建设工程合同就是要式合同。不要式合同是指法律不规定或合同当事人不要求必须具备一定形式的合同。社会实践中以不要式合同为多,合同可以采用书面形式、口头形式以及其他形式。

要式合同与不要式合同的区别就是在有关合同成立与生效的条件上。要式合同:法律规定某种合同必须经过批准或登记才能生效,则合同未经批准或登记便不生效;法律规定某种合同必须采用书面形式合同才成立,则当事人未采用书面形式时合同便不成立,如《合同法》第32条规定:"当事人采用合同书形式订立合同的,自双方当事人签字或者盖章时合同成立。"在某些情况下,当事人虽然订立合同的形式不符合法律规定,但是双方已经形成了合意,合同仍然成立。《合同法》第36条规定:"法律、行政法规规定或者当事人约定采用书面形式订立合同,当事人未采用书面形式,但一方已经履行主要义务,对方接受的,该合同成立。"不要式合同:如果法律法规或合同当事人对合同的形式、程序没有特殊要求,则承诺生效时,合同成立。

通常情况下,承诺生效的地点为合同成立的地点。若以数据电文形式订立合同的,收件人的主营业地为合同成立的地点;没有主营业地的,其经常居住地为合同成立的地点。当事人另有约定的,按照其约定。

(5)诺成合同与实践合同。根据合同当事人达成合意后合同即生效,还是在合意之外还需实际的交付行为发生再生效,将合同分为诺成合同和实践合同。诺成合同,是指合同当事人意思表示一致为充分成立条件的合同,即一旦缔约当事人的意思表示达成一致即告成立的合同。实践合同,是指除当事人意思表示一致以外还需交付合同明确的标的物才能成立的合同。《合同法》第367条规定:"保管合同自保管物交付时成立,但当事人另有约定的除外。"保管合同就是实践合同。社会实践中,大多数合同均为诺成合同,如:买卖合同、租赁合同等;实践合同仅限于法律规定的少数合同,除了保管合同以外,还有自然人之间的借款合同等。

(6)主合同与从合同。根据两个以上合同相互之间的依附关系,可以将合同分为主合同和从合同。主合同是指不需要其他合同存在即可独立存在的合同,从合同是以其他合同的存在为前提而存在的合同,即依附于主合同的附属合同。例如,建筑施工企业与项目业主签订的建设工程施工合同为主合同,围绕该项目建筑施工企业与供应商、劳务公司、专业施工资质公司等签订的材料采购合同、劳务分包合同、专业分包合同等都属于从合同。再如,民间的借款合同和担保合同,前者属于主合同,后者即为从合同。

主合同的成立与效力直接影响到从合同的成立与效力。

1)主合同不成立,从合同也不能有效成立;

2）主合同转让，从合同也就不能单独存在；
3）主合同被判定无效或宣告撤销，从合同也就失效；
4）主合同终止，从合同也随即终止。
但是从合同的成立与效力不影响主合同的成立与效力。

3. 合同的示范文本

合同的示范文本是指根据《合同法》的相关规定，而制定颁布的文本合同。

（1）合同示范文本的制订和发布

合同示范文本的制订和发布是根据合同的不同性质和种类完成的。

1）全国性的制订和发布，主要有：

①国家工商行政管理总局制定并发布；

②国务院有关业务主管部门制定，经国家工商行政管理总局审定、编号后，会同制定部门联合发布；

③根据实际需要国家工商行政管理总局会同国务院有关业务主管部门制订并发布。

2）地方性的制订和发布，主要有：

①地方工商行政管理部门制定并发布；

②地方有关业务主管部门制定，经地方工商行政管理部门审定、编号后，会同制定部门联合发布；

③地方工商行政管理部门会同有关业务主管部门根据实际需要制定并发布。

（2）推行合同示范文本的作用

推行合同示范文本是一种行政指导行为，它有利于当事人严格执行《合同法》，强化合同管理，提高合同履约率，规范合同当事人的签约行为和经营行为，保护当事人的合法权益。

1）推行合同示范文本制度有利于规范社会经济秩序，防止流通领域中出现的乱建公司、乱上项目、利用合同骗买骗卖、非法制售假冒伪劣产品等各种混乱现象的发生。深化企业改革，使有条件的企业在履行合同依法经营的原则下，真正自主经营、自负盈亏、自我约束，从而提高经济效益。推行合同示范文本制度，就可以改变企业过去的那种各自为战、各行其是、草率签约的混乱状况，对于维护正常的经济秩序有着十分重要意义。

2）推行合同示范文本制度，是保护当事人合法权益的重要保证，推行合同示范文本制度最基本的指导思想，就是为企业服务，为当事人服务，为社会服务。因此，广大合同当事人既是示范文本制度的执行者，又是示范文本制度最直接的受益者。使用合同示范文本对当事人有以下一些好处：

①合同示范文本内容比较详细，条款具体且完备；

②当事人依据示范文本签订合同，可以减轻撰写合同条款的负担；

③对合同谈判起草没有经验的并且不熟悉有关法律知识的当事人起到了具体的辅导和帮助，减少签约的盲目性和上当受骗事情的发生；

④合同示范文本具有平等性，它根据当事人法律地位一律平等的原则，规定了各方权利和义务，可杜绝"霸王条款"等各种形式的显失公平的条款；

⑤合同示范文本具有合法性，其各项条款完全依据《合同法》等有关法规制订，当人按照这一格式签订合同可以防止出现违法条款。

3）推行合同示范文本制度，有利于合同仲裁机构和人民法院及时解决合同纠纷，保护当事人的合法权益，保障国家和社会公共利益不受侵害。合同，既是当事人履行各自权利、义务的凭证，同时，又是仲裁机构和人民法院在审理合同纠纷案件时借以判断当事人是非过错的最主要证据之一。当事人按照合同示范文本签订合同，基本可以避免条款短缺，解释不清等情况，当事人的权利义务容易分辨，即使发生纠纷，也可以比较容易地举证，请求法律的保护。

4）推行合同示范文本制度，是完善合同法律制度的又一项新的措施，是对合同法律制度的充实。合同法律、行政法规只能对当事人的权利、义务作出原则性规定，而合同示范文本则分别从不同角度，针对不同行业特点，具体地规范了当事人的签约行为，它为《合同法》的贯彻实施起到了很好的保证作用。

（3）合同示范文本的种类。合同示范文本的种类相当多，几乎涉及社会的各个方面。有些示范文本合同仅有合同协议书加附件组成，如《商品房买卖合同》；有些示范文本合同包括协议书、通用条款、专用条款三个部分组成，例如《建设工程施工合同（示范文本）》等，此类示范文本主要用于合同履行期较长，当事人约定的权利义务比较复杂的合同。常用的示范文本合同有：

1）买卖类合同。买卖类合同中又可以分为一般买卖合同和商品房买卖合同。一般买卖合同示范文本有《工业品买卖合同》（GF—2000—0101）、《农副产品买卖合同》（GF—2000—0151）、《家具买卖合同》（GF—2000—0105）等；商品房买卖合同示范文本有《商品房买卖合同（预售）》（GF—2014—0701）、《商品房买卖合同（现售）》（GF—2014—0172）。

2）赠予类合同。根据《公益事业捐赠法》国家工商行政管理总局发布了合同示范文本《赠予合同》（GF—2000—1301）。

3）租赁、融资租赁合同。根据《城市房地产管理法》、《商品房租赁管理办法》等相关法律法规，国家工商行政管理总局发布了《租赁合同》（GF—2000—0601）、《房屋租赁合同》（GF—2000—0602）、《柜台租赁合同》（GF—2000—0603）以及《融资租赁合同》（参考文本）等。

4）承揽合同。承揽合同示范文本有：《加工合同》（GF—2000—0301）、《定作合同》（GF—2000—0302）、《承揽合同》（GF—2000—0303）等。

5）国有土地使用权合同。根据《物权法》、《土地管理法》、《城市房地产管理法》等法律规定，国家工商行政管理总局发布了《国有建设用地使用权出让合同》（GF—2008—2601）示范文本。

6）旅游类合同。根据《旅游法》、《国家旅游局关于执行〈旅游法〉有关规定通知》等法律、规定，国家工商行政管理总局发布了《国内旅游"一日游"合同》（GF—2013—2405）和《团队国内旅游合同》（GF—2010—2403）等合同示范文本。

7）建设工程类合同。建设工程合同主要指《建设工程施工合同（示范文本）》（GF—2013—0201），该合同最早颁布于1999年，目前的版本是经过修订的于2013年7月1日起开始使用的示范文本。围绕《建设工程施工合同》，住房和城乡建设部和工商行政管理总局又发布了从合同《建设工程施工劳务分包合同（示范文本）》等合同。

除了上述类型的合同示范文本外，还有"借款、储蓄类"、"供用电、水、气、热力类"、"运输类"、"担保类"、"保险类"以及"联营类"等各种类型的合同示范文本或参考文本。

11.1.4 自拟合同的法律规定

1. 自拟合同的概念和效力

自拟合同是指当事人双方不违法、不违反法律法规和强制性规定的情况下自行起草拟定的合同。具有相应民事权利能力和民事行为能力的当事人所签订的，内容约定明确，自愿且意思表示真实，并且不违反法律法规或社会公共利益的自拟合同，与示范文本合同一样具有法律效力，受法律保护。

2. 自拟合同的要求

合同虽然可以自拟，但自拟合同也需要尽量规范和标准，一旦当事人产生纠纷可便于有关机构调解、裁定或判定。《合同法》第12条规定："合同的内容由当事人约定，一般包括以下条款：（一）当事人的名称或者姓名和住所；（二）标的；（三）数量；（四）质量；（五）价款或者报酬；（六）履行期限、地点和方式；（七）违约责任；（八）解决争议的方法。当事人可以参照各类合同的示范文本订立合同。"

合同条款是经双方当事人协商一致、规定双方权利义务的具体条文，也就是合同的内容。因为合同的条款非常重要的，所以《合同法》第十二条规定了合同的主要条款。但是，主要条款的规定只具有提示性与示范性。合同的主要条款或者合同的内容要由当事人约定，一般包括这些条款，但不限于这些条款。不同类型与性质的合同，其主要条款或者必备条款可能是不同的。

（1）当事人名称或者姓名和住所。这个是合同签订的必备条款，当事人是合同主体，只有明确了名称、姓名和住所，才能把交易双方的主体交代清楚，才能清晰规定双方的权利和义务。

（2）标的。标的是合同法律关系的客体，是合同当事人权利和义务共同指向的对象。标的是合同成立的必要条件，没有标的，合同不能成立。由于合同的种类多样，合同的标的也各不一样。

1）有形财产。有形财产指具有经济价值和使用价值并且法律允许流通的有形物。不同的分类有生产资料与生活资料、种类物与特定物、可分物与不可分物、货币与有价证券等。

2）无形财产。无形财产指具有存在价值和使用价值并且法律允许流通的没有实物形态的包括知识产权在内的智力成果，如商标、专利、著作权、技术秘密等。

3）劳务。劳务是指不以实物形式，而是以劳动形式提供某种服务。这种服务可以是满足人们精神上的需要，也可以是满足人们物质生产的需要。如运输合同中承运人的运输行为，保管与仓储合同中的保管行为，建设工程施工劳务分包合同中的劳动力施工行为等。

4）工作成果。工作成果指在合同履行过程中产生的、体现履约行为的有形物或者无形物。《合同法》第251条"承揽合同是承揽人按照定作人的要求完成工作，交付工作成果，定作人给付报酬的合同。"如建设工程合同中承包人完成的建设项目就是这里所说的工作成果。

合同对标的的约定应当清楚明白、描述准确，没有差错。

（3）数量。在大多数的合同中，数量是必备条款。要求双方当事人对数量的约定尽量精确、完整。

（4）质量。质量也就是品质，很多合同纠纷就是因质量条款的问题产生的，因此，合同在标的确定的情况下，最重要的便是质量条款了。当事人在质量条款约定时要规定按照或参照的品牌、标准，甚至采用实物封样等方法，尽可能约定得准确、明了。在合同中明确规定质量条款既可以指导当事人自身按照质量标准进行质量控制，也可以在出现纠纷时有章可循。

（5）价款或者报酬。价款或者报酬，是合同当事人一方向对方当事人支付标的物代价的货币支付。一般来讲，价款支付多用于买卖合同中的对价支付；报酬支付多用于劳务、运输、勘察、设计等合同中的支付。价款或者报酬都涉及价格，而有些价格又包含合同履行期间产生的附加费。当事人双方在合同中要把计价标准、计价方法以及支付方法规定清楚，有些履行期较长或比较复杂的合同，还要约定分期支付的周期和方法。

（6）履行期限。履行期限是指当事人在合同中约定的债务人履行自己义务债权人接受履行行为的时间界限。履行期限分为即时履行和定时履行，除了人们日常生活中的买卖合同主要属于即时履行外，大量的社会经济交易合同实行定时履行。所谓期限就是时间要求，履行期限的约定可以根据合同标的物的性质或要求不同，约定以小时计、以天计、以周计、以月计或以年计。履行期限是合同的主要条款在合同中予以的约定，当事人是否在该履行期限内履行义务是判定其是否按时履行或延迟履行的客观依据。因此，期限条款的约定也必须尽可能明确和具体。

（7）履行地点和方式。

履行地点是指合同债务人履行债务、债权人接受给付的地点。不同的合同有不同的履行地点，买卖合同中，不管是买方提货或者卖方送货，履行地点均为买方收到货物地。建设工程合同履行地点就是合同标的物所在地即建设项目所在地。运输合同与其他合同不同，它的履行地点从起运地到目的地。如果合同中对履行地点约定不明确的，依据《合同法》的规定，双方当事人可以协议补充，如果不能达成补充协议的，则按照合同有关条款或者交易习惯确定。履行地点涉及一旦发生纠纷后由哪一地方的法院来管辖，所以该条款的约定也应该明确和具体。

履行方式是指当事人根据合同履行义务接受给付的具体方法。根据合同的不同履行方法也不一样，买卖合同主要约定标的物的交付方法，承揽合同主要约定工作成果的完成方法，而运输合同约定的是采用哪一类或哪一种运输设备的运输方法。履行方式还包括约定采用现金、支票、转账、委托等等中的哪一种价款或酬金的支付方法等。履行方式与当事人的权益有密切关系，履行方式不符合要求，可能就造成了违约，因此，履行方式也要约定得明确和具体。

（8）违约责任。违约责任是指合同当事人一方不履行合同义务或履行合同义务不符合合同约定所应承担的法律责任。违约责任条款可以促使合同当事人履行合同义务，不使对方遭受损失的法律措施，是保证合同履行的主要条款。一旦违约，违约方将承担违约责任，《合同法》第107条规定："当事人一方不履行合同义务或者履行合同义务不符合约定的，应当承担继续履行、采取补救措施或者赔偿损失等违约责任。"因此，为了保证合同

353

的正常履行，以及合同一旦产生纠纷后可以及时的解决，当事人应该在合同中约定如违约金的计算标准、起付日期等明确和具体的违约责任。

(9) 解决争议的方法。解决争议的方法是指合同一旦产生纠纷和争议时，当事人采用何种途径、对合同条款的解释以及法律适用来解决争议。主要方法有：和解、调解、仲裁、诉讼等四个，当事人在订立合同时要明确一旦在合同履行中产生争议采用上述何种解决方法的约定。

3. 关于格式合同

格式合同是指采用格式条款的合同，《合同法》第39条规定："格式条款是当事人为了重复使用而预先拟定，并在订立合同时未与对方协商的条款。"由此可见，格式合同是当事人一方为图方便单方拟就的并由不特定第三人接受的合同，严格讲它属于一种特殊的自拟合同。

(1) 格式合同与示范文本合同的区别：

1) 制订发布人不一样。格式合同的格式条款往往是由具有垄断和优势地位的经营者单方制定的；示范文本合同是由工商行政管理部门发布，条款比较公平、公正。

2) 当事人对合同条文协商与否不一样。格式合同条文固定，对方要么签订，要么放弃签订；示范文本条款作为参考，可以由各方当事人协商修改。

(2) 格式合同的优点：

1) 格式合同内容上的格式化、特定性精简了缔约的程序，降低了缔约成本，节省了交易时间，提高了交易活动的效益，比较适应现代商业发展的要求。

2) 格式合同本身具有安全价值，可以预先分化风险，维护交易安全，预测潜在的法律责任，将风险转移给第三人，保障交易的安全性，这是格式合同的安全价值。

3) 对于任何不特定当事人都具有公平的价值。在现代商品交易与交换合同中，公平是一个最基本的原则，倡导公平与谴责不公平是法律的价值所在。

(3) 格式合同的缺点：

1) 格式合同违背了契约自由的原则，此类合同的制订方排除了合同相对人选择和协商的可能性，事实上形成了对相对人的强制，使得合同缔约当事人的地位产生不平等，也违背和动摇了民法和合同法的契约自由、平等公平、诚实信用等基本原则。

2) 格式合同的特点是预先拟定性和单方决定性，因此制订方往往为了追求利益的最大化，制订对自己有利的条款，很少或根本不考虑相对人的利益，有些格式条款变成了制订方垄断和强制消费者的工具。

(4) 格式合同条款的解释原则：

《合同法》第39条规定："采用格式条款订立合同的，提供格式条款的一方应当遵循公平原则确定当事人之间的权利和义务，并采取合理的方式提请对方注意免除或者限制其责任的条款，按照对方的要求，对该条款予以说明。"本条规定了提供格式条款的一方有义务以明示或者其他合理、适当的方式提请对方注意格式条款的内容。

《合同法》第40条规定："格式条款具有本法第52条和第53条规定情形的，或者提供格式条款一方免除其责任、加重对方责任、排除对方主要权利的，该条款无效。"合同法五十二条即规定了无效合同的五种情形，五十三条则规定了两种免责条款无效："（一）对方人身伤害的；（二）因故意或者重大过失造成对方财产损失的。"因此合同法四十条规定了格式条款在什么情况下属于无效。

《合同法》第41条规定："对格式条款的理解发生争议的，应当按照通常理解予以解释。对格式条款有两种以上解释的，应当作出不利于提供格式条款一方的解释。格式条款和非格式条款不一致的，应当采用非格式条款。"本条规定了当事人若对格式条款产生纠纷或争议后的解释规则，包含三个层次内容：

1）通常理解规则。对格式条款的解释不应仅以条款制作人的理解为依据，应以人们一般的、通常的、惯例的理解为准。即使对某些特殊术语，也应作出订约者通常的、通俗的理解和一般意义的解释。

2）不利解释规则。格式条款若有两种以上解释时，根据古今中外的民事法律惯例都应作出不利于格式条款提供者的解释，这是比较公平的规则。

3）非格式条款效力优先规则。在格式条款为主的合同中若有个别非格式条款的存在，则非格式条款即属于当事人商议条款，其效力应优先于格式条款，这样既尊重了当事人的意思，也有利于保护广大消费者。

11.1.5 合同争议的解决途径、方式和诉讼时效

1. 合同争议的解决途径和方式

《合同法》第128条规定："当事人可以通过和解或者调解解决合同争议"，"当事人不愿和解、调解或者和解、调解不成的，可以根据仲裁协议向仲裁机构申请仲裁。涉外合同的当事人可以根据仲裁协议向中国仲裁机构或者其他仲裁机构申请仲裁。当事人没有订立仲裁协议或者仲裁协议无效的，可以向人民法院起诉。当事人应当履行发生法律效力的判决、仲裁裁决、调解书；拒不履行的，对方可以请求人民法院执行"。

解决争议的方法主要是合同争议的解决途径。根据合同法一百二十八条的规定，解决争议的具体途径有四个：和解、调解、仲裁、诉讼。

（1）和解。和解是指当事人因合同发生纠纷、争议时可以自主再行协商，在相互尊重对方利益的基础上，就争议的事项以补充协议的形式达成一致，从而解决纠纷的方式。和解是当事人自由选择的在自愿原则下解决合同纠纷的方式，而不是合同纠纷解决的必经程序。

（2）调解。调解是指双方当事人以外的第三方，以国家法律、法规和政策以及社会公德为依据，对纠纷双方进行疏导、劝说，促使他们相互谅解，进行协商，自愿达成协议，解决纠纷的活动。我国合同调解方式主要是人民调解，行政调解，行业调解。

人民调解有两种方式：一是人民调解委员会调解当事人发生合同纠纷，当事人可以向纠纷发生所在地或者当事人所在地的人民调解委员会申请调解；二是也可以邀请双方都信任并能接受的业务和法律方面的专家进行调解。

行政调解主要指工商行政管理部门或其他行政管理机构站在中立的立场对合同当事人的纠纷进行调解。

行业调解是指双方当事人邀请行业组织、社会团体组织进行双方的纠纷调解。

究竟采用何种调解方式，当事人双方可以在缔约时约定双方都能接受的哪一个机构（单位）或哪一个人任调解员，也可以在争议发生后协商邀请第三人调解。双方当事人接受调解达成协议的，应当制作调解协议书，当事人即应当按照调解协议书履行各自的义

务。由于调解协议书不具有法律强制力，一方当事人不履行的，对方当事人不能就此请求人民法院强制执行，但可以采用其他方式来解决争议。

(3) 仲裁。仲裁是指当事人双方在纠纷发生之前或发生之后，再行协议，自愿将纠纷提交双方所同意的第三方（仲裁机构或仲裁委员会）予以裁决，以解决纠纷的一种方式。仲裁协议有两种形式：一种是在争议发生之前订立的，它通常作为合同中的一项仲裁条款出现；另一种是在争议之后订立的，它是把已经发生的争议提交给仲裁的协议。这两种形式的仲裁协议，其法律效力是相同的。

《仲裁法》第9条规定："仲裁实行一裁终局的制度。裁决作出后，当事人就同一纠纷再申请仲裁或者向人民法院起诉的，仲裁委员会或者人民法院不予受理"。《仲裁法》第9条又规定："裁决被人民法院依法裁定撤销或者不予执行的，当事人就该纠纷可以根据双方重新达成的仲裁协议申请仲裁，也可以向人民法院起诉"。《仲裁法》第58条规定："当事人提出证据证明裁决有下列情形之一的，可以向仲裁委员会所在地的中级人民法院申请撤销裁决：（一）没有仲裁协议的；（二）裁决的事项不属于仲裁协议的范围或者仲裁委员会无权仲裁的；（三）仲裁庭的组成或者仲裁的程序违反法定程序的；（四）裁决所根据的证据是伪造的；（五）对方当事人隐瞒了足以影响公正裁决的证据的；（六）仲裁员在仲裁该案时有索贿受贿，徇私舞弊，枉法裁决行为的。人民法院经组成合议庭审查核实裁决有前款规定情形之一的，应当裁定撤销。人民法院认定该裁决违背社会公共利益的，应当裁定撤销"。

(4) 诉讼。诉讼是指人民法院根据纠纷当事人的请求，在当事人和全体诉讼参与人的参加下，运用审判权依法审理和解决刑事、民事和行政案件的活动以及确认争议各方权利义务关系的活动。因合同纠纷的诉讼属于民事诉讼，当事人如果没有仲裁协议，任何一方都可以向人民法院提起民事诉讼，请求人民法院对合同纠纷依法予以审定处理。诉讼是解决合同纠纷的最常见方式。

法律对合同纠纷诉讼时效的规定。法律规定诉讼时效的目的是促使当事人尽早履行义务行使权利，尽快解决当事人间的纠纷。最高人民法院关于适用《中华人民共和国合同法》若干问题的解释第6条、第7条和第8条对诉讼时效作了如下规定："技术合同争议当事人的权利受到侵害的事实发生在《合同法》实施之前，自当事人知道或者应当知道其权利受到侵害之日起至《合同法》实施之日起超过一年的，人民法院不予保护；尚未超过一年的，其提起诉讼的时效期间为两年"，"技术进出口合同争议当事人的权利受到侵害的事实在《合同法》实施之前，自当事人知道或者应当知道其权利受到侵害之日起至《合同法》实施之日起超过两年的，人民法院不予保护，尚未超过两年的，其提起诉讼的时效期间为四年"，"《合同法》第55条规定的'一年'，第75条和104条第二款规定的'五年'为不变时效期间，不适用诉讼时效的终止、中断或延长的规定。"另外，《合同法》第129条规定"因国际货物买卖合同和技术进出口合同争议提起诉讼或者仲裁的期限为四年，自当事人知道或者应当知道其权利受到侵害之日起计算。因其他合同争议提起诉讼或者仲裁的期限，依照有关法律的规定。"该条除对国际货物买卖合同和技术进出口合同争议的诉讼或仲裁的时效期间明确规定为四年外，对其他合同纠纷的诉讼或仲裁，规定适用其他法律的规定。

一般的合同纠纷根据民法通则规定，诉讼时效为两年；特殊的几类争议，如租赁合同中的延付拒付租金、保管合同中的保管物被丢失损坏等的诉讼时效为一年；国际货物买卖合同和技术进出口合同，因为其复杂性和地域性，该类合同纠纷诉讼有效期为四年；其他法律规定特别时效的按其规定。

11.2 劳务分包合同

劳务分包是指建设施工总承包企业或者专业承包企业（即承包人）将其承包工程中的劳务作业发包给具有相应劳务资质的劳务分包企业（即劳务分包人）完成的行为。专业分包是工程总承包人将建筑工程施工中除了地基基础和主体结构以外的其他专业工程发包给具有相应资质的其他施工企业的行为。劳务分包与专业分包的区别主要表现在以下四个方面：

(1) 合同标的指向不同。专业工程分包合同指向的标的是分部分项工程，计取的是工程款，工程分包人的主要表现形式是包工包料；劳务分包合同的指向是工程施工中的劳动力作业，计取的是人工费，劳务分包人的主要表现形式是包工但不包料。

(2) 分包主体的资质不同。专业工程分包人所持有的是专业承包企业的资质；劳务分包人所持有的是劳务作业企业资质。

(3) 分包条件的限制不同。总承包人对专业工程分包有比较多的限制，例如首要条件就是事前要经发包人（建设方）的同意；而劳务分包只需要对应的总承包人或分包人同意，无需征得发包人（建设方）的同意。

(4) 承担责任的范围不同。专业工程分包条件下，总包人和分包人对分包的工程和分包工程的质量缺陷向工程发包人承担连带责任；劳务分包条件下，分包人可自行管理，而且只对与其签订劳务合同的工程承包人负责，工程承包人对发包人负责，劳务分包人对工程发包人不直接承担责任。

劳务分包合同就是承包人与劳务分包人为某特定工程劳务作业发、分包而订立的，明确双方权利义务的协议。它是从合同，从属于建设工程施工合同。

11.2.1 劳务分包合同签订的流程

1. 劳务分包队伍的选择

建筑施工企业在自身劳动力不够或不能满足某阶段施工生产的需要时，可以面向市场采购劳动力以选择合格的劳务分包人来完成该阶段的施工生产。目前，我国建设行业施工承包人的劳务分包选择一般有三种方式：一是通过招标投标的形式；二是非招标采购方式下的劳务分包选择；三是明码标价选择。

2. 劳务分包合同签订的流程

《合同法》规定了合同有口头、书面以及其他等形式，但在劳务分包合同方面，不管承包人和劳务分包人的关系如何，劳务分包合同都必须采取书面的形式订立。承包人和劳务分包人是合同关系，双方的责、权、利必须以公平、合理、详尽的合同来约束。承包人和劳务分包人的劳务分包合同签订的流程根据合同发包方式的不同而不同。

(1) 招标投标形式选择劳务分包合同的签订流程。建筑劳务分包招标是劳务采购的最主要手段，是参照工程量清单招标的模式，通过公开招标的形式把总承包或专业分包施工企业的承包或分包工程中的劳务作业，发包给具有相应劳务分包资格的企业完成的活动。采用招标投标方式选择劳务分包的，必须符合《招标投标法》以及《招标投标法实施条例》等相关的法律法规。招标投标方式的劳务分包合同签订流程有：招标、投标、开标、评标、中标和签订合同等阶段组成。

（2）非招标采购方式下的劳务分包合同签订流程。非招标采购方式是指招标采购方式以外的采购方式，包括在合格劳务分包企业名录中选择、询价选择和竞争性谈判选择等方式。

1）合格劳务分包企业名录中选择的劳务分包合同。有些建筑施工企业在多年的工程施工承包过程中，将一些长期合作、有一定规模、专业配套、人员素质较高、技术骨干基本稳定、管理水平较高且重合同守信用的劳务企业纳入本企业的"合格劳务分包企业名录"，以求互惠互利，长期合作。在"合格劳务分包企业名录"中选择劳务分包的优点是承包人与劳务分包人相互熟悉和了解，能够同甘共苦，因此是建有"合格劳务分包企业名录"的施工承包人在选择劳务分包时的主要选择方式。其合同签订的流程主要是：成立一个项目部参与的合同谈判小组、开展谈判、确定合同条文、签订合同。

2）询价采购的劳务分包合同。询价采购是《政府采购法》规定的政府采购方式之一，其主要适用于采购的货物规格、标准统一、货源充足且价格变化幅度小的政府采购项目，是一种较为常用的政府采购方式。询价采购也可以用于承包人采购选择劳务分包，一般在工程施工的某些单一性的工种或技术要求比较高的少数工种劳动力采购时使用此方法。它不同于公开的招标投标，由承包人选择约三家劳务企业，分别进行询价、评审，最终确定劳务分包人。其合同签订流程是：制定询价采购文件或询价函→确定被询价的劳务分包商名单→发出询价采购文件→接受劳务分包商报价→成立询价小组→评审并确定劳务分包商→签订劳务分包合同。

3）竞争性谈判采购的劳务分包合同。竞争性谈判采购劳务，是指承包人直接邀请三家以上的劳务分包企业就工程施工采购劳动力进行谈判的方式。它与询价采购的不同主要在于参与竞争的劳务分包企业需公开报价。竞争性谈判采购的劳务分包合同的签订流程是：成立竞争性谈判小组→制定谈判文件→发布采购公告公布资格要求→征集合格劳务供应商→向合格劳务供应商提供谈判文件→成立谈判小组→公开报价→开展谈判→确定劳务分包商→签订劳务分包合同。

（3）明码标价交易方式下的劳务分包合同签订流程。明码标价交易方式是商品交易的常用方式，广泛应用于各类商品买卖。明码标价交易的特点是：过程简单、交易迅速，采购者可以根据商品的明码标价，直接决定是否购买。明码标价也可以用于劳务分包人的采购和选择，签订简单的劳务分包合同可以采用这种方式。

劳务分包合同是从合同，它依附的主合同是承包人在本工程的建设工程总承包施工合同或施工分包合同。承包人与劳务分包人根据主合同规定的合同工期、质量标准、安全文明施工与环境保护等主要条款，商谈劳务分包合同的内容，签订具体的合同条款。必要时承包人应提供一份不含商业和经济机密的主合同复印件给劳务分包人。

11.2.2 劳务分包合同条款

2013年4月，住房和城乡建设部联合国家工商行政管理总局印发建市〔2013〕56号文件，颁布了 2013 版《建设工程施工合同（示范文本）》（GF—2013—0201）。2013 版的建设工程施工合同示范文本较之前的 1999 版《建设工程施工合同（示范文本）》（GF—1999—0201）在增加了合同制度、调整完善合同结构体系、完善了合同价格类型等方面都有了很大的改进，它广泛适用于房屋建筑工程、土木工程、线路管道和设备安装工程、装修工程等建设工程的施工承发包活动。

原有的 2003 版《建设工程施工劳务分包合同（示范文本）》已经不再适应新颁布的相关法律法规，落后于劳务分包实践，并且与 2013 版《建设工程施工合同（示范文本）》无法衔接。为解决这些问题，住建部组织专家经过多方调研，结合国内建筑劳务市场的通行做法及最新发展情况对劳务分包合同进行了修订。以下有关建设工程施工劳务分包合同示范文本的表述，依据中华人民共和国住房和城乡建设部 2014 年 6 月发布的《建设工程施工劳务分包合同（示范文本）》征求意见稿。

1. 2014 版《建设工程施工劳务分包合同（示范文本）》的特点

2014 版《建设工程施工劳务分包合同（示范文本）》具有以下七个方面的特点：

（1）2014 版劳务分包合同相对 2003 版劳务分包合同，在合同结构安排和合同要素的设置上更为科学合理。2003 版劳务分包合同结构体系的设置相对繁多，且与 2013 版《建设工程施工合同（示范文本）》无法有效衔接。2014 版劳务分包合同对合同体系进行了全面、系统的梳理，在合同要素上进行优化和补充，体例上充分适应 2013 版《建设工程施工合同（示范文本）》，有合同协议书、通用条款和专用条款三个部分组成，其中合同协议书 9 条，通用合同条款 19 条。

（2）强调了承包人的现场管理义务，由承包人编制施工组织设计，劳务分包人根据承包人的施工组织设计编制劳动力供应计划报承包人审批，承包人全面负责现场的安全生产、质量管理，以及工期计划等，承包人有权随时检查劳务作业人员的持证上岗情况，同时明确劳务分包人不得对工程提出变更，通过合同引导承包人加强现场管理。

（3）强调了劳务分包人对劳务作业人员的管理义务，合同约定劳务分包人应当向承包人提交劳务作业人员花名册、与劳务作业人员签订的劳动合同、出勤情况、工资发放记录以及社会保险缴纳记录等，通过合同引导当事人合法履约，并有效缓解目前广泛存在的拖欠劳务人员工资以及不依法为劳务人员缴纳社会保险引发的社会稳定问题。

（4）明确约定了承包人不得要求劳务分包人提供或采购大型机械、主要材料，承包人不得要求劳务分包人提供或租赁周转性材料，完善了以劳务分包之名进行专业分包甚至转包的防范措施，以促进劳务市场的有序发展。

（5）从引导劳务分包企业提高劳务管理水平角度出发，同时也是为了与 2013 版《建设工程施工合同（示范文本）》有效衔接，2014 版劳务分包合同设置了逾期索赔失权条款，从而督促劳务分包人加强现场管理措施，及时申请索赔，避免由此给劳务分包人造成经济损失。

（6）劳务分包人应保证其劳务作业质量符合合同约定要求，在隐蔽工程验收、分部分项工程验收以及工程竣工验收结果表明劳务分包人劳务作业质量不合格时，劳务分包人应承担整改责任，强调劳务分包人的质量合格义务。

（7）2014 版劳务分包合同的价格形式包括单价合同、总价合同以及双方当事人在专用合同条款中约定的其他价格形式合同，其中单价合同又包括工程量清单劳务费综合单价合同、工种工日单价合同、综合工日单价合同以及建筑面积综合单价合同，并对不同价格形式分别约定了计量及支付方式，便于当事人选择适用。

2. 2014版《建筑工程施工劳务分包合同（示范文本）》介绍

2014版《建设工程施工劳务分包合同（示范文本）》的结构与2013版《建设工程施工合同（示范文本）》一样，由合同协议书、通用合同条款和专用合同条款三部分组成。其中协议书共计九条，通用合同条款计19条（通用合同条款的具体条款分别为一般约定、承包人、劳务分包人、劳务作业人员管理、安全文明施工与环境保护、工期和进度、机具、设备及材料供应、变更、价格调整、合同价格形式、计量与支付、验收与交付、完工结算与支付、违约、不可抗力、保险、索赔、合同解除以及争议解决），最后有一个附件：机具、设备、材料供应计划表。其主要内容有：

第一部分　合同协议书

承　包　人：_____

劳务分包人：_____

根据《中华人民共和国合同法》、《中华人民共和国建筑法》及有关法律规定，遵循平等、自愿、公平和诚实信用的原则，双方就_____工程劳务作业承包事项协商一致，共同达成如下协议：

一、总包工程概况

1. 总包工程名称：_____

2. 总包工程地点：_____

3. 总包工程立项及批准文号：_____

二、劳务分包作业范围

劳务分包作业范围及内容：_____

三、劳务分包作业期限

计划开始日期：_____年_____月_____日

计划完工日期：_____年_____月_____日

作业总日历天数为：_____天。作业总日历天数与根据前述计划开始、完工日期计算的天数不一致的，以作业总日历天数为准。

四、劳务作业质量标准

劳务作业质量应符合_____标准，并符合承包合同有关质量的约定。

五、劳务分包合同价格

1. 签约合同价为：_____元（人民币），大写：_____元。

2. 合同价格形式：_____。

六、劳务分包人资质

资质证书编号：_____

资质专业及等级：_____

七、合同文件构成

本协议书与下列文件一起构成合同文件：

1. 中标通知书（如果有）；

2. 投标函及其附录（如果有）；

3. 专用合同条款及其附件；

4. 通用合同条款；

5. 技术标准和要求；

6. 图纸；

7. 已标价工作量清单或预算书（如果有）；

8. 其他合同文件。

在合同订立及履行过程中形成的与合同有关的文件均构成合同文件的组成部分。

上述各项合同文件中包括合同当事人就该项合同文件所做出的补充和修改，属于同一类型内容的文件应以最新签署的为准。

八、承诺

1. 承包人承诺按照劳务分包合同约定的期限和方式支付合同价款。

2. 劳务分包人承诺，按照法律规定及合同约定组织完成劳务分包工作，确保劳务作业质量和安全，不进行转包及再分包，并按时足额的向劳务作业人员发放工资。

3. 承包人和劳务分包人通过招标投标形式签订合同的，双方理解并承诺不再就同一工作另行签订与合同实质性内容相背离的协议。

九、附则

1. 合同订立时间：_____年_____月_____日

2. 合同订立地点：_____

3. 本合同自_____生效。

4. 本合同一式____份，具有同等法律效力，承包人执____份，劳务分包人执____份。

承包人：　（公章）　　　　劳务分包人：　（公章）

法定代表人或其委托代理人：　法定代表人或其委托代理人：
（签字）　　　　　　　　　　（签字）

组织机构代码：_____　　组织机构代码：_____
地　　址：_____　　地　　址：_____
邮政编码：_____　　邮政编码：_____
法定代表人：_____　　法定代表人：_____
委托代理人：_____　　委托代理人：_____
电　　话：_____　　电　　话：_____
传　　真：_____　　传　　真：_____
电子信箱：_____　　电子信箱：_____
开户银行：_____　　开户银行：_____
账　　号：_____　　账　　号：_____

第二部分　部分通用合同条款的有关规定

通用合同条款是根据法律、行政法规规定及建设工程施工劳务分包的需要订立，通用于建设工程施工劳务分包的条款。2014 版《建设工程施工劳务分包合同（示范文本）》通用合同条款共有 19 条，主要涉及以下几个方面：

一、一般约定

一般约定中主要包括：词语定义与解释；标准和规范；合同文件的优先顺序；图纸；联络和保密等内容。

（一）词语定义与解释的主要内容：

劳务分包工作：是指在合同协议书中劳务作业范围对应的劳务分包工作。

发包人：是指与承包人签订建设工程施工合同的当事人以及取得该当事人资格的合法继承人。

承包人：是指具有相应的工程施工承包资质，签订承包合同的总承包人、专业承包人或者专业分包人，以及取得上述当事人资格的合法继承人。

劳务分包人：是指与承包人签订合同协议书的，具有相应劳务作业承包资质的当事人及取得该当事人资格的合法继承人。

签约合同价：是指承包人和劳务分包人在合同协议书中确定的总金额。

合同价格：是指承包人用于支付劳务分包人按照合同约定完成劳务作业范围内全部劳务作业的金额，包括合同履行过程中按合同约定发生的价格变化。

完工日期：包括计划完工日期和实际完工日期。计划完工日期是指合同协议书约定的完工日期；实际完工日期是指劳务分包人完成全部劳务作业后，向承包人提交完工报告，通知承包人验收。劳务作业经承包人验收合格的，以劳务分包人提交完工报告之日为实际完工日期；因承包人原因，未在收到劳务分包人的完工报告后 7 天内完成验收的，以劳务分包人提交完工报告的日期为完工日期；劳务作业未经完工验收，发包人擅自使用的，以转移占有与劳务作业有关的承包工程之日为实际完工日期。

（二）标准和规范

除专用合同条款另有约定外，本合同适用的标准和规范应与承包合同约定一致。

（三）合同文件的优先顺序

合同文件的优先顺序非常重要，能使合同双方正确应用合同文件优先顺序的原则化解合同履行中的纠纷。组成合同的各项文件应互相解释，互为说明。除专用合同条款另有约定外，解释合同文件的优先顺序如下：

（1）合同协议书；

（2）中标通知书（如果有）；

（3）投标函及其附录（如果有）；

（4）专用合同条款及其附件；

（5）通用合同条款；

（6）技术标准和要求；

（7）图纸；

（8）已标价工作量清单或预算书（如果有）；

（9）其他合同文件。

上述各项合同文件包括合同当事人就该项合同文件所作出的补充和修改，属于同一类内容的文件，应以最新签署的为准。

在合同订立及履行过程中形成的与合同有关的文件均构成合同文件组成部分，并根据其性质确定优先解释顺序。

（四）联络

与合同有关的通知、指令等文件，均应采用书面形式，并应在合同约定的期限内送达接收人和送达地点。

承包人和劳务分包人应在专用合同条款中约定各自的送达接收人和送达地点，并应当及时签收另一方送达至送达地点和指定接收人的来往信函，拒不签收的，由此增加的费用和（或）延误的期限由拒绝接收一方承担。

任何一方合同当事人指定的接收人或送达地点发生变动的，应提前3天以书面形式通知对方。

二、合同双方一般义务

（一）承包人一般义务

1. 承包合同提供

承包人应提供承包合同供劳务分包人查阅。当劳务分包人要求时，承包人应向劳务分包人提供一份承包合同的副本或复印件，但有关承包合同的价格和涉及商业秘密的除外。

2. 劳务作业现场和工作条件

除专用合同条款另有约定外，承包人至迟不得晚于开始工作日期7天前向劳务分包人交付具备劳务作业条件的劳务作业现场。

除专用合同条款另有约定外，承包人负责提供劳务作业所需要的劳务作业条件，包括：

（1）将作业所需的用水、电力、通信线路等必需的条件接至劳务作业现场内；

（2）向劳务分包人提供劳务作业所需要的进入劳务作业现场的交通条件；

（3）向劳务分包人提供劳务作业所需的工程地质和地下管网线路资料；

（4）完成办理劳务作业所需的各种证件、批件等手续，但涉及劳务分包人需依法自行办理的手续除外；

（5）按照专用合同条款约定提供的劳务作业人员住宿等其他设施和条件。

3. 承包人项目经理

承包人应在专用合同条款中明确其派驻劳务作业现场的项目经理的姓名、职称、注册执业证书编号、联系方式及授权范围等事项，项目经理经承包人授权后代表承包人履行合同。

4. 作业安全与职业健康

承包人应认真执行安全技术规范，严格遵守安全制度，制定安全防护措施，提供安全防护设备，确保施工安全，不得要求劳务分包人违反安全管理的规定进行劳务作业。对于承包人违反工程建设安全生产有关管理规定的指示，劳务分包人有权拒绝。

除专用合同条款另有约定外，承包人至迟应于开始工作日期7天前为劳务分包人雇用的劳务作业人员提供必要的膳宿条件和生活环境；膳宿条件和生活环境应达到工程所在地行政管理机关的标准、要求。承包人应按工程所在地行政管理机关的标准和要求对劳务作业人员的宿舍和食堂进行管理。

5. 作业期限与进度

承包人负责编制施工组织设计，施工组织设计应当包括如下内容：施工方案、施工现场平面布置图、施工进度计划和保证措施、劳动力及材料供应计划、施工机械设备的选用、质量保证体系及措施、安全生产与文明施工措施、环境保护与成本控制措施等，在劳务作业过程中，施工组织设计修订的，承包人应及时通知劳务分包人。

承包人负责工程测量定位、沉降观测、技术交底，组织图纸会审。

承包人应在计划开始工作日期7天前向劳务分包人发出劳务作业通知，作业期限自劳务作业通知中载明的开始工作日期起算。

因承包人原因未按计划开始工作日期开始工作的，承包人应按实际开始工作日期顺延作业期限，确保实际作业期限不低于合同约定的作业总日历天数。除专用合同条款另有约定外，因承包人原因导致未能在计划开始工作日期之日开始工作的，劳务分包人有权提出价格调整要求，延误期限超过90天的，劳务分包人有权解除合同。承包人应当承担由此增加的费用和（或）延误的期限，并向劳务分包人支付合理利润。

劳务分包人按约定完成劳务作业，必须由承包人或劳务作业现场内的第三方进行配合时，承包人应配合劳务分包人工作或确保劳务分包人获得该第三方的配合。

6. 机具、设备及材料供应

承包人在收到劳务分包人提交的机具、设备和材料供应计划并确认后，应按供应计划要求的品种、规格、型号、质量、数量和供应时间等组织货源并及时运入场地。

承包人提供的机具、设备应在安装调试完毕，确认运行良好后交付劳务分包人使用。承包人提供的材料在进场时应由劳务分包人负责验收，如材料的品种、规格、型号、质量、数量不符合要求，劳务分包人应在验收时提出，由此增加的费用和（或）延误的期限均由承包人承担。

除专用合同条款另有约定外，劳务作业所需的低值易耗材料，应由承包人提供。

（二）劳务分包人一般义务

1. 劳务分包人在履行合同过程中应遵守法律和工程建设标准规范，并履行以下义务：

⑴ 按照合同、图纸、标准和规范、有关技术要求及劳务作业方案组织劳务作业人员进场作业，并负责成品保护工作；

⑵ 劳务分包人承担由于自身原因造成的工程质量缺陷、工作期限延误、安全事故等责任；

⑶ 履行承包合同中与劳务分包工作有关的劳务分包人的义务，但劳务分包合同明确约定应由承包人履行的义务除外；

⑷ 其他专用合同条款约定的劳务分包人应当承担的义务。

2. 劳务分包方的项目负责人

劳务分包人应在专用合同条款中明确其派驻劳务作业现场的项目负责人的姓名、身份证号、联系方式及授权范围等事项，项目负责人经劳务分包人授权后代表劳务分包人履行合同。

项目负责人应是劳务分包人正式聘用的员工，劳务分包人应向承包人提交项目负责人与劳务分包人之间的劳动合同，以及劳务分包人为项目负责人缴纳社会保险的有效证明。

项目负责人应常驻劳务作业现场，每月在劳务作业现场时间不得少于专用合同条款约定的天数。

劳务分包人违反上述约定的,应按照专用合同条款的约定,承担违约责任。

3. 劳务作业管理人员

除专用合同条款另有约定外,劳务分包人应在接到劳务作业通知后7天内,向承包人提交劳务分包人现场劳务作业管理机构及劳务作业管理人员安排的报告,其内容应包括主要劳务作业管理人员名单及其岗位等,并同时提交主要劳务作业管理人员与劳务分包人之间的劳动关系证明和缴纳社会保险的有效证明。

劳务分包人派驻到劳务作业现场的主要劳务作业管理人员应相对稳定。劳务分包人更换主要劳务作业管理人员时,应提前7天书面通知承包人,并征得承包人书面同意。通知中应当载明继任人员的执业资格、管理经验等资料。

4. 作业安全、职业健康和环境保护

劳务分包人应遵守工程建设安全生产有关管理规定,严格按安全标准进行作业,并随时接受行业安全检查人员依法实施的监督检查,采取必要的安全防护措施,消除事故隐患。发生安全事故后,劳务分包人应立即通知承包人,并迅速采取有效措施,组织抢救,防止事故扩大,减少人员伤亡和财产损失。

劳务分包人应按承包人统一规划堆放材料、机具,按承包人标准化工地要求设置标牌,负责其生活区的管理工作。

劳务分包人应当服从承包人的现场安全管理,并根据承包人的指示及国家和地方有关劳动保护的规定,采取有效的劳动保护措施。劳务分包人应依法为其履行合同所雇用的人员办理必要的证件、许可、保险和注册等。劳务作业人员在作业中受到伤害的,劳务分包人应立即采取有效措施进行抢救和治疗。

劳务分包人应按法律规定安排劳务作业人员的劳动和休息时间,保证其雇佣人员享有休息和休假的权利。

在合同履行期间,劳务分包人应采取合理措施保护劳务作业现场环境。对劳务作业过程中可能引起的大气、水、噪音以及固体废物等污染采取具体可行的防范措施。劳务分包人应当遵守承包人关于劳务作业现场环境保护的要求。

劳务分包人应承担因其原因引起的环境污染侵权损害赔偿责任,因上述环境污染引起纠纷而导致劳务作业暂停的,由此增加的费用和(或)延误的期限由劳务分包人承担。

5. 作业期限与进度

劳务分包人应当根据承包人要求以及施工组织设计,按照合同专用条款中约定的提供作业方案的时间,编制及修订提交劳务作业方案,劳务作业方案应包括劳动力安排计划、机具、设备及材料供应计划等。

劳务分包人应根据施工组织设计及劳务作业方案,组织劳务作业人员。

因劳务分包人原因造成作业期限延误的,劳务分包人应承担由此给承包人造成的损失,当事人也可在专用合同条款中约定逾期完工违约金的计算方法和逾期完工违约金的上限。劳务分包人支付逾期完工违约金后,不免除劳务分包人继续完成劳务作业及整改的义务。

6. 机具设备及材料供应

劳务分包人没有提供或采购大型机械、主要材料,以及不提供或租赁周转性材料的义务。

除专用合同条款另有约定外,劳务分包人应在收到承包人提供的施工组织设计之日起14天内,向承包人提交机具、设备、材料供应计划。

劳务分包人自行提供部分低值易耗材料以及小型机具的,并应在专用合同条款中对上述材料的范围给予明确。

合同当事人应在专用合同条款中约定承包人所供应设备、材料的合理损耗率,劳务分包人在上述损耗率的范围内对设备、材料进行合理使用。超出约定损耗率范围之外的设备、材料用量,由劳务分包人自行承担。

三、关于劳务作业人员管理相关规定

2014版《建设工程施工劳务分包合同(示范文本)》强调了劳务分包人对劳务作业人员的管理义务,通过合同引导当事人合法履约,有效缓解目前存在的拖欠劳务人员工资以及不依法为劳务人员缴纳社会保险引发的社会稳定问题。

(一)签订书面劳动合同

新版劳务合同通用条款对劳务用工作了签订劳动合同的规定:劳务分包人应当与劳务作业人员签订书面劳动合同,并每月向承包人提供上月劳务分包人在本工程上所有劳务作业人员的劳动合同签署情况、出勤情况、工资核算支付情况及人员变动情况的书面记录。除上述书面记录的用工行为外,劳务分包人承诺在本工程不存在其他劳务用工行为。

(二)支付劳务作业人员工资的规定

劳务分包人应当每月按时足额支付劳务作业人员工资并支付法定社会保险,劳务作业人员工资不得低于工程所在地最低工资标准,并于每月25日之前将上月的工资发放及社会保险支付情况书面提交承包人。否则,承包人有权暂停支付最近一期及以后各期劳务分包合同价款。

劳务分包人未如期支付劳务作业人员工资及法定社会保险费用,导致劳务作业人员投诉或引发纠纷的,承包人有权书面通知劳务分包人从尚未支付的劳务分包合同价款中代劳务分包人支付上述费用,并扣除因此而产生的经济损失及违约金,剩余的劳务分包合同价款向劳务分包人支付。书面通知应载明代付的劳务作业人员名单、代付的金额,劳务分包人应当在收到书面通知之日起7天内确认或提出异议,逾期未确认且未提出异议的,视为同意承包人代付。

(三)对劳务作业人员的管理

劳务分包人应当根据承包人编制的施工组织设计,编制与施工组织设计相适应的劳动力安排计划,劳动力安排计划应当包括劳务作业人员数量、工种、进场时间、退场时间以及劳务费支付计划等,劳动力安排计划应当经承包人批准后实施。

劳务分包人应当组织具有相应资格证书和符合本合同劳务作业要求的劳务作业人员投入工作。劳务分包人应当对劳务作业人员进行实名制管理,包括但不限于进出场管理、登记造册管理、工资支付管理以及各种证照的办理。

承包人有权随时检查劳务作业人员的有效证件及持证上岗情况。特种作业人员必须按照法律规定取得相应职业资格证书,否则承包人有权禁止未获得相应资格证书的特种作业人员进入劳务作业现场。

承包人要求撤换不能按照合同约定履行职责及义务的劳务作业人员,劳务分包人应当撤换。劳务分包人无正当理由拒绝撤换的，应按照专用合同条款的约定承担违约责任。

四、关于劳务作业变化及价格调整

2014版《建设工程施工劳务分包合同（示范文本）》对劳务作业的变化以及变化后引起的价格调整作了比较明确的条款规定。

（一）有关劳务作业变化

除专用合同条款另有约定外，合同履行过程中发生以下情形影响劳务作业的，应按照本款约定进行调整：

1、增加或减少合同中任何工作，或追加额外的工作；

2、取消合同中任何工作，但转由他人实施的工作除外；

3、改变合同中任何工作的质量标准或其他特性；

4、改变工程的基线、标高、位置和尺寸；

5、改变劳务作业的时间安排或实施顺序。

劳务分包人不得擅自调整劳务作业范围。

合同履行过程中如需对原工作内容进行调整，承包人应提前7天以书面形式向劳务分包人发出劳务作业变化通知，并提供调整后的相应图纸和说明。

劳务作业变化估价原则

除专用合同条款另有约定外，因合同履行过程中发生劳务作业变化导致价格调整的，劳务作业变化估价按照本款约定处理：

1、已标价工作量清单或预算书有相同作业项目的，按照相同项目单价认定；

2、已标价工作量清单或预算书中无相同项目，但有类似项目的，参照类似项目的工艺复杂程度、劳动力市场状况以及原单价的相应组价比例认定；

3、已标价工作量清单或预算书中无相同项目及类似项目单价的，按照合理的成本与利润构成的原则，由合同当事人协商确定作业单价。

本项约定的项目单价是指按照合同协议书中所选定的合同价格形式确定的工作量清单劳务费综合单价、工种工日单价、综合工日单价、建筑面积综合单价、已标价工作量清单或预算书载明的项目单价或合同当事人另行约定的项目单价。

劳务作业变化估价程序

劳务分包人应在收到劳务作业变化通知后7天内，先行向承包人提交劳务作业变化估价申请。承包人应在收到劳务作业变化估价申请后7天内审查完毕，承包人对劳务作业变化估价申请有异议，通知劳务分包人修改后重新提交。承包人逾期未完成审批或未提出异议的，视为认可劳务分包人提交的劳务作业变化估价申请。

因劳务作业变化引起的价格调整应计入最近一期的进度款中支付。

劳务作业变化引起的作业期限调整

因劳务作业变化引起作业期限变化的，合同当事人均可要求调整作业期限。合同当事人应结合劳务作业特点及技术难度，并参考工程所在地定额标准确定增减作业期限天数。合同当事人也可在专用合同条款中约定增减作业期限天数的方法。

（二）劳务作业价格调整

市场价格波动引起的劳务作业价格调整

除专用合同条款另有约定外，市场价格波动超过合同当事人约定的范围，合同价格应当调整。合同当事人可以在专用合同条款中约定选择以下一种方式对合同价格进行调整：

第一种方式：采用造价信息进行价格调整。

合同履行期间，因人工费价格波动影响合同价格时，人工费按照国家或省、自治区、直辖市建设行政管理部门、行业建设管理部门或其授权的工程造价管理机构发布的人工费系数进行调整。但劳务分包人对人工费的报价高于发布价格的除外。

因劳务分包人原因造成作业期限延误，在作业期限延误期间出现市场价格波动的，由此增加的费用和（或）延误的期限由劳务分包人承担。

第二种方式：专用合同条款约定的其他方式。

法律变化引起的劳务作业价格调整

基准日期后，法律变化导致劳务分包人在合同履行过程中所需要的费用发生除通用条款9.1所述"市场价格波动引起的劳务作业价格调整"约定以外的增加时，由承包人承担由此增加的费用；减少时，应从合同价格中予以扣减。基准日期后，因法律变化造成作业期限延误时，作业期限应予以顺延。

因劳务分包人原因造成作业期限延误，在作业期限延误期间出现法律变化的，由此增加的费用和（或）延误的期限由劳务分包人承担。

五、关于完工结算与支付

（一）规定了计量原则和计量周期。

劳务作业工作量计算规则以相关的国家标准、行业标准等为依据，由合同当事人在专用合同条款中约定。除专用合同条款另有约定外，劳务作业工作量的计量按月进行。

（二）规定了计量程序。除了专用条款另有约定，计量程序为：

（1）除专用合同条款另有约定外，劳务分包人每月22日前向承包人报送上月20日至当月19日已完成的工作量报告，并附具进度款付款申请单、已完的工作量报表和有关资料。

（2）承包人收到劳务分包人提交的工作量报告后7天内完成对工作量报表的审核并书面答复劳务分包人。承包人对工作量有异议的，有权要求劳务分包人进行共同复核或抽样检测。劳务分包人未按承包人要求参加复核或抽样检测的，承包人复核或修正的工作量视为劳务分包人实际完成的工作量。

（3）承包人未在收到劳务分包人提交的工作量报告后7天内完成审核的，劳务分包人报送的工作量报告中工作量视为劳务分包人实际完成的工作量，据此计算劳务分包合同价款。

（三）规定了支付的程序。

（1）若专用条款约定承包人支付预付款的，则规定了预付款的支付和预付款的抵扣。

（2）进度款的支付。规定了付款周期，除了专用条款另有约定，进度款的付款周期应按月进行。

（3）规定了支付的账户是承包人向劳务分包人支付的劳务分包合同价款都应当支付至协议书中约定的劳务分包人的账户。

六、关于劳务合同的解除

（一）劳务分包合同的解除：

1、出现下列情形的，合同当事人均有权解除本合同：

（1）因不可抗力导致合同无法履行连续超过84天或累计超过140天，合同当事人均有权解除合同；

（2）承包人与发包人的承包合同解除的，合同当事人均有权解除合同；

（3）专用合同条款约定的其他情形。

2、出现下列情形的，承包人有权解除本合同：

（1）劳务分包人将本合同项下的劳务作业转包或再分包给他人的；

（2）劳务分包人劳务作业质量不符合本合同约定的质量标准且无法整改的；

（3）劳务分包人不按照本合同的约定提供符合作业要求的作业人员或不履行本合同约定的其他义务，其违约行为足以影响本工作的质量、安全、作业期限，且经承包人书面催告后未在合理期限内改正的；

（4）因劳务分包人原因导致劳务作业暂停持续超过56天不复工的，或虽未超过56天但已经导致合同目的不能实现的；

（5）劳务分包人未按照合同约定向劳务作业人员支付报酬，导致引发10人以上的群体性事件的；

（6）专用合同条款约定的其他情形。

3、出现下列情形的，劳务分包人有权解除本合同：

（1）承包人不按照本合同的约定支付劳务分包合同价款超过56天的；

（2）因承包人原因导致劳务作业暂停持续超过56天不复工的，或虽未超过56天但已经导致合同目的不能实现的；

（3）专用合同条款约定的其他情形。

4、承包人和劳务分包人协商一致的，可以解除本合同。

（二）合同解除后的处理：

合同解除后，承包人应及时与劳务分包人办理合同结算支付手续。

合同解除后，劳务分包人应妥善做好已完工作和剩余材料、设备的保护和移交工作，按承包人要求撤出劳务作业现场。承包人应为劳务分包人撤出提供必要条件。

合同解除后，不影响双方在合同中约定的结算和违约条款的效力。有过错的一方应当承担违约责任，并赔偿因合同解除给对方造成的损失。

合同解除退场

除专用合同条款另有约定外，承包人提前7天向劳务分包人发出撤场通知，劳务分包人应当在承包人要求的期限内撤离劳务作业人员并办理好相关手续。若劳务分包人逾期撤离劳务作业人员，则应按照专用合同条款约定向承包人支付违约金。

七、关于不可抗力与保险的规定

（一）关于不可抗力

1、不可抗力的确认不可抗力是指合同当事人在签订合同时不可预见，在合同履行过程中不可避免且不能克服的自然灾害和社会性突发事件，如地震、海啸、瘟疫、骚乱、戒严、暴动、战争和专用合同条款中约定的其他情形。

不可抗力发生后，承包人和劳务分包人应收集证明不可抗力发生及不可抗力造成损失的证据，并及时认真统计所造成的损失。

2、不可抗力的通知

不可抗力事件发生后，受不可抗力事件影响的一方，有义务立即通知另一方，并在力所能及的条件下迅速采取措施，尽力减少损失，另一方全力协助并采取措施。

不可抗力事件结束后48小时内，劳务分包人应向承包人通报受损情况，及预计清理和修复的费用；不可抗力事件持续发生时，劳务分包人应每隔7天向承包人通报一次损失情况。

不可抗力事件结束后14天内，劳务分包人应向承包人提交清理和修复费用的正式报告及有关资料。

3. 不可抗力后果的承担

不可抗力导致的人员伤亡、财产损失、费用增加和（或）作业期限延误等后果，由合同当事人按以下原则承担：

（1）承包人和劳务分包人承担各自人员伤亡和财产的损失；

（2）因不可抗力影响劳务分包人履行合同约定的义务，已经引起或将引起作业期限延误的，应当顺延作业期限，由此导致劳务分包人停工的费用损失由承包人承担；

（3）因不可抗力引起或将引起作业期限延误，承包人要求赶工的，由此增加的赶工费用由承包人承担；

（4）劳务分包人在停止作业期限间按照承包人要求照管、清理和修复工程的费用由承包人承担。

不可抗力发生后，合同当事人均应采取措施尽量避免和减少损失的扩大，任何一方当事人没有采取有效措施导致损失扩大的，应对扩大的损失承担责任。

因合同一方迟延履行合同义务，在迟延履行期间遭遇不可抗力的，不免除其违约责任。

（二）关于保险

1. 承包人应获得或办理的保险

承包人应当为运至劳务作业现场用于劳务作业的材料和待安装设备办理或获得保险，并支付保险费用。

合同当事人可在专用合同条款中约定承包人办理保险的时间及承包人不履行上述义务应承担的违约责任。

2. 劳务分包人应办理的保险

除专用合同条款另有约定外，劳务分包人应当为其从事危险作业的职工办理意外伤害保险，并为劳务作业现场内自有人员、自有财产办理保险，支付保险费用。

合同当事人可在专用合同条款中约定劳务分包人办理保险的时间及劳务分包人不履行上述义务应承担的违约责任。

3. 保险事故的处理

保险事故发生时，承包人和劳务分包人有责任采取必要的措施，防止或减少损失。

第三部分　专用合同条款

专用合同条款是对通用合同条款原则性约定的细化、完善、修改、补充或另行约定。2014版《建设工程施工劳务分包合同（示范文本）》的专用条款与通用条款一样共有19条，并且每一条款内容与通用条款对应一致。

根据合同文件解释顺序，专用条款效力高于通用条款，即专用条款与通用条款不一致按专用条款执行。

附件：

机具、设备、材料供应计划

序号	品种	规格型号	质量	数量	供应时间	送达地点	备注

11.2.3 劳务分包合同价款的确定

劳务分包价格的确定涉及承包人和劳务分包人双方的利益所得，需要比较慎重处理。

1. 劳务分包合同价格的形式

2014版《建设工程施工劳务分包合同（示范文本）》明确：劳务分包合同的价格形式有单价合同（其中又分为5种形式）和总价合同两种，承包人和劳务分包人应该在合同协议书中选择商定下列一种合同价格形式：

（1）单价合同

1）工作量清单劳务费综合单价合同，是指合同当事人约定以工作量清单及其劳务费综合单价进行合同价格计算、调整和确认的劳务分包合同，在约定的范围内合同单价不作调整。合同当事人应在专用合同条款中约定劳务费综合单价包含的风险范围和风险费用的计算方法，并约定风险范围以外的合同价格的调整方法，其中因市场价格波动引起的调整按通用条款第9.1款"市场价格波动引起的劳务作业价格调整"约定执行、因法律变化引起的劳务作业价格调整按第9.2款"法律变化引起的劳务作业价格调整"约定执行。

2）工种工日单价合同，是指合同当事人约定以不同工种用工天数及各工种单日综合单价进行合同价格计算、调整和确认的劳务分包合同，在约定的范围内合同单价不作调整。合同当事人应在专用合同条款中约定工种工日单价包含的风险范围和风险费用的计算方法，并约定风险范围以外的合同价格的调整方法，其中因市场价格波动引起的调整按通用合同条款第9.1款"市场价格波动引起的劳务作业价格调整"约定执行、因法律变化引起的劳务作业价格调整按第9.2款"法律变化引起的劳务作业价格调整"约定执行。

3）综合工日单价合同，是指合同当事人约定以用工天数以及综合工日单价进行合同价格计算、调整和确认的劳务分包合同，在约定的范围内合同单价不作调整。合同当事人应在专用合同条款中约定综合工日单价包含的风险范围和风险费用的计算方法，并约定风险范围以外的合同价格的调整方法，其中因市场价格波动引起的调整按通用合同条款第9.1款"市场价格波动引起的劳务作业价格调整"约定执行、因法律变化引起的劳务作业价格调整按第9.2款"法律变化引起的劳务作业价格调整"约定执行。

4）建筑面积综合单价合同，是指合同当事人约定以建筑面积以及每单位建筑面积综合单价进行合同价格计算、调整和确认的劳务分包合同，在约定的范围内合同单价不作调整。合同当事人应在专用合同条款中约定建筑面积综合单价包含的风险范围和风险费用的计算方法，并约定风险范围以外的合同价格的调整方法，其中因市场价格波动引起的调整按通用合同条款第9.1款"市场价格波动引起的劳务作业价格调整"约定执行、因法律变化引起的劳务作业价格调整按第9.2款"法律变化引起的劳务作业价格调整"约定执行。

5）合同当事人在专用合同条款中约定的其他单价形式。

（2）总价合同

总价合同是指合同当事人约定以施工图、已标价工作量清单或预算书及有关条件进行合同价格计算、调整和确认的劳务分包合同，在约定的范围内合同总价不作调整。合同当事人应在专用合同条款中约定总价包含的风险范围和风险费用的计算方法，并约定风险范围以外的合同价格的调整方法，其中因市场价格波动引起的调整按通用合同条款第9.1款"市场价格波动引起的劳务作业价格调整"约定执行、因法律变化引起的劳务作业价格调整按第9.2款"法律变化引起的劳务作业价格调整"约定执行。

2. 劳务分包合同价款的确定

建筑劳务分包合同的价款确定一般有以下三种方式：

（1）工种工日单价（定额单价）。定额人工工日单价包括基本工资、工资性补贴、生产工人辅助工资、职工福利费、生产工人劳动保护费等内容，该单价是建设工程计价依据中人工工日单价的平均水平，是计取各项费用的计算基础，虽然不是强制性规定，但属于建筑市场有关主体工程计价的指导。

（2）按工种计算劳务分包工程造价。按工种计算劳务分包工程造价就是按照住房和城乡建设部劳务分包资质所设定的木工、砌筑、抹灰、石制作、钢筋、混凝土、油漆、脚手架、模板、焊接、水暖电安装、钣金、架线等13个工种计算劳务分包工程造价，具体计算公式如下：

劳务分包单价＝人工单价×(1＋管理费费率＋利润率)×(1＋规费费率)

劳务分包工程造价＝劳务分包单价×人工数量

（3）按分项工程建筑面积确定承包价。按分项工程建筑面积确定劳务分包合同价款的方式在有些地区比较普遍，其计算公式如下：

每平方米建筑面积单价 ＝ 人工单价×完成每平方米所需人工数量×
(1＋管理费费率＋利润率)×(1＋规费费率)

劳务分包工程造价 ＝ 每平方米建筑面积单价×建筑面积

以上公式中，人工单价、管理费、利润、规费、建筑面积等分别按以下规定确定或计算：

1）人工单价：参照工程所在地建设工程造价行政管理部门发布的市场人工单价确定；

2）管理费：以人工费为基础，费率一般为4%～7%，具体由劳务分包企业结合工程自主确定；

3) 利润：以人工费为基础，费率一般为3%～5%，具体由劳务分包企业结合工程实际自主确定；

4) 规费：包括社会保险费、外来工调配费、住房公积金等，该部分应严格按政府有关部门规定计算，列入不可竞争费；

5) 建筑面积：按照国家标准《建筑工程建筑面积计算规范》的规定计算。

3. 劳务报价分析

分析劳务报价主要从三个方面进行，报价结构的合理性、报价的盈亏和报价的风险。

(1) 报价结构的合理性分析。横向比较其他劳务公司的报价、根据同类工程的社会行情分析报价是否合理以及纵向结合本企业以往所定劳务分包的价格情况，进行劳务报价合理性的分析。

统计分析劳务费总价和主要技术工人、辅助工人和管理人员的数量，按报价、工期、工作量及统计的工日数量算出单位产品的用工数和单位产品的劳务费；分析探讨工期与报价的关系，测算出按规定工期完成工程时，生产工人和全员的平均人月产值和人年产值；计算劳务费占总报价的比重。

分析若延误工期的几种原因以及分析延误工期对合约双方的影响；分析物价和工资上涨的影响检查报价中利润对物价和工资上涨因素的承受能力；分析政策法规或贷款利率变化等其他因素对投标项目利润的影响。

分析总直接费和总管理费的比例关系，劳务费和材料费的比例关系，临时设施和机具设备费和总直接费的比例关系，利润、流动资金、利息和总报价的比例关系，以便判断报价的构成是否合理。如果分析发现报价结构确实存在不合理的情况，应当深入寻找其原因，按照客观事实，实事求是地考虑适当调整某些基价、定额，或调整分摊系数。

(2) 报价的盈亏分析。承包人对报价进行多方位的分析后，形成一个基础标价，提出可能的低标价和高标价，供决策人在确定投标人时选择。

(3) 报价的风险分析。建设工程项目的整个实施过程较长，在这漫长的过程中由于社会、政治、经济、市场的变化以及工程实施过程中有可能发生的不可预知事件，会直接或间接影响工程项目的正常实施，造成承包人利润的减少甚至亏损。对这种风险的危害程度和发生的概率应当作合理的预估和分析，采取有效对策和措施尽可能地避免或减少风险。

为能确保劳务合同的顺利履行以及工程质量达到合同约定的规定标准，对劳务分包人或劳务分包队应当实行合同履约保证金制度和结算扣押质量保证金制度。劳务分包实行按月据实结算，严禁预付或超付结算款。

11.2.4 劳务分包合同履约过程管理

1. 劳务分包合同履行的原则

任何合同的履行都有原则的约定，劳务分包合同的履行必须坚持以下四点原则：

(1) 遵守约定原则。劳务合同双方当事人都应当自觉地按照合同约定全面履行自己的义务，不得以其他义务或以赔偿金、违约金进行替代。一方没有按合同要求进行履行时，除承担违约责任外，还负有依照对方要求进行履行的义务。因此，遵守约定原则是劳务分包合同最基本的原则。

(2) 诚实信用原则。《合同法》第六条规定："当事人行使权利、履行义务应当遵循诚实信用原则"。这是在市场经济社会中，要求人们在交易活动中讲究信用，恪守诺言，诚实不欺。遵循诚实信用原则，除强调合同当事人按照规定或合同约定全面履行合同义务外，更加强调合同当事人应当根据劳务合同的性质、目的和交易习惯，履行依据诚实信用原则所产生的新的附属义务。

(3) 自愿协作原则。劳务合同是有签约双方本着自愿平等的精神而签署的，因此，履行合同的权利和义务也必须是合同当事人在自愿的基础上，双方本着团结协作、相互帮助的精神，履行各自应尽的义务，共同完成项目施工任务。

(4) 遵守法律和行政法规的原则。合同的履行应当遵守法律、行政法规，尊重社会公德和公序良俗，不得扰乱社会经济秩序，不得损害社会公共利益。

2. 劳务分包合同履行的规则

规则是指由群众共同制定、公认或由代表人统一制定并通过的，由群体里的所有成员一起遵守的条例和章程，它可以成文也可以是不成文的规定。社会是由种种规则维持着秩序，不管这种规则是人为设定的还是客观存在的，只要是规则，便具有制约性。

劳务分包合同的内容条款应当具体、明确和完整，如果由于某些原因导致某些条款或条款约定不明确，合同当事人可以按照以下基本规则处理。

(1) 协议补充规则。劳务分包合同当事人享有订立合同的自由，也享有"修补"合同漏洞的自由。如果合同存在漏洞，合同当事人可以通过协议来补充原合同约定的不明条款。

当事人按照合同订立原则，协商的一致意见，形成原合同的补充协议，与原合同共同构成完整的合同，具有同等的法律效力。

(2) 解释补充规则。在履行劳务分包合同时，遇到合同尚不明确的情况下，合同双方以合同内容和条款为基础，根据诚实信用原则和交易习惯，对合同中不明确的漏洞进行补充，达到完善合同的目的。

解释补充规则具体可以分为按合同条款补充和按交易习惯补充两种。

(3) 法定补充规则。若根据协议补充规则和解释补充规则仍不能完全补充劳务分包合同漏洞，合同内容仍然不明确的，可以根据《合同法》《价格法》及其他相关法律规定，对合同履行条款进行补充。

(4) 合同履行涉及第三人规则。当事人约定由债务人向第三人履行债务的，债务人未向第三人履行债务或履行债务不符合约定，债务人应当向债权人承担违约责任。

当事人约定由第三人向债权人履行债务的，第三人不履行债务或履行债务不符合约定，债务人应当向债权人承担违约责任。

(5) 双务合同履行中的抗辩权规则。在双务合同中，双方都应当履行自己的债务。抗辩权是指一方不履行或者有可能不履行合同约定的债务时，另一方可以拒绝对方履行要求的权利。

(6) 当事人资格变更后的履行规则。债权人分立、合并或者变更住所没有通知债务人，致使履行债务发生困难的，债务人可以终止履行或者将标的物提存。

合同生效后，当事人均不得因为姓名、名称的变更或者法定代表人、负责人、承办人的变动而不履行义务，否则将承担法律责任。

(7) 提前履行的规则。除债务人提前履行债务不损害债权人利益外，债权人可以拒绝债务人提前履行债务。因债务人提前履行债务给债权人增加费用的，其费用由债务人负担。

(8) 部分履行的规则。除债务人部分履行债务不损害债权人利益外,债权人可以拒绝债务人部分履行债务。因债务人部分履行债务给债权人增加费用的,其费用由债务人负担。

3. 劳务分包合同的履约保证体系

(1) 建立劳务分包合同管理部门,落实劳务分包合同管理责任。劳务分包合同承包人应当在企业中设置劳务分包合同管理部门,负责劳务分包合同的管理工作。还要根据项目班子的分工,设置项目部劳务合同管理部门,负责该项目劳务分包合同的具体管理。

项目班子在学习理解劳务分包合同的基础上,将各项具体工作活动的责任落实到人,使具体实施人员对各自的任务和责任有详细的了解,并明确应承担的责任。

(2) 分析劳务分包合同履行条件。

1) 劳务分包合同总体分析。主要分析劳务分包合同协议书和与通用条款对应的专用条款,通过劳务分包合同总体分析,整体把握劳务分包合同的内容和合同履行责任。

劳务分包合同总体分析的重点包括:劳务分包人资质;劳务分包作业范围;劳务作业期限;劳务作业质量标准;合同价格形式;劳务作业计量与支付;承包人义务;劳务分包人义务;小型机具和低值易耗材料供应;验收与交付;完工结算与支付;安全生产、职业健康和环境保护;违约责任;索赔;争议;不可抗力;合同解除等。

劳务分包合同总体分析的结果,要简单直观地表达出来,由项目经理和项目部其他职能部门分析和掌握,作为履行劳务分包合同的参考。

2) 劳务分包合同详细分析。要细化合同标的价格条款,由于建筑业劳务工作内容的特殊性,其价格组成也比较多,不同工程、不同材料、、不同的施工工艺对同样的工种来说其价格也是不一样的。这就要求在合同签订时,发包人和承包人要针对本工程的材料、施工工艺等方面的特点对每一项可以单独计量的工作内容列出单价。

合同当事人还要明确在结算时是按图纸面积还是按实际面积,若是砌筑工是以砌体的体积计量还是砖的数量计量等等,都要在劳务分包合同中写清楚。合同中的单价分析表做得越好,越方便在施工过程中进度款的计量和支付,有利于承发包双方进行成本控制和成本分析。

(3) 建立劳务分包合同管理工作程序。

1) 对经常性的劳务合同管理工作,建立明确严格的管理制度和程序。根据劳务分包合同条款建立相应的机具、设备和材料的供应程序、劳务作业变更程序、劳务作业计量与支付程序、验收与交付程序、违约与索赔程序等。通过明确的管理制度,使劳务分包合同的管理工作经常性地有条不紊地进行。

2) 对一些非经常性工作,应该具备应变管理办法。劳务分包合同在履行过程中时常会出现一些事先无法预料的事件。因此,应该早做准备考虑一些可能会发生的事件,制定若发生将采取的应变措施,避免劳务分包合同管理陷入混乱。

(4) 建立报告管理制度。在劳务分包合同履行过程中,双方当事人应建立严格的报告管理制度。当事人之间的联系,应以书面形式进行,建立规范的报告管理制度和签发制度。工程实施情况报告应制度化,工程报告的内容、流程以及格式也应该制度化。

记好施工日志,在工程实施时遇到的不利环境和气候变化等,都应有书面记载。对在劳务分包合同双方的任何协议、意见、请示、指令等都要采取书面形式。对所有工程活动交接手续,都应坚持相应的程序和书面报告签收。

（5）建立文件档案的管理制度。在履行劳务分包合同中，应系统地收集、整理和保存劳务分包的各类文件档案资料，建立文件档案管理制度，包括标准化的文件、资料、数据等文件和表格。

4. 劳务分包合同的履约跟踪与监督

建设工程施工过程较长，参与施工的主体较复杂，时常会有一些施工计划的调整、施工图纸的变更以及某一参与方的违约等原因，导致合同预定目标的偏离。这就要求劳务分包合同当事人对劳务分包合同的履行进行全面的跟踪和监督，收集和整理工程现场劳务分包资料和信息，反映劳务合同的实际履行状态，通过对比劳务合同的约定条款，分析合同履约状况与合同约定条款的偏差。寻找产生偏差的原因，制定解决偏差的方法，防止偏差由小到大的积累，给合同履行造成严重的影响。

（1）对劳务分包合同履行过程及结果进行跟踪与监督。对劳务分包合同履行过程的跟踪和监督是一项全方位的工作，涉及多个部门和单位。承担劳务分包合同备案的政府行政部门和劳动保障部门应当检查劳务分包人的资质，检查本工程的劳务工人是否都与所派出的劳务企业签订劳动用工合同，重点跟踪与监督合同履行过程中的安全与劳动保护和劳务报酬的支付情况等；工程发包（建设方）人除了应当履行按时支付工程款等建设工程合同约定的义务外，也应当跟踪与监督劳务分包合同履行过程中所完成工程的质量、完成工程的时间和工人工资发放等情况，确保支付的工程进度款和工程款能优先、足额发放工人工资，杜绝直接把工程款发放到"包工头"个人手中；工程承包人和劳务分包人在签订劳务分包合同时应当有明确的约定：若工程发包人不能按时支付工程款的，承包人不得以此为由拖延发放本项目实施中的工人工资，即不管发生任何情况，都应保证工人拿到工资。

（2）对项目部劳务管理部门的履约进行跟踪与监督。在施工过程中如果劳务工人的工作没能达到合同的约定，不能符合整个工程项目的施工要求，则可能会影响整体工作的进度，甚至会影响建设工程施工合同的履行结果，这种情况下，项目部内负责合同管理的部门和劳务员应当经常检查合同的执行情况，提出履行合同的意见和建议，提高劳务分包合同的履约率。

（3）对各种书面文件和劳务分包合同条款的跟踪与监督。在劳务分包合同履行管理阶段，涉及的任何指令、变更、请示等，都应当由相应的合同管理人员负责收集、记录、审查与合同的其他相关文件一并管理。

合同当事人之间的任何争议的协商和解决的措施，合同管理人员都必须参与，并对解决措施进行合同法律方面的审查、分析和监督。

（4）对合同当事人履行状态的跟踪与监督。承包人在选择劳务分包人的过程中，一定要选择具有相应资质的劳务分包企业进行发包。劳务分包人派遣到施工现场的每一位操作工人都应当与该劳务企业签订劳动合同，劳务企业还应当为这些工人缴纳劳动保险和参加社会保险。在劳务合同谈判时，要求劳务分包人为派遣到现场的工人缴纳意外保险。要跟踪和监督劳务分包人是否按照施工项目的规模，根据有关安全生产法规的要求，配备专职安全生产管理人员，劳务企业是否办理了支付工人工资的保证金等。

5. 加强劳务合同数字化和信息化管理

劳务分包合同管理要与飞速发展的信息化技术相结合，当事人可以利用工程项目管理和有关合同管理软件，进行劳务分包的动态管理。随着劳务管理工作不断向信息化、规范化、标准化发展，劳务管理信息化将为实现劳务的高效管理提供了方向。加速新知识在企业中的传播，实现原有知识的及时更新和应用，劳务人员的素质也得到了提高。用计算机取代繁杂、重复的人力劳动，提升脑力价值，进一步提升劳务管理的科技水平。

11.2.5 劳务分包合同审查

劳务分包合同是明确项目承包人和劳务分包人双方责任、权利、义务主要内容的协议。劳务分包合同审查是指在签订劳务分包合同前，由合同双方当事人对合同文件的审查和有行政主管部门在进行劳务合同备案过程中的合同文件审查这两种情形。合同当事人的审查目的是为了尽量确保本劳务合同内容条款清晰，权利和义务分配公平；行政主管部门审查的目的是为了保障劳务合同内容合法，维护劳务分包人和劳务工人的合法权益。

1. 工程承包人和劳务分包人合同审查

（1）审查合同文本的合法性。合同是平等主体的自然人、法人、其他组织之间设立、变更、终止民事权利义务关系的协议。建设工程施工劳务分包合同是施工总承包人或专业工程承包人将承包合同范围内的劳务委托给劳务分包人，由施工总承包人或专业工程承包人与劳务分包人之间签订的协议，是规范总承包人或专业分包人与劳务分包人的行为准则的合同。

2014版《建设工程施工劳务分包合同（示范文本）》是在我国2013版《建设工程施工合同（示范文本）》的基础上，根据有关工程建设的法律、法规、，同时借鉴国际上广泛使用的主流合同的优点，结合我国工程建设施工的实际情况而制定的。因此，劳务分包合同示范文本与上述文本一样具有公正性、规范性、完备性、准确性和适用性等特点。那么本合同在签订的过程或合同的条款都必须是符合法律法规或公序良俗的要求，并且是合同双方自愿意思的表现。

（2）审查劳务分包人主体资格。签订分包合同前要强化对签约对象的合法性审查，了解其基本情况，以规避签约风险，同时完善以下资料的审核、收集工作。

1）证照审查：区分营业执照，看其是持《企业法人营业执照》的独立法人，还是持《营业执照》分支机构或其他经济组织，其意义在于两者主体均可签订合同，但签订建筑施工合同、劳务分包等合同主体应当是持《企业法人营业执照》的法人单位，因建筑施工领域奉行"项目法人责任制"，企业法人部门单位，较为常见的是项目部未经授权无权签订分包合同。

2）资质审查：《建筑业企业资质管理规定》明确了国家对从事土木工程、建筑工程、线路管道设备安装工程、装修工程活动的建筑业企业实行资质管理，应审查签订分包合同的主体是否具有相关资质。最高院《关于审理建设工程施工合同纠纷案件适用法律问题的解释》（法释[2007]14号）规定，未取得资质、借用资质、超越资质签订的合同均属无效合同。

3）经办人审查：经办人系法定代表人的，可直接签订分包合同，无需单位授权；之外的任何委托代理人，应持单位出具的《授权委托书》及其身份证复印件，明确其身份和授权范围后方可签约。建筑工程领域内的合同涉及标的大，影响面广，《合同法》第270条规定该领域所签合同应当采用书面形式，分包合同也不例外。签订合同的同时应强化、完善证据意识，注意收集签约对方的《企业法人营业执照》和《组织代码证》《建筑企资质证书》《企业法人授权委托书》及委托代理人身份证复印件等各项资料,上述资料均需加盖单位公章以便今后核对真假。实践中,就发现诉讼阶段,对方提供营业执照上的公章与签约阶段所留存的公章印模不同;其次,可通过当地工商红盾网等相关部门查询营业执照及资质证真伪,同时与其单位联系核查签约人有无授权。

(3) 审查劳务分包人的履约能力和信誉。劳务分包人的履约能力关系到工程项目最终成果的体现,劳务分包人拥有符合本项目施工的劳务工人的数量、分别在施工的每个阶段可以在现场操作的高级、中级等技术工人的比例或姓名;劳务分包人有否成功承包类似工程的经历;劳务分包人在业内的评价和信誉等。

(4) 合同执行的价格形式和价款条款确定。审查合同的价格形式属于单价的哪一种或还是总价合同。价款有定额单价(工日单价)、按工种计算劳务分包工程造价和按分项工程建筑面积确定承包价等三种方式。合同价款是双方协商约定的条款,要求在合同中明确确定。任何暂定价、暂估价、概算价等都不能作为合同价款,约而不定的价格不能作为合同价。

(5) 合同价款和调整条款。

劳务报酬一般采用合约一次包死,不再调整的方式,但发生下列情况时,固定劳务报酬或单价可以调整:

1) 以本合同约定价格为基准,市场人工价格的变化幅度超过约定的百分比,按变化前后价格的差额予以调整;

2) 后续法律及政策变化,导致劳务价格变化的,按变化前后价格的差额予以调整;

3) 双方约定的其他情形。

(6) 违约条款的审查。合同法规定违约方须承担违约责任并赔偿损失,劳务分包合同中违约金与赔偿金约定具体数额和具体的计算方法,这个约定要有可操作性,防止事后产生争议。

(7) 争议解决条款的审查。争议的解决方式可以自行和解或通过有关主管部门调解达到和解,任何一方不愿和解、调解或和解、调解不成的可以选择仲裁或诉讼的一种方式来解决争议。因此双方究竟是选择仲裁还是选择诉讼,必须达成一致的意见。如果选择仲裁方式,当事人可以自主选择仲裁机构,而且仲裁不受级别地域管辖限制。如果选择诉讼方式,应当约定有管辖权的人民法院。

(8) 补充协议的审查。合同文件中没有约定或约定不明确的事宜,双方当事人可以协议补充。与主合同一样补充协议的条款必须符合国家现行的法律、法规,并与主体合同的精神一致。

2. 劳务合同备案过程中的合同审查

劳务合同备案过程中的合同审查,是指建设行政主管部门对备案的劳务分包合同签订的合法性的认可和合同实施过程中进行监督、检查。

目前我国在建设工程劳务分包合同的备案方面还没有制定相应的法律和规范,但是,有些地方在建设工程施工合同备案的同时把建设工程劳务分包合同也纳入了备案的范围。通过建设行政主管部门对合同双方主体资格的审查,对合同履行过程中定期对用工数量、劳动力来源、相应工种的资格证书以及上岗培训记录等监督检查,大大减少合同履行中的减少诸如拖欠民工工资而造成的社会问题。

建设行政主管部门对劳务合同审查的内容有：

(1) 履行劳务分包合同的合同主体是否合法；

(2) 合同双方是否在本合同以外另行订立背离本合同实质性内容的其他协议；

(3) 劳务分包合同履行过程中的补充协议；

(4) 劳务分包合同备案、网上数据申报以及劳务分包合同履约信息报送情况；

(5) 劳务分包合同价款支付情况；

(6) 合同中涉及大型机械设备、周转材料和主要材料的提供、租赁、采购的责任是否明确。

参 考 文 献

[1] 胡兴福，董慧凝. 劳务员通用与基础知识. 北京：中国建筑工业出版社，2013.
[2] 中华人民共和国国家标准. 建筑地基处理技术规范 JGJ 79—2012. 北京：中国建筑工业出版社，2012.
[3] 中华人民共和国国家标准. 建筑地基基础工程施工规范 GB 51004—2015. 北京：中国计划出版社，2015.
[4] 中华人民共和国国家标准. 砌体结构工程施工质量验收规范 GB 50203—2011. 北京：中国建筑工业出版社，2011.
[5] 中华人民共和国国家标准. 混凝土结构工程施工规范 GB 50666—2011. 北京：中国建筑工业出版社，2011.
[6] 中华人民共和国国家标准. 混凝土结构工程施工质量验收规范 GB 50204—2015. 北京：中国建筑工业出版社，2014.
[7] 中华人民共和国国家标准. 钢结构工程施工规范 GB 50755—2012. 北京：中国建筑工业出版社，2012.
[8] 中华人民共和国国家标准. 屋面工程质量验收规范 GB 50207—2012. 北京：中国建筑工业出版社，2012.
[9] 中华人民共和国国家标准. 地下防水工程质量验收规范 GB 50208—2011. 北京：中国建筑工业出版社，2011.
[10] 姚谨英. 建筑施工技术（第4版）. 北京：中国建筑工业出版社，2012.
[11] 应惠清. 建筑施工技术（第2版）. 北京：高等教育出版社，2011.
[12] 佘健俊. 建筑工程技术与管理. 南京：河海大学出版社，2011.
[13] 郭汉丁. 工程施工项目管理. 北京：化学工业出版社，2010.
[14] 马福谦. 常见信访问题解答. 北京：法律出版社，2012.
[15] 汪永清. 信访条例释义. 北京：中国法制出版社，2012.
[16] 中华人民共和国财政部. 企业会计准则. 北京：经济科学出版社，2014.
[17] 冯为民，付晓灵. 工程经济学. 北京大学出版社，2006.
[18] 吴涛，王彤宙，尤完. 建筑劳务管理. 北京：中国建筑工业出版社，2012.
[19] 尤完，刘哲生. 劳务员岗位知识与专业技能. 北京：中国建筑工业出版社，2013.
[20] 宋翠霞，陈爱连，许斌成. 劳务员一本通. 北京：中国建材工业出版社，2013.
[21] 刘哲生，顾庆福，林思超，李红意. 建筑业劳务管理. 北京：新华出版社，2012.
[22] 全国经济专业技术资格考试用书编写委员会. 人力资源管理专业知识与实务. 北京：中国人事出版社，2004.
[23] 住建部网站"关于2014版建设工程劳务分包合同示范文本的编制说明"，2014.
[24] 胡康生. 中华人民共和国合同法解释义. 北京：法律出版社.